Verlag Fuchs AG

Jakob Fuchs
Claudio Caduff
(Hrsg.)

Betriebswirtschaft
Volkswirtschaft
Recht

Das wichtigste Grundwissen in einem Buch

2012/13

©Verlag Fuchs AG
Höchweid 14
6023 Rothenburg
Telefon 041 280 62 66
Telefax 041 280 60 45
E-Mail: info@verlag-fuchs.ch
www.verlag-fuchs.ch

6. überarbeitete und
aktualisierte Auflage 2012

Abdruck und Vervielfältigung
sowie Erstellen von Kopien
irgendwelcher Art zu irgend-
welchen Zwecken ist – auch
nur auszugsweise – nur mit
Bewilligung des Verlages
gestattet.

ISBN: 978-3-03743-605-9
«Betriebswirtschaft / Volkswirt-
schaft / Recht»
Das wichtigste Grundwissen in
einem Buch
Grundlagenbuch

ISBN 978–3–03743–617-2
«Betriebswirtschaft/Volkswirt-
schaft/Recht»
Übungsbuch
2. Auflage 2012

Konzept und Gestaltung:
Springrolls AG, Luzern

Illustrationen:
Christof Schürpf, Shift2 Luzern

Fotos:
– Andri Pol
  (Umschlag, Kapiteltitel)
– Renato Regli
– SPB Swiss Picture Base AG
– Keystone/Gaetan Bally S. 305

Digitale Ausgabe zum Buch «Betriebswirtschaft/Volkswirtschaft/Recht»
Ihren Zugangscode zur Online-Version finden Sie auf dem Beiblatt am Ende dieses Buches.

CHF 7.–

Die Web-App zum Buch «Betriebswirtschaft/Volkswirtschaft/Recht»
Als ideale Ergänzung zum Grundlagenbuch gibt es eine Web-App mit über 200 Testaufgaben. Die Lösungen enthalten Seitenverweise aufs Buch und hilfreiche Zusatzinformationen.

Testen Sie die Demo-Version:
verlag-fuchs.ch/grundwissen

Gebrauchsanweisung

→
www.verlag-fuchs.ch/vwl

→
www.verlag-fuchs.ch/recht

Grundwissen
– Das Grundwissen gliedert sich in Kapitel. Jedem Kapitel ist eine eigene Farbe zugeordnet (siehe Inhaltsverzeichnisse).
– Jedes Kapitel umfasst mehrere Unterkapitel, welche klar strukturiert sind:
 a) Begriffe werden zuerst definiert.
 b) Dann werden die Begriffe erklärt und die Sachverhalte näher beschrieben.
 c) Wenn Sie eine der nebenstehenden Seite im Internet auswählen, gelangen Sie auf ein übersichtliches Verzeichnis mit vielen nützlichen Links, die weiter führende Informationen beinhalten.

Sachwortregister
Das Sachwortregister erleichtert die Suche nach bestimmten Begriffen und Inhalten. Alle Definitionen sind fett gedruckt, ebenso die Seitenzahlen, auf denen ein Inhalt hauptsächlich behandelt wird.

Einsatzmöglichkeiten
Das Buch kann vielfältig eingesetzt werden:
a) Im Selbststudium
b) Als Nachschlagewerk
c) Als Arbeitsbuch und Lehrmittel im Schulunterricht

Hinweis zur Sprache
– Das Buch basiert auf der neuen Rechtschreibung (Duden 2006).
– Es wurde darauf geachtet, möglichst einfache Formulierungen zu verwenden, damit die Inhalte gut verstanden werden.
– Die vielen Beispiele sollen nicht nur den Bezug von der Theorie zur Realität herstellen, sie ermöglichen auch ein leichteres Lernen der theoretischen Inhalte.

Zur Farbführung
Zusammenhängende Inhalte wurden aus didaktischen Gründen mit der gleichen Farbe versehen.

www.verlag-fuchs.ch
– Produkteinformation
– Online-Bestellung
– Glossar
– Unterrichtsmaterialien

Betriebswirtschaft (B)

B 1. Einführung in die Betriebswirtschaft

1.1 Betriebs- und Volkswirtschaftslehre 10
1.2 Das Unternehmen: Teil der Volkswirtschaft 11
1.3 Unternehmensziele 12
1.4 Das Zielsystem der Unternehmen 13
1.5 Unternehmensarten 15

B 2. Das Unternehmensmodell

2.1 Das Unternehmensmodell 18
2.2 Die Elemente des Unternehmensmodells 19
2.3 Die Umweltsphären eines Unternehmens 20
2.4 Anspruchsgruppen und Interaktionsthemen 22
2.5 Zielkonflikte eines Unternehmens 24

B 3. Ordnungsmomente eines Unternehmens

3.1 Ordnungsmomente 26
3.2 Unternehmensleitbild 27
3.3 Strategie 28
   3.3.1 Strategieentwicklungskonzepte 29
   3.3.2 Standortfaktoren 30
3.4 Struktur 31
   3.4.1 Zwei bedeutende Aufbauorganisationen 32
   3.4.2 Festlegungen der Organisation 33
3.5 Kultur 36

B 4. Unternehmensprozesse

4.1 Unternehmensprozesse 38
4.2 Managementprozesse 39
4.3 Geschäftsprozesse 40
   4.3.1 Marketingprozesse 41
   4.3.2 Marketing-Mix 43
   4.3.3 Werbung 47
4.4 Leistungserstellungsprozesse 51
   4.4.1 Produktion und Dienstleistungserstellung 52
   4.4.2 Ziele der Leistungserstellung 53
   4.4.3 Umweltschutz 54
4.5 Unterstützungsprozesse 55
   4.5.1 Finanzielle Führung des Unternehmens 56
      4.5.1.1 Die Bilanz 57
      4.5.1.2 Die Erfolgsrechnung 60
      4.5.1.3 Kennzahlen zur finanziellen Situation 62
      4.5.1.4 Die 4 Konti der doppelten Buchhaltung 64
      4.5.1.5 Doppelter Erfolgsnachweis 65
      4.5.1.6 Kapitalbeschaffung 66
      4.5.1.7 Kreditarten 68
      4.5.1.8 Controlling 70
   4.5.2 Personalmanagement 71
      4.5.2.1 Personalgewinnung 72
      4.5.2.2 Personalbeurteilung 74
      4.5.2.3 Personalhonorierung 75
      4.5.2.4 Mitwirkung der Arbeitnehmer 76
   4.5.3 Rechtsformen der Unternehmen 77
   4.5.4 Risikomanagement 80

B 5. Entwicklungsmodi

5.1 Entwicklungsmodi 82
5.2 Optimierung 83
5.3 Innovation 84

B 6. Problemlösung und Entscheidung

6.1 Problemlösung 90
6.2 Problemlöse- und Entscheidungsverfahren 91

B 7. Vernetzungen

7.1 Vier Schritte zur Erkennung komplexer Probleme 96
7.2 Beispiel: Strukturwandel 98
7.3 Vernetztes Denken 100

Sachwortregister 345

Volkswirtschaft (V)

V 1. Grundlagen der Volkswirtschaft

1.1	Bedürfnisse	102
1.2	Güter zur Bedürfnisbefriedigung	104
1.3	Das ökonomische Prinzip	105
1.4	Der Wirtschaftskreislauf	106
	1.4.1 Der einfache Wirtschaftskreislauf	106
	1.4.2 Der erweiterte Wirtschaftskreislauf	108
1.5	Das Bruttoinlandprodukt	110
	1.5.1 Das Wirtschaftswachstum	111
	1.5.2 Das BIP im nationalen Vergleich	112
	1.5.3 Das BIP im internat. Vergleich	113
1.6	Das Volkseinkommen	114
1.7	Der Produktionsfaktor Boden	116
1.8	Der Produktionsfaktor Arbeit	117
1.9	Der Produktionsfaktor Kapital	120
1.10	Die 3 Wirtschaftssektoren	122
1.11	Der Markt – Die Preisbildung	124
1.12	Wirtschaft und Umwelt	128
1.13	Wohlstand – Wohlfahrt	132

V 2. Wirtschaftsordnungen

2.1	Wirtschaftsordnungen	134
	2.1.1 Zwei Wirtschaftsmodelle	135
	2.1.2 Die beiden Modelle im Vergleich	136
	2.1.3 Die soziale Marktwirtschaft	137
2.2	Marktversagen	138
2.3	Ziele der staatlichen Wirtschaftspolitik	140
2.4	Der Sozialstaat Schweiz	143
2.5	Die Finanzen der öffentlichen Hand	144
	2.5.1 Die Schuldenbremse	145
	2.5.2 Die Bundesfinanzen	146
2.6	Die Finanzierung der AHV	148

V 3. Geld und Konjunktur

3.1	Das Geld	150
3.2	Die Börse	151
3.3	Der Wechselkurs	152
3.4	Der Landesindex der Konsumentenpreise	154
3.5	Die Banken	156
3.6	Die Geldpolitik der SNB	158
	3.6.1 Die Umsetzung der Geldpolitik	159
	3.6.2 Die Wirkung der Geldpolitik	160
3.7	Geldschöpfung durch die Geschäftsbanken	161
3.8	Die Geldmengen	162
3.9	Geldwertstörung: Inflation	163
	3.9.1 Ursachen der Inflation	164
	3.9.2 Folgen der Inflation	166
3.10	Geldwertstörungen: Deflation / Stagflation	167
3.11	Die Konjunktur	168
	3.11.1 Der Konjunkturzyklus	169
	3.11.2 Konjunkturindikatoren	172
	3.11.3 Die Konjunkturpolitik	174
	3.11.4 Drei bedeutende Wirtschaftstheoretiker	176

V 4. Beziehungen nach aussen

4.1	Politische Weltkarte	180
4.2	Die Globalisierung der Wirtschaft	182
4.3	Die Zahlungsbilanz	183
4.4	Flexibler Wechselkurs – fixer Wechselkurs	184
	4.4.1 Kursverschlechterung – Kursverbesserung	185
	4.4.2 Auswirkungen von Kursänderungen	186
4.5	Die WTO	188
4.6	Der IWF	190
4.7	Die Weltbank	191
4.8	Die Entwicklungszusammenarbeit	192
4.9	Der EU – Binnenmarkt	193
4.10	Die Europäische Währungsunion	194

V 5. Die grafische Darstellung

5.	Die grafische Darstellung	198

Sachwortregister   **345**

Recht (R)

R 1. Einführung ins Recht

1.1	Einführung ins Recht: Übersicht	202
1.2	Regeln für die Gesellschaft	203
1.3	Rechtsquellen	204
1.4	Die Rangordnung der Rechtserlasse	205
1.5	Öffentliches und privates Recht	206
1.6	Zwingendes und nicht zwingendes Recht	207
1.7	Rechtsgrundsätze	208
1.8	Das Zivilgesetzbuch (ZGB)	209
1.9	Das Obligationenrecht (OR): Übersicht	212
1.10	Die Obligation	213
	1.10.1 Vertrag und Abschluss des Vertrags	214
	1.10.2 Formen der Verträge	215
	1.10.3 Vertragsmängel	216
	1.10.4 Vertragserfüllung	217
	1.10.5 Folgen der Nichterfüllung	218
	1.10.6 Verjährung	219
	1.10.7 Unerlaubte Handlung	220
	1.10.8 Ungerechtfertigte Bereicherung	222
1.11	Lösen von Rechtsfällen	223

R 2. Arbeit

2.1	Arbeitsverträge: Übersicht	226
2.2	Der Einzelarbeitsvertrag (EAV)	227
	2.2.1 Stellenbewerbung	228
	2.2.2 Form und Entstehung des EAV	230
	2.2.3 Rechte und Pflichten des Arbeitnehmers	231
	2.2.4 Rechte und Pflichten des Arbeitgebers	233
	2.2.5 Beendigung des EAV	236
2.3	Der Gesamtarbeitsvertrag (GAV)	238
2.4	Der Normalarbeitsvertrag (NAV)	239
2.5	Das Arbeitsgesetz (ArG)	240

R 3. Familie

3.1	Familie: Übersicht	244
3.2	Familie / Zusammenleben	245
3.3	Das Konkubinat	246
3.4	Die Ehe	248
3.5	Das Güterrecht	250
3.6	Die Scheidung	253
3.7	Das Kindesrecht	254
3.8	Die Adoption	257
3.9	Der Erwachsenenschutz	258
3.10	Das Erbe	261
	3.10.1 Die Erbschaft	262
	3.10.2 Pflichtteile und freie Quote	264
3.11	Verfügung von Todes wegen	265
3.12	Todesfall – Massnahmen	266

R 4. Kauf

4.1	Kauf: Übersicht	268
4.2	Begriffe aus ZGB und OR	269
4.3	Der Ablauf eines Kaufs	270
	4.3.1 Vertragsverletzungen	272
	4.3.2 Verschiedene Kaufarten	275
4.4	Der einfache Auftrag	280
4.5	Der Werkvertrag	281
4.6	Verträge im Vergleich	282
4.7	Das Konsumkreditgesetz (KKG)	283
	4.7.1 Die 4 Kreditarten im Überblick	284
	4.7.2 Der Leasingvertrag	286

R 5. Miete

5.1	Miete: Übersicht	288
5.2	Die Gebrauchsüberlassung	289
5.3	Die Miete	290
5.4	Die Wohnungsmiete	291
	5.4.1 Pflichten des Vermieters	292
	5.4.2 Pflichten des Mieters	293
	5.4.3 Die Beendigung der Miete	295
5.5	Der Mieterschutz	297

R 6. Betreibung

6.1	Die Betreibung	300
6.2	Einleitung des Betreibungsverfahrens	301
6.3	Die Betreibung auf Pfändung	302
6.4	Der Privatkonkurs	305
6.5	Die Betreibung auf Konkurs	306
6.6	Der Nachlassvertrag	307

R 7. Steuern

7.1	Steuern: Übersicht	310
7.2	Steuerhoheit / Steuerpflicht / Steuerzwecke	311
7.3	Steuerarten	312
7.4	Verrechnungs- und Mehrwertsteuer	313
7.5	Steuerbares Einkommen	314
7.6	Steuerbares Vermögen	315
7.7	Progression	316
7.8	Steuervergehen	317
7.9	Rechtsmittel zur Steuerveranlagung	318

R 8. Versicherungen

8.1	Versicherungen: Übersicht	320
8.2	Das Prinzip der Versicherungen	321
8.3	Wichtige Grundbegriffe zu den Versicherungen	322
8.4	Personenversicherungen	323
	8.4.1 Die Krankenversicherung	324
	8.4.2 Die Unfallversicherung	328
	8.4.3 Die AHV	330
	8.4.4 Die IV	331
	8.4.5 Ergänzungsleistungen	332
	8.4.6 Die EO	333
	8.4.7 Die Arbeitslosenversicherung	334
	8.4.8 Berufliche Vorsorge/Pensionskasse	336
	8.4.9 Weitere Sozialversicherungen	337
	8.4.10 Private Vorsorge/3. Säule	338
	8.4.11 Angebote von Lebensversicherungen	339
	8.4.12 Das Drei-Säulen-Konzept	340
8.5	Haftpflichtversicherungen	341
8.6	Sachversicherungen	342
8.7	Weiteres zu den Versicherungen	344

Sachwortregister 345

Der Verlag Fuchs beteiligt sich – zusammen mit vielen weiteren Verlagen – an der Kampagne «fair kopieren».

Abkürzungen und Quellen

Abkürzungen

BV	Bundesverfassung
AHVG	Alters- und Hinterlassenen-Versicherungsgesetz
ArG	Arbeitsgesetz
AVIG	Arbeitslosen- und Insolvenz-Versicherungsgesetz
BBG	Bundesgesetz über die Berufsbildung (Berufsbildungsgesetz)
BVG	Bundesgesetz über die berufliche Vorsorge (Berufliches Vorsorgegesetz)
DSG	Datenschutzgesetz
HR	Handelsregister
HRegV	Verordnung zum Handelsregister
IVG	Invalidenversicherungsgesetz
JStGB	Jugendstrafgesetzbuch
KKG	Konsumkeditgesetz
KVG	Krankenversicherungsgesetz
OBG	Ordnungsbussengesetz
OBV	Ordnungsbussenverordnung
OR	Obligationenrecht
PaRG	Bundesgesetz über Pauschalreisen (Pauschalreisegesetz)
PrHG	Produktehaftpflichtgesetz
SchKG	Schuldbetreibungs- und Konkursgesetz
SHAB	Schweizerisches Handelsamtsblatt
StGB	Strafgesetzbuch
SVG	Strassenverkehrsgesetz
USG	Bundesgesetz über den Umweltschutz (Umweltschutzgesetz)
UVG	Unfallversicherungsgesetz
UWG	Bundesgesetz gegen den unlauteren Wettbewerb
ZGB	Zivilgesetzbuch

Quellen

- Seite 18: Grafik: St. Galler Managementmodell: Rüegg-Stürm, J. (2002). Das neue St. Galler Managementmodell. Bern.

- Seite 29: Grafik: Gabele, E. (1981). Die Leistungsfähigkeit der Portfolio-Analyse für die strategische Unternehmensführung. In: Rühli E., Thommen, J.-P.: Unternehmensführung aus finanz- und bankwirtschaftlicher Sicht. Stuttgart. S. 45–61

- Seite 44: Grafik: In Anlehnung an Kotler, P., Bliemel, F. (2001): Marketing-Management. Stuttgart.

- Seite 46: Grafik: In Anlehnung an Kotler, P., Bliemel, F. (2001): Marketing-Management. Stuttgart.

- Seite 85: Grafik: In Anlehnung an Rogers, E. M. (2003). Diffusion of innovations. New York.

Dank

Dank

An dieser Stelle gebührt all meinen Kolleginnen und Kollegen, die mich tatkräftig unterstützt haben, ein herzliches Dankeschön. Ganz herzlich danke ich:

den Mitautorinnen
- Esther Kessler, lic. oec., PhD, Research Associate, University College London (UCL), London, UK.
- Simone Landolt-Birchmeier, lic. oec. HSG, dipl. Handelslehrerin

den Mitautoren
- Claudio Caduff, lic. phil. I, Dozent PHZH/Sekundarstufe 2 und PHZ Luzern
- Roman Capaul, Prof. Dr. oec., Titularprofessor an der Universität St. Gallen
- Christoph Fuchs, lic. iur., Rothenburg
- Otto Hirschi, Berufsfachschullehrer
- André Langenegger, lic. oec. HSG, dipl. Handelslehrer, Geschäftskundenberater, Dozent in der Erwachsenenbildung
- Roman Steiner, lic. iur., Anwalt, juristischer Mitarbeiter im Bildungs- und Kulturdepartement des Kantons Luzern
- Thomas Zeller, Berufsfachschullehrer

für das Korrektorat
- Thomas Schafroth, lic. phil. I
- Sylvia von Piechowski, lic. phil. I

für die Gestaltung, Fotografien und Illustrationen
Armin und Simon Meienberg, Pierina Bucher (Springrolls) für die grafische Gestaltung, Renato Regli und Andri Pol für die Fotografien sowie Christof Schürpf für die Illustrationen.

Rothenburg/Luzern, März 2012 — Jakob Fuchs

B 1. Einführung in die Betriebswirtschaft

Simone Landolt-Birchmeier
Roman Capaul

Betriebs- und Volkswirtschaftslehre

Die Betriebswirtschaftslehre und die Volkswirtschaftslehre stehen in einem engen Zusammenhang zueinander. Sie untersuchen beide eine Seite des Gesamtbereiches Wirtschaft. Die Betriebe sind eingebettet in das gesamte volkswirtschaftliche Geschehen.

■ Betriebswirtschaftslehre (BWL)

> **Betriebswirtschaftslehre:** *Sie befasst sich mit den einzelnen Unternehmen und erklärt, wie ein Unternehmen seine gesetzten Ziele optimal erreichen kann.*

Die Betriebswirtschaftslehre beschreibt und erklärt also das wirtschaftliche Handeln im Betrieb wie die Bestimmung der Strategie, die Kultur, die Organisation und die Prozesse, die nötig sind, um die Leistung des Betriebes zu erbringen.

Typische betriebswirtschaftliche Fragestellungen sind:
- Welcher Standort ist ideal für das Unternehmen?
- Wie beschafft sich das Unternehmen das Kapital und wie rekrutiert es das Personal?
- Wie lassen sich die Produktionsprozesse optimal und effizient gestalten?
- Wie müssen die Mitarbeitenden geführt werden, damit sie motiviert arbeiten?
- Wie muss das Lager bewirtschaftet werden, damit einerseits die Lieferbereitschaft immer gewährleistet ist und anderseits möglichst geringe Lagerkosten anfallen?
- Welche Marketingmassnahmen fördern den Verkauf von Gütern und Dienstleistungen?
- Wie viel Gewinn oder Verlust hat das Unternehmen Ende Jahr erzielt?

Doch ein Betrieb steht nicht für sich allein. Deshalb befasst sich die Betriebswirtschaftslehre auch mit den umliegenden Märkten, Konsumenten, anderen Betrieben, Lieferanten und Arbeitnehmern. Der Blickwinkel ist dabei immer vom einzelnen Betrieb aus gewählt.

■ Volkswirtschaftslehre (VWL)

> **Volkswirtschaftslehre:** *Sie befasst sich mit den gesamtwirtschaftlichen Vorgängen und Zusammenhängen der verschiedenen Unternehmen, der privaten Haushalte und des Staates.*

Die Volkswirtschaftslehre untersucht, wie ein Volk seine knappen Produktionsfaktoren (Boden, Arbeit, Kapital) verwendet, um Sachgüter und Dienstleistungen herzustellen, und wie diese verteilt werden.

Bei den gesamtwirtschaftlichen Vorgängen und Zusammenhängen sind etwa folgende Themen für die Volkswirtschaft wichtig:
- Angebot und Nachfrage
- Arbeitslosigkeit
- Inflation
- Konjunkturpolitik
- Staatsdefizite
- Umweltverschmutzung
- usw.

Die volkswirtschaftlichen Vorgänge und Daten haben immer Auswirkungen auf das Verhalten der einzelnen Unternehmen.

Das Unternehmen: Teil der Volkswirtschaft

> **Unternehmen:** *Ist eine wirtschaftliche Organisation, die etwas herstellt oder/ und eine Dienstleistung erbringt.*

Die Begriffe «Unternehmen» und «Betrieb» werden umgangssprachlich oft gleichbedeutend verwendet.

Grundsätzlich funktioniert jedes Unternehmen nach dem gleichen Prinzip: Es erhält einen Input in Form von Einkäufen. Unter Einsatz der Produktionsfaktoren (Boden, Arbeit, Kapital) versucht es, den Wert des Produktes zu steigern und dieses anschliessend wieder zu verkaufen.

■ Die Wertschöpfung

> **Wertschöpfung** *(im betriebswirtschaftlichen Sinn): Ist der Beitrag, den jedes einzelne Unternehmen im Inland zum Volkseinkommen beisteuert.*

Die Unternehmen sind einer Vielzahl von Märkten ausgesetzt:
- Der Beschaffungsmarkt besteht aus dem Rohstoffmarkt, wo Rohstoffe oder Halbfabrikate gekauft werden, aus dem Arbeitsmarkt, wo Arbeitskräfte rekrutiert werden, aus dem Finanzmarkt, wo Geldmittel beschafft werden.
- Auf dem Absatzmarkt werden Produkte an Käufer, Konsumenten oder Wiederverkäufer veräussert.

Auf jedem Markt herrscht Konkurrenz.

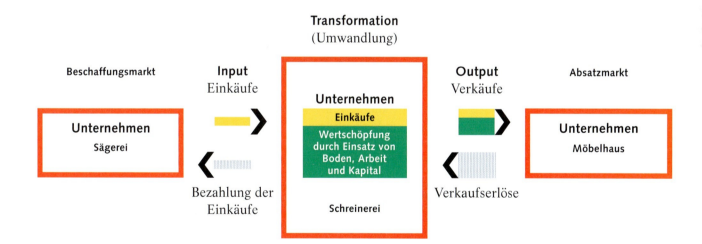

Beispiel
Eine Schreinerei kauft von einer Sägerei Holz und bezahlt dafür einen Preis. Die Arbeiter dieser Schreinerei (Produktionsfaktor Arbeit) stellen mithilfe von Maschinen (Produktionsfaktor Kapital) in den Räumlichkeiten der Schreinerei (Produktionsfaktor Boden) aus dem Holz Stühle her. Diese Stühle werden nun an ein Möbelhaus verkauft. Aus dem Verkaufserlös bezahlt das Unternehmen das Holz der Sägerei sowie die Entschädigungen für den Einsatz der Produktionsfaktoren.

Unternehmensziele

> **Unternehmensziele:** *Sie geben Auskunft, in welche Richtung sich ein Unternehmen entwickeln soll.*

Grundsätzlich sind bei den privaten Unternehmen die Eigentümer zuständig für die Zielsetzungen. Diese werden jedoch auch von den Umweltbereichen und von den Anspruchsgruppen des Unternehmens beeinflusst (siehe S. 22 f.).

Man unterscheidet zwischen Erfolgszielen und Sachzielen.

■ Erfolgsziele

Diese sollen den Erfolg eines Unternehmens sichern.
Die Unternehmen orientieren sich dabei am ökonomischen Prinzip. Im Zentrum steht der optimale Einsatz der Produktionsfaktoren (Boden, Arbeit, Kapital).

Ein Unternehmen kann nur überleben, wenn es die Erfolgsziele erreicht.

Minimumprinzip (siehe auch S. 105)
Ein vorgegebener Output soll erreicht werden. Dazu wird ein möglichst kleiner Einsatz von Produktionsfaktoren verwendet.

Maximumprinzip (siehe auch S. 105)
Zur Verfügung steht ein vorgegebener Einsatz von Produktionsfaktoren. Damit soll ein möglichst hoher Output erzielt werden.

In der Praxis ist die Orientierung am ökonomischen Prinzip für jedes Unternehmen die Basis für eine erfolgreiche Geschäftstätigkeit. Darauf abgestützt formulieren die Unternehmen ihre Erfolgsziele u.a. in den Bereichen Produktivität und Gewinn.

> **Produktivität (im betriebswirtschaftlichen Sinne):** *Ist das mengenmässige Verhältnis zwischen Output und eingesetzten Produktionsfaktoren.*

Für jeden der drei Produktionsfaktoren kann man die Produktivität einzeln messen.
- *Beispiel Boden:* Ein Verkaufsgeschäft macht im Tag CHF 1200.– Umsatz pro m^2.
- *Beispiel Arbeit:* Ein Bodenleger verlegt 12 m^2 Platten pro Arbeitsstunde.
- *Beispiel Kapital:* Eine Maschine produziert 800 Stück pro Betriebsstunde.

> **Gewinn:** *Ist die Differenz zwischen Ertrag und Aufwand.*

Ist in einem Unternehmen der Aufwand grösser als der Ertrag, erwirtschaftet das Unternehmen einen Verlust. Dies führt früher oder später zum Konkurs (siehe S. 300 ff.).

■ Sachziele

Die Sachziele gliedern sich in:
- Markt- und Produktziele (z.B. Festlegung des Marktanteils, Beschreibung neuer Produkte)
- Finanzziele (z.B. Sicherstellung der Liquidität)
- Führungs- und Organisationsziele (z.B. Neuverteilung von Kompetenzen)
- Soziale Ziele (z.B. Einführung eines gerechteren Lohnsystems, Mitarbeiterschulung)

Das Zielsystem der Unternehmen

Die drei Zieldimensionen

Die Zielsetzungen der Unternehmen werden heute viel differenzierter diskutiert. Ein Unternehmen kann nicht mehr einseitig ökonomische (rein wirtschaftliche) Ziele verfolgen. Die Herausforderung besteht darin, neben der Gewinnorientierung auch ökologische und soziale Ziele zu berücksichtigen.

Folgende Grafik verdeutlicht das komplexe Zielsystem. Die Begriffe «Profit», «People», «Planet» bringen die Anliegen auf den Punkt.

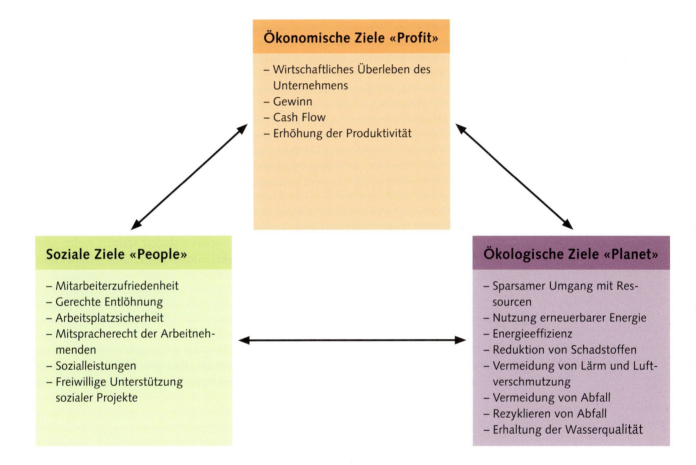

Die Beziehung der drei Zieldimensionen

Die drei Zieldimensionen stehen in unterschiedlicher Beziehung zueinander.

Zielbeziehung	Erklärung	Beispiel
Zielharmonie	Ein Ziel begünstigt die Erreichung eines anderen Ziels.	Planet ⟶ Profit Die Rückgewinnung von Wärme aus der Produktion reduziert die Heizkosten.
Zielneutralität	Ein Ziel hat keinen Einfluss auf ein anderes Ziel.	Planet —╫— People Die Reduktion des Energieverbrauchs hat keinen Einfluss auf die Zufriedenheit der Mitarbeitenden.
Zielkonflikt	Die Erfüllung eines Ziels beeinträchtigt ein anderes Ziel.	People ⚡ Profit Höhere Löhne reduzieren den Gewinn.

Triple Bottom Line

Die Wertschaffung von Unternehmen muss nachhaltig sein. Nach dem Konzept der Triple Bottom Line geht es darum, langfristig Werte zu schaffen, die auf ökonomischer, sozialer und ökologischer Basis beruhen. Bei der Entscheidungsfindung müssen neben den ökonomischen gleichzeitig auch die sozialen und ökologischen Aspekte (siehe dazu auch das Kapitel «Umweltschutz» S. 54) mitberücksichtigt werden.

Wichtige Grundlagen für soziale und ökologische Entscheidungsgrundlagen sind:
– Nachhaltigkeitsberichte und
– Ökobilanzen.

Nachhaltigkeitsberichte

Mit dem Begriff «Nachhaltigkeit» wird allgemein der sorgfältige Umgang mit den Ressourcen umschrieben. Abbauen und Nachwachsen der Ressourcen sollten im Gleichgewicht stehen, so dass der Lebensraum seine Funktionen, z.B. die Bereitstellung von Nahrung und von sauberem Trinkwasser, weiterhin erfüllen kann. Nachhaltige Produktionsmethoden und Lebensweisen basieren auf möglichst geringem Ressourcenverlust.

Insbesondere die grossen, börsenkotierten Unternehmen sind aufgefordert, ihr Verhalten und dessen Auswirkungen auf die Gesellschaft und die Natur in sogenannten Nachhaltigkeitsberichten zu dokumentieren. Inzwischen finden sich in vielen Geschäftsberichten separate Kapitel zur Nachhaltigkeit des unternehmerischen Handelns.

Ökobilanz

Mit der Ökobilanz werden Auswirkungen eines Produkts während seiner gesamten Lebensdauer auf die Umwelt erfasst. Dabei werden der Energie- und der Rohstoffverbrauch sowie die Schadstoffemissionen bei der Herstellung, beim Gebrauch und bei der Entsorgung des Produkts berücksichtigt.

Öko-Labels als Gütesiegel
Produkte aus Herstellungsprozessen mit geringer Belastung für die Umwelt können sogenannte Öko-Labels erhalten.

Beispiel
Das Knospe-Label wird für Produkte aus biologischem Anbau vergeben. Damit der Landwirt das Label erhält, muss er unter anderem auf den Einsatz von Kunstdünger und Pflanzenschutzmitteln verzichten.

Verschiedene Öko-Labels

Nahrungsmittel-Labels   *Büroelektronik, Büroökologie*   *Bau-Label*   *Strom-Label*

Unternehmensarten

Will man die Art eines Unternehmens genauer bestimmen, interessieren folgende Fragen:
- Wer ist Eigentümer des Unternehmens?
- Wie viele Erwerbstätige arbeiten in diesem Unternehmen?
- In welchem Wirtschaftssektor ist das Unternehmen tätig?
- Welche Rechtsform hat das Unternehmen (siehe S. 77 ff.)?

■ Bestimmung nach dem Träger des Eigentums

Private Unternehmen
Das unternehmerische Risiko wird allein von den Eigentümern getragen. Der Einfluss des Staates ist auf die rechtlichen Normen beschränkt.

Privatunternehmen	Öffentliche Unternehmen	Gemischtwirtschaftliche Unternehmen
Träger: Privatpersonen oder private Unternehmen	*Träger:* Staat (Bund, Kanton, Gemeinde)	*Träger:* Private wie auch der Staat
Beispiele: – UBS AG – Coop – Bäckerei Brunner	*Beispiele:* – Die Post – SBB – Suva	*Beispiele:* – Swisscom – Schweiz. Nationalbank

Öffentliche Unternehmen
Bis vor einiger Zeit stand im Zentrum einiger Staatsbetriebe nicht primär die Erwirtschaftung eines Gewinns, sondern der sogenannte Service public. Damit ist das Erbringen einer Leistung für die Allgemeinheit gemeint. So werden zum Beispiel auch Randregionen mit öffentlichen Verkehrsmitteln erschlossen, sie erhalten Strom und Telefonanschlüsse, obwohl dies nach marktwirtschaftlichen Grundsätzen nicht rentabel ist. Allfällige Defizite dieser Unternehmen finanziert die öffentliche Hand aus Steuergeldern (siehe auch «öffentliche Güter», S. 138).

Inzwischen ist eine (politische) Kontroverse in Gang gekommen, und folgende Fragen werden unter anderen diskutiert:
- Sind Staatsbetriebe zu träge?
- Wie stark sollen öffentliche Unternehmen dem freien Markt ausgesetzt werden?
- Schliessen sich Service public und Gewinnorientierung aus?

So muss die Post gemäss Leistungsauftrag einerseits einen flächendeckenden Universaldienst erbringen (Service public) und andererseits eigenwirtschaftlich handeln. Die Forderung nach Eigenwirtschaftlichkeit hat jedoch zum Teil einen Abbau gewisser Leistungen zur Folge. Entsprechend werden nun zahlreiche Poststellen geschlossen, Briefkästen weniger oft geleert usw.

Gemischtwirtschaftliche Unternehmen
Andere öffentliche Unternehmen wurden teilprivatisiert (z. B. Swisscom). Ziel ist dabei, das Unternehmen stärker und flexibler den Marktkräften auszusetzen.
Bei diesen Unternehmen besitzt die öffentliche Hand eine Minderheits- oder Mehrheitsbeteiligung. Entsprechend unterschiedlich gross sind der Einfluss und die Kontrolle, die der Staat auf diese Unternehmen ausüben kann.

B 1.5 Unternehmensarten

▪ Bestimmung nach der Anzahl Mitarbeiter

Gemäss europäischem System gliedern sich die Unternehmen in vier Gruppen.

	Klein- und Mittelbetriebe (KMU)			Grossunternehmen
	Mikrounternehmen	Kleinunternehmen	Mittelunternehmen	
Vollzeitbeschäftigte	1 – 9	10 – 49	50 – 249	ab 250
Vollzeit*-/Teilzeitbeschäftigte** in %	26,3	21,7	19,4	32,5
Unternehmen in %	86,5	10,9	2,2	0,4

Bundesamt für Statistik, BFS, 2009, ohne Land- und Forstwirtschaftsbetriebe
*Als Vollzeitbeschäftigte gelten Arbeitnehmer mit einem Pensum von 90% und mehr.
**Als Teilzeitbeschäftigte gelten Arbeitnehmer mit einem Pensum von unter 80%.

▪ Bestimmung nach dem Wirtschaftssektor

– Unternehmen nach Wirtschaftssektoren
Die Unternehmen lassen sich den drei Wirtschaftssektoren zuordnen:
- Urproduktion (1. Sektor)
- Güterveredelung, Güterverarbeitung (2. Sektor)
- Dienstleistungen und Verwaltungen (3. Sektor)

– Anzahl Arbeitsstätten pro Wirtschaftssektor
Die Migros z. B. gilt als ein Unternehmen. Bei der Erfassung nach Arbeitsstätten wird jedoch jeder Produktionsbetrieb und jede Filiale als eine Arbeitsstätte gezählt.

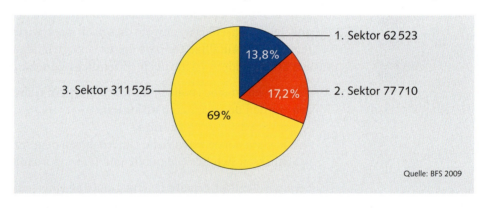

Quelle: BFS 2009

– Anzahl Beschäftigte pro Wirtschaftssektor (siehe S. 122 f.)
Deutlich anders ist die prozentuale Aufteilung der 4,708 Millionen Beschäftigten in der Schweiz auf die drei Wirtschaftssektoren. Am 1. Juli 2011 war die Verteilung folgendermassen:
- 1. Sektor: 3,6%
- 2. Sektor: 22,4%
- 3. Sektor: 74,0%

Quelle: BFS 2011

B 2. Das Unternehmensmodell

Das Unternehmensmodell

Unternehmensmodell: *Ist eine vereinfachte Darstellung eines Unternehmens. Es gibt nie die vollständige Realität wieder.*

Das St. Galler Managementmodell

Auch wenn Modelle vereinfacht darstellen, sind sie doch wertvolle Hilfen, um die komplexe Wirklichkeit besser verständlich zu machen. Ein solches Modell ist das St. Galler Managementmodell, das ursprünglich von H. Ulrich an der Universität St. Gallen entwickelt wurde. Unter der Federführung des St. Galler Professors J. Rüegg-Stürm wurde dieses Modell den aktuellen wirtschaftlichen Entwicklungen und Erkenntnissen aus der Theorie und aus der Forschung angepasst.

Das St. Galler Managementmodell dient für die folgenden Ausführungen in den Kapiteln 2 bis 5 als wichtige Orientierungshilfe.

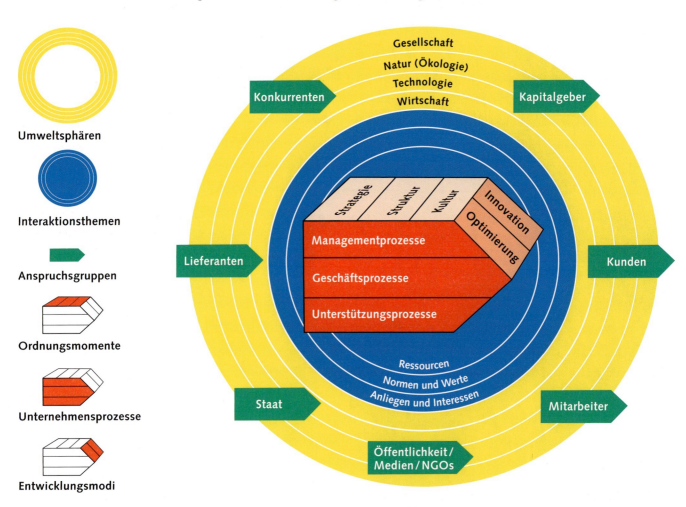

Die Elemente des Modells werden auf den nächsten Seiten einzeln erklärt. Die Modellbeschreibung erfolgt von aussen nach innen. Das heisst, zuerst werden die vielfältigen Umweltsphären und Anspruchsgruppen erklärt. Anschliessend wird gezeigt, wie die Strukturen und Prozesse im Unternehmen gestaltet sein müssen, damit diese sich in den Umweltsphären optimal bewegen und laufend weiterentwickeln können.

Die Modellelemente sind alle miteinander verknüpft und stehen in gegenseitiger Wechselwirkung. So erfordert z.B. die Qualitätssicherung (Optimierung) eine Organisation (Struktur) und sie muss bewusst geführt werden (Management). Das Denken in isolierten Elementen ist demnach zu vermeiden.

Die Elemente des Unternehmensmodells

■ Umweltsphären

Jedes Unternehmen, ob ein Landwirtschaftsbetrieb, eine Schreinerei, eine Bank, ein Reiseunternehmen oder gar eine Schule, ist in verschiedene Umwelten (Kontexte) eingebettet und wird durch diese beeinflusst und zum Teil sogar geprägt.

Der vielfältige Kontext wird in vier sogenannte Umweltsphären gegliedert:

Gesellschaft
– Jedes Unternehmen ist Teil der Gesellschaft. In dieser Gesellschaft entstehen aus den politischen Prozessen laufend neue Gesetze und Verordnungen.

Natur (Ökologie)
– Jedes Unternehmen ist Teil der Natur (ökologische Umwelt). Bei der Rohstoffbeschaffung und beim Beseitigen von Abfällen oder bei Abgasen ist auf die Natur Rücksicht zu nehmen.

Technologie
– Technologische Entwicklungen und Erkenntnisse aus der Forschung führen zu neuen Produkten und Dienstleistungen. Unternehmen versuchen die technologischen Entwicklungen für die Verbesserung und den Ersatz ihres Leistungsangebots zu nutzen.

Wirtschaft
– Das Unternehmen ist Teil der gesamten Wirtschaft.

■ Anspruchsgruppen und Interaktionsthemen

Aufgrund der betrieblichen Tätigkeit sind Personen oder Gruppen direkt vom Unternehmen betroffen. Diese Personen haben unterschiedliche Ansprüche an das Unternehmen. Sie werden deshalb Anspruchsgruppen genannt. Sie stehen in mehr oder weniger direkter Verbindung zum Unternehmen. Zudem sind sie Teil der Umweltsphären.

Das Unternehmen und diese Anspruchsgruppen beeinflussen einander wechselseitig bezüglich verschiedener Themen. Sie handeln Ressourcen (z.B. Arbeitsleistung oder Kapital) aus, oder es werden gegenseitige Interessen und Anliegen ausgeglichen. Dabei spielen die Normen und Werte der Anspruchsgruppen eine wichtige Rolle.

■ Ordnungsmomente

Ihre Grundform erhält das Unternehmen durch sogenannte Ordnungsmomente. Das Unternehmen muss wissen,

Strategie – in welche Richtung es gehen will (Strategie)
Struktur – mit welcher Organisation die Ziele erreicht werden können (Struktur) und
Kultur – wie die Beteiligten miteinander umgehen sollen (Kultur). Die Unternehmenskultur ist tiefer verborgen und viel schwieriger veränderbar.

■ Unternehmensprozesse

Die Organisationsstruktur wird von vielfältigen Prozessen durchdrungen:

Geschäftsprozesse – Die eigentliche Wertschöpfung entsteht in den Geschäftsprozessen.
Managementprozesse – Die Geschäftsprozesse müssen geführt werden durch die Managementprozesse.
Unterstützungsprozesse – Die ersten beiden Prozesse bedürfen verschiedener Unterstützungsprozesse (z.B. Buchhaltung, Rechtsabteilung).

■ Entwicklungsmodi

Aufgrund der sich stark wandelnden Umweltsphären entwickelt sich das Unternehmen laufend. Es ist gezwungen,

Optimierung – ständig kleine Verbesserungen durchzuführen (Optimierungen) und
Innovation – grössere Veränderungen zu realisieren (Innovationen).

Die Umweltsphären eines Unternehmens

> **Umweltsphären:** *Bereiche, in die ein Unternehmen eingebettet ist und mit denen es in Wechselwirkung steht.*

Die gesamte Umwelt, in der sich ein Unternehmen befindet, kann in vier Sphären gegliedert werden:
– Gesellschaft
– Natur (Ökologie)
– Technologie
– Wirtschaft

Jeder dieser Sphären löst zentrale Anliegen aus (z.B. Schutz der Natur, Vollbeschäftigung, Steuern) und beeinflusst dadurch das Unternehmen in seinen Tätigkeiten und Entscheidungsprozessen.

Die Reihenfolge dieser Umwelten ist zufällig und soll nicht hierarchisch interpretiert werden.

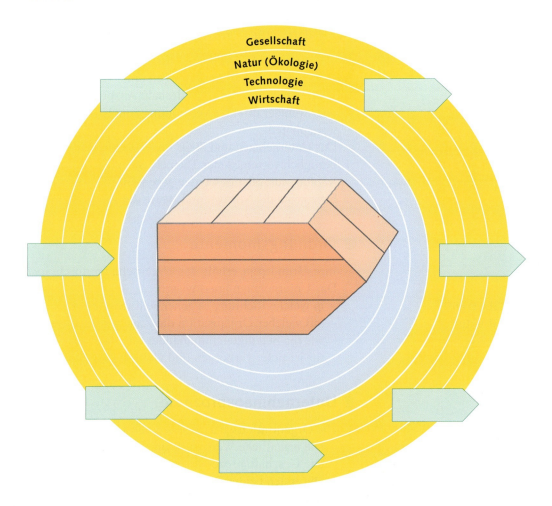

Gesellschaft

Der Mensch als Individuum und zugleich als Teil der Gesellschaft steht hier im Mittelpunkt. Werte und Normen sind einem dauernden Wandel unterworfen. Diesen gesellschaftlichen Veränderungen müssen auch die Unternehmen Rechnung tragen. Von den Unternehmen wird auch erwartet, dass sie sich an die Gesetze halten. Da unsere Rechtsordnung kein starres Gebilde ist, sondern aufgrund der politischen Entwicklungen verändert und erneuert wird, müssen sich die Unternehmen den neuen Normen anpassen.

Beispiele
Teilzeitarbeit, Datenschutz, Internationaler Handel (WTO-Bestimmungen), Arbeitsrecht

Natur (Ökologie)

Im Zentrum dieses Bereichs steht die Natur mit ihren beschränkten Ressourcen. Auch bisher freie Güter (z.B. sauberes Wasser, reine Luft) entwickeln sich mehr und mehr zu knappen Gütern. Umwelt schädigende Einflüsse müssen aufgrund rechtlicher Bestimmungen oder aufgrund des Drucks der privaten Haushalte (Konsumenten) für teures Geld eliminiert bzw. vermieden werden.

Beispiel
Einführung einer Entsorgungsgebühr beim Kauf elektronischer Geräte

Technologie

Die Forschung wartet in sehr kurzen Zeitabständen mit neuen Ergebnissen auf. Der technologische Fortschritt ist nicht aufzuhalten. Um mit der Konkurrenz Schritt halten zu können, müssen Unternehmen innovativ sein. Dies bedingt oft kapitalintensive Investitionen, d.h. viele Eigenmittel müssen in die Entwicklung gesteckt werden.

Beispiel
Der Auftritt im Internet mittels einer Homepage ist für ein Unternehmen zu einem Muss geworden.

Wirtschaft

Das Unternehmen ist immer Teil der globalen Wirtschaft und deshalb von der wirtschaftlichen Entwicklung eines Landes, eines Kontinents oder sogar von der ganzen Welt abhängig. Diese Entwicklungen können von einem einzelnen Unternehmen praktisch nicht beeinflusst werden.
Deshalb ist es für jedes Unternehmen von Bedeutung, sich anhand von Daten über den aktuellen und den zu erwartenden Zustand der Volkswirtschaft ein Bild zu machen, um angemessene Strategien festzulegen.

Beispiele
Aufgrund einer Inflationstendenz erhöht die Nationalbank den Leitzinssatz. Die öffentliche Hand, der grösste Auftraggeber der Schweiz, senkt aus sparpolitischen Gründen die Ausgaben.

Anspruchsgruppen und Interaktionsthemen

Anspruchsgruppen

Anspruchsgruppen: *Gruppen, die unterschiedlichste Erwartungen und Ansprüche an ein Unternehmen haben.*

Diese Erwartungen und Ansprüche sind einem dauernden Wandel unterworfen und müssen von der Unternehmensleitung erfasst und beobachtet werden.

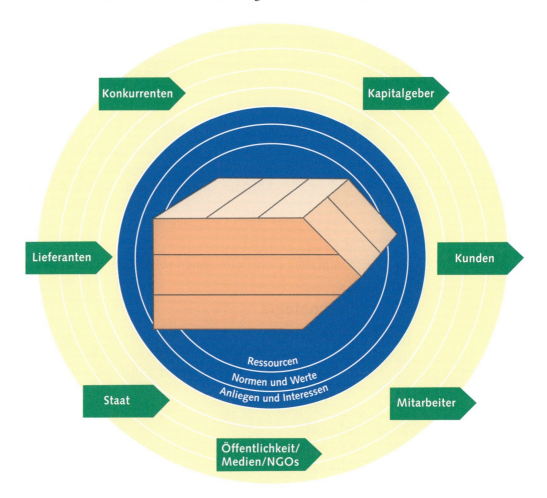

Interaktionsthemen

Interaktionsthemen: *Diese müssen im Zusammenspiel zwischen der Unternehmensleitung und den Anspruchsgruppen ausgehandelt werden.*

Die einzelnen Anspruchsgruppen verfolgen beim Aushandeln von Ressourcen ihre eigenen Anliegen und Interessen, denen wiederum bestimmte Normen und Werte zugrunde liegen.

Beispiel
In der Regel werden Ende Jahr die Löhne neu verhandelt. Dabei geht es für das Unternehmen einerseits um die optimale Versorgung mit der Ressource Arbeitskraft und andererseits um den richtigen Einsatz der finanziellen Ressourcen. Die Mitarbeiter und Gewerkschaften möchten eine faire und möglichst grosszügige Entschädigung für ihre Arbeit. Die Geschäftsleitung möchte zwar motivierte Mitarbeitende, darf aber auch keine zu grossen Risiken eingehen und zu hohe Löhne versprechen. Hinter beiden Positionen stehen unterschiedliche Interessen und oft auch verschiedene Werthaltungen.

Anspruchsgruppen und deren Erwartungen

	Erwartungen
Mitarbeiter	– Hohes Einkommen – Sicherer Arbeitsplatz – Gute Arbeitsbedingungen – Angenehmes Arbeitsklima – Weiterbildungsmöglichkeiten – Mitspracherecht
Lieferanten	– Regelmässige Bestellungen – Grosse Bestellungen – Gute Konditionen – Pünktliche Zahlung
Kapitalgeber	– Sicherheit – Hohe Verzinsung des eingesetzten Kapitals – Vermögenszuwachs
Konkurrenten	– Faires Verhalten – Kooperation (z.B. beim Betrieb einer Einkaufsgenossenschaft)
Staat	– Steuereinnahmen – Erhöhung der Attraktivität einer Region – Angebot an Arbeitsplätzen (dies zieht Arbeitnehmer an, was wiederum höhere Steuereinnahmen zur Folge hat)
Kunden	– Qualitativ hochstehende Produkte – Günstige Angebote – Kompetente Beratung – Guter Service – Neuheiten
Öffentlichkeit/Medien/ non-governmental organizations (NGOs)	– Sponsoring – umweltgerechte Produktion – transparente Information über die Unternehmensentwicklung

Zielkonflikte eines Unternehmens

Die unterschiedlichen Ansprüche und Erwartungen der Anspruchsgruppen und der Umweltsphären haben zur Folge, dass ein Unternehmen dauernd verschiedenen Zielkonflikten ausgesetzt ist. Diese Konflikte stellen die Unternehmensleitung täglich vor schwierige Entscheidungssituationen.

Häufige Zielkonflikte sind:

■ Kunden ←→ Kunden

Die Kunden haben Anspruch auf kompetente Beratung und gute Serviceleistungen. Dies setzt geschultes Personal und ein umfangreiches Ersatzteillager voraus. Beides belastet die Ausgabenseite eines Unternehmens. Trotzdem erwarten die Kunden preisgünstige Produkte.

■ Arbeitnehmer ←→ Kunden

Die Arbeitnehmer erwarten ein hohes Einkommen. Hohe Lohnkosten verteuern die Produktion. Die Kunden hingegen wollen möglichst preisgünstig einkaufen.

■ Lieferanten ←→ Kunden

Die Lieferanten fordern hohe Preise. Teure Rohstoffe erhöhen die Herstellungskosten. Die Kunden erwarten billige Produkte.

■ Kapitalgeber ←→ Arbeitnehmer

Die Kapitalgeber erwarten eine hohe Rendite ihres investierten Kapitals. Die Verzinsung des Kapitals erfolgt aus dem Gewinn des Unternehmens. In vielen Unternehmen machen die Lohnkosten einen sehr grossen Anteil am Gesamtaufwand aus. Hohe Lohnkosten vermindern den Gewinn und somit die Verzinsung des Kapitals.

■ Arbeitnehmer ←→ Technologie

Die Arbeitnehmer verlangen einen sicheren Arbeitsplatz und ein Mitspracherecht. Demokratische Entscheidungsfindungen dauern häufig länger als verordnete. Die schnellen technischen Fortschritte ziehen häufig Umstrukturierungen und Rationalisierungen nach sich, oft verbunden mit Personalabbau.

■ Technologie ←→ Gesellschaft

Der technologische Wandel zwingt die Unternehmen zu innovativem Verhalten, um konkurrenzfähig zu bleiben. Die Neuerungen können durch die Rechtsordnung behindert oder gar verunmöglicht werden.

■ NGOs ←→ Staat

Ein grosses Möbelhaus möchte am Stadtrand eine neue Verkaufsfiliale bauen. Diese Filiale wird in ein neues Fussballstadion integriert. Der VCS (Verkehrsclub der Schweiz) ist eine NGO, also eine nichtstaatliche Organisation, die sich u.a. gegen unnötigen Verkehr ausspricht und deshalb gegen das Projekt ankämpft. Die Stadt bzw. der Kanton (Staat) möchten das Möbelhaus und das Fussballstadion unbedingt ansiedeln. Es löst ein grosses Investitionsvolumen aus und garantiert Arbeitsplätze.

B 3. Ordnungsmomente eines Unternehmens

Ordnungsmomente

> **Ordnungsmomente:** *Sie umfassen die Strategie, die Struktur und die Kultur eines Unternehmens und geben ihm damit eine äussere und eine innere Ordnung.*

Die Ordnungsmomente stehen in wechselseitiger Beziehung. Zum besseren Verständnis lässt sich ein Vergleich mit der Sprache herstellen. Die Ordnungsmomente sind die Grammatik, während die Unternehmensprozesse das Schreiben oder Sprechen sind.

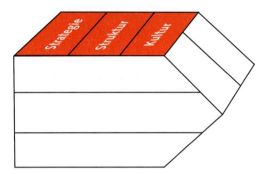

■ Unternehmensleitbild

Das Leitbild eines Unternehmens ist die allgemeingültige Vorstellung (Vision), warum und wofür das Unternehmen steht und seine Leistung erstellt. Es ist langfristig ausgerichtet und beinhaltet Ziele, Werte und Haltungen. Das Leitbild durchdringt das gesamte Unternehmen und schliesst somit auch die Strategie, die Struktur und die Kultur ein, die alle drei daraus abgeleitet werden.

■ Strategie

Die richtigen Dinge tun.

Ein Unternehmen ist nur lebensfähig, d.h. kann langfristig für seine Anspruchsgruppen einen Nutzen stiften, wenn es sich zielorientiert ausrichtet. Es muss wissen, was es tun soll und somit eine Strategie festlegen.

■ Struktur

Die Dinge richtig tun.

Diese Ausrichtung auf ein bestimmtes Ziel kann nur erfolgen, wenn die Aufgaben und Aktivitäten, um dieses Ziel zu erreichen, organisiert und koordiniert werden. Das Unternehmen muss also bestimmen, wie sie ihre Ziele umsetzen soll. Diese Koordination wird durch die Struktur eines Unternehmens erbracht.

■ Kultur

Damit alle Mitglieder des Unternehmens einen Sinn bei der Arbeit erkennen können, d.h. damit sie auch wissen, wozu sie arbeiten, ist eine allgemeingültige und auch akzeptierte Unternehmenskultur wichtig. Eine Unternehmenskultur besteht aus Haltungen, Einstellungen und Werten. Die Kultur äussert sich beispielsweise in den Umgangsformen, in den Kleidungsregelungen, in den Statussymbolen (z.B. Bürogrösse und -ausstattung) oder auch im Mass der gegenseitigen Offenheit.

Unternehmensleitbild

> **Unternehmensleitbild:** *Es enthält die grundsätzlichen und damit allgemeingültigen Ziele und Verhaltensweisen, die ein Unternehmen anstrebt. Das Leitbild ist öffentlich.*

Am Leitbild sollen sich alle Tätigkeiten des Unternehmens und ihrer Mitarbeiter orientieren. Mit dessen Umsetzung möchte das Unternehmen auch einen Nutzen für die Gesellschaft erzielen (z.B. Schaffen von Arbeitsplätzen, Kulturförderung).

■ Beispiel Unternehmensleitbild (Auszug)

– «Herausragende Leistungen im Bereich Produktequalität, Präsentation und Herstellungsmethoden werden uns weltweit im Markt als Premium-Marke positionieren.»

– «Unser Arbeitsumfeld fördert das langfristige Engagement der besten Mitarbeiter.»

– «Die Partnerschaft mit unseren Konsumentinnen und Konsumenten, Kunden und Lieferanten führt zu Anerkennung und gegenseitigem Erfolg.»

– «Wir wollen mit der Umwelt und den Gemeinschaften, in denen wir leben und arbeiten, sorgfältig und gewissenhaft umgehen.»

– «Die Erfüllung unserer Verpflichtungen garantiert unseren Aktionärinnen und Aktionären ein langfristig attraktives Engagement und die Unabhängigkeit unseres Unternehmens.»

Das Unternehmen auf der Suche nach dem Leitbild.

Strategie

Strategie

Strategie: *Sie beinhaltet langfristige, konkrete Ziele und soll den Erfolg eines Unternehmens garantieren. Die Strategie gilt für die oberste Geschäftsleitung und ist geheim.*

■ Fünf Kernfragen zur Strategie

Zur Bestimmung der Strategie sind folgende fünf Kernfragen wichtig:

1. Welches sind unsere Anspruchsgruppen, deren Anliegen und Bedürfnisse erfüllt werden sollen?

2. Welche Produkte / Leistungen sollen erstellt und welcher Nutzen soll mit diesen erbracht werden?

3. Auf welchen Teil der Wertschöpfungskette soll sich das Unternehmen bei der Herstellung seiner Leistungen konzentrieren bzw. welche Teilleistungen sollen von anderen erbracht werden?

4. Aus der Beantwortung der dritten Frage folgt die Frage: Welches sind die Partner und Lieferanten des Unternehmens und wie kann die Zusammenarbeit festgelegt werden?

5. Welche Fähigkeiten (Kernkompetenzen) sind beim Unternehmen vorhanden und / oder müssen aufgebaut werden, um ein langfristiges Bestehen zu garantieren?

Die Antworten auf diese Fragen bestimmen, auf welchen Märkten (Absatz und Beschaffung) sich das Unternehmen bewegen soll. Weiter werden die Erwartungen des Kapital- und des Arbeitsmarktes an das Unternehmen festgehalten.

Beispiel:
Wie viel Zins muss das Unternehmen für einen Kredit bezahlen oder wie kann das Interesse eines zukünftigen Mitarbeiters geweckt werden?

Alle fünf Kernthemen stehen im engen Zusammenhang zueinander und können nur gemeinsam beantwortet werden, damit auch langfristige Wettbewerbsvorteile garantiert werden können.

Strategieentwicklungskonzepte

Strategie

Strategieentwicklungskonzepte: *Sind verschiedene Modelle, mit deren Hilfe Unternehmen Strategien entwickeln können.*

Die Strategieentwicklung ist in der Praxis äusserst anspruchsvoll. Zur Unterstützung der Unternehmer wurden in der Theorie im Lauf der Zeit verschiedene Konzepte entwickelt.

Marktanteils-/Marktwachstums-Matrix (nach Boston Consulting-Group)

Die Marktanteils-/Marktwachstums-Matrix lässt vier Strategien entwickeln, die eine Verhaltensweise aufzeigt, welche eine sinnvolle Ausnutzung der bestehenden Ressourcen (Finanzen, Sach- und Humankapital) vorsieht.

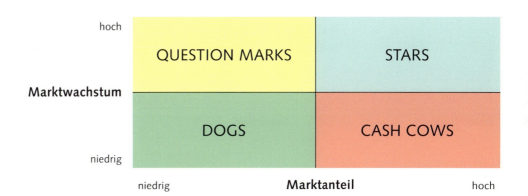

STARS
Das Unternehmen hat einen hohen Marktanteil, den es jedoch mit genügenden Investitionen verteidigen muss.
Es liegt eine *Investitionsstrategie* vor, d.h. es wird weiterhin in die Vermarktung und in die Weiterentwicklung der rentablen Produkte investiert.

CASH COWS
Das Wachstum dieses Marktes ist gering. Es werden noch Gewinne realisiert, doch es soll nichts mehr investiert werden.
Es liegt eine *Abschöpfungsstrategie* vor, d.h. die restlichen Gewinne werden abgeschöpft.

DOGS
Die Verbesserung der Position dieses Produktes ist nur mit hohen Investitionen möglich, jedoch ist ein wirklicher Erfolg auch damit nicht möglich.
Es sollte eine *Desinvestitionsstrategie* erfolgen, d.h. das Produkt sollte vom Markt genommen werden.

QUESTION MARKS
Diese Produkte sind mögliche STARS von morgen.
Hier kann entweder eine *Investitions-* oder eine *Desinvestitionsstrategie* erfolgen, je nachdem, welche zukunftsversprechenden Perspektiven das Unternehmen darin sieht.

Standortfaktoren

Strategie

> **Standortfaktoren:** *Sind Teilbereiche, die entscheidend sind für die Wahl des Standorts einer Unternehmens.*

Eine wichtige strategische Frage für ein Unternehmen ist die Wahl seines Standortes. Dabei analysiert das Unternehmen in einer Gemeinde verschiedene Standortfaktoren. In der Regel siedelt es sich dort an, wo die für das Unternehmen wichtigen Standortfaktoren am besten erfüllt sind. So sind z.B. rohstoffintensive Produktionsbetriebe traditionell nahe an den Rohstoffen.

Analyse der Standortfaktoren

Folgende Nutzwertanalyse (siehe S.94) zeigt wichtige Faktoren, welche die Attraktivität eines Wirtschaftsstandortes ausmachen. In der Tabelle werden die für das Unternehmen bedeutenden Standortfaktoren gewichtet (2 = sehr wichtig; 1 = wichtig) und für zwei fiktive Gemeinden eingeschätzt. Je nach Branche sind andere Faktoren bedeutsam und müssen entsprechend gewichtet werden. In diesem Beispiel würde sich das Unternehmen für die Gemeinde A entscheiden.

Standortfaktoren	Gewichtung	Beurteilung (B) 4 sehr gut	3 gut	2 genügend	1 ungenügend	GxB Gemeinde A	Gemeinde B
Verkehrstechnische Erschliessung	2	A		B		8	4
Angebot an Fachkräften	2	B	A			6	8
Bauland	2		A	B		6	4
Steuerfuss	2		B	A		4	6
Lohnniveau	2	B	A			6	8
Gesetzliche Vorschriften (Umwelt, Bau)	2	A		B		8	4
Bodenpreise	1		A	B		3	2
Tarife, Gebühren	1	A	B			4	3
Schulen	1	B		A		2	4
Wohnungsangebot	1			A	B	2	1
Total						49	44

Beispiel
Lidl weitet das Filialnetz seit 2009 auch in die Schweiz aus. Hierfür analysiert Lidl die relevanten Faktoren und wählt so systematisch die Verkaufsstandorte aus.

Standortnachteil für die Schweiz

Für viele Branchen ist das Lohnniveau der entscheidende Faktor für die Standortwahl. Im internationalen Vergleich ist die Schweiz diesbezüglich gegenüber vielen Ländern im Nachteil. Deshalb verlagern zahlreiche Unternehmen ihre Produktionsstandorte nach Osteuropa oder nach Asien.

Struktur

Struktur

Aufbau- und Ablauforganisation

Anstelle des Begriffes Struktur verwendet man für den konkreten Aufbau eines Unternehmens den Begriff Organisation.

> **Organisation:** *Damit ein Unternehmen seine Ziele erreichen kann, braucht es eine bestimmte Ordnung. Diese Ordnung wird durch die Organisation geschaffen. Die Organisation umfasst zwei Bereiche: den Aufbau der Ordnung (Aufbauorganisation) und die Gestaltung der Arbeitsabläufe (Ablauforganisation).*

Die Tätigkeit, eine solche Ordnung zu schaffen oder diese den veränderten Verhältnissen anzupassen, nennt man organisieren.

Organisation

Aufbauorganisation (Organisationsstruktur)	Ablauforganisation (Organisation der Arbeitsabläufe)
Sie bestimmt die Aufteilung der Arbeiten auf die verschiedenen Personen und regelt die Zuständigkeit und Verantwortung für die Planung, die Entscheidungen, die Ausführung und die Kontrollen von Arbeiten.	Sie regelt die Reihenfolge und die Verfahren, nach denen die Arbeiten ablaufen sollen. Diese Abläufe werden auch als Prozesse bezeichnet. Die Bedeutung der Ablauforganisation wird in der Praxis immer wichtiger.

Die Aufbauorganisation ist notwendig, um die Struktur und die Hierarchieverhältnisse eines Unternehmens festzulegen. Zwei bedeutende Aufbauorganisationen sind die Stab-Linien-Organisation (abgeleitet aus der Linienorganisation) und die Matrix-Organisation (abgeleitet aus der Mehrlinienorganisation). Die Hierarchien dieser Organisationen können u.a. nach Funktionen (z.B. Beschaffung, Entwicklung, Produktion, Verkauf und Rechnungswesen), nach Produkten (z.B. Textilien, Sportartikel, Haushaltgeräte, Autozubehör) oder nach Regionen (z.B. Europa, USA, Asien) gegliedert werden.

Zwei bedeutende Aufbauorganisationen

Struktur

■ Stab-Linien-Organisation

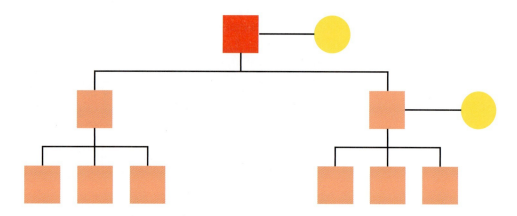

Grundlage dieser Organisationsform ist die Linienorganisation. Bei dieser Organisation herrscht einheitliche Auftragserteilung, und somit ist jeder Mitarbeiter nur einer einzigen Linien-Stelle unterstellt. Dies schafft klare und eindeutige Unterstellungsverhältnisse.

Zusätzlich werden einzelnen Linienstellen Stabsstellen zugeordnet. Diese unterstützen die Linienstellen als Berater und Spezialisten. Sie haben jedoch keine Anweisungskompetenzen.

■ Matrix-Organisation

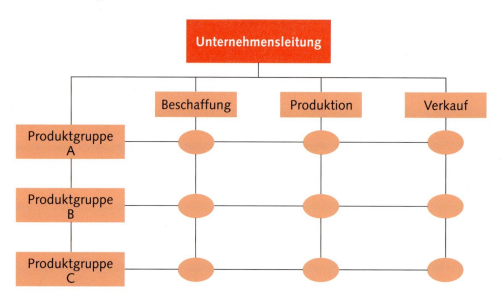

Diese Organisationsform ist auf der Grundlage der Mehrlinienorganisation entstanden. Die Mitarbeiter erhalten hier Weisungen von mehr als einem Vorgesetzten, z.B. sind die Mitarbeiter neben dem Leiter eines Funktionsbereiches auch dem Leiter einer Produktgruppe unterstellt.

Bei der Matrix-Organisation überlagern sich also zwei unterschiedliche Gliederungsprinzipien (z.B. Funktionsbereiche und Produkte oder Funktionsbereiche und Regionen).

Festlegungen der Organisation

Struktur

Die Aufbau- und Ablauforganisation wird durch eine Reihe von Festlegungen (z.B. Organigramme und Prozesse) beschrieben.

■ Stellenbeschreibung

Eine wichtige strukturelle Festlegung ist die Stellenbeschreibung (oder Arbeitsplatzbeschreibung, Job description, position guide), welche die Ziele, Aufgaben, Verantwortlichkeiten und Beziehungen zu anderen Positionen einer Stelle aufzeigt.

Die Inhalte einer Stellenbeschreibung variieren in der Literatur und in der Praxis von Unternehmen zu Unternehmen (siehe Praxisbeispiel auf folgender Seite). Die Formulierung soll klar, einfach und unmissverständlich sein und in der Regel folgende Angaben enthalten:
– Stellenbezeichnung
– Rang des Stelleninhabers
– Einordnung der Stelle in die Unternehmensorganisation
– Leitungsbereich, Abteilung
– Vorgesetzter des Stelleninhabers
– Unmittelbar unterstellte Mitarbeiter
– Stellvertretung
– Zielsetzung (Hauptaufgaben) der Stelle
– Aufgaben (Führungsaufgaben, Fachaufgaben, besondere Aufgaben und personenbezogene Aufgaben)
– Kompetenzen und Pflichten
– Zusammenarbeit mit anderen Stellen
– Angabe von Lohn- oder Gehaltsgruppen
– Sachlich-organisatorische Aufgaben (z.B. nächste Überprüfung, Unterschriften)

Weiter gibt es Reglemente, Vorschriften, Handbücher aller Art (z.B. Qualitätshandbuch) sowie örtliche, räumliche und informationstechnologische Festlegungen (z.B. mit welchen Mitteln intern vorwiegend kommuniziert wird).

■ Strukturierungsprozess

Der Prozess der Strukturierung wird nicht eigenständig in Gang gesetzt, sondern zielgerichtet gestaltet. Das Ziel einer ständigen Optimierung und Veränderung der Umwelt verlangt eine laufende Überprüfung und allfällige Anpassung der Strukturen.

■ Spin-off (Ableger)

Ein Spin-off stellt eine solche Veränderung der Struktur dar. Dies ist nämlich die Ausgliederung einer gesamten Abteilung. Es handelt sich um eine Unternehmensneugründung. Die Eigentümer (Anteilseigner, Aktionäre, siehe Rechtsformen S. 77 ff.) des bestehenden Unternehmens erhalten kostenlose Anteile vom neuen Unternehmen oder Bezugsrechte auf Anteile beim neuen Unternehmen.

Spin-offs ermöglichen dem Unternehmen, durch Umwandlung eines Unternehmensteiles in eine Beteiligung kurzfristig zu Kapital zu gelangen. Auch Unternehmensgründungen aus Universitäten heraus nennt man Spin-offs.

Beispiele:
Infineon (Siemens), LANXESS (Bayer), T-Mobile (Deutsche Telekom), O2 (British Telecom).

Struktur

Beispiel einer Stellenbeschreibung (KMU, IT-Branche)

Stelle	Sales Manager Hardware	Stellen-%	100
Stelleninhaber	Walter Muster	Personal-Nr.	4711
Vorgesetzt	M. Meier u.a.	Eintrittsdatum	01. 05. 2012
Unterstellt	Peter Erni / Hans Müller	Geburtsdatum	11. 09. 1968
Vertritt	M. Meier	Erstellungsdatum	23. 07. 2010
Vertreten durch	M. Meier	Änderungsdatum	23. 11. 2011

Hauptaufgaben	(kurze Beschreibung)	Auslastung %
	– Verkauf Hardware – Betreuung von Sales Consulting, von Wiederverkaufskanälen und von Partnern im In- und Ausland sowie der Lieferanten – Akquisition neuer Hardwarepartner – Marketing: Verkaufsförderung, Werbung, Web, Produktevaluation in Bezug auf Hardware – Überwachung / Kommunikation vom technischen Produktemanagement zum Verkaufsproduktemanagement – Positionierung der Produkte in den verschiedenen Absatzkanälen – Preisverhandlungen, Preisgestaltung, Preislisten für Hardware – Bewertung Lieferanten / Rating – Unterstützung bei Projekten im Bereich Hardware – Unterstützung beim Erstellen von Angeboten (Sales Consulting)	85

Nebenaufgaben	(kurze Beschreibung)	Auslastung %
	– Betreuung, Datenaustausch mit Auslandfirmen der Muster AG – Koordination der verschiedenen Brands (Marken) und Lieferanten	15

Kompetenzen		Bemerkungen
Entscheidung	Entscheidungsbefugnis bzgl. unterstelltem Departement	
Anordnung	Rapport an Geschäftsleitung (Verkauf, Marketing, Service und Consulting)	
Visum	Sales Manager	
Informationsbefugnis	intern; extern fachlich	

Verantwortung		Bemerkungen
Budget	Verkaufsbudget gesamt CHF 6 Mio.	
	Persönliches Budget CHF 3 Mio.	

Kommunikation		Bemerkungen
intern	Departement / Filialen / GmbH	
extern	Fachlich mit Absprache Verkaufsleitung	

Projektmanagement: Organisation auf Zeit

Struktur

Projekt: *Ist eine Aufgabenstellung, die innerhalb einer befristeten Zeit gelöst werden muss.*

Ein Unternehmen muss sich den stetig neuen Anforderungen stellen und entsprechende Anpassungen innerhalb nützlicher Frist vornehmen können (siehe S. 18 ff., Unternehmensmodell).

Projektauftrag

Der Projektauftrag bestimmt das genau definierte Ziel sowie die finanziellen und zeitlichen Mittel, die zur Verfügung stehen.

Beispiel:
Ein Unternehmen möchte seine ökologische Eigenverantwortlichkeit erhöhen. Es hat sich entschieden, innerhalb der nächsten zwei Jahre die ISO-Norm (International Standards Organization) 14001 zu erlangen. Das Unternehmen setzt ein Projektteam ein, das ein entsprechendes Umweltmanagementsystem aufbauen muss. Die Kosten des Projektteams sollen in drei Jahren amortisiert sein.

Mögliche Aufgabenstellungen für ein Projekt:
- Erarbeiten eines neuen Besoldungssystems
- Ausarbeiten eines internen Weiterbildungskonzepts
- Entwerfen eines neuen Leitbilds
- Realisieren eines Neubaus
- Einhaltung neuer gesetzlicher Vorschriften (z.B. Umweltschutz)
- Einführung einer neuen Software

Projektausführung

Projektleiter
Der Projektleiter, auch Projektmanager genannt, übernimmt die persönliche Verantwortung für die Erfüllung des Projektauftrags. Dabei schafft er auch geeignete Rahmenbedingungen. Zudem motiviert und kontrolliert er die Mitglieder des Projektteams.

Projektteam
Das Projektteam verrichtet die eigentliche Projektarbeit und besteht aus verschiedenen Mitarbeitern, die teilweise vollamtlich für das Projekt tätig sind. Eventuell werden auch Spezialisten von aussen beigezogen.
Hier stellen sich zwei Hauptprobleme:
- Interne Mitarbeiter, die einem Projektteam vollamtlich angehören, müssen nach Abschluss des Projekts wieder in ihren angestammten Arbeitsplatz integriert werden.
- Nebenamtliche Projektteammitglieder müssen zeitlich von ihrer Kernaufgabe so entlastet werden, dass die Mitarbeit im Projekt überhaupt möglich ist.

Projektausschuss
Der Projektausschuss sollte aus Vertretern aller am Projekt beteiligten Parteien bestehen. Dieser kontrolliert Projektleiter und Projektteam und hilft Konflikte zu lösen.

Kultur

Kultur

> **Kultur (Unternehmenskultur):** *Sie beinhaltet die Denk- und Handlungsmuster in einem Unternehmen, die von gemeinsamen Werten und Normen getragen werden.*

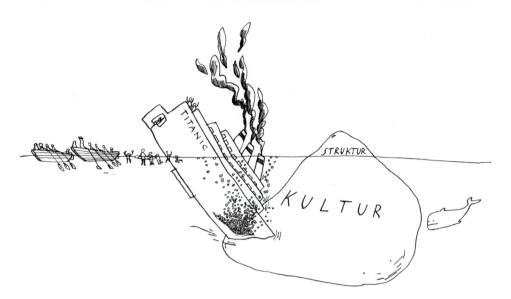

Die Strategie und die Struktur reichen nicht aus, um mit den vielschichtigen Ansprüchen der Innen- und der Aussenwelt fertig zu werden. Der gemeinsame Sinn, welcher die Leistungserbringung rechtfertigt, ist wichtig. Das Unternehmen als soziales Gebilde von miteinander in Beziehung stehenden, handelnden Menschen bildet spezifische Denk- und Handlungsmuster. Diese Muster sind von gemeinsamen Werten und Normen getragen und machen die Unternehmenskultur aus.

Werte und Normen

Werte sind Massstäbe, an denen man sein Handeln orientieren kann, z. B. Anerkennung, Ehrlichkeit, Offenheit und Vertrauen.

Normen sind Verhaltensregeln, die das Zusammenleben mehr oder weniger verbindlich regeln. Ein Beispiel aus einer Betriebsordnung: Der PC am Arbeitsplatz wird ausschliesslich für geschäftliche Zwecke genutzt.

Beispiel

Die Hilti (Schweiz) AG ist eines der führenden Unternehmen im Bereich Befestigungs- und Abbautechnik. Es investiert viel in die Werte Integrität, Mut zur Veränderung, Teamarbeit und hohes Engagement. Das zahlt sich aus: Das Great-Place-to-Work Institute hat Hilti 2011 mit dem 3. Rang als «Best Companie to Work for» ausgezeichnet.

Hilti fördert eine Kultur, in der jedes Teammitglied geschätzt wird und persönlich wachsen kann. So müssen Managementmitglieder jedes Jahr 3 Wochen an der Front im Aussendienstteam, d.h. im Service, tätig sein. Damit pflegen sie den persönlichen Kontakt zu den Mitarbeitern und erkennen im direkten Gespräch mit den Kunden aktuelle Bedürfnisse und Trends.

Um die Mitarbeiter auf die vielfältigen Herausforderungen vorzubereiten, investiert Hilti jährlich rund 35 000 Arbeitstage in Unternehmenskultur-Workshops. Da die Meinung der Mitarbeiter sehr wichtig ist, werden Umfragen gestartet, um die kontinuierliche Verbesserung zu gewährleisten. An diesen Umfragen beteiligen sich 90% der Mitarbeiter und 86% bekennen sich, stolz zu sein, bei Hilti zu arbeiten.

B 4. Unternehmensprozesse

Unternehmensprozesse

> **Unternehmensprozesse:** *Sie bestehen aus den Managementprozessen (Führungsprozesse), den Geschäftsprozessen (Marketingprozesse und Leistungserstellungsprozesse) und den Unterstützungsprozessen.*

Hier geht es um die konkreten Umsetzungen in den Unternehmen.

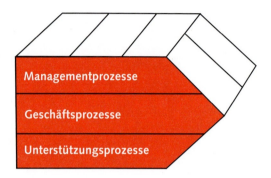

▪ Managementprozesse

Die Managementprozesse haben mit der Führung des Unternehmens zu tun. Das Management plant aufgrund der vorgegebenen Vision, der Strategie sowie der Struktur und entscheidet sich für die durchzuführenden Massnahmen. Die Resultate werden laufend kontrolliert, d.h. mit den angestrebten Ergebnissen verglichen. Die Korrektur lässt den Führungsprozess von Neuem starten.

Die Managementprozesse sind von der Unternehmenskultur geprägt, z.B. ist der Führungsstil von der Unternehmenskultur abhängig.

▪ Geschäftsprozesse

Die Geschäftsprozesse sind das «hauptsächliche Tun» des Unternehmens. Sie stellen die Leistungen des Unternehmens her und hängen von der Planung und den Entscheidungen der Managementprozesse ab. Allfällige Korrekturen in der Führung beeinflussen die Geschäftsprozesse, welche für die Durchführung der entschiedenen Massnahmen verantwortlich sind, d.h. es herrscht eine gegenseitige Wechselwirkung. Die Unternehmensführung wird demnach auch von den Geschäftsprozessen laufend beeinflusst.

▪ Unterstützungsprozesse

Die Unterstützungsprozesse sind das «Benzin», welches den Unternehmensmotor mit den Management- und Geschäftsprozessen am Laufen hält. Sie haben nicht direkt mit der Leistungserstellung zu tun.

Die Führungs-, Geschäfts- und Unterstützungsprozesse sind miteinander verwoben und beeinflussen einander gegenseitig. Ebenso bewegen sie sich in dem übergeordneten Rahmen der Unternehmensvision, der Strategie, der Struktur und den sich aus der Unternehmenskultur ergebenden Normen und Werten und sind von diesen geprägt. Dieser Rahmen ist jedoch nicht fixiert, sondern wird interaktiv von den Unternehmensprozessen beeinflusst. Dies zeigt die Lebendigkeit jedes Unternehmens als Netzwerk auf und dessen Wechselwirkung, welche im Innern des Unternehmens und gegen aussen wirkt und es zu einem komplexen produktiven und sozialen Gebilde macht.

Managementprozesse

Managementprozesse

> **Managementprozesse:** *Sie umfassen die Unternehmensführung.*

Die Unternehmensführung beinhaltet die beiden Ausrichtungen «Leadership» und «Management», wobei die Abgrenzung fliessend ist.

Leadership

> **Leadership:** *Ist die Ausrichtung der Führung auf die langfristigen Unternehmensziele («Die richtigen Dinge tun»).*

In diesem Zusammenhang spricht man auch von der strategischen Führung eines Unternehmens. Hier wird entschieden, wo das Unternehmen in 5 oder 10 Jahren stehen soll (siehe Strategie, S. 28).

Bei einer Aktiengesellschaft (siehe S. 79) beispielsweise ist die strategische Führung Aufgabe des Verwaltungsrates.

Management

> **Management:** *Es beinhaltet das laufende Planen, Entscheiden, Koordinieren und Kontrollieren, damit alle beteiligten Personen, Arbeitsteams und Abteilungen ihre Aufgaben möglichst optimal erfüllen («Die Dinge richtig tun»).*

In diesem Zusammenhang spricht man von der operativen Führung eines Unternehmens.

Bei einer Aktiengesellschaft beispielsweise ist die operative Führung Aufgabe der Geschäftsleitung.

Geschäftsprozesse

Geschäftsprozesse

Geschäftsprozesse: *Sie sind die eigentlichen Herstellungs- und Leistungsprozesse.*

Unter die Geschäftsprozesse fallen:
- die Marketingprozesse, die sich mit den Absatzmärkten (Kundenbedürfnisse, eigene Produkte und Konkurrenzprodukte) beschäftigen;
- die Leistungserstellungsprozesse, die sich mit der optimalen Materialbeschaffung, mit der Materiallogistik und mit der eigentlichen Produktion auseinandersetzen.

▪ Marketingprozesse

Die Marketingprozesse beinhalten
- Marktuntersuchungen,
- Kundenprozesse und
- Marketingkonzepte.

Zentral ist dabei das Marketingkonzept, das sich aus den Marketingzielen und Marketinginstrumenten zusammensetzt.

▪ Leistungserstellungsprozesse

Die Leistungserstellungsprozesse beinhalten
- die Materialwirtschaft,
- die Produktion und die Dienstleistungserstellung
- die Automation in Herstellung und Vertrieb sowie
- den Umweltschutz.

Marketingprozesse

Geschäftsprozesse
Marketingprozess

> **Marketing:** *Ist die Summe aller Massnahmen, welche die Beziehungen zwischen einem Unternehmen und dessen Markt betreffen (Produkt, Preis, Werbung und Distribution).*

Absatzmarketing
Auf der einen Seite analysiert ein Unternehmen seine Absatzmärkte und versucht, unter Umständen darauf Einfluss zu nehmen. In diesem Fall spricht man von Absatzmarketing.

Beschaffungsmarketing
Anderseits sind genaue Kenntnisse über den Beschaffungsmarkt nötig, und die entsprechenden Kundenbeziehungen müssen aufgebaut und gepflegt werden. In diesem Fall spricht man von Beschaffungsmarketing.

Wir befassen uns nur mit dem Absatzmarketing und lassen das Beschaffungsmarketing ausser Acht.

Marktuntersuchung

> **Marktuntersuchung:** *Ist der Oberbegriff für verschiedene Methoden, wie sich Unternehmen Informationen über ihre Märkte beschaffen können.*

Damit sich ein Unternehmen auf den Märkten gegenüber der vielfältigen Konkurrenz behaupten kann, müssen möglichst umfassende Informationen über die Märkte eingeholt werden.

Markterkundung Der Unternehmer versucht, durch Gespräche mit Kunden und Lieferanten, durch den Besuch von Messen und von Ausstellungen und durch die Lektüre von Markt- und Wirtschaftsberichten sich ein Bild über die Absatzmöglichkeiten seiner Produkte zu machen.

Marktforschung Der Unternehmer oder ein von ihm beauftragtes Institut untersucht das Marktgeschehen systematisch und mit wissenschaftlichen Methoden. Man unterscheidet zwei Formen:

Marktanalyse
Zu einem ganz bestimmten Zeitpunkt wird die Marktstruktur erforscht. Es werden z.B. folgende Fragen untersucht: Wie gross ist der Markt? Welchen Marktanteil besitzt das eigene Unternehmen? Welche Bedürfnisse haben die Kunden?

Marktbeobachtung
Während längerer Zeit wird untersucht, wie sich der Markt verändert und entwickelt. Dabei versucht man auch, künftige Entwicklungstendenzen zu prognostizieren.

Abgestützt auf die Ergebnisse der Marktuntersuchung entwickelt das Unternehmen ein eigenes Marketingkonzept.

Geschäftsprozesse
Marketingprozess

■ Kundenprozess

Beim Marketingprozess und bei der Untersuchung der Absatzmärkte spielt der Kunde eine wichtige Rolle. Er möchte in einer Marktwirtschaft umworben werden. Dies ist ein Gegensatz zum planwirtschaftlichen System, wo es letztlich nur um die Verteilung der erstellten Leistungen geht.

Der Absatzmarkt für das Unternehmen hängt somit von drei Faktoren ab:

Das Unternehmen orientiert sich an den Marktgegebenheiten. Je nachdem ob es sich um
– gesättigte (Käufermärkte) oder
– ungesättigte Märkte (Verkäufermärkte) handelt, ist eine andere Strategie angesagt.

Der Käufermarkt veranlasst das Unternehmen, möglichst die Wünsche der Käufer herauszufinden und deren Interesse für die eigenen Leistungen zu wecken und sie zum Kauf derselben zu bewegen. Dies geschieht mit einem Marketingkonzept.

Der Verkäufermarkt lässt das Unternehmen darüber nachdenken, wie es seine Produktion möglichst rasch ausdehnen kann.

■ Customer Relationship Management (CRM)

> **Customer Relationship Management (CRM):** *Ist die Strategie, mithilfe derer man die Kunden möglichst lang an das Unternehmen binden will.*

Da es heutzutage teuer ist, neue Kunden zu finden, will man eine hohe Kundentreue erreichen.

Beispiele
– Migros mit der Cumuluskarte
– Coop mit der Supercard
– Nespresso (Verkauf von Kaffeemaschinen, für die der Kaffee im freien Handel nicht erhältlich ist, sondern bei einem Klub bestellt werden muss.)

■ Marketingkonzept

> **Marketingkonzept:** *Beinhaltet die Marketingziele und die Marketinginstrumente.*

Marketingziele
Sie beziehen sich auf den Umsatz, den Marktanteil, die geografischen Märkte, die Produkte oder auf die Kunden. (Beispiele: den Umsatz um 5% steigern, den brasilianischen Markt erschliessen, Kunden zwischen 16 und 25 Jahren gewinnen)

Marketinginstrumente
Dies sind die einzelnen Aufgabenbereiche, mithilfe derer man die Marketingziele erreichen will. (Beispiele: Produktepolitik, Preispolitik)

Zu einem bestimmten Zeitpunkt setzt ein Unternehmen verschiedene Marketinginstrumente ein. Dies nennt man Marketing-Mix (siehe folgende Seiten).

Marketing-Mix

Geschäftsprozesse
Marketingprozess

> **Marketing-Mix:** *Ist die von einem Unternehmen zu einem bestimmten Zeitpunkt eingesetzte Kombination der Marketinginstrumente. Die bekannteste Systematik ist das 4P-Modell:* **P**roduct, **P**rice, **P**lace, **P**romotion.

Product (Produkt / Marktleistung)

Darunter fallen Strategien zum Absatzprogramm eines Unternehmens und den zu den Produkten gehörenden Zusatzleistungen. Die Analyse der Kundenbedürfnisse, d.h. welche Eigenschaften für den positiven Entscheid zum Kauf des Produktes relevant sind, sowie das Konkurrenzangebot spielen eine wichtige Rolle für die Marktleistung des Unternehmens. Dabei sind folgende Fragestellungen typisch:
- Welchem Qualitätsstandard entsprechen unsere Produkte?
- Wie sieht das Produkt aus (Design)?
- Wie lautet der Name des Produkts?
- Wie wird die Verpackung gestaltet?
- Welche Service- und Garantieleistungen bieten wir an?
- Welches Sortiment bieten wir an?

Breites / schmales oder tiefes / flaches Sortimentsangebot

Je breiter das Sortiment gefächert ist, desto mehr unterschiedliche Produkte werden von dem Handelsunternehmen angeboten. Bei der Sortimentstiefe geht es nicht um die Vielfalt der verschiedenen Waren, sondern um die Vielfalt innerhalb einer Warengruppe, z.B. Wein mit verschiedenen Sorten (Weissweine, Rotweine, Roséweine, Schaumweine, Dessertweine).

Die ABC-Analyse

Die Produkte, die ein Unternehmen anbietet, sollten laufend beobachtet und in Kategorien eingeteilt werden. Dies geschieht mit der ABC-Analyse. Sie hilft, Prioritäten zu setzen. Beispielsweise kann durch sie ermittelt werden, welchen Anteil bestimmte Produkte am Umsatz oder am Gewinn haben. Dadurch wird ersichtlich, welche Produkte nicht mehr produziert werden sollen bzw. welches die profitablen Produkte sind, die mit gezielten Marketinginstrumenten zu fördern sind.

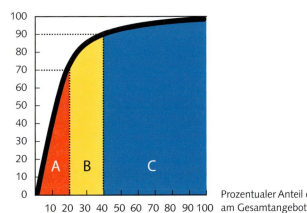

Die Produkte werden zuerst nach dem Anteil am Gewinn zusammengestellt und danach als kumulierte Werte in einer Grafik eingetragen. Produkte der Gruppe A (70% Anteil am Gewinn) gelten als Leistungsträger. Produkte der Gruppe B (mittlerer Leistungsbeitrag) sollten zu Produkten der Gruppe A gemacht werden. Die Produkte der Gruppe C liefern einen geringen Beitrag an den Gewinn. Bei diesen Leistungen ist aus strategischer Sicht zu überlegen, ob man sie weiterhin produzieren oder anbieten soll.

Geschäftsprozesse
Marketingprozess

■ Price (Preis)

Hier wird über den Preis entschieden, wobei folgende Fragestellungen typisch sind:
- Wie teuer ist das Produkt?
- Gewähren wir Rabatte (Mengenrabatt, Einführungsrabatt)?
- Führen wir Aktionen durch?
- Wie lauten die Zahlungsbedingungen?

Mögliche preispolitische Strategien im Preis / Qualitäts-Wettbewerb soll die folgende Grafik veranschaulichen:

	Preis niedrig	Preis hoch
Qualität hoch	Vorteilsstrategie	Premiumstrategie
Qualität niedrig	Billigwarenstrategie	Übervorteilungsstrategie

Premiumstrategie
Das Produkt hat eine sehr gute Qualität, wofür der Kunde auch den entsprechenden Mehrpreis bezahlt.
Beispiel: die S-Klasse von Mercedes-Benz

Vorteilsstrategie
Die Qualität der Produkte ist hoch. Das Unternehmen verlangt jedoch weniger Geld dafür.
Beispiel: gewisse M-Budget-Produkte

Billigwarenstrategie
Die Qualität der Produkte ist tief, dafür sind diese auch billig.
Beispiel: günstige Produktelinien im Detailhandel

Übervorteilungsstrategie
Die Angebote sind im Verhältnis zur Qualität überteuert.
Beispiel: überteuerte Markenprodukte für Jugendliche

Neben den grundsätzlichen preispolitischen Strategien spielen bei der definitiven Preisbildung jedes Unternehmens folgende Gesichtspunkte eine Rolle:
- Nachfrage der Kunden: Je grösser die Nachfrage, desto höher kann der Preis angesetzt werden.
- Die Kosten der Herstellung: Je tiefer die Kosten, desto flexibler kann der Preis bei Bedarf nach unten angepasst oder es können höhere Gewinne erwirtschaftet werden.
- Die Konkurrenzpreise und die Konkurrenzangebote: Sind die Angebote zahlreich und die Preise tief, so besteht ein grösserer Verdrängungswettbewerb.

Geschäftsprozesse
Marketingprozess

Place (Distribution)

Hier befasst man sich mit dem Problem der Überführung des Produktes vom Produzenten zum Endverbraucher.

Folgendes sind typische Fragestellungen:
- Verkaufen wir die Produkte direkt oder über Zwischenhändler? (siehe Beispiel unten: Franchising)
- Beliefern wir nur Fachgeschäfte, nur Grossverteiler oder beide?
- Wie oft werden Abnehmer beliefert?
- Wie werden die Produkte transportiert?
- Wo werden die Produkte gelagert?

Distributionspartner
Die meisten Hersteller entscheiden sich dabei für einen Distributionspartner. Diese verfügen über mehr Effizienz bei der gesamten Warenverteilung auf den Märkten. Mit seinen Kontakten, der Erfahrung und Spezialisierung bietet der Partner oft grössere Vorteile, als der Hersteller selber erreichen könnte.

Direktverkauf
Eine weitere Möglichkeit ist der Direktverkauf.
Ein besonders erfolgreiches Beispiel ist das Unternehmen Ulrich Jüstrich AG. Im Hause JUST werden Produkte für Körperpflege und Haushalt entwickelt, produziert und vertrieben, die für Wohlbefinden, Schönheit und Sauberkeit stehen. JUST-Produkte kann man nicht im Laden kaufen, sondern sie werden traditionell über den persönlichen Kontakt vertrieben, entweder in Einzelberatungen (Hausierer) oder im Partysystem. Im Zeitalter der digitalen Medien erfolgt der Direktverkauf ebenfalls über das Internet.

Eine wichtige und oft angewandte Distributionsstrategie ist das Franchising.

Franchising
Franchising ist eine Vereinbarung zwischen dem Franchisinggeber und dem Franchisingnehmer. Der Vertrag regelt die gegenseitigen Rechte und Pflichten. Der Franchisinggeber vergibt die Konzessionen an Personen, die den jeweiligen Standort in eigener wirtschaftlicher Verantwortung führen. Allerdings muss an diesen Standorten nach den Vorgaben des Franchisinggebers gearbeitet werden. Das bedeutet für die Franchisingnehmer, dass sie die Regeln des Herstellers bei der Einrichtung, bei den zu verkaufenden Produkten und bei der Auswahl der Zulieferer beachten müssen. Der Franchisingnehmer kauft praktisch eine Geschäftsidee, die ihn je nach Franchising-Vertrag mehr oder weniger an die Vorgaben des Geschäftsmodellentwicklers bindet.

Beispiele:
Fast-Food-Riese McDonald's, Burger King, Handelsunternehmen SPAR.

Geschäftsprozesse
Marketingprozess

■ Promotion

Der Begriff der Promotion ist vielschichtig und umfasst die Bereiche Werbung, Direktmarketing, Verkaufsförderung, Public Relations (siehe S. 49) sowie den persönlichen Verkauf.

Insgesamt sind dabei folgende Fragestellungen typisch:
– Wen wollen wir informieren?
– Was wollen wir kommunizieren?
– Mit welchen Mitteln fördern wir den Verkauf?

Die Promotion bzw. Kommunikation wird durch das Image des zu verkaufenden Produktes und durch die Charaktereigenschaften des Zielpublikums beeinflusst. Dies hat Einfluss darauf, was, wie, wann und wo kommuniziert werden soll und wer kommunizieren soll.

Imageanalyse eines Produktes
Um diese Fragen beantworten zu können, wird eine Imageanalyse eines Produktes durchgeführt.

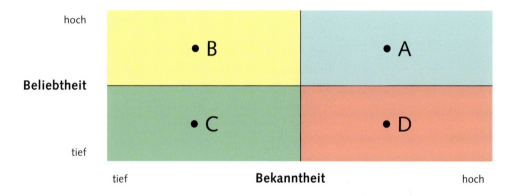

Die Buchstaben A bis D in der Grafik sagen Folgendes aus:
– A ist ein Produkt, welches bei den Konsumenten sehr bekannt und beliebt ist (z.B. Coca-Cola).
– B ist zwar nicht bekannt, jedoch bereits bei einigen wenigen Konsumenten beliebt (z.B. eine neue Schokolade von Lindt & Sprüngli).
– C ist weder bekannt noch bei den wenigen Konsumenten, die es kennen, beliebt (z.B. eine neue Billigautomarke von KIA).
– D ist ein Produkt, welches eher unbeliebt, aber bei den Konsumenten bekannt ist (z.B. Kundenservice von Telekom-Unternehmen).

Kommunikationsinstrumente
Aufgrund dieser Imageanalysen von Produkten werden durch die Marketingabteilung die Kommunikationsinstrumente
– der Werbung,
– des Direktmarketings,
– der Verkaufsförderung und
– des persönliches Verkaufs
eingesetzt.

Werbung

Geschäftsprozesse
Marketingprozess

Die Werbung spielt neben den anderen Kommunikationsinstrumenten eine besonders wichtige Rolle.

> **Werbung:** *Kommunikationsmassnahmen, die das Ziel haben, gleichzeitig bei einer Vielzahl von Umworbenen*
> *– Aufmerksamkeit zu erzeugen,*
> *– sie zu informieren und*
> *– ihre Einstellungen und Verhaltensweisen zu steuern.*

Die Kommunikation erfolgt über die Medien. Es findet kein persönlicher Kontakt statt.

Die wirtschaftliche Werbung

Grundsätzlich unterscheidet man zwischen aussenwirtschaftlicher Werbung (zum Beispiel die Verbreitung von Inhalten politischer oder religiöser Natur) und wirtschaftlicher Werbung. Die wirtschaftliche Werbung gliedert sich in:

Geschäftsprozesse
Marketingprozess

Das Werbekonzept

Werbekonzept: *Ist die Gesamtheit aller Entscheidungen für einen Werbefall.*

Werbefälle können sein:
- Werbung für ein Produkt
- Imagewerbung (für das Unternehmen)
- Das Erarbeiten und das Durchsetzen einer «Corporate Identity». Diese umfasst das gesamte Erscheinungsbild eines Unternehmens und beinhaltet die Public Relations, die Werbung, die Verpackungen, das Briefpapier, Gebäude- und Fahrzeugbeschriftungen usw.

Ein Werbekonzept kann unterschiedlich ausgestaltet sein. Es sollte über folgende Aspekte Auskunft geben:

Werbeobjekte
Darunter versteht man den Gegenstand, für den geworben wird. Name, Eigenschaften, Preis und andere Merkmale des Produktes werden detailliert beschrieben.

Werbesubjekte
Es werden die Werbeempfänger, also das Zielpublikum, so exakt wie möglich bestimmt.
Beispiel: Männer zwischen 50 und 65 in Kaderstellung mit Gewichtsproblemen.

Werbeziele
Es geht um die Informationsvermittlung, z.B. den Bekanntheitsgrad, die Einsatzmöglichkeiten des Produkts oder dessen Qualität. Die Werbeziele dürfen jedoch nicht mit den übergeordneten Marketingzielen verwechselt werden, die beispielsweise den angestrebten Marktanteil beinhalten.

Werbebotschaft
Es wird festgelegt, welche Inhalte dem Werbeempfänger vermittelt werden, z.B. Produktname, Produkteigenschaften, Marke, Dienstleistungen.

Werbemedium
Das ist der Überbringer der Botschaft, z.B. Inserate, Plakate, Prospekte, Kataloge, Tischsets, Fernseh- oder Radiospots.

Werbeplan
Die Zeitperiode, während der die Werbung erscheinen soll, und die geografische Streuung werden definiert.

Werbebudget
Oft steht für eine Werbekampagne eine bestimmte Summe Geld zur Verfügung. Die Werbefachleute versuchen nun, damit den grösstmöglichen Werbeerfolg zu erzielen (Maximumprinzip). Wird jedoch das Werbeziel zuerst verbindlich bestimmt, will man dieses mit möglichst geringem Mitteleinsatz erreichen (Minimumprinzip).

Werbekontrolle
Obwohl schwierig zu ermitteln, muss der Erfolg einer Werbekampagne kontrolliert werden.

B 4.3 Geschäftsprozesse

Geschäftsprozesse
Marketingprozess

■ Direktmarketing

Direktmarketing: *Es erfordert die drei Elemente*
- *direkte Kundenansprache,*
- *zielgenaue Gestaltung und*
- *Aktualität.*

Unter Direktmarketing fallen beispielsweise das Direct Mail (persönlicher Brief), das Telefonmarketing (direkte Werbeanrufe) oder die elektronischen Kommunikationsinstrumente (E-Mail, SMS).

- **Direkte Kundenansprache**
  Es wird ein möglichst direkter Weg zu einer bestimmten Person oder zu einer Personengruppe gesucht, anstatt sich an eine undefinierte, unbekannte Masse von Kunden zu richten. Dadurch können die Streuverluste der Werbung reduziert werden.

- **Zielgenaue Gestaltung**
  Da die Zielperson bekannt ist, kann die Botschaft auch an deren Bedürfnisse angepasst werden.

- **Aktualität**
  Die Botschaft ist aktuell und kann unverzüglich an die Zielperson gesendet werden.

■ Verkaufsförderung

Verkaufsförderung: *Sie hat das Ziel, stärkere und schnellere Kaufreaktionen auszulösen.*

Die Verkaufsförderung kann für das besondere Herausstellen von bestimmten Produktangeboten eingesetzt werden. Die Wirkung der Verkaufsförderung ist jedoch meist von kurzer Dauer.

Beispiele für verkaufsfördernde Instrumente sind Gutscheine, Preisausschreiben und Beilagen, die Aufmerksamkeit wecken, Informationen liefern, Anreize für den Verbraucher beinhalten und ihn auffordern sollen, die Kaufentscheidung sofort zu treffen.

■ Public Relations

Public Relations (PR): *Sie liefern allgemeine Informationen über das Unternehmen, seine Produkte und Tätigkeiten (Öffentlichkeitsarbeit eines Unternehmens).*

Die Public Relations sollten ein positives Image, d.h. eine hohe Glaubwürdigkeit, vermitteln und das Vertrauen zwischen Unternehmen und deren Anspruchsgruppen (siehe S. 22 f.) wie Kunden, Lieferanten, Behörden, Kapitalgeber und Mitarbeiter aufbauen und pflegen.

Beispiele für PR sind Firmeninformationstage (Tag der offenen Tür) oder auch Spenden an gemeinnützige Institutionen wie die Krebsliga.

Geschäftsprozesse
Marketingprozess

Persönlicher Verkauf

Persönlicher Verkauf: *Er ist in bestimmten Phasen (z.B. bei der Einstellungsveränderung und bei der Kaufhandlung der Kunden) das wirkungsvollste Instrument.*

Die persönliche Wechselbeziehung und der Aufbau einer Beziehung mit dem Käufer sind Merkmale, die den Kaufentscheid des Konsumenten in starkem Masse begünstigen können.

Das Verkaufsmanagement und die Betreuung der Kunden spielen somit eine wichtige Rolle (siehe unten: Key Account Management).

Beispiele für den persönlichen Verkauf sind die Beratung durch den Verkäufer bei einem Autokauf oder auch die Betreuung und Beratung beim Abschluss einer Versicherung.

Key Account Management

Key Account Management: *Ist ein System der Grosskundenbetreuung.*

Die Betreuung dieser sogenannten Schlüsselkunden (Key Accounts) ist anspruchsvoll und erfordert eine höchst kompetente Verkaufsorganisation mit Key Account Managern.

Key Account Manager (KAM)

Die Betreuung ist sehr kundenorientiert und an deren Bedürfnisse angepasst. Bei komplexen und sehr grossen Kunden kann es sein, dass nur ein KAM-Verkäufer für diesen Kunden zuständig ist. Die Ziele des KAM sind die Verbesserung der Geschäftsbeziehung mit dem Endkunden (Aufbau von Vertrauen, gegenseitige Information und intensive Kommunikation), Verringerung des Koordinationsaufwandes sowie die Verbesserung der Marktstellung im Vergleich zur Konkurrenz.

Der Key Account Manager muss also vielseitige und anspruchsvolle Aufgaben bewältigen. Er muss Informationen über den Kunden sammeln, diese analysieren und beurteilen. Er ist für die kundenbezogene Marketingplanung verantwortlich, da er den Kunden am besten kennt. Weiter hat er die Verantwortung für die reibungslose Abwicklung der Güter- und Geldprozesse zwischen dem Kunden und seiner Unternehmung.

Der KAM hat auch eine Kontrollfunktion inne, d.h. er beobachtet die Geschäftsentwicklung und die Wettbewerbsposition des eigenen Unternehmens bei seinen Kunden.

Für ein erfolgreiches Key Account Management-System ist nicht nur der Aspekt der professionellen Betreuung massgebend, sondern auch die richtige Auswahl der Schlüsselkunden und die Organisationsstruktur des Key Account Managements. Dieses besondere System des persönlichen Verkaufs ist jedoch sehr teuer. Durch die Verkaufsorganisation entstehen hohe Fixkosten, die das Unternehmen langfristiger verpflichten als die Werbung.

Leistungserstellungsprozesse

Geschäftsprozesse
Leistungserstellungsprozesse

> **Leistungserstellung:** *Sie umfasst*
> *– die Produktion von Sachgütern (Industriebetrieb/Produktionsbetrieb),*
> *– die Verteilung von Sachgütern (Handelsbetrieb),*
> *– die Erbringung von Dienstleistungen (Dienstleistungsbetrieb).*

Industriebetrieb

Ein Industriebetrieb kauft Roh- und/oder Halbfabrikate ein, stellt daraus Fertigfabrikate her und verkauft diese an einen Handelsbetrieb oder direkt an den Endkunden.

Beispiel

Schokolade wird mit den Rohmaterialien Kakao, Milch, Zucker und anderen hergestellt und zum Weitervertrieb an Handelsbetriebe wie Migros und Coop verkauft.

Handelsbetrieb

Ein Handelsbetrieb kauft die Fertigfabrikate als Handelsware ein und setzt diese ohne weitere Veränderung an die Endkunden ab. Seine Leistung ist die Lagerung, die Beratung und ein bestimmtes Sortimentsangebot.

Beispiel

Der Handelsbetrieb Migros unterhält ein Zentrallager mit den fertigen Waren. Ein bestimmtes Sortiment wird jeden Tag zu den verschiedenen Filialen zum Verkauf transportiert.

Dienstleistungsbetrieb

Der Dienstleistungsbetrieb verkauft «geistige Ware» an seine Endkunden. Es handelt sich oft um eine beratende Tätigkeit, die dem Endkunden einen Mehrwert bietet.

Beispiel

Ein Versicherungsberater berät seinen Kunden, welche Lebensversicherung für diesen am besten wäre. Der Kunde entscheidet sich aufgrund der Beratung und schliesst einen Versicherungsvertrag mit bestimmten Jahresraten ab. Nach 30 Jahren oder bei seinem Tod wird eine Summe von CHF 50 000.– als Auszahlung garantiert.

Bei der Produktion von Sachgütern in Industriebetrieben findet demnach ein materieller Prozess statt, wohingegen bei den Handels- und Dienstleistungsbetrieben eine immaterielle Handlung durch den Menschen erbracht wird.

Bei allen drei Möglichkeiten der Leistungserstellung entsteht ein «Mehrwert». Es findet somit Wertschöpfung (siehe S. 11) statt.

Produktion und Dienstleistungserstellung

Geschäftsprozesse
Leistungserstellungsprozesse

Das Unternehmen besorgt sich auf dem Beschaffungsmarkt die erforderlichen Produktionsfaktoren und Ressourcen, mit dem es Sachgüter und Dienstleistungen erstellt (Transformationsprozess), die es anschliessend auf dem Absatzmarkt zum Verkauf anbietet.

Beschaffungsmarkt

– Ein *Industriebetrieb* kauft seine Materialien (Rohstoffe, Halb- und Fertigfabrikate) auf dem globalen Beschaffungsmarkt. (Beispiel: Lindt&Sprüngli bezieht die Rohstoffe für ihre Schokolade in Südamerika, in der Schweiz und in anderen Ländern.)
– Ein *Handelsbetrieb* bezieht auf dem Grossmarkt die fertigen Produkte direkt von den Herstellern. (Beispiel: Migros kauft das Frischgemüse und Obst von bestimmten Bauernhöfen.)
– Ein *Dienstleistungsbetrieb* sucht sein Personal auf dem Personalmarkt. (Beispiel: Die Grossbank UBS rekrutiert ihre Mitarbeitenden u.a. über professionelle Personalvermittler oder direkt von den Universitäten und Hochschulen.)

Transformationsprozess

– Der Transformationsprozess eines *Industriebetriebs* umfasst die Fabrikation und die Herstellung von Gütern. (Beispiel: Lindt&Sprüngli stellt die Schokolade in ihren Fabriken her.)
– Der Transformationsprozess eines *Handelsbetriebs* umfasst die Bereitstellung von verlangten Waren am richtigen Ort, zur richtigen Zeit und in der passenden Menge. (Beispiel: Migros hat ein ausgeklügeltes Logistiksystem, das die Lieferung von Obst und Gemüse in den richtigen Mengen zur passenden Zeit in allen Filialen regeln kann.)
– Der Transformationsprozess eines *Dienstleistungsunternehmens* umfasst die geistige Leistung ihrer Mitarbeiter mit dem Ziel, das Angebot des Unternehmens optimal umzusetzen. (Beispiel: UBS-Mitarbeiter beraten Kunden und verkaufen ihnen passende Anlageprodukte.)

Absatzmarkt

– Der Absatz von Produkten eines *Industriebetriebs* kann direkt an den Endkunden oder indirekt (über Zwischenhändler) erfolgen. (Beispiel: Lindt&Sprüngli vertreibt ihre Schokolade direkt an die Endkunden, z.B. über den Onlineshop, oder indirekt über Grossverteiler wie Migros oder Coop.)
– Der Absatzmarkt eines *Handelsbetriebs* ist der Ort, wo die Endkunden dessen Produkte kaufen. Dieser Ort kann ein Einkaufsladen sein oder nur virtuell (z.B. im Internet) bestehen. (Beispiel: Migros verkauft ihre Endprodukte in den Filialen und online über ihre e-shops.)
– Der Absatzmarkt eines *Dienstleistungsbetriebs* ist dort, wo der Dienstleistungserbringer und der Dienstleistungsnehmer miteinander in Verbindung treten. Der Kontakt erfolgt vor Ort, telefonisch oder über das Internet. (Beispiel: Die UBS Vermögensberater sind weltweit mit Kunden in Kontakt und können ihre Produkte im Prinzip rund um die Uhr verkaufen.)

Ziele der Leistungserstellung

Geschäftsprozesse
Leistungserstellungsprozesse

Die Ziele der Leistungserstellung sind folgendermassen zusammenzufassen:

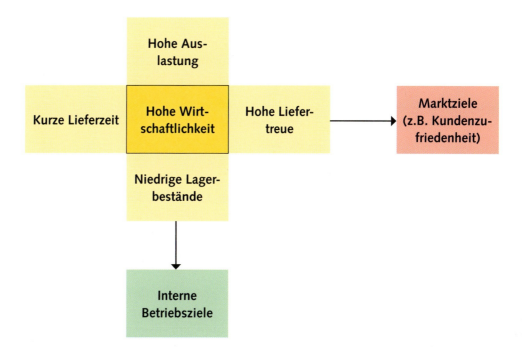

Das Ziel eines jeden Unternehmens und in diesem speziellen Fall der Produktion ist es, eine möglichst hohe Wirtschaftlichkeit zu erlangen, d.h. mit tiefen Kosten soll ein hoher Ertrag erzielt werden.

Die optimale Wirtschaftlichkeit muss jedoch mit widersprüchlichen Komponenten errechnet werden. So verlangen die Marktziele (z.B. Kundenzufriedenheit) als Voraussetzung eine kurze Lieferzeit und eine hohe Liefertreue. Diese beiden Ziele können nur mit einem grossen Lager und einer flexiblen Fertigung befriedigt werden. Das verursacht jedoch hohe Kosten. Das interne Ziel der tiefen Kosten steht zur Kundenzufriedenheit im Widerspruch. Die niedrigen Lagerbestände wirken gegen die hohe Liefertreue, und die Flexibilität wirkt gegen die hohe Auslastung in der Produktion. Die hohe Auslastung wiederum hält die Kosten der Fertigung tief.

Beispiel
Der Handelsbetrieb Coop als Kunde der Lindt & Sprüngli-Schokoladenfabrik möchte wegen den Kosten nur ein kleines Lager bei sich unterhalten und erwartet daher, dass die Fabrik in möglichst kurzer Zeit ein bestimmtes Sortiment an Schokoladen lieferbar hat, je nachdem was die Kunden vermehrt in den Läden kaufen. Das heisst, um diese Wünsche zu erfüllen, müsste die Fabrik hohe Lager halten und die Produktion der verschiedenen Schokoladen je nach Bedürfnis flexibel umstellen können.

Die Anforderungen des Kunden Coop (neben zahlreichen weiteren Kunden) verursachen hohe Lager- und Produktionskosten, da die Auslastung der Maschinen weder voll noch regelmässig verteilt ist. Der Kunde Coop kauft dann, wenn seine Bedürfnisse befriedigt werden müssen. Das heisst nun für Lindt & Sprüngli, eine bestmögliche Lösung für dieses Dilemma zu finden und die für das Unternehmen optimale Wirtschaftlichkeit zu bestimmen.

Umweltschutz

Geschäftsprozesse
Leistungserstellungsprozesse

Jedes Unternehmen sollte dem Umweltschutz (siehe S. 13) besondere Beachtung schenken. Die Umwelt besteht aus Boden, Luft und Wasser sowie aus allen Lebewesen und Pflanzen. Dies sind beschränkte Ressourcen, die durch uneingeschränkte Ausbeutung geschädigt oder sogar zerstört werden.

Die negativen Auswirkungen auf die Umwelt aus Produktion und Konsum können folgendermassen aufgeteilt werden:

Inputseite
Nutzung von Rohstoffen (z.B. Mineralien, Metalle, Holz, Wasser, Erdöl und Kohle)

Outputseite
- Belastung der Gewässer (z.B. mit Pestiziden, Ölen, Abfällen, Metallen, Säuren und Laugen)
- Belastung der Luft (z.B. mit Kohlenmonoxid, Staub, Russ und Strahlungen)
- Belastung des Bodens (z.B. mit Pestiziden, Abfällen, Strahlungen)

Ökomarketing

> **Ökomarketing:** *Ist die ganzheitliche Ausrichtung der Marketingstrategien und -instrumente einer Unternehmung auf die Umwelt. Ziel ist es, die Belastungen der Umwelt zu vermindern, die natürlichen Lebensgrundlagen der Menschen, der Tiere und der Pflanzen zu verbessern und die umweltbewusste Lebensführung von Konsumenten zu fördern.*

Die qualitativen und quantitativen Auswirkungen der Leistungserbringung einer Unternehmung können in Form von Ökobilanzen aufgelistet und verglichen werden.

Ökobilanzen

> **Ökobilanz:** *Ist die Beschreibung und Auflistung der primären Auswirkungen von bestimmten Prozessen – verursacht durch den Menschen – auf die Umwelt, d.h. auf Luft, Wasser und Boden. Zusätzlich wird auch der Energie- und Rohstoffbedarf berücksichtigt.*

Diese Zahlen sind jedoch schwierig zu erfassen und oftmals auch subjektiv, denn die Ergebnisse von Ökobilanzen hängen stark von den Rahmenbedingungen (z.B. Transportwege beim Recycling) ab, auf die sich die Berechnungen stützen. Dies ist vor allem dann kritisch, wenn Ökobilanzen einseitig für Public-Relations-Zwecke (siehe S. 49) missbraucht werden.

Recycling

> **Recycling:** *Es werden Rohstoffe aus Abfällen zurückgewonnen und in den Wirtschaftskreislauf zur Verarbeitung von neuen Produkten zurückgeführt. Dies ist eine Veredelung und stoffliche Verarbeitung von gesammelten und sortierten Materialien.*

Durch Recycling werden sowohl die knapp werdenden Umweltressourcen geschont als auch die immer grösser werdenden Abfallmengen reduziert. Glas, Papier, PET, Pappe, Kartonagen, Eisen, Nichteisenmetalle und Kunststoffe sind die für die Verwertung am besten geeigneten Stoffe.

Unterstützung sprozesse

Unterstützungsprozesse

Unterstützungsprozesse: *Sie wirken indirekt auf die Leistungserstellung, indem sie die Management- und die Geschäftsprozesse laufend unterstützen.*

Diese Prozesse – wie Bereitstellung von qualifiziertem Personal oder die Sicherung von finanziellen Mitteln – wirken durch das gesamte Unternehmen hindurch und haben dadurch einen wichtigen Stellenwert.

Die Geschäftsprozesse würden ohne die Unterstützungsprozesse nicht optimal ablaufen.

Innerhalb der Unterstützungsprozesse bestehen Managementfunktionen, die Einfluss auf die Managementprozesse ausüben. So ist beispielsweise die finanzielle Führung sowie das Personalmanagement im Führungsgremium vertreten und hat dort ein Mitspracherecht.

Das Management legt die Strategie fest. Die Unterstützungsprozesse müssen auf die Strategie ausgerichtet sein.

Somit werden hier wiederum die stetigen Wechselwirkungen und die vernetzten Zusammenhänge innerhalb eines Unternehmens gut sichtbar.

Wichtige Unterstützungsprozesse

- **Finanzielle Führung** (siehe S. 56 ff.)
  Beispielfrage: Wie soll das nötige Kapital beschafft und verwaltet werden?

- **Personalmanagement** (siehe S. 71 ff.)
  Beispielfrage: Wie können die optimalen Mitarbeiter gewonnen und behalten werden?

- **Recht** (siehe S. 77 ff.)
  Beispielfrage: Welches ist die optimale Rechtsform für das Unternehmen (Aktiengesellschaft oder Einzelgesellschaft)?

- **Risikomanagement** (siehe S. 80)
  Beispielfrage: Wie können die laufenden Risiken minimiert werden?

Die finanzielle Führung des Unternehmens

Unterstützungsprozesse
Finanzielle Führung

■ Informationsbedürfnis der Unternehmensführung

Damit ein Unternehmen überhaupt seine Tätigkeiten ausüben kann, braucht es finanzielle Mittel: Es müssen Löhne bezahlt, Rohstoffe eingekauft, Maschinen angeschafft werden usw.

Die finanzielle Führung verfolgt das Ziel, dass das Unternehmen einerseits immer über genügend Liquidität (flüssige Geldmittel) verfügt und anderseits Gewinne abwirft. Da die Mittel der Eigentümer eines Unternehmens (z.B. Aktionäre) oft nicht für alle Finanzierungstätigkeiten ausreichen, ist dieses meistens auf externe Kapitalgeber angewiesen, so z.B. auf Banken oder auf private Investoren (z.B. Obligationäre).

Kapital wird jedoch sehr häufig nur dann zur Verfügung gestellt, wenn ein gewisses Vertrauen in das Unternehmen vorhanden ist. Das Management kann Vertrauen aufbauen und dem Unternehmen zu Erfolg verhelfen, indem es richtige Entscheidungen trifft. Dafür braucht es verlässliche Informationen bezüglich der wirtschaftlichen Lage des Unternehmens. Diese Informationen interessieren selbstverständlich auch die Investoren, die damit ihre Anlageentscheide treffen können.

Transparenz für internationale Investoren
Von vielen Aktiengesellschaften können die Aktien an der Börse gekauft und verkauft werden (sogenannte börsenkotierte Unternehmen). Damit sich auch ausländische Investoren ein Bild über die finanzielle Situation eines Unternehmens machen können, geben immer mehr Schweizer Unternehmen ihre Informationen gemäss internationalen Richtlinien bekannt.

Die zwei gängigsten Systeme sind:
– IAS (International Accounting Systems)
– US-GAAP (Generally Accepted Accounting Principels; in den USA am weitesten verbreitet)

IAS und US-GAAP sind sich von der Struktur und vom Aufbau her ähnlich. Ein weiterer Grund, weshalb ein Unternehmen die internationalen Standards verwendet, besteht darin, dass es allenfalls an einer ausländischen Börse kotiert werden will, z.B. die CIBA Spezialitätenchemie an der New Yorker Börse.

■ Buchführungspflicht

Gemäss OR 957 ff. besteht für Unternehmen, die im Handelsregister eingetragen werden müssen, eine Buchführungspflicht. Ausgewiesen werden müssen:
– die Vermögenslage
– die Schuld- und Forderungsverhältnisse
– die Betriebsergebnisse

Zentrale Elemente der Rechnungslegung sind die
– Bilanz,
– Erfolgsrechnung,
– Geldflussrechnung.
Sie liefern wichtige Informationen über die finanzielle Situation eines Unternehmens.

Die Bilanz

Unterstützungsprozesse
Finanzielle Führung

Bilanz: *Ist die Gegenüberstellung aller Aktiven (Wofür wird das Geld eingesetzt?) und aller Passiven (Woher kommt das Geld?) eines Unternehmens zu einem bestimmten Zeitpunkt.*

Aktiven

Die Aktiven werden nach der Verfügbarkeit geordnet, d.h., je schneller etwas zu Bargeld gemacht werden kann, desto weiter oben steht es in der Bilanz (Liquiditätsprinzip).
Man unterscheidet zwischen Umlaufvermögen und Anlagevermögen:

Umlaufvermögen
Zum Umlaufvermögen gehören u.a. Bargeld, Post- und Bankguthaben sowie Wertschriften, Kundenguthaben (Debitoren) und Warenvorräte.

Anlagevermögen
Das Anlagevermögen wird auch stehendes Vermögen genannt. Es ist üblich, die Mobilien (z.B. Produktionsmaschinen, Einrichtungsgegenstände, EDV-Geräte und Fahrzeuge) vor den Immobilien (Liegenschaften) aufzulisten.

Passiven

Hier schaut man, wer auf die unter den Aktiven aufgeführten Vermögenswerte Anspruch hat. Sind es die Eigentümer des Unternehmens, spricht man von Eigenkapital. Bei fremden Kapitalgebern (z.B. Banken) spricht man von Fremdkapital.

Fremdkapital
Normalerweise wird in einer Bilanz das Fremdkapital vor dem Eigenkapital aufgelistet. Innerhalb des Fremdkapitals gruppiert man die Schulden nach ihrer Fälligkeit: Je früher die Schulden zurückbezahlt werden müssen, desto weiter oben stehen sie in der Bilanz. Es werden zum Beispiel offene Rechnungen von Lieferanten, von denen man die Ware schon erhalten hat (Kreditoren), vor den Hypothekarschulden bei einer Bank aufgeführt.

Eigenkapital
Das Eigenkapital zeigt das Kapital, das den Eigentümern eines Unternehmens gehört. Bei einer Aktiengesellschaft spricht man hier vom Aktienkapital. Ein allfälliger Reingewinn bzw. Reinverlust wird ebenfalls beim Eigenkapital verbucht.

Rechtliche Situation

Gemäss OR 958 muss jedes Unternehmen, das zur Führung von Geschäftsbüchern verpflichtet ist, immer auf Ende jeden Geschäftsjahrs eine Bilanz erstellen. Viele, vor allem grössere Unternehmen, sind dazu übergegangen, Halbjahres- oder gar Quartalsbilanzen zu veröffentlichen.

Dies hat den Vorteil, dass die Investoren in kürzeren Intervallen informiert werden.

Der Nachteil besteht darin, dass Abschlüsse alle drei Monate keine verlässlichen Schlüsse auf den tatsächlichen Geschäftsgang zulassen. Das Ergebnis kann aufgrund saisonaler Schwankungen in dieser kurzen Periode nach oben wie auch nach unten verfälscht werden.

Wer eine Bilanz fälscht, macht sich gemäss schweizerischer Rechtsprechung der Urkundenfälschung strafbar und wird mit einer Freiheitsstrafe bis zu fünf Jahren oder mit einer Geldstrafe bestraft (StGB 251).

B 4.5 Unterstützungsprozesse

Unterstützungsprozesse
Finanzielle Führung

Bilanz (vereinfachte Zahlen in enger Anlehnung an die Geberit-Gruppe)

Aus dem Firmenporträt

Die Geberit-Gruppe ist europäischer Marktführer und globaler Anbieter in der Sanitärtechnik. Typische Produkte sind u.a. Waschtisch-Armaturen, Siphons und Spülkästen. Der Hauptsitz befindet sich in Rapperswil-Jona, SG. Das Unternehmen hat weltweit 15 Produktionsstandorte, ist in 41 Ländern mit Vertretungen aktiv und beschäftigt rund 5800 Mitarbeitende.

			Jahr x MCHF*	Vorjahr MCHF*
Aktiven		**Umlaufvermögen**		
	1	Flüssige Mittel	101,5	64,4
	2	Forderungen aus Lieferungen und Leistungen	76,3	82,2
	3	Sonstige Forderungen und Rechnungsabgrenzungen	37,2	46,9
	4	Vorräte	114,0	103,3
1 + 2 + 3 + 4 = 5		**Total Umlaufvermögen**	**329,2**	**296,8**
		Anlagevermögen		
	6	Sachanlagen	492,3	490,7
	7	Finanzanlagen und sonstige langfristige Aktiven	111,8	110,9
	8	Goodwill und immaterielle Anlagen	512,0	546,3
6 + 7 + 8 = 9		**Total Anlagevermögen**	**1116,1**	**1147,9**
5 + 9 = 10		**Total Aktiven**	**1445,1**	**1444,7**
Passiven		**Kurzfristiges Fremdkapital**		
	1	Kurzfristige Finanzverbindlichkeiten	65,4	66,6
	2	Verbindlichkeiten aus Lieferungen und Leistungen	72,7	62,9
	3	Kurzfristige Rückstellungen	106,0	117,3
1 + 2 + 3 = 4		**Total kurzfristiges Fremdkapital**	**244,1**	**246,8**
		Langfristiges Fremdkapital		
	6	Langfristige Finanzverbindlichkeiten	439,9	493,5
	7	Langfristige Rückstellungen	207,2	205,3
6 + 7 = 8		**Total langfristiges Fremdkapital**	**647,1**	**698,8**
	9	**Minderheitenanteile**	7,1	6,6
		Eigenkapital		
	10	Nettoergebnis/Gewinnvortrag	177,2	126,7
	11	Aktienkapital	336,3	335,1
	12	Umrechnungsdifferenzen	33,3	30,7
10 + 11 + 12 = 13		**Total Eigenkapital**	**546,8**	**492,5**
4 + 8 + 9 + 13 = 14		**Total Passiven**	**1445,1**	**1444,7**

* MCHF (Millionen Schweizer Franken)

Erklärungen zur Bilanz

Sonstige Forderungen und Rechnungsabgrenzungen (siehe Akiven 3)
Zu den sonstigen Forderungen gehören u.a. Rückforderungen von Steuern.
In den aktiven Rechnungsabgrenzungen sind Beträge enthalten, die zwar während des Geschäftsjahres bezahlt wurden, deren Gegenwert aber erst im kommenden Jahr beansprucht wird.
Beispiele: Die Januarmiete wurde schon Ende Dezember beglichen oder Versicherungsprämien fürs nächste Jahr wurden schon bezahlt.

Finanzanlagen und sonstige langfristige Aktiven (siehe Akiven 7)
Diese bestehen u.a. aus vorausbezahlten Pensionskassenbeiträgen, latenten Steuerforderungen (siehe unten) und Festgeldern (Gelder, die bei einer Geschäftsbank für eine bestimmte Dauer, z.B. 1 Jahr, angelegt werden).

Goodwill und immaterielle Anlagen (siehe Akiven 8)
Dazu gehören u.a. Marktanteile, personelle Stärken und Kundenbeziehungen von übernommenen Unternehmen (Goodwill) sowie Patente, Know-how und Markenrechte (immaterielle Anlagen).

Finanzverbindlichkeiten (siehe Passiven 1)
Darunter versteht man Bankkredite und Anleihen, die aufgenommen wurden.

Steuerverbindlichkeiten (siehe Passiven 3)
Dies sind Steuerschulden, die noch nicht bezahlt wurden.

Steuerrückstellungen (siehe Passiven 3)
Dies sind Reserven, um die Steuern des abgelaufenen Geschäftsjahres bezahlen zu können. Bei der Bezahlung werden diese Reserven wieder aufgelöst.

Nettoergebnis / Gewinnvortrag (siehe Passiven 10)
Nettoergebnis/Gewinnvortrag setzen sich wie folgt zusammen (in Mio. CHF):

31.12.20XX:	126,7	
+ Nettoergebnis 20XX+1:	92,1	(siehe nächste Seiten, Erfolgsrechnung)
=	218,8	
– Dividenden für 20XX:	40,1	
=	178,7	
abzüglich Sonstige:	1,5	(aufgrund der Rechnungslegung nach IAS)
=	177,2	

Umrechnungsdifferenzen (siehe Passiven 12)
Sind einerseits Wechselkursdifferenzen auf gruppenintern gewährten langfristigen Darlehen in verschiedenen Währungen. Anderseits werden die Aktiven und Passiven am Bilanzstichtag in Schweizer Franken umgerechnet. Erträge und Aufwendungen werden zu einem Jahresdurchschnittskurs umgerechnet. Eine allfällige Differenz wird beim Eigenkapital verbucht.

Die Erfolgsrechnung

Unterstützungsprozesse
Finanzielle Führung

> **Erfolgsrechnung:** *Ist die Gegenüberstellung aller Aufwendungen und aller Erträge eines Unternehmens über einen bestimmten Zeitraum.*

Aufwand
Den Aufwendungen kann man entnehmen, wofür wie viel Geld ausgegeben worden ist.

Ertrag
Die Erträge geben Auskunft darüber, was ein Unternehmen auf dem Markt angeboten hat und wie viel dabei eingenommen worden ist.

Erfolg
Die Differenz von Aufwand und Ertrag ergibt den Erfolg. Ist die Summe der Erträge grösser als die Summe der Aufwendungen, wurde ein Gewinn erzielt, im umgekehrten Fall liegt ein Verlust vor.

Rechtliche Situation
Die rechtliche Situation ist mit derjenigen für die Bilanz identisch: Gemäss OR 958 muss jedes Unternehmen, das zur Führung von Geschäftsbüchern verpflichtet ist, immer auf Ende jeden Geschäftsjahres eine Betriebsrechnung erstellen.

■ Erfolgsrechnung
(vereinfachte Zahlen in enger Anlehnung an die Geberit-Gruppe)

			Jahr x MCHF*	Vorjahr MCHF*
	1	Umsatz	1165,1	1208,5
	2	– Erlösminderungen	151,6	146,2
1 – 2 = 3		Nettoumsatz	1013,5	1062,3
	4	+ Warenaufwand	331,0	355,2
	5	+ Personalaufwand	296,8	291,5
	6	+ Abschreibungen	104,6	107,8
	7	+ Sonstiger Betriebsaufwand, netto	124,0	118,1
4 + 5 + 6 + 7 = 8		Total Betriebsaufwand, netto	856,4	872,6
3 – 8 = 9		**Betriebsergebnis (EBIT)**	**157,1**	**189,7**
	10	– Finanzergebnis, netto	29,1	37,4
	11	+ Betriebsfremdes Ergebnis, netto	0,3	-0,2
9 – 10 + 11 = 12		Ergebnis vor Steuern und Minderheitenanteilen	128,3	152,1
	13	– Ertragssteuern	35,6	47,6
12 – 13 = 14		Nettoergebnis vor Minderheitenanteilen	92,7	104,5
	15	– Minderheitenanteile am Gewinn nach Steuern	0,6	0,1
14 – 15 = 16		**Nettoergebnis**	**92,1**	**104,4**

* MCHF (Millionen Schweizer Franken)

Erklärungen zur Erfolgsrechnung

Umsatz (siehe Erfolgsrechnung 1)
Dieser umfasst die Gesamtheit aller Einnahmen.

Erlösminderungen (siehe Erfolgsrechnung 2)
Dazu gehören u.a. Skonti für Kunden, Ausgangsfrachten (z.B. Transportkosten und Portospesen) sowie Kundenboni (z.B. Mengenrabatt).

Abschreibungen (siehe Erfolgsrechnung 6)
Sie erfassen die Wertminderungen von Gegenständen des Anlagevermögens (siehe S. 57). Die Wertminderungen entstehen durch Nutzung, durch aussergewöhnliche Einflüsse, durch technische Veralterung usw.

Sonstiger Betriebsaufwand, netto (siehe Erfolgsrechnung 7)
Dazu gehören u.a.: Energie- und Unterhaltsaufwand, Marketingaufwand und Verwaltungsaufwand.

Betriebsergebnis (EBIT) (siehe Erfolgsrechnung 9)
EBIT (Earnings Before Interest and Taxes): Darunter versteht man den Gewinn, bevor Zinsaufwand und Steuern berücksichtigt sind.

Finanzergebnis, netto (siehe Erfolgsrechnung 10)
Dieses besteht hauptsächlich aus Zinserträgen und Zinsaufwendungen.

Betriebsfremdes Ergebnis, netto (siehe Erfolgsrechnung 11)
Ist die Zusammenfassung von Aufwendungen und Erträgen, die nicht zur eigentlichen Geschäftstätigkeit gehören.
Beispiel: In einem Geschäftsgebäude befindet sich eine Wohnung, die vermietet wird.

Ertragssteuern (siehe Erfolgsrechnung 13)
Die Geberit-Gruppe muss auf ihren Gewinnen Steuern bezahlen.

Minderheitenanteile am Gewinn nach Steuern (siehe Erfolgsrechnung 15)
Die konsolidierte Bilanz umfasst auch diejenigen Unternehmen, an denen die Geberit AG mehr als 50% der Stimmrechte besitzt. Die Minderheitsaktionäre dieser Tochtergesellschaften haben Anspruch auf einen Gewinnanteil der Geberit- Gruppe.

Kennzahlen zur finanziellen Situation

Unterstützungsprozesse
Finanzielle Führung

Kennzahlen zur finanziellen Situation: *Sind (Verhältnis-)Zahlen, die Auskunft über die Unternehmensentwicklung geben, z.B. bezüglich der Liquidität, des Eigenfinanzierungsgrades und der Eigenkapitalrendite.*

Sind CHF 100 000.– liquide Mittel in einem Unternehmen viel? Diese Frage kann so nicht beantwortet werden. Steht diesen liquiden Mitteln kurzfristiges Fremdkapital von CHF 30 000.– gegenüber, ist das etwas ganz anderes, als wenn das Unternehmen kurzfristige Verbindlichkeiten von CHF 700 000.– hat. Aus diesem Grund gibt man Kennzahlen meistens in Form von Relationen (Verhältnissen) an.

Wichtige Kennzahlen

Liquidität
Damit die fälligen Schulden bezahlt werden können, ist eine genügend grosse Liquidität für ein Unternehmen überlebenswichtig.

Eigenfinanzierungsgrad
Ebenso muss ein Unternehmen über ausreichend Eigenkapital verfügen, damit es Kredite bekommt bzw. damit in einem Konkursfall die Gläubiger nicht völlig leer ausgehen.

Eigenkapitalrendite
Ein zu hoher Anteil Eigenkapital am Gesamtkapital ist jedoch für die Kapitalgeber nicht interessant, da somit die Eigenkapitalrendite verkleinert wird.

	Allgemeine Formel	Beispiel Geberit
Liquidität 1 (L1): Kurzfristig «Cash ratio»	$\dfrac{\text{Flüssige Mittel} \times 100}{\text{Kurzfristiges Fremdkapital}}$ Ziel: ca. 25 bis 40%	$\dfrac{101{,}5 \times 100}{244{,}1} = 41{,}6\%$
Liquidität 2 (L2): Mittelfristig «Quick ratio»	$\dfrac{(\text{Flüssige Mittel} + \text{kurzfristige Forderungen}) \times 100}{\text{Kurzfristiges Fremdkapital}}$ Ziel: ca. 100%	$\dfrac{(101{,}5+114) \times 100}{244{,}1} = 88{,}1\%$
Liquidität 3 (L3): Langfristig «Current ratio»	$\dfrac{\text{Umlaufvermögen} \times 100}{\text{Kurzfristiges Fremdkapital}}$ Ziel: ca. 150 bis 200%	$\dfrac{329{,}0 \times 100}{244{,}1} = 134{,}8\%$
Eigenfinanzierungsgrad (EFG)	$\dfrac{\text{Eigenkapital} \times 100}{\text{Gesamtkapital}}$ Ziel: mindestens 30%	$\dfrac{546{,}8 \times 100}{1445{,}1} = 37{,}8\%$
Eigenkapitalrendite	$\dfrac{\text{Unternehmensgewinn}[1] \times 100}{\text{Durchschnittliches Eigenkapital}[2]}$ Ziel: mehr als 8% [1] aus Erfolgsrechnung [2] = Mittelwert aus Anfangs- und Endbestand	$\dfrac{92{,}1 \times 100}{519{,}65} = 17{,}7\%$

Schlussfolgerung
Insgesamt ist der finanzielle Zustand von Geberit gut. Dies ist eine wichtige Information für die Unternehmensleitung selber wie auch für die Aktionäre.

B 4.5 Unterstützungsprozesse

Unterstützungsprozesse
Finanzielle Führung

■ Erklärungen zu den Kennzahlen

Bilanz der Geberit-Gruppe

Nachfolgend wird nochmals die Bilanz der Geberit-Gruppe dargestellt. Die Abkürzungen auf der Seite zeigen, welche Kennzahlen mit welchen Zahlen berechnet werden.

				Jahr x MCHF*	Vorjahr MCHF*	
Aktiven			**Umlaufvermögen**			
		1	Flüssige Mittel	101,5	64,4	L1, L2
		2	Forderungen aus Lieferungen und Leistungen	76,3	82,2	L2
		3	Sonstige Forderungen und Rechnungsabgrenzungen	37,2	46,9	L2
		4	Vorräte	114,0	103,3	
	1 + 2 + 3 + 4 = 5		**Total Umlaufvermögen**	**329,0**	**296,8**	L3
			Anlagevermögen			
		6	Sachanlagen	492,3	490,7	
		7	Finanzanlagen und sonstige langfristige Aktiven	111,8	110,9	
		8	Goodwill und immaterielle Anlagen	512,0	546,3	
	6 + 7 + 8 = 9		**Total Anlagevermögen**	**1116,1**	**1147,9**	
	5 + 9 = 10		**Total Aktiven**	**1445,1**	**1444,7**	
Passiven			**Kurzfristiges Fremdkapital**			
		1	Kurzfristige Finanzverbindlichkeiten	65,4	66,6	
		2	Verbindlichkeiten aus Lieferungen und Leistungen	72,7	62,9	
		3	Kurzfristige Rückstellungen	106,0	117,3	
	1 + 2 + 3 = 4		**Total kurzfristiges Fremdkapital**	**244,1**	**246,8**	L1, L2, L3
			Langfristiges Fremdkapital			
		5	Langfristige Finanzverbindlichkeiten	439,9	493,5	
		6	Langfristige Rückstellungen	207,2	205,3	
	5 + 6 = 7		**Total langfristiges Fremdkapital**	**647,1**	**698,8**	
		8	Minderheitenanteile	7,1	6,6	
			Eigenkapital			
		9	Nettoergebnis/Gewinnvortrag	177,2	126,7	
		10	Aktienkapital	336,3	335,1	
		11	Umrechnungsdifferenzen	33,3	30,7	
	9 + 10 + 11 = 12		**Total Eigenkapital**	**546,8**	**492,5**	EFG
	4 + 7 + 8 + 12 = 13		**Total Passiven**	**1445,1**	**1444,7**	

* MCHF (Millionen Schweizer Franken)

Die vier Konti der doppelten Buchhaltung

Unterstützungsprozesse
Finanzielle Führung

Die Bilanz ist die Zusammenstellung der Aktiv- und Passivkonti (siehe S. 57). Die Erfolgsrechung zeigt die Aufwands- und Ertragskonti. Jedes Konto hat eine linke Seite (Soll) und eine rechte Seite (Haben). In den unten aufgeführten vier Kontentypen werden die täglichen finanziellen Vorgänge (Geschäftsfälle) verbucht. In der Praxis hat jedes Konto eine eigene Nummer.

Buchungsregeln

Das Prinzip der doppelten Buchhaltung hat zur Folge, dass jeder Geschäftsfall eine Buchung in zwei Konti verursacht, einmal auf der linken Seite eines Kontos und einmal auf der rechten Seite eines Kontos. Dabei gilt die wichtige Regel: «Keine Buchung ohne Beleg!»
Die linke und die rechte Seite eines jeden Kontos sind gleich gross. Beim Jahresabschluss werden die Saldi der Aktiv- und der Passivkonti in die Bilanz und die Saldi der Aufwands- und Ertragskonti in die Erfolgsrechnung übertragen.

Buchungssatz

Wenn ein Unternehmen an seine Lieferanten (Kreditoren) per Bank zahlt, erhält die Buchhaltung den Auftrag, diese Zahlung folgendermassen zu verbuchen:
«Kreditoren (Passivkonto Soll) an Bank (Aktivkonto Haben)»

Aktiv- und Passivkonto (Bilanz)

Aufwand- und Ertragskonto (Erfolgsrechnung)

Doppelter Erfolgsnachweis

Unterstützungsprozesse
Finanzielle Führung

An einem einfachen Beispiel wird dargestellt, wie ein Rechnungsjahr einer AG abgeschlossen wird.

1. Abschluss Bilanzkonti
Es werden sämtliche Aktiv- und Passivkonti abgeschlossen, und der Saldo wird in die Schlussbilanz vor Gewinnverwendung übertragen (alle Zahlen in Mio. CHF).

2. Abschluss Erfolgskonti
Es werden sämtliche Aufwands- und Ertragskonti abgeschlossen, und der Saldo wird in die Erfolgsrechnung übertragen.

Wurden während des Geschäftjahrs sämtliche Geschäftsfälle richtig verbucht, müssen der Gewinn der Schlussbilanz vor Gewinnverwendung und der Gewinn der Erfolgsrechnung übereinstimmen. In diesem Fall wird vom **doppelten Erfolgsnachweis** gesprochen. Dieser Jahresgewinn und der noch nicht verwendete Gewinn vom Vorjahr (d.h. der Gewinnvortrag) können nun an die Aktionäre ausbezahlt werden. Dabei müssen aber die gesetzlichen (OR 671) und die statutarischen Bestimmungen beachtet werden. Eine genaue Aufschlüsselung, wie der Jahresgewinn verteilt wird, zeigt der Gewinnverwendungsplan:

3. Gewinnverwendungsplan
In diesem Beispiel beschliesst die Generalversammlung, 50 Mio. den Reserven zuzuweisen, 130 Mio. als Dividende auszuschütten und 20 Mio. als Gewinnvortrag auf das nächste Jahr vorzutragen.

4. Schlussbilanz nach Gewinnverwendung
Die Schlussbilanz nach Gewinnverwendung zeigt die neuen Vermögens- und Schuldverhältnisse, nachdem das Unternehmen den Jahresgewinn verteilt hat. 130 Mio. müssen als Dividende ausbezahlt werden (kurzfristiges Fremdkapital). Die Reserven wurden um 50 Mio. aufgestockt. Der Gewinnvortrag beträgt neu 20 Mio.

Schlussbilanz vor Gewinnverwendung

Aktiven			Passiven
Kasse	100	800	Kreditoren
Bank	900	700	Rückstellungen
		1000	Bankschulden
Mobilien	500	200	Aktienkapital
Immobilien	1500	100	Reserven
		10	Gewinnvortrag
Zwischentotal	3000	2810	Zwischentotal
		190	**Gewinn**
Bilanzsumme	3000	3000	Bilanzsumme

Erfolgsrechnung

Aufwand			Ertrag
Warenaufwand	300	690	Warenertrag
Personalaufwand	120		
Raumaufwand	60		
übriger Aufwand	20		
Zwischentotal	500	690	Zwischentotal
Gewinn	**190**		
Summe	690	690	Summe

Gewinnverwendungsplan

	190	Jahresgewinn
+	10	Gewinnvortrag
=	200	verteilbarer Gewinn
−	50	Zuteilung an die Reserven
−	130	Ausschüttung als Dividende
=	20	Gewinnvortrag auf das nächste Jahr

Schlussbilanz nach Gewinnverwendung

Aktiven			Passiven
Kasse	100	130	Dividende
Bank	900	800	Kreditoren
		700	Rückstellungen
		1000	Bankschulden
Mobilien	500	200	Aktienkapital
Immobilien	1500	150	Reserven
		20	Gewinnvortrag
Bilanzsumme	3000	3000	Bilanzsumme

Kapitalbeschaffung

Unterstützungsprozesse
Finanzielle Führung

■ Kapitalbedarf

Ein Unternehmen kann sein Geschäftsmodell erst umsetzen, wenn es über das erforderliche Kapital verfügt. Das Umlauf- und Anlagevermögen muss mit Eigen- oder Fremdkapital finanziert werden (siehe Bilanz S. 57 ff.).

Bevor Geld in das Unternehmen zurückfliesst, müssen Investitionen (z.B. Kauf von Produktionsanlagen) getätigt werden. Die Einnahmen von den Kunden fliessen erst, nachdem schon viele Ausgaben getätigt worden sind (Forschung und Entwicklung, Kauf von Rohstoffen, Bezahlung von Löhnen, Miete oder Marketing usw.). Das Unternehmen muss je nach Branche über eine hohe Liquidität verfügen, um diese Vorleistungen finanzieren zu können. Zur Deckung des gesamten Kapitalbedarfs gibt es verschiedene Finanzierungsmöglichkeiten.

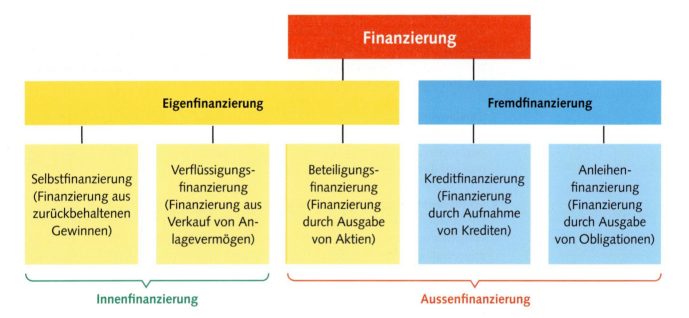

■ Innenfinanzierung

Manager bevorzugen die Innenfinanzierung. Sie sind dadurch unabhängiger, da sie nicht neue Kapitalgeber ansprechen, ihnen Pläne vorlegen und um Zustimmung bitten müssen.

Selbstfinanzierung
Bei der Selbstfinanzierung werden Gewinne nicht an Aktionäre ausgeschüttet, sondern für künftige Finanzierungen verwendet.

Verflüssigungsfinanzierung (Desinvestition)
Bei der Verflüssigungsfinanzierung wird nicht mehr gebrauchtes Anlagevermögen verkauft, um Liquidität für neues Anlagevermögen zu erhalten.

Aussenfinanzierung

Eigenkapital

Einlagen- bzw. Beteiligungsfinanzierung (Ausgabe von Aktien)
Bei der Gründung eines Unternehmens wird der Kapitalgrundstock in Form von Eigenkapital eingelegt. Damit beweist das Unternehmen seine Kreditwürdigkeit. Benötigt das Unternehmen noch mehr Kapital, wird das Management erst dann eine Erhöhung des Eigenkapitals beantragen, wenn die Fremdverschuldungskapazität ausgeschöpft ist. Eigenkapitalerhöhungen sind für Publikumsgesellschaften aufwendige Verfahren. Zudem ist Eigenkapital wegen den Ansprüchen der Eigentümer oft teurer als Fremdkapital (Gründe: Mitbestimmungsrecht, Entschädigung für das grössere Risiko als beim Fremdkapital).

Fremdkapital

Anleihenfinanzierung (Ausgabe von Obligationen)
Private Unternehmen wie auch der Staat (Bund, Kantone, Gemeinden) können Kapital beschaffen, indem sie Obligationen herausgeben und diese der Öffentlichkeit zum Kauf anbieten. Die Ausgabe erfolgt blockweise (z.B. einmal pro Jahr) und zu jeweils gleichen Bedingungen (d.h. gleicher Zinssatz und feste Laufzeit). Durch die Stückelung der Obligationssumme ist es möglich, dass viele unterschiedliche Wirtschaftssubjekte (auch Kleinsparer) Obligationen erwerben können. Diese erhalten jährlich den fixen Zinsbetrag und am Ende der Laufzeit wird ihnen der Nennwert der Obligation zurückbezahlt.

Kreditfinanzierung (Aufnahme von Krediten S. 68 f.)
Die häufigste Art der Aussenfinanzierung (für Klein- und Mittelunternehmen fast die einzige Möglichkeit, Kapital zu beschaffen) ist die Aufnahme von Krediten.

In einem gewissen Mass ist die Aufnahme von Fremdkapital ein positives Signal an Investoren, da Banken die Kontrolle über den Geschäftsverlauf und die finanzielle Situation ausüben. Das Unternehmen beweist dann eine gewisse Kreditwürdigkeit.

Kreditarten

Unterstützungsprozesse
Finanzielle Führung

■ Kontokorrentkredit (Finanzierung des Umlaufvermögens)

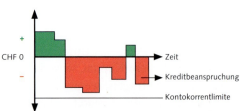

Kontokorrentkredite dienen dem täglichen Geschäftsgang eines Unternehmens (z.B. Bezahlung von Kreditoren). Man hat jederzeit uneingeschränkten Zugang auf die gesamte zur Verfügung stehende Kreditlimite. Sollzins wird nur auf dem beanspruchten Kreditbetrag bezahlt. Der Zinssatz ist dadurch relativ hoch: zwischen 6% bis 9%.

Sicherheit für die Bank

Normalerweise werden keine speziellen Sicherheiten verlangt, d.h. es handelt sich um einen Blankokredit. Bei kritischem Geschäftsgang oder zur Erreichung eines tieferen Zinssatzes muss jedoch eine Bürgschaft (Der Bürge verpflichtet sich im Bürgschaftsvertrag, für die Erfüllung der Schuld privat einzustehen.), ein Grundpfand (Grundstück, Liegenschaft) oder eine Lebensversicherungspolice bzw. eine Todesfallrisikopolice (siehe S. 339) hinterlegt werden.
Hinterlegt man für einen Kontokorrentkredit als Sicherheit Wertschriften, wird von einem Lombardkredit gesprochen.

■ Hypothekarkredit (Finanzierung von Immobilien)

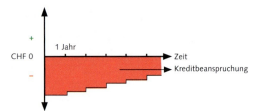

Den Hypothekarkredit beansprucht man zur Finanzierung einer Immobilie. Die Belehnung (Das ist der Anteil, den die Bank an die Immobilie zahlt.) liegt je nach Objektart bei 50% bis maximal 80% der Bausumme. Der Kreditbetrag wird jährlich um 1% bis 5% des ursprünglichen Kreditbetrages reduziert.

Sicherheit für die Bank (siehe oben, Kontokorrentkredit)

Festhypothek (Finanzierung von Immobilien)

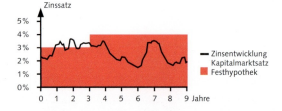

Der Zinssatz bei diesem Hypothekarkredit wird für die ganze Laufzeit (1 bis 10 Jahre) festgelegt. Gemäss Grafik wurde zunächst eine 3-Jahres-Festhypothek zu 3% und dann eine 6-Jahres-Festhypothek zu 4% abgeschlossen. Somit hat man über Jahre konstante Ausgaben, da es keine Zinsschwankungen gibt. Von sinkenden Zinsen kann allerdings nicht profitiert werden.

Sicherheit für die Bank (siehe oben, Kontokorrentkredit)

B 4.5 Unterstützungsprozesse

Unterstützungsprozesse
Finanzielle Führung

Variable Hypothek (Finanzierung von Immobilien)

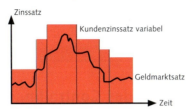

Die Zinssätze der variablen Hypothek können jederzeit ändern und passen sich den Verhältnissen auf dem Geldmarkt an. Die jeweilige Bank entscheidet, wann und in welchem Umfang der Zinssatz angepasst wird. So kann man von sinkenden Zinsen profitieren. Es ist aber keine fixe Ausgabenplanung möglich.

Sicherheit für die Bank (siehe S. 68, Kontokorrentkredit)

Liborhypothek (Finanzierung von Immobilien)

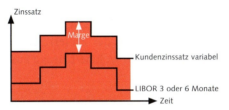

(Libor = London Interbank Offered Rate: Ist der Zinssatz, den Banken untereinander für 3- bzw. 6-monatige Anlagen verlangen.)

Die variable Hypothek wird vermehrt durch die Liborhypothek abgelöst. Auch hier besteht ein variabler Zinssatz. Dieser ergibt sich aus dem Libor-Zinssatz plus einer fixen Marge. Dieser passt sich alle 3 oder 6 Monate dem Libor-Zinssatz für CHF an. Bei der Liborhypothek besteht volle Transparenz bei der Zinsbildung, und der Zinssatz wird stets dem Geldmarktzinssatz angepasst. Allerdings verursachen steigende Zinsen innert kurzer Zeit auch steigende Kosten.

Sicherheit für die Bank (siehe S. 68, Kontokorrentkredit)

Leasing (Finanzierung des Anlagevermögens)

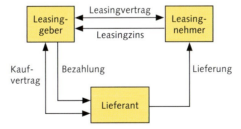

Anlagevermögen (z.B. Maschinen oder Lastwagen) werden immer häufiger durch eine Leasinggesellschaft gekauft und dann vom Unternehmen zu einem festen monatlichen Zinssatz und über eine fixierte Laufzeit geleast. Dieser Zinssatz enthält einen Kapitalzins- sowie einen Kapitaltilgungsanteil (Rückzahlung des Kredits). Im Vergleich zu einem Blankokredit fallen beim Leasing tiefere Risikokosten an, da die Leasinggesellschaft während der Laufzeit das Eigentum am Objekt hat. Dadurch ist der Leasingzinssatz billiger als der Kontokorrentkreditzinssatz.

Sicherheit für die Bank
Als Sicherheit dient das Leasingobjekt. Sobald der Betrieb den Leasingzins nicht mehr bezahlt, hat die Leasinggesellschaft das Recht, das Leasingobjekt wieder zurückzunehmen und zu verkaufen.

Controlling

Unterstützungsprozesse
Finanzielle Führung

> **Controlling:** *Ist die Analyse und Bewertung von qualitativen und quantitativen Daten. Es stellt somit eine umfassende Informationsquelle für das Management und auch für die Mitarbeiter dar, damit wichtige Entscheidungen gefällt und deren Umsetzung kontrolliert werden können.*

■ Umfassende Bedeutung des Controllings

Mit der Analyse und mit der Interpretation der Daten sowie mit der daran folgenden Berichterstattung an das Management können die nötigen Strategien erst geplant, das Unternehmen gesteuert und die Umsetzung überwacht werden. Das beeinflusst wiederum die weiteren Strategie- und Umsetzungspläne. Somit besteht ein direkter Bezug zu den im Kapitel Managementprozesse (siehe S. 39) aufgezeigten Führungsprozessen der Planung, der Durchführung und der Kontrolle.

Das Controlling findet mit der Analyse und der Interpretation von Daten nicht nur in der Abteilung Finanz- und Rechnungswesen seine Anwendung, sondern es durchdringt die gesamten Unternehmensprozesse. Es dient beispielsweise im Leistungs- und Innovationsprozess (siehe S. 84 f.) zur Steuerung und zur Kontrolle des Ressourceneinsatzes und zur Kontrolle der Zielerreichung.

Auch das Marketing muss wissen, welche Erträge aus den eingesetzten Mitteln resultieren.

Beispiel:
Eine TV-Werbekampagne eines Waschmittels kostet viel Geld. Mit gezielten Erfassungssystemen des erhöhten Mehrverkaufs dieses Waschmittels in den Warenhäusern kann die Umsatzerhöhung erfasst werden. Das Controlling vergleicht nun die eingesetzten Werbeaufwände mit der erzielten Umsatzerhöhung.

■ Qualitative und quantitative Daten

Die gelieferten Daten des Controllings können nicht nur quantitativ (reine Zahlenwerte darstellend), sondern auch qualitativ (Güte darstellend) sein. Die Erhöhung der Kundenzufriedenheit ist z.B. schwierig in Zahlen messbar, kann aber generell durch Umfragen erfasst werden, womit bestimmte Rückschlüsse auf die Unternehmensleistung gezogen werden können.

■ Controlling als lenkender Prozess

Der Begriff Controlling bedeutet demnach nicht nur Kontrolle. Controlling ist vielmehr als «richtungsweisend» und «lenkend» zu verstehen. Das Controlling soll sich zukunftsorientiert ausrichten und das Unternehmen leiten und helfend begleiten. Die Controllingabteilung hat somit eine wichtige Stellung innerhalb der Unternehmensleitung. Der leitende Controller ist daher oftmals auf der Ebene der Geschäftsführung zu finden.

■ Techniken des Controllings

Die nötigen Controlling-Techniken sind die im Rechnungswesen verwendeten Informationssysteme der Kostenrechnung und der Geschäftsbuchhaltung (siehe Finanzielle Führung, S. 56).

Weitere Hilfsmittel sind zum Teil bereits in anderen Teilen dieses Buches unter der Struktur (Stellenbeschreibung, Organigramm) und allen weiteren Unternehmensprozessen aufgeführt. Beispiele hierfür sind das Organigramm und die Stellenbeschreibung (S. 33 f.), die ABC-Analyse (S. 43) und das Personalportfoliokonzept.

Personalmanagement

Unterstützungsprozesse
Personalmanagement

Früher wurden die Arbeitnehmer wie die Betriebsmittel und die Werkstoffe als Produktionsfaktoren angesehen. Diese Ansichtsweise hat sich grundlegend verändert. Die zentrale Stellung des Menschen im Unternehmen wird immer wichtiger und mit personalwirtschaftlichen Konzepten unterlegt.

Mit den zunehmend nötigen Fachkenntnissen und mit den steigenden Personalkosten wird es immer wichtiger, dass jeder Mitarbeiter optimal für sein eigenes Wohl und zu seiner Zufriedenheit für die sozialen und wirtschaftlichen Ziele des Unternehmens eingesetzt wird.

> **Personalmanagement:** *Es hat folgende Hauptfunktionen:*
> - *Personalgewinnung,*
> - *Personalbeurteilung,*
> - *Personalhonorierung,*
> - *Personalentwicklung und*
> - *Personalfreistellung.*

Ziele

Das Personalmanagement muss sich an der Vision des Unternehmens orientieren und nach deren gesamter Strategie ausrichten. Die Orientierung ist auf die Anspruchsgruppen der Eigentümer, Mitarbeiter, Kunden und der Mitwelt auszurichten.

Diese umfassende Abstimmung aller Personalmanagementfunktionen, d.h. die ganzheitliche Ansicht und Abstimmung der Instrumente, ist für ein professionelles und erfolgreiches Personalmanagement wichtig. In der Praxis ist dieses Ziel nicht einfach zu erreichen und wird oftmals nicht erfüllt. Das Resultat sind vergeudete Personalressourcen und Kräfte.

Personalgewinnung

Unterstützungsprozesse
Personalmanagement

> **Personalgewinnung:** *Sie hat das Ziel, «Mit-Unternehmer» zu gewinnen, welche die nötigen Qualifikationen, die Motivation sowie die Teamkompetenzen für die entsprechende Stelle mitbringen.*

Zur Personalgewinnung gehören:
- die Personalbedarfsermittlung,
- die Personalwerbung,
- die Personalauswahl,
- die Personalanstellung und
- die Personaleinführung.

Personalbedarfsermittlung

Jeder Firmenaustritt oder jede neu geschaffene Position führt zu einer Überprüfung der Personalstruktur, welche unter Umständen eine neue Stellenbeschreibung hervorruft.

Instrument für die Bedarfsermittlung ist z.B. die Stellenbeschreibung (siehe S. 33 f.).

Personalwerbung

Das positive Image des Unternehmens soll am Markt bekannt sein und somit potenzielle Mitarbeiter, die sich mit dem Unternehmen (Vision, Strategie, Struktur und Kultur) identifizieren können, anziehen.

Ist eine Stelle zu besetzen, so wird zuerst meistens innerhalb des Unternehmens nach passenden Kandidatinnen und Kandidaten gesucht, bevor man teurere externe Personalwerbemassnahmen in Gang setzt.

Instrumente für die externe Personalwerbung sind z.B. Stelleninserate (siehe unten stehendes Beispiel), Empfehlungen von Mitarbeitenden oder Personalberatungsfirmen.

Beispiel Stelleninserat

Unser weltweit tätiges Reiseleiterteam braucht Verstärkung. Für die kommende Sommersaison (ab März 2012) suchen wir

Reiseleiter/-innen
für verschiedene stationäre Einsätze für Badeferien in Europa und Übersee.

Aufgabengebiet:
- Einsätze von 7 bis 12 Monaten an einer unserer Feriendestinationen
- Betreuung unserer Gäste am Ferienort, Begrüssung am Flughafen, Informationstreffs und regelmässige Besuche in den Hotels
- Koordination mit unserer lokalen Agentur
- Administration vor Ort

Anforderungsprofil:
- Abschluss einer Berufslehre, Handels- oder Mittelschule
- Sprachen D/F/E in Wort und Schrift
- Belastbarkeit in hektischen Zeiten
- Alter zwischen 22 und 30 Jahren
- Im Besitz des PW-Fahrausweises und Fahrpraxis
- Selbständig und kontaktfreudig
- Dynamisch, selbstbewusst und begeisterungsfähig

Fühlen Sie sich angesprochen? Wir freuen uns auf Ihre vollständigen Bewerbungsunterlagen mit Foto.

Unterstützungsprozesse
Personalmanagement

Personalauswahl

Die ausgewählte Person muss der Strategie und dem Stellenprofil entsprechen. Folgende Auswahlkriterien sind wichtig:
- Fachkompetenz (z.B. Fachkenntnisse, Unternehmertum, Verkaufsgeschick)
- Führungskompetenz (z.B. Vorbildfunktion, Zielsetzungsfähigkeit, Delegationsfähigkeit)
- Sozialkompetenz (z.B. Teamfähigkeit, Kommunikationsfähigkeit, Fähigkeit als Coach)
- Persönlichkeitskompetenz (z.B. Leistungsmotivation, Lernfähigkeit, Stressresistenz)

Es dürfen aber keine diskriminierenden Merkmale (z.B. Religion, Hautfarbe, Geschlecht oder Alter) miteinfliessen.

Instrumente zur Personalauswahl sind die Vorselektionsdaten wie Bewerbungsschreiben, Lebenslauf und Zeugnisse. Weitere Instrumente sind die Interviewdaten nach Gesprächen mit den Kandidaten und die Ergebnisse, welche in einem Assessment-Center (ganzheitliches Erfassen von Fähigkeiten in einem umfassenden Testverfahren), mit Persönlichkeitsfragebogen oder aufgrund grafologischer Gutachten (Persönlichkeitsbewertung aufgrund der Handschrift) gewonnen werden können (siehe «Die Bewerbung», S. 228 f.).

Personalanstellung

Die Personalanstellung sollte zu arbeitsmarktgerechten Bedingungen erfolgen. Die Privatsphäre des neuen Mitarbeiters ist durch die vertrauliche Behandlung der Personaldaten jederzeit zu gewährleisten.

Instrument für die Personalanstellung ist z.B. der standardisierte Arbeitsvertrag (siehe die verschiedenen Anstellungsverträge, S. 226).

Personaleinführung

Ein wichtiger Bestandteil – auch zur erfolgreichen Personalerhaltung – ist eine gute Personaleinführung.
Diese besteht aus einem Beziehungsteil und einem Inhaltsteil. Der neue Mitarbeiter soll möglichst rasch in das bestehende Beziehungsgefüge des Unternehmens integriert werden und sich dabei wohlfühlen. Weiter ist wichtig, dass der Mitarbeiter das Unternehmen als Ganzes mit seiner Vision, Strategie, Struktur und Kultur kennenlernt sowie auch dessen Geschichte, Produkte und Märkte erfasst und sich möglichst schnell damit identifizieren kann.

Instrumente der Personaleinführung sind z.B. ein besonders gut geplanter erster Tag oder spezifische Mentorprogramme.

Personalbeurteilung

Unterstützungsprozesse
Personalmanagement

Um einen Mitarbeiter möglichst objektiv beurteilen zu können, müssen gemeinsam Ziele vereinbart werden. Ein an Zielen orientiertes Handeln führt schneller zum Ergebnis. Denn nur wer weiss, wohin er will, kann den richtigen Weg unter den vielen Wegen auswählen.

Management by Objectives (MbO)

> **Management by Objectives (MbO):** *Ist die systematische Zielvereinbarung mit den Mitarbeitern. Der Inhalt der Vereinbarung enthält in der Regel quantitative, qualitative und persönliche Entwicklungsziele.*

Die systematische Zielvereinbarung verbessert die Offenheit sowie die Kommunikation und führt zu einer besseren Abstimmung der verschiedenen Tätigkeiten.

Der Mitarbeiter und somit auch das Unternehmen haben folgende Vorteile:
– Er kennt und versteht die Unternehmensziele.
– Er ist zufriedener und somit auch motivierter bei der Arbeit.
– Er hat eine Verantwortung und wird dadurch aufgewertet.
– Er kann seine Leistung messen.
– Er hat durch die Ziele einen höheren Freiheitsgrad, da er den Weg zur Zielerreichung selber bestimmen kann.
– Er hat, wenn er die Ziele erreicht, auch Erfolgserlebnisse.

Beispiel
Ein Aussendienstmitarbeiter einer Versicherung soll für das kommende Jahr Versicherungspolicen für eine Summe von CHF 2 Millionen verkaufen (quantitatives Ziel). Dabei soll die Kundenzufriedenheit stetig im Auge behalten werden (qualitatives Ziel), wobei diese anhand der Beraterqualität gemessen wird (Fragebogen werden an Kunden versandt). Die persönlichen Entwicklungsziele sind unterschiedlich – das könnte hier z.B. sein, dass der Versicherungs-Aussendienstmitarbeiter gern mehr Freizeit neben der Arbeit hätte. Wichtig ist hier zu beachten, dass die Unternehmens- und Mitarbeiterziele bewusst im Mitarbeitergespräch angesprochen werden, um einen stimmigen Ausgleich der Ziele zu finden.

Leistungsbeurteilung

Die Personalbeurteilung hat die Aufgabe der Mitarbeitermotivation und der Mitarbeiterentwicklung. Sie baut auf der Arbeitsleistung des Mitarbeitenden auf.

360-Grad-Leistungsbeurteilung
Eine umfassende Methode ist die 360-Grad-Leistungsbeurteilung, welche aus mehreren Perspektiven besteht. Sie beinhaltet
– die Selbstbeurteilung,
– die Beurteilung durch den Vorgesetzten (top-down),
– die Beurteilung der Führungskraft durch die Mitarbeitenden (bottom-up),
– die Beurteilung des Mitarbeitenden durch die Arbeitskollegen sowie
– die Beurteilung durch interne und externe Kunden.

Personalhonorierung

Unterstützungsprozesse
Personalmanagement

Die Personalhonorierung hängt mit der Zielvereinbarung (MbO) und somit auch mit der gesamten Beurteilung eng zusammen.

Personalhonorierung: *Sie besteht darin, dass jeder Mitarbeiter marktgerecht, teamgerecht und unternehmenserfolgsgerecht sowie vor allem seiner Leistung und seiner Kompetenz (Verantwortung und Anforderung) entsprechend entlöhnt wird.*

■ Lohn

Bestandteile des Lohns

Der Gesamtlohn kann folgende Elemente umfassen:
- Grundgehalt: fixer Lohnanteil inklusive des 13. Monatsgehalts
- Variable Vergütung: Anerkennungsprämie (z.B. Gratifikation), Bonus (kurzfristiger variabler Erfolgsanteil), Incentive (langfristiger, variabler Erfolgsanteil) usw.
- Zusatzleistungen: Versorgungsleistungen (z.B. Personalversicherungen), Nutzungsleistungen (z.B. in Form eines Firmenwagens) usw.

Lohnabrechnung

Die Lohnabrechnung (siehe S. 233) erfolgt meist am Ende des Monats nach der erbrachten Leistung des Mitarbeiters. Die Sozialversicherungsabzüge werden zur Hälfte durch den Mitarbeiter und zur Hälfte vom Unternehmen getragen.

Mitwirkung der Arbeitnehmer

Unterstützungsprozesse
Personalmanagement

Gesetzliche Bestimmungen

Die Arbeitnehmer haben in den privaten Betrieben Informations- und Mitspracherechte. Dies ist im «Bundesgesetz über die Information und Mitsprache der Arbeitnehmerinnen und Arbeitnehmer in den Betrieben» (kurz «Mitwirkungsgesetz» genannt) geregelt.

Die Gesetzesartikel 3–10 bestimmen u.a., dass die Arbeitnehmer einen Anspruch auf eine selbst gewählte Vertretung aus ihrer Mitte haben. Diese nehmen die Interessen der Arbeitnehmer gegenüber dem Arbeitgeber wahr und haben bestimmte Informationsrechte (Artikel 9) sowie Mitwirkungsrechte (Artikel 10).

Auszug aus dem Gesetz

Art. 3 Anspruch auf Vertretung
In Betrieben mit mindestens 50 Arbeitnehmerinnen und Arbeitnehmern können diese aus ihrer Mitte eine oder mehrere Vertretungen bestellen.

Art. 8 Aufgaben
Die Arbeitnehmervertretung nimmt gegenüber der Arbeitgeberin oder dem Arbeitgeber die gemeinsamen Interessen der Arbeitnehmerinnen und Arbeitnehmer wahr. Sie informiert letztere regelmässig über ihre Tätigkeit.

Art. 9 Informationsrecht
1 Die Arbeitnehmervertretung hat Anspruch auf rechtzeitige und umfassende Information über alle Angelegenheiten, deren Kenntnis Voraussetzung für eine ordnungsgemässe Erfüllung ihrer Aufgaben ist.
2 Die Arbeitgeberin oder der Arbeitgeber hat die Arbeitnehmervertretung mindestens einmal jährlich über die Auswirkungen des Geschäftsganges auf die Beschäftigung und die Beschäftigten zu informieren.

Art. 10 Besondere Mitwirkungsrechte
Der Arbeitnehmervertretung stehen in folgenden Angelegenheiten nach Massgabe der entsprechenden Gesetzgebung besondere Mitwirkungsrechte zu:
a. 1 In Fragen der Arbeitssicherheit im Sinne von Artikel 82 des Unfallversicherungsgesetzes vom 20. März 1981
   2 sowie in Fragen des Arbeitnehmerschutzes im Sinne von Artikel 48 des Arbeitsgesetzes vom 13. März 1964;
b. beim Übergang von Betrieben im Sinne der Artikel 333 und 333a des Obligationenrechts;
c. bei Massenentlassungen im Sinne der Artikel 335d–335g des Obligationenrechts;
d. 5 über den Anschluss an eine Einrichtung der beruflichen Vorsorge und die Auflösung eines Anschlussvertrages.

Gewerkschaften

Die Arbeitnehmer sind oftmals branchenweit in Gewerkschaften organisiert, welche die Interessen der Mitglieder gegenüber den Arbeitgebern vertreten. Beispiele von Gewerkschaften sind:
– Der Schweizerische Gewerkschaftsbund (Dachverband)
  Die Gewerkschaft Unia (grösste Gewerkschaft innerhalb des SGB)
– Travail.Suisse (Dachverband)
  Syna (grösste Gewerkschaft innerhalb von Travail.Suisse)

Die Gewerkschaften kümmern sich branchenweit u.a. in Gesamtarbeitsverträgen (siehe S. 238) um gerechte Löhne, faire Arbeitszeiten, um Überstunden- und Überzeitregelungen sowie um Mitspracherechte.

Das Gewicht von solchen Zusammenschlüssen ist grösser als jenes der einzelnen Arbeitnehmer, die für ihre Rechte kämpfen. Gewerkschaften können den Arbeitgeberverbänden als gleichberechtigte Partei gegenübertreten.
Allerdings ist die Beziehung zwischen Arbeitgebern und Arbeitnehmern (Sozialpartner) konjunkturabhängig. Während rezessiven Phasen ist z.B. die Verhandlungsmacht der Arbeitnehmer viel geringer als in einer Hochkonjunktur.

Rechtsformen der Unternehmen

Unterstützungsprozesse
Recht

Bestimmung nach der Rechtsform

Die Wahl der Rechtsform eines Unternehmens hat u.a. Einfluss auf die Entscheidungsfreiheit, das Haftungsrisiko und die steuerliche Belastung der Inhaber.

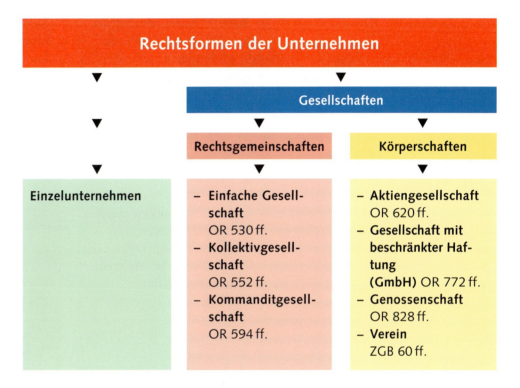

Gesellschaften: *Sind Vereinigungen von zwei oder mehr natürlichen Personen und/oder juristischen Personen.*

Ein Gesellschaftsvertrag bzw. das Gesetz regelt das Verhältnis der Gesellschafter unter sich sowie die Gewinn- und die Verlustbeteiligung.

Rechtsgemeinschaften: *Sind nicht juristische Personen und bezahlen als Gesellschaften keine Steuern.*

Jeder Gesellschafter muss seinen Anteil am Gesellschaftsvermögen und -gewinn privat versteuern. Rechtsgemeinschaften können in ihrem Namen Rechtsgeschäfte ausüben (z.B. Verträge abschliessen, vor Gericht klagen, Betreibungen einleiten).

Körperschaften: *Sind juristische Personen, die als Gesellschaften steuerpflichtig werden. (Viele Vereine sind aber von der Steuerpflicht ausgenommen.)*

Körperschaften können ebenfalls in ihrem Namen Rechtsgeschäfte abwickeln.

In der Übersicht auf der nächsten Doppelseite sind jene fünf Rechtsformen detaillierter vorgestellt, die am häufigsten im Handelsregister eingetragen sind.

Losgelöst von rein wirtschaftlichen Überlegungen spielen jedoch die einfache Gesellschaft und der Verein für viele Personen eine ebenso wichtige Rolle. So bilden etwa drei Jugendliche, die in einem Auto gemeinsam nach Italien in die Ferien fahren, rechtlich gesehen eine einfache Gesellschaft; oder sehr viele von uns sind Mitglied irgendeines Vereins.

Die 5 wichtigsten Rechtsformen...

	Einzelunternehmen	Kollektivgesellschaft
Merkmale	Wenn eine Person ein Handels-, ein Fabrikations- oder ein anderes nach kaufmännischer Art geführtes Gewerbe betreibt, entsteht ein Einzelunternehmen. – Kein spezieller Gründungsakt nötig. – Grosse Entscheidungsfreiheit des Eigentümers. – Hohe Flexibilität. – Alleinverantwortung bei einer einzelnen Person. – Geschäfts- und Privateinkommen und -vermögen werden gemeinsam besteuert. – Eintrag im Handelsregister ab CHF 100 000.– Jahresumsatz obligatorisch, darunter freiwillig.	Die Kollektivgesellschaft kann unter ihrem Namen Rechtsgeschäfte tätigen, ist jedoch keine juristische Person. Sie wird nicht besteuert, d.h. jeder Gesellschafter ist als Privatperson für seinen Anteil am Gewinn und am Kapital der Gesellschaft steuerpflichtig.
Inhaber	Eine einzelne natürliche Person.	Mindestens zwei natürliche Personen.
Name (Firma)	Der Familienname des Inhabers muss enthalten sein (OR 945). *Beispiele:* – Metzgerei Stutz, Rothenburg – R. Späni, Treuhandarbeiten	Der Familienname mindestens eines Gesellschafters mit einem entsprechenden Zusatz, der das Gesellschaftsverhältnis andeutet, muss im Namen enthalten sein (OR 947). *Beispiele:* – Wirth & Co. – Schärli & Partner
Haftung für Schulden	Der Eigentümer haftet mit seinem gesamten Geschäfts- und Privatvermögen.	Nebst dem Gesellschaftsvermögen haftet jeder Gesellschafter unbeschränkt und solidarisch mit seinem gesamten Privatvermögen.
Gewinn-/Verlustbeteiligung	Liegen ausschliesslich beim Eigentümer.	Gemäss vertraglicher Abmachung. Fehlt eine solche, wird der Gewinn/Verlust unter der Anzahl Gesellschaftern gleichmässig aufgeteilt.
Eignung	Kleinere Unternehmen mit nicht allzu grossem Kapitalbedarf.	Kleinere und mittlere Unternehmen mit wenigen Teilhabern, welche persönlich mitarbeiten wollen.

...im Überblick

Aktiengesellschaft (AG)	GmbH	Genossenschaft
Das Mindestkapital beträgt CHF 100 000.–; die Mindesteinlage ist 20% des Gesamtkapitals, jedoch in allen Fällen mindestens CHF 50 000.–. Dieses Kapital ist in Teilsummen unterteilt, in sogenannte Aktien. Die Generalversammlung der Aktionäre ist das oberste Organ und wählt unter anderem den Verwaltungsrat. Dieser führt die Geschäfte der Gesellschaft oder setzt dazu eine Direktion ein. Bei Publikumsgesellschaften werden die Aktien an der Börse gehandelt.	Das Stammkapital muss mindestens CHF 20 000.– betragen. Die Gesellschafter werden, im Gegensatz zur AG, im Handelsregister eingetragen und veröffentlicht. Die Anonymität wie bei der AG ist nicht möglich.	Im Vordergrund der typischen Genossenschaft steht nicht die Erwirtschaftung eines Gewinns. Vielmehr sollen die Mitglieder wirtschaftlich unterstützt werden. Dieser Grundgedanke wurde jedoch inzwischen von marktwirtschaftlichen Überlegungen weitgehend abgelöst und die Genossenschaften arbeiten auch kommerziell.
Mindestens eine Person.	Mindestens eine Person.	Mindestens sieben Personen. Ausnahme: Genossenschaftsverband (drei Genossenschaften bilden eine neue).
Der Name ist frei wählbar. Der Zusatz «AG» muss jedoch in jedem Fall verwendet werden. *Beispiele:* – Gebr. Meyer AG – UBS AG	Der Name ist frei wählbar. Der Zusatz GmbH muss jedoch in jedem Fall verwendet werden (OR 950). *Beispiele:* – Helbling GmbH – HSW Computer GmbH	Der Name ist frei wählbar. Die Bezeichnung als Genossenschaft muss beigefügt werden (OR 950). *Beispiele:* – Pistor (Einkaufsgenossenschaft) – Landwirtschaftliche Genossenschaften (Landi)
Es haftet nur das Gesellschaftsvermögen.	Es haftet nur das Gesellschaftsvermögen.	Ist in den Statuten nichts anderes vereinbart, haftet nur das Genossenschaftsvermögen.
Pro Aktie wird eine sogenannte Dividende ausgeschüttet. Das heisst, jeder Aktionär ist gemäss der Anzahl Aktien, die er besitzt, am Erfolg beteiligt.	Die Gesellschafter haben im Verhältnis zu ihrer Einlage Anspruch auf Gewinnbeteiligung. Die Statuten können Abweichendes enthalten.	Ein allfälliger Gewinn bleibt in der Genossenschaft zur Bildung von Reserven. Die Statuten können auch eine Verzinsung der Anteilscheine vorsehen.
Unternehmen jeder Art und Grösse.	Personenbezogene, in der Regel kleinere bis mittlere Unternehmen.	Wirtschaftliche Selbsthilfe für Personen mit ähnlich gelagerten Interessen.

Risikomanagement

Unterstützungsprozesse
Risikomanagement

Gut geführte Unternehmen überlassen die Bewirtschaftung ihrer Risiken nicht dem Zufall. Sie betreiben ein systematisches Risikomanagement.

Risikomanagement: *Ist der planvolle Umgang eines Unternehmens mit den verschiedenen möglichen Risiken.*

Risiko

Die Grösse eines Risikos lässt sich mit folgender Formel berechnen:
Risiko = Wahrscheinlichkeit x Grösse des Schadens

Beispiele von Risiken

Technische Risiken	Ein Projekt versagt aus technischen Günden.
Konjunkturelle Risiken	Die allgemeine Wirtschaftslage verschlechtert sich.
Marktrisiken	– Es treten neue Konkurrenten auf. – Die Konkurrenz hat ein besseres Produkt entwickelt. – Die Kunden fragen unser Produkt oder unsere Dienstleistung nicht nach. – Schlüsselkunden verlassen uns.
Finanzielle Risiken	– Der Kunde kann die Rechnung nicht bezahlen. – Das allgemeine Zinsniveau steigt. Dadurch werden unsere Kredite teurer.
Wetterrisiko	Das Wetter hat eine negative Auswirkung auf den Absatz.
Politische Risiken	Die politische Lage wird instabiler. Ängste in der Bevölkerung reduzieren den Konsum.

Vorgehen beim Risikomanagement

1. Risiken identifizieren (siehe Beispiele in der Tabelle oben)
2. Risiken bewerten bezüglich Eintretenswahrscheinlichkeit und Grösse des Schadens
3. Risiken bewältigen, vermeiden, vermindern oder beseitigen

Wahrscheinlichkeit des Ereignisses (gross / gering) vs. **Grösse des Verlustes** (gering / gross):

	Grösse des Verlustes gering	Grösse des Verlustes gross
Wahrscheinlichkeit gross	Risiko bewältigen	Risiken unbedingt bewältigen
Wahrscheinlichkeit gering	Risiko verkraftbar	Risiko bewältigen

Eine besondere Bedeutung hat das Risikomanagement in der Versicherungsbranche.

B 5. Entwicklungsmodi

Entwicklungsmodi

> **Entwicklungsmodi:** *Bei ihnen geht es um die Sicherung einer guten Zukunft des Unternehmens mittels Optimierung und Innovation.*

Die Pfeilrichtung zeigt, dass sich Unternehmen dynamisch entwickeln.

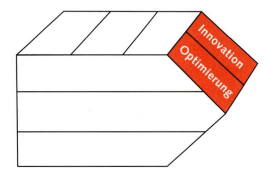

■ Optimierung

Die Optimierung hat die dauerhafte Verbesserung aller unternehmerischen Prozesse zum Ziel.

■ Innovation

Das hohe Entwicklungstempo und die immer kürzeren Produktlebenszyklen zwingen die Unternehmen zu sprunghaften Erneuerungen. Solche Veränderungen fordern von den Beteiligten neues Wissen. Durch Innovationen entstehen somit grössere Veränderungen.

Optimierung

Optimierung

> **Optimierung:** *Bedeutet die schrittweise und kontinuierliche Verbesserung aller Aspekte der unternehmerischen Tätigkeit.*

Ein Unternehmen kann langfristig nur bestehen, wenn es qualitativ hochstehende Produkte und Dienstleistungen herstellt. Qualität entsteht aber nicht zufällig. Sie muss systematisch evaluiert und entwickelt werden. Dafür braucht es Verfahren und Konzepte. Die wichtigsten werden nachfolgend beschrieben.

Kundenorientierung

Ein zentraler Gedanke im Qualitätsmanagement ist die Kundenorientierung. Zufriedene Kunden sind der beste Garant für das Überleben des Unternehmens.

Es werden externe und interne Kunden unterschieden.
- Der externe Kunde ist der Endverbraucher.
- Der interne Kunde ist eine Stelle oder Abteilung im Betrieb. Wenn die Abteilung A ein Teilprodukt herstellt, das in der Abteilung B weiterverarbeitet wird, bezeichnet man die Abteilung B als internen Kunden. Ziel ist, Probleme an diesen Schnittstellen möglichst zu vermeiden.

Total Quality Management (TQM)

> **Total Quality Management (TQM):** *Meint die ständige und umfassende Qualitätskontrolle und -sicherung sämtlicher Produkte und Prozesse im Unternehmen.*

Die Grundidee des TQM ist in verschiedenen Qualitätsmanagementkonzepten verankert.

Zertifizierung

Immer mehr Unternehmen lassen sich durch eine internationale Organisation zertifizieren. Dadurch können sie sich gegenüber ihren Anspruchsgruppen über ein Mindestmass an Qualität ausweisen. Viele Unternehmen sind z.B. dazu übergegangen, nur noch Zulieferer mit einem Qualitätszertifikat zu akzeptieren.

Zwei in der Praxis bedeutsame Qualitätsmanagementkonzepte sind ISO und EFQM. Sie werden im Folgenden näher beschrieben.

Innovation

Innovation

> **Innovation:** *Ist eine Veränderung des Status quo (bestehender Zustand) mit dem Ziel der Verbesserung. Analoge Begriffe sind Veränderungsmanagement oder Change Management.*

Veränderungen sind erst erfolgreich, wenn sie wirksam verankert sind. Für die Gestaltung eines Innovationsprozesses benötigt ein Unternehmen entsprechende Fähigkeiten, Führungsstrukturen und Prozesse. Zum Beispiel ist die offene Kommunikation und Information während des Prozesses eine Grundvoraussetzung für den Erfolg.

Innovationen entstehen nur durch Personen, die an ihrer Arbeit Freude haben. Somit wird die Verbindung von Innovation und Unternehmenskultur sichtbar. Innovationen erfordern Engagement und die Bereitschaft, etwas Ungewöhnliches zu wagen, sowie die Fähigkeit, auch Fehler oder Misserfolge aushalten zu können.

Auslöser von Veränderungsprozessen sind oft Resultate aus dem Qualitätsmanagement. Werden dort Mängel festgestellt, müssen Verbesserungsprozesse eingeleitet werden.

Merkmale von Innovationen

Innovationen sind Prozesse und keine Ereignisse. Sie entfalten sich über eine bestimmte Zeit hinweg.

3 Phasen

In der Regel werden drei Hauptphasen des Innovationsprozesses unterschieden. Kurt Lewin legte 1943 mit seiner Gliederung in Defreeze, Move und Refreeze den Grundstein für spätere Analysen.

Defreeze (Auftauen)	Move (Bewegen)	Refreeze (Verfestigen)
Innovationen initiieren (grob konzipieren und auf eine breite Basis stellen)	Innovationen entwickeln und implementieren (einführen)	Innovationen optimieren und konsolidieren (festigen)

B 5.3 Innovation

Innovation

4 Umgangstypen

Im Unternehmen ändert sich erst etwas, wenn sich die Menschen darin verändern, d.h. wenn sie sich vertieft mit dem Innovationsgegenstand auseinandersetzen. Die von der Innovation betroffenen Personen ändern sich dabei aufgrund ihrer Individualität unterschiedlich schnell.

Je nachdem, wie die Personen eine Innovation übernehmen, werden vier Typen unterschieden:
- Innovatoren: Sie treiben die Innovation an.
- Early Adopters: Sie übernehmen die Innovation rasch.
- Late Adopters: Sie übernehmen die Innovation spät.
- Nachzügler: Sie übernehmen die Innovation spät oder nie.

Die Typen verteilen sich im Durchschnitt wie folgt:

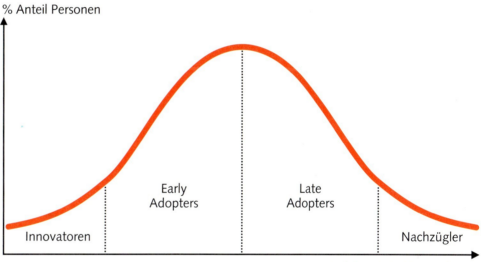

Interventionen

Während des Innovationsprozesses sind Interventionen erforderlich. Damit sind Handlungen und Massnahmen (z.B. Informationen, Gespräche, Wertschätzungen) gemeint, welche den Innovationsprozess positiv beeinflussen.

Teamarbeit

Die Komplexität von Innovationen führt dazu, dass verschiedene Personen ihre Kräfte koordinieren müssen. Innovationen sind somit immer Teamaufgaben. Je besser die Zusammenarbeit erfolgt, desto erfolgreicher läuft der Innovationsprozess ab.

Produktlebenszyklus

Innovation

Wie im Kapitel 1 beschrieben, strebt jedes Unternehmen danach, unter Einfluss der zahlreichen Märkte und deren Konkurrenten Wertschöpfung (siehe S. 11) zu generieren. Das Unternehmen ist profitabel, wenn es Erfolgsvorteile erworben hat. Doch diese Wettbewerbsvorteile müssen bei der laufenden technologischen Entwicklung, bei den sich verändernden Kundenbedürfnissen und bei der Entstehung von neuen Produkten sowie von Konkurrenz- und Substitutionsprodukten (siehe Wachstumsphase) laufend neu erkämpft werden.

Ein wesentlicher Motor der Entwicklung dieser Positionen ist der Produktlebenszyklus, mit welchem das Unternehmen seine Leistungen laufend weiterentwickelt, um sich durch kundengerechte Lösungen von der Konkurrenz abzuheben.

Dies bedeutet, das Unternehmen muss durch Innovationen den Produktlebenszyklus verlängern (siehe Reife- und Sättigungsphase, z.T. Rückgangsphase) und/oder neue Produkte entwickeln sowie in andere Märkte vordringen (siehe Entwicklungsphase, z.T. Rückgangsphase).

Jedes Produkt durchläuft in der Regel 7 Phasen, unabhängig davon, ob es nur wenige Monate auf dem Markt ist oder ob die Lebensdauer über Jahre geht.

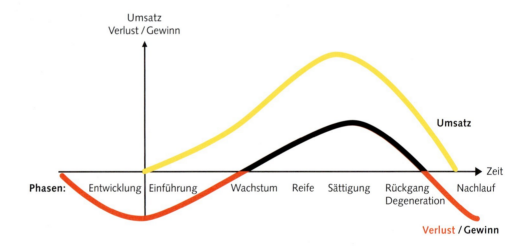

■ Die 7 Phasen des Produktlebenszyklus

1. Im Verlaufe der **Entwicklungsphase** entsteht aus einer Produktidee allmählich ein Produkt. Dabei wird geprüft, ob das Produkt finanziell, von den Produktionskapazitäten sowie aus der Sicht der Marktbedürfnisse realisierbar ist. Die Entwicklungsphase schliesst mit dem Erfolg auf dem Testmarkt und mit dem Entschluss, das Produkt einzuführen.
   Diese Phase verursacht nur Kosten und keine Erträge.

2. In der **Einführungsphase** wird das Produkt auf dem Markt angeboten. Die Wachstumsraten (geringe Gewinne oder sogar Verlust) sind meist bescheiden, da auch mit technischen Anfangsschwierigkeiten und Markteinführungsaufwänden (vor allem Werbung und Verkaufsförderung) gerechnet werden muss.
   In dieser Phase muss sich das Produkt auf dem Markt erstmals bewähren und etablieren.

Innovation

3. Wird die Gewinnschwelle erreicht, befindet sich das Produkt in der **Wachstumsphase**. Hier ist anzumerken, dass ein Grossteil der neu eingeführten Produkte die Gewinnschwelle nie erreicht. Dies sind die so- genannten Flops. In der Konsumgüterbranche liegt ihr Anteil bei rund 80 Prozent.
Bei den erfolgreichen Produkten steigen nun der Umsatz und das Marktvolumen an. In diesem Stadium kommt es zum Eindringen von Imitationen der Konkurrenz in den gleichen Markt (Free-Rider-Problem). Der Markt wächst stark an. Das Produkt muss nun mit einem geeigneten Marketing-Mix (siehe S. 43 ff.) abgegrenzt werden.

4. In der **Reifephase** sättigt sich der Markt allmählich, d.h. die Nachfrage wird immer kleiner im Vergleich zum Angebot. Die Rentabilität sinkt, und es herrscht ein intensiver Wettbewerb. Die Gewinne reduzieren sich aufgrund des Konkurrenzdrucks und aufgrund des dadurch hervorgerufenen Preiszerfalls.
In dieser Phase finden die meisten Marketingaktivitäten statt, um sich von der Konkurrenz zu differenzieren. Daher steigen auch die Kosten.

5. Die **Sättigungsphase** zeichnet sich durch einen Umsatzrückgang aus. Der Wettbewerb verschärft sich. Das Produkt hat kein Marktwachstum mehr.
Durch verschiedene Produktmodifikationen kann man nun versuchen, mehr Kunden zu gewinnen.

6. Die Lebensdauer des Produktes geht in der **Rückgangs- und Degenerationsphase** zu Ende. Die Umsätze und Erträge sind stark rückläufig. Der Konsument kauft andere und billigere Produkte – sogenannte Substitute.
Der Hersteller eliminiert das alte Produkt und versucht nun neue Produkte (Innovationen) zu entwickeln oder überlegt sich, das alte Produkt zu überarbeiten, zu verbessern (Optimierung) und mit einem neuen Marketing-Mix auf den Markt zu bringen (Relaunch).
Als Beispiel kann die Umstellung vom Golf I auf den Golf II genannt werden.

7. Die **Nachlaufphase** umfasst alle Aktivitäten, die nach Einstellung der Produktion anfallen. Dazu gehören Garantieleistungen, Ersatzteilversorgung, Rücknahme und Entsorgung von Alt-Produkten sowie die Desinvestition von Betriebsmitteln.
In dieser Phase übersteigen die Auszahlungen die Einzahlungen meistens. Deshalb reduziert sich der Gesamtprodukterfolg.

Aufgrund des raschen Wandels verkürzen sich die Produktlebenszyklen in vielen Branchen laufend. (Der Lebenszyklus einer digitalen Kompaktkamera beträgt heute beispielsweise nur noch ein halbes Jahr.)

Time to Market

Erfolgreiche Unternehmen bewältigen den Entwicklungsprozess möglichst rasch. Dadurch verkürzt sich die Zeit von der Entwicklung bis zur Marktreife (Time to Market). Je kürzer diese Zeit ist, um so eher kann sich das Unternehmen Vorteile auf dem Markt erarbeiten (first mover advantage), und es fliessen Erlöse an das Unternehmen zurück.

Problematisch können die immer kürzeren Lebenszyklen und die daraus folgenden schnellen «Time to Market»-Bemühungen von Unternehmen werden, wenn die Produkte zu rasch getestet, freigegeben und so mit Qualitätseinbussen auf den Markt kommen. Obwohl darauf sofort flexibel Rückrufaktionen stattfinden, können Konsumenten – sei dies finanziell oder, noch schlimmer, gesundheitlich – Schaden nehmen. Auch die betroffenen Unternehmen kosten solche Fehlschläge viel Geld und sie erleiden einen hohen Imageschaden.

Innovation

■ Typen von Veränderungen

Grundsätzlich können Innovationen alle Aspekte der unternehmerischen Leistungstätigkeit betreffen. Sie können in sehr vielfältigen Formen auftreten.

Beispiele
- Sanierung (ein Unternehmen durch Massnahmen aus wirtschaftlichen Schwierigkeiten herausholen)
- Einführung neuer Informationstechnologien
- Verbesserung der Kundenorientierung
- Entwicklung und Einführung neuer Produkte
- Einführung einer neuen Organisations- und Führungsstruktur
- Verlagerung von Produktionsstandorten

■ Verbindung zum Projektmanagement

Innovationen stehen in Verbindung zum Projektmanagement (siehe S. 35). Sie sind Projekte, die bewusst gesteuert sein müssen.

Eine zentrale Rolle spielt dabei der Projektleiter (siehe S. 35). Er wird oft als Change Manager bezeichnet. Von seinen Interventionen hängt der Innovationserfolg stark ab. Er muss in Zusammenarbeit mit dem Projektteam die Innovation in möglichst kurzer Zeit sachlich zum Erfolg bringen und hat dabei die Bedürfnisse, die Empfindungen und die Lernpotenziale der betroffenen Mitarbeiter zu berücksichtigen (siehe Personalmanagement, S. 71).

B 6. Problemlösung und Entscheidung

Problemlösung

Einführung

Führungspersonen in Unternehmen stehen täglich vor kleineren und grösseren Problemen und Entscheidungssituationen: «Welche Investition tätigen wir? Für welchen Lieferanten entscheiden wir uns? Welche Person stellen wir nach einer Serie von Bewerbungsgesprächen an? Kaufen oder mieten wir eine Anlage? Welcher Standort ist für eine Filiale geeignet? Wie finanzieren wir eine Investition?»
Die Lösung von solchen Problemen gehört zu den grundlegenden Führungsaufgaben in jeder Organisation.

Das Lösen von Problemen und das Entscheiden sind aus verschiedenen Gründen nicht einfach:
- Anspruchsvolle Probleme sind schlecht strukturiert, d.h. die Problemstellung ist unvollständig und / oder der Lösungsweg ist noch nicht bekannt.
- Anspruchsvolle Probleme weisen eine gewisse Komplexität auf; es sind also viele Einflussgrössen vorhanden.
- Oft liegen Zielkonflikte vor, welche die Führung anspruchsgruppengerecht lösen muss.
- Die Fakten liegen selten klar vor. Insbesondere kann man mittel- und langfristig selten vorhersehen, wie sich etwas entwickelt.

Oft gehen Führungspersonen bei der Problemlösung immer noch rein nach ihrem Gefühl vor und machen dabei gravierende Fehler. Diese liessen sich mit relativ geringem Aufwand vermeiden, wenn man sich an die Regeln der Problemlöse- und Entscheidungsmethodik halten würde.

Im Folgenden wird ein Vorgehen gezeigt, mit dem sich Probleme strukturieren lassen und Schritt für Schritt eine geeignete Lösung entwickelt werden kann. Diese Schritte laufen nicht starr ab. Manchmal muss man auch wieder einen Schritt zurückgehen. Merkt man z.B., dass keine Lösung passt, müssen neue Lösungen gesucht werden. Oft hängt der Führungserfolg unter anderem stark von der Qualität solcher Problemlöseverfahren ab.

situation erfassen

Lösungen suchen

Problemlöse- und Entscheidungsverfahren

Ein Problemlöse- und Entscheidungsprozess benötigt in der Regel folgende fünf Hauptschritte:

Hauptschritte	Konkretisierung	Tools und Verfahren
1. Situation erfassen	– Situationen analysieren – Fakten und Informationen beschaffen – Ursachen analysieren – Problem definieren	Vernetztes Denken (siehe S. 96 ff.)
2. Lösungen suchen	Mögliche Lösungen suchen	Kreativitätstechniken wie Brainstorming und Methode 635 (siehe S. 92)
3. Lösungen bewerten	– Kriterien suchen und gewichten, um die Lösungen beurteilen zu können – Entscheidungen treffen und Konsequenzen der Entscheide überlegen	– Stärken-Schwächen-Analyse (siehe S. 93) – SOFT-Schema (siehe S. 93) – Nutzwertanalyse mit Sensitivitätsanalyse (siehe S. 94)
4. Lösungen realisieren	Lösungen in Gang setzen	Projektmanagement
5. Lösung kontrollieren	Erfolg der Lösung überprüfen	Kennzahlen, Controlling (siehe S. 62 f. und 70)

Lösungen bewerten

Lösung realisieren

Lösung kontrollieren

1. Situation erfassen

Im ersten Schritt ist die Ausgangslage möglichst gut zu erfassen. Die relevanten Einflussgrössen sind zu suchen und Wechselwirkungen zwischen diesen Grössen zu erfassen. In dieser Phase des Problemlöseprozesses eignen sich Netzwerke (siehe S. 96 ff.).

2. Lösungen suchen

Bei der Suche nach Lösungsmöglichkeiten ist man oft auf die Intuition angewiesen. Die intuitive Suche nach Lösungen kann durch den Einsatz von Kreativitätsmethoden unterstützt werden. Bekannte intuitive Methoden sind:
– das Brainstorming und
– die Methode 635.

Brainstorming

Brainstorming ist die bekannteste und am häufigsten angewandte Technik des Lösungsentwurfs. Sie dient dem gemeinsamen Nachdenken und der gemeinsamen Ideenfindung zu einem vorgegebenen Problem unter der Leitung eines Moderators. Der Teilnehmerkreis sollte zwischen 5 und 12 Personen umfassen. Die Gruppe sollte dabei möglichst heterogen zusammengesetzt sein (unterschiedlicher Erfahrungshintergrund). Der Moderator leitet die Sitzung und notiert alle Vorschläge oder Lösungen zum gegebenen Thema bzw. zum Problem. Die Vorschläge sollten möglichst für alle Gruppenmitglieder sichtbar auf einer Wandtafel, einem Flipchart oder einem Hellraumprojektor visualisiert werden. Beim Brainstorming ist die Einhaltung folgender Regeln enorm wichtig:
– keine Kritik oder Bewertung
– Quantität vor Qualität
– möglichst ungewohnte Ideen
– fortführen und weiterentwickeln bereits vorgebrachter Ideen
– auch «spinnen» ist erlaubt.

Eine Sitzung sollte die 30-Minuten-Grenze nicht überschreiten. Am Ende werden die Ideen vom Moderator systematisiert, gruppiert (Clusterbildung) und gemeinsam mit den Gruppenmitgliedern bewertet.

Methode 635

Die Methode 635 stellt eine Art «individuelles Brainstorming» dar und zielt darauf ab, die entwickelten Ideen aufzugreifen und weiterzuentwickeln, um damit ihre Qualität zu steigern. Dazu arbeiten 6 Personen (oder Gruppen) zusammen. Jede muss auf einem Formular 3 Lösungsvorschläge für ein genau umschriebenes Problem notieren. Danach wird das Formular in der Runde weitergegeben.
Der Empfänger soll die bereits vorliegenden Ideen durch beliebige Kombinationen weiterentwickeln und auf diese Weise seinerseits zu drei Ideen gelangen. Das Verfahren wird fortgesetzt, bis das Formular von allen sechs Personen bearbeitet worden ist (5-malige Weitergabe).

Problemstellung			
	Idee 1	Idee 2	Idee 3
1. Person			
2. Person			
usw.			

3. Lösungen bewerten

Bei der Bewertung von verschiedenen Lösungsvorschlägen zu einem bestimmten Problem werden die in Frage kommenden Varianten den Zielen bzw. Kriterien gegenübergestellt.
Die Eignung einer Alternative hängt vom Grad der Zielerreichung ab. Bei rationalen Problemen stellt sich oft das Problem, dass neben der Beurteilung von quantitativen Kriterien meistens auch eine Bewertung von qualitativen Elementen erfolgen muss, welche immer subjektiv ist und zu Verzerrungen führen kann.

Je nach Art des Problems können unterschiedliche Bewertungsmethoden sinnvoll sein.

Die Stärken-Schwächen-Analyse

Das wohl einfachste Bewertungsverfahren ist die Stärken-Schwächen-Analyse, bei dem den verschiedenen Lösungsvarianten lediglich in einer einfachen Aufzählung Vor- und Nachteile zugeordnet werden.
Zur Illustration wird in der folgenden Tabelle diese Methode selbst einer Bewertung unterzogen.

Stärken	Schwächen
– einfach zu erstellen – leicht lesbar – keine weiteren Vorkenntnisse notwendig	– zum Teil Verwendung ungleicher Massstäbe bei verschiedenen Varianten – keine Gewichtung der Ziele – Gefahr der Manipulation

Ein gravierender Nachteil dieser Methode ist, dass die Auswahl der «besten» Lösungsvariante sehr leicht manipuliert werden kann.

SOFT-Schema

Eine Erweiterung der Stärken-Schwächen-Analyse stellt die «SOFT»- oder «SWOT»-Analyse (SOFT = Strengths-Opportunities-Faults-Threats; SWOT = Strengths-Weaknesses-Opportunities-Threats) dar, die auch den Zukunftsaspekt berücksichtigt.

	Vergangenheit/Gegenwart	Zukunft
Positiv	Strenghts (Stärken)	Opportunities (Chancen)
Negativ	Faults (Fehler)	Threats (Gefahren)

Merkmalsausprägung / Zeitpunkt

Nutzwertanalyse

In der Nutzwertanalyse werden qualitative und quantitative Kriterien bei der Beurteilung berücksichtigt. Das Ziel ist die Ermittlung eines vergleichbaren Beurteilungsmasses (Punktwert) für alle Lösungsvarianten.

Die Nutzwertanalyse läuft in sechs Stufen ab:
1. Ermittlung der Ziele (Muss- und Wunsch-Ziele)
2. Gewichtung der Ziele (G)
3. Vergabe von Punkten für die Varianten (P)
4. Multiplikation der Gewichtung mit den zugehörigen Punkten (G x P)
5. Ermittlung der gewichteten Punkttotale
6. Sensitivitätsanalyse

Schema für eine Nutzwertanalyse

Kriterium	Gewichtung G	Variante A		Variante B	
		Punkte P	Produkt = G x P	Punkte P	Produkt = G x P
			Total A		Total B

Sensitivitätsanalyse

Unter einer Sensitivitätsanalyse versteht man das Variieren von Zielen, Gewichten und Punktwerten in einer Nutzwertanalyse, um die Auswirkungen dieser Veränderungen auf die bewertete Reihenfolge der Varianten zu überprüfen.

■ 4. Lösungen realisieren und kontrollieren

Der Erfolg von Entscheidungen muss laufend überprüft werden. Hierfür ist das Controlling (siehe S. 70) zuständig. Kennzahlen (siehe S. 62 f.) zu Finanzen, Material oder Produktion geben Hinweise über den Grad der Zielerreichung.

B 7. Vernetzungen

4 Schritte zur Erkennung komplexer Probleme

■ 1. Das Problem umschreiben

Zunächst wird sprachlich umschrieben, worin das Problem besteht. Damit wird es auf seinen Kern eingeschränkt. Man nimmt dadurch in Kauf, dass gewisse Nebenaspekte des Problems weggelassen werden.

Beispiel: Man glaubt, über zu wenig Geld verfügen zu können.

■ 2. Mögliche Einflüsse auf das Problem festhalten

Werden verschiedene Einflüsse auf das Problem grafisch dargestellt, gewinnt man einen Überblick.
Dann kann man feststellen, in welchen Bereichen man sich Wissen verschaffen muss.

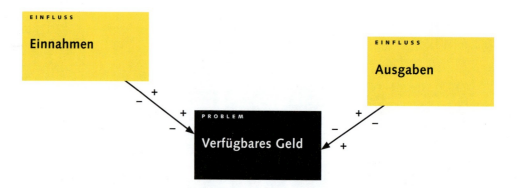

■ 3. Mögliche Massnahmen zu den verschiedenen Einflüssen suchen und deren Auswirkungen aufzeigen

Die Einflüsse und die Massnahmen sowie deren Auswirkungen werden immer noch einzeln und ohne weitere Zusammenhänge betrachtet.

4. Auswirkungen und Folgen einer Massnahme in einem ganzen Netzwerk darstellen

Als letzter Schritt werden die Auswirkungen und Folgen einer Massnahme in einem grösseren Rahmen betrachtet. Dabei werden auch die negativen, unbeabsichtigten Folgen berücksichtigt, die evtl. sogar zu neuen Problemen führen können (siehe beim angeführten Beispiel die Folge «Verschuldung»).

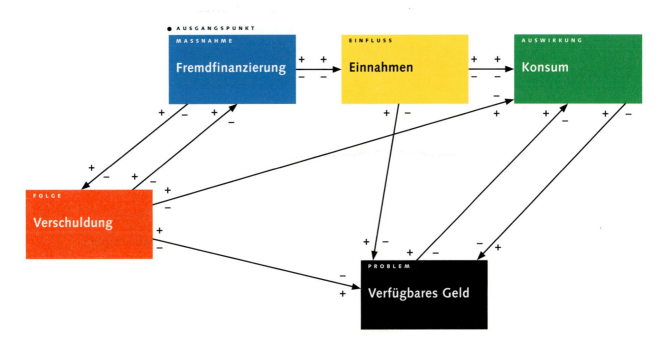

Fazit:
Erhöht man durch Fremdfinanzierung seine Einnahmen, kann man kurzfristig mehr konsumieren. Doch die negative Folge der Verschuldung bewirkt langfristig eher das Gegenteil: eine Einschränkung des Konsums.

Erst wenn alle Massnahmen mit ihren vernetzten Auswirkungen erfasst worden sind, kann die Lösung des eigentlichen Problems ins Auge gefasst werden.
Da die Lösung komplexer Probleme immer auch negative Folgen nach sich zieht, muss man sich jeweils fragen, welche negativen Folgen – und in welchem Ausmass – man auf sich nehmen kann oder will.

Problemlösung durch die Politik
Bei gesellschaftlich wichtigen Problemen übernimmt in der Regel die Politik die Problemlösung. Die Politiker, Parteien (siehe «Der Staat») usw. vertreten dabei eher Einzelinteressen, d. h. sie fordern Massnahmen, mit denen sie eine ganz bestimmte Wirkung erzielen wollen. Die Konsequenzen in einem ganzen Netzwerk von Wirkungen und Folgen blenden sie jedoch oft aus.

Beispiel: Strukturwandel (siehe S. 123)

1. Problem

Die Wirtschaft ist im Verlaufe der Zeit ständig einem Wandel unterworfen. Dauerhafte und bedeutende Änderungen (z.B. neue Produktionstechniken, Bevölkerungsstruktur, Beschäftigung nach Sektoren oder Branchen, Grösse der Unternehmen, Export- und Importquoten) nennt man Strukturwandel. Solche Veränderungen verursachen einen starken Anpassungsdruck auf die Unternehmen.

2. Mögliche Einflüsse auf das Problem

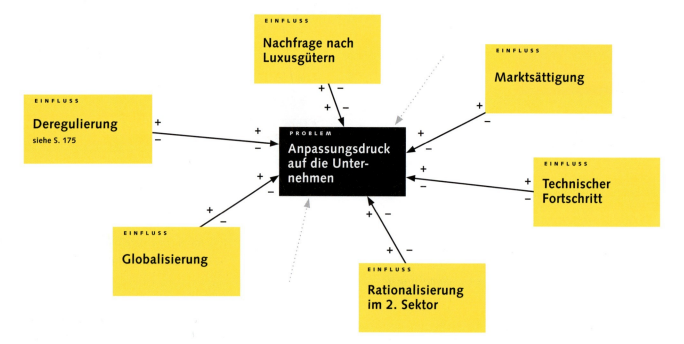

3. Mögliche Massnahmen und deren Auswirkungen

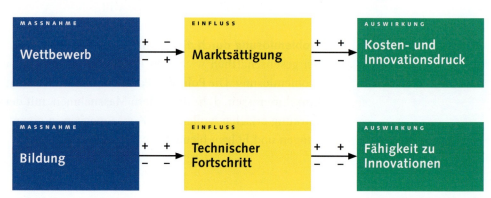

4. Auswirkungen und Folgen einer Massnahme in einem ganzen Netzwerk

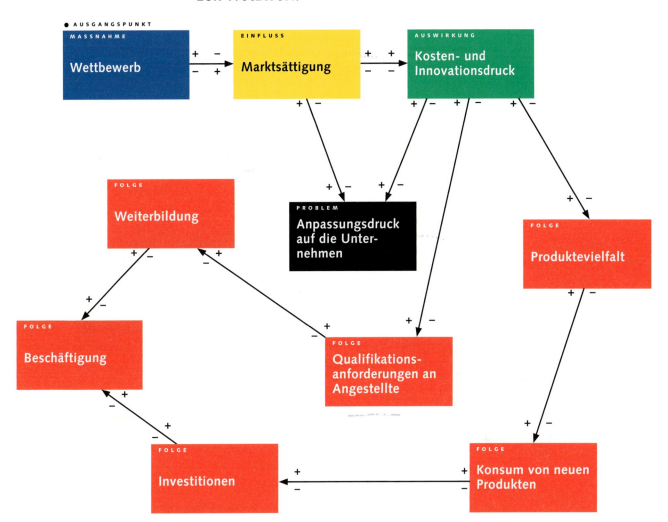

Fazit:
Mit mehr Wettbewerb kann dem Strukturwandel und dem damit verbundenen Anpassungsdruck auf Unternehmen gut begegnet werden. Allerdings erhöhen sich damit auch die Qualifikationsanforderungen an die Angestellten.

Das oben dargestellte Netzwerk stellt nur einen kleinen Ausschnitt der Problematik dar, es liesse sich noch fast beliebig erweitern.

Vernetztes Denken

> **Vernetztes Denken:** *Ist das Erkennen und das Verstehen der vielfältigen Zusammenhänge zwischen Teilen eines komplexen Systems.*

Vernetztes Denken umfasst folgende Merkmale:
- Verständnis für Zusammenhänge und Erschliessen von Wissen aus verschiedenen Fachbereichen
- Erkennen der bestimmenden Einflüsse in einem System
- Denken in Kreisläufen statt in einfachen Wenn-Dann-Beziehungen

Unterschiedliche Problemstellungen

Wir Menschen sehen uns einer Vielzahl unterschiedlicher Problemstellungen gegenüber. Betrachtet man diese genauer, so lassen sie sich in drei Kategorien einteilen:

Einfache Probleme
Sie sind nur wenigen Einflüssen ausgesetzt, die zudem eine geringe Verknüpfung aufweisen (z.B. Einsatzplanung von Mitarbeitenden in einem kleinen Unternehmen).

Komplizierte Probleme
Auf sie wirken viele verschiedene Einflüsse, die relativ stark miteinander verknüpft sind. Die Strukturen bleiben aber über die Zeit stabil, die entsprechende Dynamik ist also gering (z.B. Erstellung eines Jahresbudgets).

Komplexe Probleme
Sie haben viele verschiedene, stark verknüpfte Einflüsse, die sich im Zusammenspiel laufend verändern. Hauptmerkmale dieser Probleme sind die Dynamik (Triebkraft, die auf Veränderung und Entwicklung hinwirkt) sowie das Auftreten immer neuer Zustände. (Ein komplexes Problem ist z.B. das Streben nach Wohlstand bei gleichzeitiger Wahrung ökologischer Ziele und sozialer Verantwortung.)

Je komplexer die Probleme sind, umso mehr Distanz braucht es, damit man sie zumindest überblicken kann.

Netzwerke

> **Netzwerk:** *Mit ihm können die vielfältigen Beziehungen der einzelnen Elemente in einem komplexen System dargestellt werden.*

Wirtschaftliche und gesellschaftliche Probleme werden zunehmend komplexer und lassen sich mit herkömmlichen Methoden schlecht bewältigen (z.B. durch schnelle, einfache Massnahmen). Mit der Entwicklung von Netzwerken können sie besser erfasst und für die Problemlösung vorbereitet werden.

V 1. Die Volkswirtschaft: Grundlagen

Esther Kessler
Jakob Fuchs
Roman Capaul
Claudio Caduff
Gregor Schläpfer
Thomas Zeller

Bedürfnisse

Bedürfnisse: *Verlangen des Menschen, einen Mangel zu beheben. Dem Mensch gelingt es nie, all seine Bedürfnisse zu befriedigen.*

Wir Menschen sind nicht vollkommen. Fortwährend fehlt uns etwas. Wir haben Hunger, verspüren Durst, wir frieren oder leiden unter Krankheiten, um nur einige wenige Mangelempfindungen zu nennen. Um uns wieder wohlzufühlen, haben wir stets das Bedürfnis, diese Mängel zu beseitigen.

▪ Bedürfnisbefriedigung

Bedürfnisbefriedigung: *Beseitigung einer Mangelempfindung.*

Die Möglichkeit der Bedürfnisbefriedigung wird den meisten Menschen nicht einfach so in den Schoss gelegt. Wir müssen arbeiten, d.h. wirtschaftlich tätig werden, um ein Einkommen zu erzielen. Mithilfe des Geldes (Geld ist volkswirtschaftlich gesehen ein Hilfsmittel) sind wir in der Lage, zunächst lebensnotwendige Bedürfnisse zu befriedigen, um überhaupt existieren zu können. Bleibt dann noch Geld übrig, können wir wahlweise andere, nicht lebensnotwendige Bedürfnisse decken.

▪ Bedürfnisarten

1. Individualbedürfnisse

Individualbedürfnisse sind Bedürfnisse, die der einzelne Mensch hat. Bei der Befriedigung dieser Bedürfnisse entsteht eine Rangfolge:

Trendkleidung
Secondhand

Grundbedürfnisse (Existenzbedürfnisse)	Wahlbedürfnisse
Die Grundbedürfnisse müssen zuerst befriedigt werden, damit der Mensch leben kann.	Aus einem breiten Angebot befriedigt der Mensch wahlweise weitere, nicht lebensnotwendige Bedürfnisse.
Mittel zur Bedürfnisbefriedigung: – Nahrung (Essen und Trinken) – Wohnung – Kleidung – ärztliche Versorgung	Mittel zur Bedürfnisbefriedigung: – Ferien – Auto – Schmuck – Bücher usw.

Der Mensch kann nie all seine Bedürfnisse befriedigen. Er muss eine Auswahl treffen. Diese Auswahl hängt von folgenden Faktoren ab:
– Welche Schwerpunkte setzt der Einzelne?
– Wieviel Einkommen steht dem Einzelnen zur Verfügung?
– Wie sieht die Wirtschafts- und die Versorgungslage seines Landes aus? (Hat er überhaupt die Möglichkeit, sich mit genügend Gütern einzudecken?)

NICE TO KNOW

Das Nord-Süd-Gefälle

Die wirtschaftliche Entwicklung im 20. Jahrhundert ist gekennzeichnet von einem steigenden Wohlstandsgefälle zwischen dem entwickelten Norden und dem unterentwickelten Süden (Nord-Süd-Gefälle). Stehen den industrialisierten Ländern des Nordens Güter beinahe im Überfluss zur Verfügung, kämpfen die bevölkerungsreichen Entwicklungsländer ums nackte Überleben. Es gelingt ihnen kaum, die Existenzbedürfnisse zu befriedigen, geschweige denn, Wahlbedürfnisse abzudecken. Die Frage für die Zukunft lautet: Gelingt es uns, die Güter besser und gerechter zu verteilen?

V 1.1 Bedürfnisse

2. Kollektivbedürfnisse

Kollektivbedürfnisse sind Bedürfnisse, welche die Gesellschaft als Ganzes hat. Zwischen den Individual- und den Kollektivbedürfnissen besteht ein Zusammenhang.

Im Folgenden werden die beiden Bedürfnisarten einander gegenübergestellt.

Individualbedürfnisse	Kollektivbedürfnisse (Gemeinschaftsbedürfnis)
Der Einzelne allein entscheidet, welche Bedürfnisse wann und in welcher Reihenfolge er zu befriedigen gedenkt, wobei er zuerst immer die Existenzbedürfnisse abdeckt. Je mehr Einzelpersonen die gleichen Bedürfnisse befriedigen wollen, desto grösser werden die Probleme für die Gesellschaft. Es entstehen Kollektivbedürfnisse.	Durch die Vielzahl von Menschen mit gleichen Bedürfnissen entstehen neue Bedürfnisse, welche von der Einzelperson nicht mehr allein befriedigt werden können. Wenn die Einkommen steigen, können mehr und mehr Individualbedürfnisse befriedigt werden. Als Folge davon nehmen die Kollektivbedürfnisse zu.

Es gibt viele Individualbedürfnisse, die nur durch gesellschaftliche Anstrengungen befriedigt werden können.

Beispiel: Das Bedürfnis des Individuums nach Mobilität führt zu Kollektivbedürfnissen wie dem Bau von Strassen, von Eisenbahnlinien, von Flughäfen usw.
Viele Folgen der Bedürfnisbefriedigung hat die Gesellschaft zu tragen (z.B. Abfall, Umweltbelastung durch Verkehr).

Aufgabe der Wirtschaft
Es ist Aufgabe der Wirtschaft, eine möglichst grosse Bedürfnisbefriedigung zu ermöglichen, indem sie Güter bereitstellt.

Bedürfnispyramide nach Maslow

Der amerikanische Psychologe Abraham Maslow ordnet die menschlichen Bedürfnisse auf einer fünfstufigen Pyramide:

(Luxusbedürfnisse)

5. **Selbstverwirklichung:** Entwicklung der eigenen Persönlichkeit (ist von Person zu Person ganz verschieden)
4. **Wertschätzungs- und Anerkennungsbedürfnisse:** Stärke, Leistung, Kompetenz, Prestige, Status, Macht, Ruhm usw.
3. **Soziale Bedürfnisse:** Liebe, Zugehörigkeit zu Gruppen (Familie, Freunde) usw.
2. **Sicherheitsbedürfnisse:** Schutz, Sicherheit, Ordnung, Stabilität, Freiheit usw.
1. **Grundbedürfnisse (physische Bedürfnisse):** Essen, Trinken, Schlafen, Sexualität usw.

Grundsätzlich gilt: Erst wenn das untergeordnete Bedürfnis (z.B. das Grundbedürfnis) befriedigt ist, tritt das nächsthöhere Bedürfnis (z.B. das Sicherheitsbedürfnis) auf.

Maslow bezeichnet die ersten vier Bedürfnisse als Defizitbedürfnisse. Werden sie nicht befriedigt, so entsteht ein Gefühl des Mangels.
Menschen, die nach Befriedigung hoher Bedürfnisse (Wertschätzung und Anerkennung sowie Selbstverwirklichung) streben können, sind gesünder, schlafen besser und leben länger.

Güter zur Bedürfnisbefriedigung

> **Güter:** *Sind Mittel, mit denen Bedürfnisse befriedigt werden.*

Wir unterscheiden zwischen freien Gütern und wirtschaftlichen Gütern.

■ Freie Güter

> **Freie Güter:** *Sind Güter, die den Menschen in ausreichender Menge (weltweit gesehen) frei zur Verfügung stehen. Daraus folgt, dass sie unentgeltlich verfügbar sind.*

Beispiele: Luft, Sonnenlicht, Wind
Der Raubbau an der Natur lässt aber z.B. saubere Luft dennoch immer knapper werden.

■ Wirtschaftliche Güter

> **Wirtschaftliche Güter:** *Sind Güter, die beschränkt vorhanden sind, das heisst, sie reichen nicht aus, um alle Bedürfnisse zu befriedigen.*
> *Weil wirtschaftliche Güter knapp und beschränkt sind, erzielen sie einen Preis.*

Die wirtschaftlichen Güter werden wie folgt unterteilt:

Investitionsgüter
(auch Produktions- oder Produktivgüter genannt)

Mithilfe dieser Güter werden weitere Investitionsgüter und Konsumgüter hergestellt. Sie dienen der indirekten Bedürfnisbefriedigung.
Beispiele:
Baukran, Lastwagen, Maschinen, Taxi

Konsumgüter

Sie werden gebraucht oder verbraucht und dienen der direkten Bedürfnisbefriedigung.

Sachgüter

Sachgüter sind materielle, d.h. körperliche Gegenstände.

Gebrauchsgüter

Bei ihnen ist mehrfache Benützung möglich.
Beispiele:
privates Auto, Computer, Möbelstück, Fernsehapparat, Bücher, Kleider, Ski, Schmuck

Verbrauchsgüter

Sie können nur einmal verwendet werden. Nach dem Verbrauch existieren sie nicht mehr.
Beispiele: Nahrungsmittel, Benzin, Heizöl, elektrischer Strom

Dienstleistungen

Dienstleistungen sind immateriell, d.h. nicht körperliche Gegenstände. Bei Dienstleistungen finden Herstellung und Verbrauch meistens gleichzeitig statt. Man kann Dienstleistungen nicht auf Vorrat produzieren.

Beispiele:
Dienste von Ärzten, von Beamten, von Lehrern, von Banken, von Gaststätten, von Versicherungen, von Reisebüros, von öffentlichen Verkehrsmitteln.

Das ökonomische Prinzip

> **Ökonomisches Prinzip:** *Regeln, nach denen sich die privaten Haushalte (Konsumenten) und die Unternehmen (Produzenten) im wirtschaftlichen Geschehen verhalten.*
>
> **Das** *ökonomische Prinzip setzt sich aus dem Minimum-, dem Maximum- und dem Optimumprinzip zusammen.*

Die Mittel zur Bedürfnisbefriedigung sind einerseits beschränkt, anderseits sind die Bedürfnisse des Menschen unbegrenzt. Die Knappheit der Mittel verlangt, dass man diese sorgfältig und verantwortungsvoll einsetzt. Man muss sich stets nach dem Nutzen eines Mitteleinsatzes fragen.

Das Minimumprinzip

> **Minimumprinzip:** *Es wird versucht, die vorhandenen Bedürfnisse mit möglichst geringem Mitteleinsatz zu erreichen (z.B. für ein bestimmtes Sachgut möglichst wenig bezahlen müssen).*

Beispiele:
- Jemand (privater Haushalt / Konsument) versucht eine ruhige, helle 4-Zimmer-Wohnung (gegebenes Bedürfnis) zu einem möglichst tiefen Mietzins (Mitteleinsatz) zu finden.
- Die Autohersteller (Unternehmer / Produzenten) wollen den Sicherheitsaspekt (gegebenes Kundenbedürfnis) ihrer Autos verbessern. In jedem Auto sollen Seitenaufprallschutze integriert werden. Dies wollen die Autohersteller mit möglichst wenig Arbeitsstunden (Mitteleinsatz) erreichen.

Das Maximumprinzip

> **Maximumprinzip:** *Mit den vorhandenen Mitteln wird versucht, möglichst viele Bedürfnisse zu befriedigen (z.B. für eine bestimmte Summe Geld möglichst viel erhalten).*

Beispiele:
- Jemand (privater Haushalt / Konsument) hat 1500 Franken (gegebene Mittel) für seine Ferien gespart. Er versucht mit seinem Geld sich möglichst viele Ferienwünsche (Bedürfnisse) zu erfüllen.
- Ein Waschpulverhersteller (Unternehmer / Produzent) hat ein Budget von 2 Millionen Franken (gegebene Mittel) für sein Forscherteam aufgestellt. Die Forscher haben die Aufgabe, das Waschmittel zu verbessern, vor allem sollen dabei die Umweltfreundlichkeit und das Waschergebnis (Bedürfnisse) verbessert werden.

Das Optimumprinzip

> **Optimumprinzip:** *Es wird ein möglichst gutes Verhältnis zwischen Mitteleinsatz (Aufwand) und grösstmöglichem Nutzen (Ertrag) angestrebt. Das Optimumprinzip ist eine Kombination aus dem Minimum- und dem Maximumprinzip.*

Beispiel:
Ein Musikfan versucht beim Kauf einer Stereoanlage das beste Preis-Leistungs-Verhältnis zu erreichen.

Der einfache Wirtschaftskreislauf

> **Einfacher Wirtschaftskreislauf:** Mithilfe eines Kreislaufs wird vereinfacht dargestellt, wie sich der Tausch von Sachgütern und Dienstleistungen gegen Geld zwischen den Unternehmen (Produzenten) und den privaten Haushalten (Konsumenten) abspielt.

Um die Zusammenhänge besser erkennbar zu machen, werden beim einfachen Wirtschaftskreislauf nur zwei Gruppen von Wirtschaftsteilnehmern betrachtet, die privaten Haushalte (Konsumenten) und die Unternehmen (Produzenten). Sie bilden gleichsam zwei grosse «Pumpwerke», die den Güterstrom und den Geldstrom antreiben.

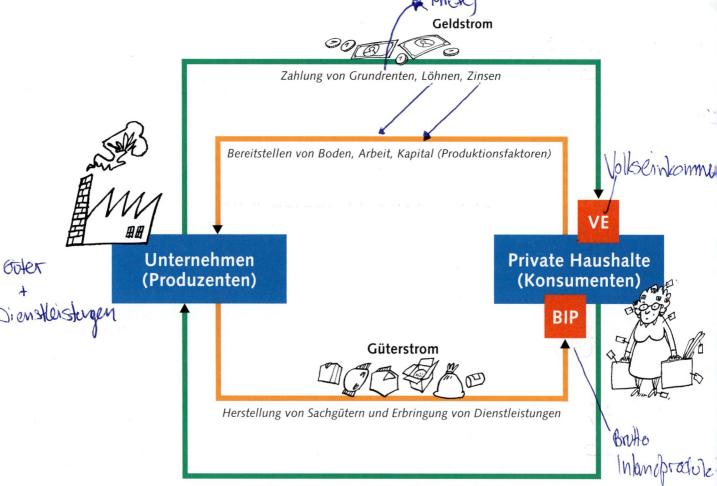

Wir alle treiben täglich in unterschiedlichen Rollen in diesen Strömen mit (zum Beispiel als Konsument, als Arbeitnehmerin, als Steuerzahler, als Rentnerin, als Stipendienempfänger).

Güterstrom (Gütermenge)

Um Sachgüter herstellen und Dienste leisten zu können, braucht es 3 Produktionsmittel: Boden, Arbeit und Kapital. Die privaten Haushalte stellen sie den Unternehmen zur Verfügung. Diese Produktionsmittel werden auch «Produktionsfaktoren» genannt.

Mithilfe der 3 Produktionsfaktoren können die Unternehmen Sachgüter herstellen und Dienstleistungen erbringen, welche sie auf dem Markt anbieten.

Man kann den Güterstrom messen, indem man sämtliche Sachgüter und Dienstleistungen zusammenzählt, die in einem Jahr in der Volkswirtschaft produziert worden sind. So erhält man das Bruttoinlandprodukt (siehe S. 110).

Geldstrom (Geldmenge)

Um die von den Unternehmen hergestellten Sachgüter und erbrachten Dienstleistungen zu erwerben, benötigen die privaten Haushalte Geld. Die Unternehmen zahlen den privaten Haushalten für die Arbeit Löhne, für das Kapital Zinsen und für die Benützung des Bodens Grundrenten. (Das Wort «Grundrente» ist ein anderes Wort für Bodenzins. Damit keine Verwechslung mit dem Kapitalzins entsteht, wird die Entschädigung für die Benützung des Bodens «Grundrente» genannt.)

Man kann den Geldstrom messen, indem man sämtliche Löhne, Zinsen und Grundrenten zusammenzählt, die in einem Jahr den privaten Haushalten zufliessen. Dann erhält man das Volkseinkommen (siehe S. 114).

Gesetzmässigkeit

Eine Volkswirtschaft befindet sich dann im Gleichgewicht, wenn der Geldstrom (die Geldmenge) gleich gross ist wie der Güterstrom (die Gütermenge). Dieses Gleichgewicht wird in der Realität praktisch nie erreicht. Daher entstehen häufig Störungen wie z.B. Inflation (siehe S. 163 ff.), Deflation (siehe S. 167).

→ Geldstrom ↳ Güterstrom

Unternehmen / Produzenten

Unternehmen werden auch Produzenten oder Hersteller genannt.
Sie stellen für die Volkswirtschaft Sachgüter her oder erbringen Dienstleistungen.

Jedes Unternehmen (jeder Produzent) ist gleichzeitig immer auch ein privater Haushalt (ein Konsument). Aber nicht jeder private Haushalt ist auch ein Unternehmen.

Private Haushalte / Konsumenten

Die privaten Haushalte werden auch Konsumenten oder Verbraucher genannt.
Der Begriff «private Haushalte (Konsumenten)» umfasst alle Wirtschaftssubjekte, die in der Volkswirtschaft Sachgüter und Dienstleistungen nachfragen.

Wirtschaftssubjekte

Der Begriff Wirtschaftssubjekte umfasst
– alle privaten Personen (die privaten Haushalte), Konsumenten
– sämtliche Unternehmen (Produzenten) sowie Anbieter
– die öffentliche Hand (Bund, Kantone, Gemeinden). Staat

Der erweiterte Wirtschaftskreislauf

Erweiterter Wirtschaftskreislauf: *Nebst den Unternehmen und den privaten Haushalten werden zusätzlich der Staat, die Banken und das Ausland mit in den Kreislauf einbezogen. Dadurch werden der Geld- und der Güterstrom erweitert.*

Der einfache Wirtschaftskreislauf allein genügt nicht, um die komplizierten Geld- und Güterströme in ihrer Gesamtheit darzustellen. Bedeutende Rollen spielen der Staat, die Banken und das Ausland.

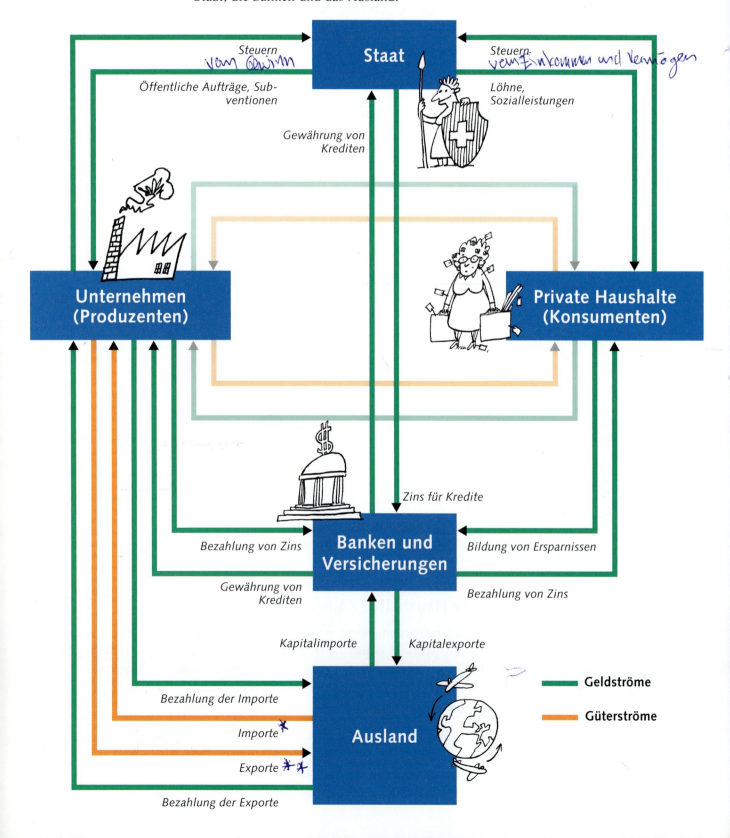

Der Staat

Die öffentlichen Haushalte (das sind Bund, Kantone, Gemeinden) erhalten von den privaten Haushalten, den Unternehmen und den Banken Steuern, um damit die zahlreichen öffentlichen Aufgaben zu finanzieren.

Ein Teil der Staatseinnahmen fliesst an die privaten Haushalte in Form von Löhnen (für die Beschäftigten im öffentlichen Dienst) sowie als Kindergeld, Renten und Pensionen oder als Beiträge an die Krankenversicherung usw. zurück.

Aber auch die Unternehmen erhalten Staatsgelder in Form von:
- **öffentlichen Aufträgen**
  (z.B. für den Bau von Schulen, Spitälern, Altersheimen, Strassen)
- **Subventionen**
  (Subventionen sind zweckgebundene staatliche Gelder, womit eine Organisation unterstützt wird, z.B. Bauernbetriebe, Holzindustrie, Frauenhäuser. Diese Gelder müssen nicht mehr zurückgezahlt werden.)
- **Direktzahlungen**
  (Direktzahlungen sind ein Entgelt des Staates für Leistungen, die im Interesse der Allgemeinheit erbracht werden, z.B. für Bauern als Landschaftspfleger oder an Bio-Bauern für umweltgerechtes Produzieren.)

Die Banken und die Versicherungen

Die Banken und die Versicherungen nehmen Spargelder entgegen und bezahlen dafür Zinsen bzw. Gewinnbeteiligungen. Diese Spargelder geben sie in Form von Krediten weiter an die Unternehmen und die privaten Haushalte, aber auch an den Staat. Von ihren Schuldnern verlangen die Banken und die Versicherungen ihrerseits Zinsen. Banken und Versicherungen kooperieren zunehmend miteinander, um die Kunden ganzheitlicher beraten zu können.

Das Ausland

Jede Volkswirtschaft ist mit dem Ausland verflochten. So kaufen die Unternehmen Sachgüter im Ausland (Rohstoffe, Halbfertigfabrikate und Fertigfabrikate). Sie müssen an die ausländischen Lieferanten Zahlungen leisten (Importzahlungen). Die Unternehmen verkaufen aber auch Sachgüter und Dienstleistungen ins Ausland und werden dafür entschädigt (Exporterlöse). Geld- und Güterströme fliessen also auch ins Ausland und vom Ausland ins Inland.

Zentrale Gleichgewichtsbedingungen der Volkswirtschaft

Aus dem erweiterten Wirtschaftskreislauf lassen sich 5 zentrale Bedingungen ableiten, damit die Volkswirtschaft im Gleichgewicht ist:

Güterstrom	=	Geldstrom (siehe S. 106 ff.)
Bruttoinlandprodukt	=	Volkseinkommen (siehe S. 110 ff. + S. 114 f.)
Sparen	=	Investieren (siehe S. 121)
Staatseinnahmen	=	Staatsausgaben (siehe S. 144 ff.)
Import	=	Export (siehe S. 183)

Diese Gleichungen sind stark vereinfachte Kernaussagen, die im Buch weiter hinten (siehe Querverweise) detaillierter ausgeführt werden.

Das Bruttoinlandprodukt (BIP)

> **Bruttoinlandprodukt (BIP):** *Entspricht dem Wert aller Sachgüter und Dienstleistungen, die während eines Jahres im Inland produziert wurden, minus den Vorleistungen, berechnet zu Marktpreisen (Als Marktpreise bezeichnet man die beim Verkauf erzielten Preise.).*
> *Das Bruttoinlandprodukt misst die Wertschöpfung eines Landes (wirtschaftliche Leistung einer Volkswirtschaft).*

Genauso wie ein Unternehmer daran interessiert ist, zu wissen, ob sein Unternehmen wächst, Gewinne erzielt, stagniert oder gar Verluste erleidet, will dies eine Volkswirtschaft als Ganzes auch herausfinden.

Die Berechnung des BIP

Das BIP eines Landes wird folgendermassen berechnet:

+ Bruttoproduktionswert	Der Bruttoproduktionswert entspricht dem Wert aller Sachgüter und Dienstleistungen zu Marktpreisen, die während eines Jahres im Inland produziert wurden.
– Vorleistungen	Die Vorleistungen entsprechen dem Wert aller Sachgüter und Dienstleistungen (Energie, Miete usw.) zu Marktpreisen, die während eines Jahres verbraucht wurden, um andere Güter und Dienstleistungen herzustellen. *Beispiel:* Ein Schreiner fertigt einen Schrank an. Dazu benötigt er Holz. Das Holz ist eine Vorleistung und muss vom Bruttoproduktionswert abgezogen werden. Der Wert des Holzes wurde schon bei der Sägerei erfasst.
= Bruttoinlandprodukt (Wertschöpfung)	Das Bruttoinlandprodukt entspricht dem Wert aller Sachgüter und Dienstleistungen minus den Vorleistungen zu Marktpreisen. Das Bruttoinlandprodukt misst die Wertschöpfung eines Landes (Wertschöpfung = zugeführter Mehrwert). 2010 betrug das BIP der Schweiz CHF 550 Mia. (provisorische Zahl), nachdem es im Jahr 2009 noch mit CHF 535 Mia. ausgewiesen war.

Die Leistungen einer Volkswirtschaft werden am Güterstrom gemessen, Bruttoinlandprodukt genannt.
Das BIP ist heute national wie international die entscheidende Grösse (siehe S. 112 f.).

Im BIP nicht erfasste Leistungen
Es gibt aber Sachgüter und Dienstleistungen, die im Bruttoinlandprodukt nicht erfasst werden:
– Tätigkeiten, die unentgeltlich erbracht werden, z.B. Kindererziehung, Pflege von Familienmitgliedern, Vereinsarbeit
– Schwarzarbeit, die geleistet wird, um Steuern und Sozialleistungen zu vermeiden
– Tätigkeiten, die illegal sind, z.B. der Drogenhandel

Würden diese Tätigkeiten auch berücksichtigt, wäre das Bruttoinlandprodukt grösser.

Das Wirtschaftswachstum

> **Wirtschaftswachstum:** *Es zeigt die Veränderung des Bruttoinlandprodukts (BIP) zum Vorjahr.*

Das BIP ist also die geeignete Grösse, um die wirtschaftliche Entwicklung eines Landes aufzuzeigen.

Das Wachstum der Wirtschaft verläuft nicht gleichmässig (linear). Es nimmt manchmal schneller zu, dann stagniert es, oder es bildet sich sogar zurück.
Diesen Verlauf nennt man **Konjunktur** (siehe Seite 168 ff.).

Ein Staat kann das Bruttoinlandprodukt über mehrere Jahre hinweg vergleichen und das Wachstum seiner Volkswirtschaft berechnen.

▪ Nominelles und reales Bruttoinlandprodukt

Man unterscheidet:
- die Veränderung des nominellen Bruttoinlandprodukts und
- die Veränderung des realen Bruttoinlandprodukts.

Veränderung des nominellen BIP	Veränderung des realen BIP
– Beim nominellen BIP werden die während eines Jahres produzierten Sachgüter und Dienstleistungen zu laufenden Preisen berechnet. (Laufende Preise sind die im entsprechenden Jahr aktuellen Preise.)	– Beim realen BIP wird berücksichtigt, dass die während eines Jahres produzierten Sachgüter und Dienstleistungen, bezogen auf ein früheres Basisjahr, teurer geworden sind. Durch die Umrechnung auf dieses Basisjahr wird die Teuerung eliminiert. Dadurch kann das Wachstum einer Volkswirtschaft realistischer dargestellt werden.
– Die Veränderung des nominellen BIP, bezogen auf das Vorjahr, zeigt das nominelle Wachstum.	– Die Veränderung des realen BIP im Vergleich zum Vorjahr zeigt das reale Wachstum.
– Beim nominellen Wachstum werden sowohl die Entwicklung der Preise als auch die Entwicklung der Menge (Sachgüter und Dienstleistungen) festgehalten.	– Beim realen Wachstum wird nur die Entwicklung der Menge (Sachgüter und Dienstleistungen) festgehalten.

weitere Nachteile des BIP
- *Einkommensverteilung in einem Land → keine Aussage*
- *Internationale Vergleiche → Wechselkurs, bekannt sein*
  - *Kaufkraft jeder Währung*

Das BIP im nationalen Vergleich

Eine Volkswirtschaft kann die Veränderung ihres nominellen und ihres realen BIP entweder in absoluten Zahlen oder in Prozenten darstellen.

Veränderung in absoluten Zahlen

Das nominelle BIP muss um die Teuerung bereinigt werden. Dadurch erhält man das reale BIP. Erst diese Grösse ist aussagekräftig.

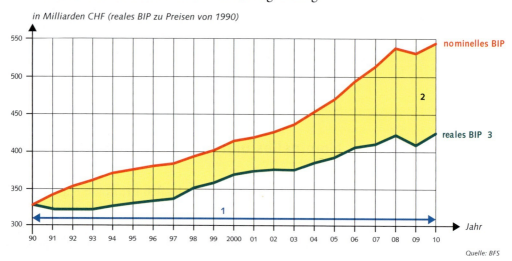

Die Grafik zeigt, dass die rote Kurve (die Veränderung des nominellen BIP) viel steiler ansteigt als die grüne Kurve (die Veränderung des realen BIP).

1 Das nominelle BIP ist von 1990 bis 2008 stetig gewachsen. Im gleichen Zeitraum hat das reale BIP hingegen nicht konstant zugenommen. In den Jahren 1991, 1993 und 2003 hatte die Schweiz ein negatives Wirtschaftswachstum zu verzeichnen, d.h. die Schweizer Wirtschaft hat in diesem Zeitraum weniger Sachgüter und Dienstleistungen bereitgestellt. Der «volkswirtschaftliche Kuchen» schrumpfte. Wegen der Wirtschaftskrise sanken 2009 das nominelle und das reale BIP stark.

2 Die Differenz der beiden Kurven (gelbe) zeigt den Anstieg des Preisniveaus.

3 Wenn man die effektive Veränderung der Leistungen einer Volkswirtschaft beurteilen will, muss man immer die Veränderung des realen BIP betrachten.

Jährliche Veränderung in Prozenten

Häufig wird das Wirtschaftswachstum (die Veränderung des BIP) in Prozenten gemessen. Wenn man von Wirtschaftswachstum spricht, ist normalerweise das reale Wachstum gemeint.

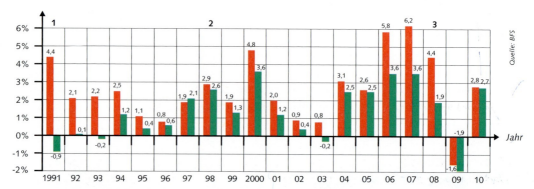

1 1991 nahm das BIP nominell um 4,4% zu, real jedoch verringerte es sich um 0,9%. Dies bedeutet: Die Preise sind in diesem Jahr relativ stark gestiegen.

2 1998 betrug das Wachstum des realen BIP 2,6%. Das sind 0,5% mehr als im Vorjahr.

3 2008 verringerte sich das nominale Wachstum gegenüber 2007 um 1,8% auf 4,4%.

www.verlag-fuchs.ch/vwl

Das BIP im internationalen Vergleich

Damit man einzelne Länder miteinander vergleichen kann, ist ein einheitliches System der Datenerfassung notwendig. Das Bruttoinlandprodukt (BIP) wurde von internationalen Organisationen wie den Vereinten Nationen (UNO), der Organisation für wirtschaftliche Entwicklung und Zusammenarbeit (OECD), dem Internationalen Währungsfonds (IWF) und vom Statistischen Amt der Europäischen Gemeinschaften (Eurostat) zur internationalen Vergleichsgrösse erklärt.

Das BIP pro Kopf der Bevölkerung

Nehmen wir an, wir wollen das Bruttoinlandprodukt von Deutschland und jenes der Schweiz miteinander vergleichen. Das Bruttoinlandprodukt von Deutschland beträgt ein Vielfaches desjenigen der Schweiz. Deutschland hat aber auch etliche Millionen mehr Einwohner. Daher dividiert man das Bruttoinlandprodukt, sozusagen den volkswirtschaftlichen Kuchen, durch die Anzahl Einwohner eines Staates. Man erhält die durchschnittliche «Kuchengrösse» pro Einwohner, oder mit dem Fachausdruck, das «Bruttoinlandprodukt (BIP) pro Kopf der Bevölkerung». Erst diese Grösse lässt einen internationalen Vergleich zu.

Damit ist aber noch nichts darüber ausgesagt, ob und wie «gerecht» die «Kuchenstücke» verteilt sind (siehe S. 114 f., Die Einkommensverteilung).

BIP/Einwohner in US-$ zu Marktpreisen 2010

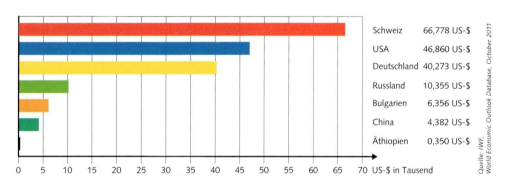

Schweiz	66,778 US-$
USA	46,860 US-$
Deutschland	40,273 US-$
Russland	10,355 US-$
Bulgarien	6,356 US-$
China	4,382 US-$
Äthiopien	0,350 US-$

Quelle: IWF, World Economic Outlook Database, October 2011

NICE TO KNOW

Das reale Wirtschaftswachstum verschiedener Länder

Man kann die wirtschaftliche Entwicklung einzelner Länder miteinander vergleichen.

Länder mit sehr hohem Wachstum waren im Jahre 2010:
- Indien 11,1%
- China 10,3%
- Brasilien 7,5%

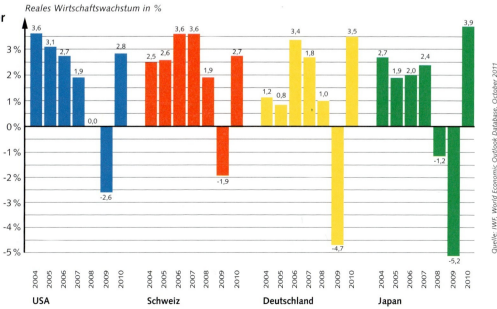

Quelle: IWF, World Economic Outlook Database, October 2011

Das Volkseinkommen (VE)

Volkseinkommen (VE): *Summe aller Einkommen, die im Laufe eines Jahres in einer Volkswirtschaft verdient worden sind.*

Zur Berechnung des Volkseinkommens werden sämtliche in einem Jahr ausbezahlten Löhne (als Entschädigung für die Arbeit), Zinsen (als Entschädigung für das Kapital) und Grundrenten (für die Benützung von Boden) zusammengezählt.

Die Einkommensverteilung

Ob die Einkommen in einer Volkswirtschaft gerecht verteilt sind oder nicht, lässt sich nicht objektiv belegen, weil jede einzelne Person «Gerechtigkeit» anders empfindet. Was für den einen ein gerechtes Einkommen bedeutet, erscheint einem andern als völlig ungerecht.

Dennoch interessiert es, wie die Einkommen in einer Volkswirtschaft verteilt sind. Als nützliche Darstellung dient die «Lorenzkurve»:

Lorenzkurve: *Mithilfe dieser Kurve kann man aufzeigen, wie die Einkommen auf die Einkommensbezüger in einem Land verteilt sind. Die Kurve wurde nach ihrem Erfinder, Lorenz, benannt.*

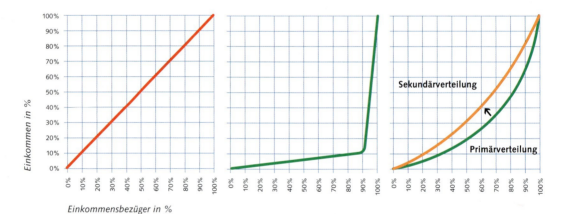

A
Wären die Einkommen in einer Volkswirtschaft völlig gleichmässig verteilt (jedermann erhielte gleich viel Einkommen), ergäbe die Lorenzkurve eine Diagonale. Dieser Zustand ist unrealistisch und auch nicht erstrebenswert. Viele würden es als sehr ungerecht empfinden, wenn Arbeitseinsatz, Risikobereitschaft, vertiefte Ausbildung usw. nicht zu mehr Einkommen führen würden. Der Anreiz, mehr und Besseres zu leisten, ginge verloren.

B
Verfügen aber z.B. 90% der Einkommensbezüger nur gerade über 10% aller Einkommen (z.B. in einem Entwicklungsland), so besteht die Gefahr von sozialen Unruhen, von Streiks, von Bürgerkrieg usw. Diese Einkommensverteilung darf man sicher als ungerecht bezeichnen.

C
Die Staatspolitik ist daher bestrebt, die Kurve in Richtung der Diagonalen zu «drücken» (ohne die Diagonale aber effektiv erreichen zu wollen), damit die Verteilung der Einkommen als möglichst «gerecht» empfunden wird.

In der Schweiz und in vielen anderen Ländern erfolgt dies durch eine «Umverteilung» (z.B. Steuerprogression).

www.verlag-fuchs.ch/vwl

V 1.6 Das Volkseinkommen

■ Primärverteilung – Sekundärverteilung

Primärverteilung	Verteilung der Einkommen aufgrund der vereinbarten Arbeitsverträge
– Umverteilung durch den Staat	– progressive Besteuerung – Abzüge für die Sozialversicherungen – staatliche Subventionen
= Sekundärverteilung	Verteilung der Einkommen nach den Staatseingriffen Ziel: gleichmässigere Einkommensverteilung

■ Beispiel einer Umverteilung

Herr Meier (verheiratet, röm.-kath., Jahresbruttoverdienst CHF 50 000.–) und Herr Suter (verheiratet, röm.-kath., Jahresbruttoverdienst CHF 100 000.–) wohnen am gleichen Ort im Kanton Luzern.

Herr Meier zahlt 12% Steuern und Herr Suter zahlt wegen der Progression 19,5%. (Progression: Höhere Einkommen werden prozentual stärker besteuert als tiefere Einkommen.)

	Herr Meier	Herr Suter	Differenz
Primärverteilung	CHF 50 000.–	CHF 100 000.–	CHF 50 000.–
Umverteilung 14,05% für Sozialversicherungen (AHV, IV, EO, ALV, NBU, BVG)	– CHF 7025.–	– CHF 14 050.–	
Es bleiben	CHF 42 975.–	CHF 85 950.–	CHF 42 975.–
Steuern	– CHF 5157.–	– CHF 16 760.–	
Sekundärverteilung	= CHF 37 818.–	= CHF 69 190.–	= CHF 31 372.–

Die Umverteilung beträgt in unserem Beispiel CHF 18 628.– oder 37,26%.

NICE TO KNOW

Flat Tax und Flat-Rate-Tax

Flat Tax
Das Bruttoeinkommen wird mit einem fixen Prozentsatz besteuert. Dies bedeutet, dass Personen mit sehr hohem Einkommen in absoluten Zahlen immer noch mehr Steuern bezahlen als Personen mit niedrigerem Einkommen. Prozentual gesehen gibt es aber keine Abstufung bei niedrigerem oder sehr hohem Einkommen. Ab einem gewissen Betrag (Grenzsteuersatz) steigt die Steuer nicht mehr mit dem Einkommen.
Im Jahre 1994 führte Estland als erstes europäisches Land die Einheitssteuer ein. Russland z.B. hat einen fixen Steuersatz von 13% auf Einkommen. Im August 2007 stellte Bundesrat Merz die Flat Tax für die direkte Bundessteuer zur Diskussion.

Flat-Rate-Tax
Vom Bruttoeinkommen dürfen zuerst Abzüge gemacht werden (Berufsauslagen, Kinderabzüge, Zweitverdienerabzug usw.). Das Nettoeinkommen wird dann aber einheitlich besteuert. Dieses System wurde im Kanton Obwalden auf den 1. Januar 2008 eingeführt. Der Einkommentarif für natürliche Personen beträgt 12%. Unternehmen müssen 6% ihrer Gewinne abliefern.

Der Produktionsfaktor Boden

Boden: *Für die Wirtschaft ist der Boden einerseits Träger von Nahrungsmitteln und Rohstoffen, anderseits bildet er den Standort für die Betriebe. Der Begriff «Boden» umfasst aber mehr als nur die reine Fläche. Dazu gehören auch das Klima, die geografische Lage, die Bodenbeschaffenheit (Berge, Seen, Flüsse) usw.*

▪ Träger von Nahrungsmitteln und Rohstoffen

– Der Boden bildet die Grundlage für die Land- und die Forstwirtschaft sowie die Fischerei.
– Im Boden sind Rohstoffe verborgen.

▪ Standort für Unternehmen

Der Boden übt einen Einfluss auf die Entwicklung einer Volkswirtschaft aus. Früher waren viele Unternehmen auf einen Standort, an dem Wasserkraft gewonnen werden konnte, angewiesen. Auch die Transportwege der Güter richteten sich nach den Wasserstrassen.

Heute verfügen wir über verschiedene Energiegewinnungsmöglichkeiten (Wasserkraft, Kernkraft, Sonnenenergie) und das Versorgungsnetz ist gut ausgebaut. Auch die Transportmöglichkeiten haben sich verbessert. Die Güter werden mit dem Flugzeug, der Eisenbahn, dem Schiff und dem Lastwagen transportiert. Die Unternehmen können ihre Standorte daher freier wählen. In einer modernen Dienstleistungsgesellschaft sind auch andere Standortfaktoren wie Steuerbelastung und Humankapital (siehe S. 120) wichtig.

▪ Bodenspekulation

Das Bevölkerungswachstum sowie der wachsende Wohlstand steigern die Nachfrage nach Boden. Der Boden ist aber nicht vermehrbar und nicht transportierbar. Daher wird nutzbarer Boden immer knapper. Dies begünstigt die Bodenspekulation, d.h. Personen kaufen Boden, warten, bis er knapper wird, um ihn danach mit grossem Gewinn weiterzuverkaufen.

▪ Raumplanung

Um eine geordnete Aufteilung des Bodens vorzunehmen und einer Zersiedelung vorzubeugen, hat sich der Staat der Raumplanung angenommen (siehe BV 75). Es gibt Orts- und Regionalplanungen sowie eine Landesplanung. Dabei wird der Boden aufgeteilt in Zonen, z.B. in
– Landwirtschaftszonen
– Wohnzonen
– Industrie- und Gewerbezonen
– Erholungszonen
Zu jeder Zone werden gesetzliche Vorschriften erlassen. Das Raumplanungsgesetz (RPG) legt die Grundlagen der optimalen Bodennutzung fest.

▪ Infrastruktur

Unter Infrastruktur versteht man öffentliche Einrichtungen als Voraussetzung für eine moderne Wirtschaft; dabei spielt der Boden eine wichtige Rolle.
Zur Infrastruktur zählen: Strassen, Schulen, Spitäler, Energieversorgung, Kläranlagen usw.

Der Produktionsfaktor Arbeit

Arbeit: *Volkswirtschaftlich versteht man unter Arbeit jede körperliche und geistige Tätigkeit, mit deren Hilfe ein Einkommen erzielt wird.*

Wir unterscheiden zwischen körperlicher und geistiger Arbeit. Die Arbeit gliedert sich in gelernte, angelernte und ungelernte Arbeit.

Für die meisten Menschen ist die Arbeit der einzige Produktionsfaktor, den sie der Volkswirtschaft anbieten können. Sie sind somit auf Arbeit angewiesen. Aus diesem Grund wird die Arbeit vom Staat auch geschützt mittels Arbeitsgesetzen und der Sozialgesetzgebung (AHV, IV, EO, Arbeitslosenversicherung usw.).

Arbeitsproduktivität

Arbeitsproduktivität: *Misst das Verhältnis der eingesetzten Arbeitsstunden zum gesamten Produktionsergebnis.*

Beispiel:
Ein Schreiner arbeitet 8 Stunden pro Tag. In einem Tag baut er 32 Stühle zusammen. Seine Arbeitsproduktivität beträgt 4 Stühle pro Stunde.
Arbeitsproduktivitäten können für verschiedene Zeiteinheiten (pro Stunde, pro Jahr usw.) ermittelt werden.

Automatisierung

Automatisierung (Automation): *Die Einrichtung (Produktionsanlage) steuert sich selbst und der Einsatz von Arbeitskräften wird überflüssig. Die Menschen nehmen nur noch überwachende Tätigkeiten wahr.*

Bei der Automation wird der Faktor Arbeit durch den Faktor Kapital (Maschinen, Computer, Industrieroboter usw.) ersetzt, was hohe Investitionskosten verursacht und die Anforderungen an die Arbeitskräfte erhöht (z.B. höherer Ausbildungsstand oder mehr Verantwortung). Gleichzeitig können die Menschen von eintönigen Arbeiten befreit werden.

Die Automatisierung ist ein Teil der Rationalisierung.

Rationalisierung

Rationalisierung: *Alle Massnahmen, die darauf zielen, mithilfe technischer und organisatorischer Verbesserungen Kosten einzusparen und ein Höchstmass an Leistung zu erzielen. Zur Rationalisierung gehört die Automation, die Arbeitsteilung, die optimale Abstimmung der Arbeitsabläufe usw.*

Je weiter die technischen Kenntnisse gedeihen, desto mehr werden die Unternehmen in die Lage versetzt, durch den Einsatz von Maschinen, Computern und Robotern die Arbeitsproduktivität zu erhöhen. Will man bei reduzierter Arbeitszeit einen gleichbleibenden Lohn bezahlen, muss die Arbeitsproduktivität entsprechend erhöht werden.

Durch die Rationalisierung wird teilweise ein neues Problem geschaffen: Wo finden die «wegrationalisierten» Menschen weitere Arbeit? (siehe S. 122 f., Die 3 Wirtschaftssektoren)

→ www.verlag-fuchs.ch/vwl

Die Arbeitslosigkeit

Arbeitslosigkeit: *Arbeitsfähige und arbeitswillige Personen sind ohne Beschäftigung, die ihnen ein Einkommen garantiert.*

Auf dem Arbeitsmarkt herrscht dann ein Gleichgewicht, wenn weder Unterbeschäftigung noch Überbeschäftigung besteht. Dieses Gleichgewicht wird in der Realität selten erreicht.
Die Arbeitslosigkeit kann verschiedene Gründe haben:

Sockelarbeitslosigkeit

Die Sockelarbeitslosigkeit entsteht unabhängig von Konjunktur und Jahreszeit. Sie ist immer vorhanden. Man unterscheidet zwei Formen der Sockelarbeitslosigkeit:

Friktionelle Arbeitslosigkeit
Die friktionelle Arbeitslosigkeit (Sucharbeitslosigkeit) entsteht durch Stellenwechsel. Die friktionelle Arbeitslosigkeit ist immer nur von kurzer Dauer und von geringem Ausmass.
Beispiele: Stellensuche des Arbeitnehmers, Konkurse, Verzögerungen bei der Stellenbesetzung

Strukturelle Arbeitslosigkeit
Die strukturelle Arbeitslosigkeit kann dadurch entstehen, dass einzelne Branchen an wirtschaftlicher Bedeutung verlieren oder dass diese vermehrt automatisieren und rationalisieren. Den dadurch freigestellten Arbeitnehmern ist es aber nicht möglich, genügend rasch neue Arbeit zu finden.

Man spricht von struktureller Arbeitslosigkeit:
– wenn es den Arbeitnehmern oder den Unternehmen nicht möglich ist, örtliche Distanzen zu überwinden oder wenn sie dazu zu wenig flexibel sind;
– wenn die Arbeitnehmer nicht fähig oder nicht bereit sind, sich umzuschulen oder sich weiterbilden zu lassen, um in anderen Branchen arbeiten zu können.

Konjunkturelle Arbeitslosigkeit

In Zeiten der Rezession (siehe S. 169 ff., Der Konjunkturzyklus) nimmt aufgrund des Konsumrückgangs und des Rückgangs von Investitionen die Beschäftigung ab. Wenn konjunkturelle Arbeitslosigkeit herrscht, sind meistens alle Branchen (Wirtschaftszweige) davon betroffen.

Saisonale Arbeitslosigkeit

Der Wechsel der Jahreszeiten kann kurzfristig eine Veränderung in der Beschäftigungslage bringen (z.B. Bausektor im Winter).

Entwicklung der Arbeitslosigkeit in der Schweiz (Arbeitslosenbestand am 31.12.2011)

Quelle: BFS

Formen der Arbeitslosigkeit

Die Arbeitslosigkeit ist in den letzten Jahren zu einem grossen wirtschaftlichen Problem geworden. Dabei unterscheidet man:

Teilzeitarbeitslose
Teilzeitarbeitslose sind Personen, die eine Kurzarbeitsstelle (z.B. eine 50%-Stelle) haben, aber eigentlich zu 100% arbeiten möchten.

Langzeitarbeitslose
Langzeitarbeitslose sind Personen, die länger als ein Jahr keine Arbeitsstelle gefunden haben.

Ausgesteuerte
Ausgesteuerte sind Personen, die nach Ablauf der ihnen zustehenden Arbeitslosengelder noch keine Arbeit gefunden haben. Sie erhalten keine Arbeitslosengelder mehr und müssen von staatlichen Fürsorgegeldern leben.

Staatliche Bekämpfung der Arbeitslosigkeit

Der Staat kann die Arbeitslosigkeit auf verschiedene Arten bekämpfen:

Vergabe von öffentlichen Aufträgen mittels «Finanzspritzen»
Dies setzt voraus, dass die Staatsdefizite nicht allzu gross sind. Der Staat müsste also in guten Zeiten mit einer zurückhaltenden Ausgabenpolitik die notwendigen Reserven gebildet haben (siehe S. 175, antizyklisches Verhalten, und S. 144 f., Problem der Staatsverschuldung).

Exportsubventionen/Importzölle auf ausländische Sachgüter
Mithilfe von Exportsubventionen werden Exporte verbilligt und damit gefördert, während mit Importzöllen auf ausländischen Sachgütern diese verteuert werden und somit die inländische Wirtschaft geschützt wird.
Beide Massnahmen kommen für die Schweiz nur noch in beschränktem Masse in Frage, weil sie einerseits Mitglied bei der WTO ist (siehe S. 188 f., Abbau der Handelsschikanen) und weil sie andererseits mit ihrem wichtigsten Handelspartner, der EU, bilaterale Verträge abgeschlossen hat.

Senkung des Rentenalters
Somit würden vermehrt Arbeitsstellen für Menschen frei im arbeitsfähigen Alter. Die Lohnprozente würden aber nicht mehr ausreichen, um den Finanzbedarf für die AHV zu decken. Entweder müssten die Renten gekürzt oder die Lohnabzüge erhöht werden.

Unterstützung von Aus- oder Weiterbildungsprogrammen für Arbeitslose
Häufig finanziert der Staat auch Umschulungsprogramme mit.

Arbeitslosigkeit und Standortattraktivität

Die Standortattraktivität eines Landes ist entscheidend bei der Bekämpfung der Arbeitslosigkeit. Jeder Staat muss unter der Berücksichtigung anderer Ziele (Arbeitslosenversicherung, Umweltschutz usw.) die Bedingungen sowohl für inländische als auch für ausländische Unternehmen optimal gestalten.

Daher muss der Staat gute Ausbildungsplätze für die zukünftigen Arbeitnehmer bereitstellen. Er muss bestrebt sein, dass seine Behörden effizient und korrekt arbeiten. Zudem muss er die Forschung finanziell unterstützen und die gesetzlichen Rahmenbedingungen für unternehmensspezifische Forschung schaffen.

Der Produktionsfaktor Kapital

Kapital: *Alle Mittel (z.B. Maschinen, das Wissen der Arbeitenden, Geld), die eingesetzt werden, um Sachgüter herzustellen und Dienstleistungen zu erbringen.*

Mithilfe von Geld kann man sich leisten:

Sachkapital

Sachkapital: *Umfasst alle Sachgüter und Dienstleistungen, die eine Produktion ermöglichen (Investitionsgüter = Produktionsgüter = Produktivgüter).*
Sachkapital wird auch Produktivkapital oder Realkapital genannt.

Beispiele anhand einer Bäckerei
Backstube, Backmaschinen, Laden und Ladeneinrichtungen, Grundprodukte (Mehl, Zucker, Kakao usw.), Arbeitskleider, Putzgeräte usw.

Fähigkeitskapital

Fähigkeitskapital (auch Humankapital genannt): *Umfasst all das Wissen (wie man etwas macht oder machen könnte) und das Können (das erfolgreiche Ausführen dessen, was man weiss).*
Fähigkeitskapital ist das Know-how.

Beispiele anhand einer Bäckerei
Einstellen von Arbeitskräften mit dem notwendigen Wissen und Können, Gewährung von Aus- und Weiterbildung.

Geld muss zuerst gespart werden, damit es später in Sachkapital und Fähigkeitskapital investiert werden kann.

Sparen

Sparen: *Heisst, vorübergehend auf einen Teil des Konsums (den Gebrauch des Geldes) zu verzichten.*

Für diesen Verzicht erhält man Zins.

Zins: *Preis für das Zur-Verfügung-Stellen von Kapital. Die Höhe des Zinses (Zinsfuss) wird durch Angebot und Nachfrage bestimmt.*

Zins ist volkswirtschaftlich nichts anderes als die Entschädigung (Belohnung) dafür, dass man vorübergehend auf einen Teil des Konsums verzichtet.

Zusätzlich stellt der Zins das Einkommen für den Produktionsfaktor Kapital dar.

Freiwilliges Sparen

Man unterscheidet:
– *Sparen der privaten Haushalte:*
  Banksparen, Versicherungssparen, Wertpapiersparen, Sachwertsparen

– *Sparen der Unternehmen:*
  Gewinne werden im Unternehmen zurückbehalten, um Investitionsgüter zu kaufen (sogenannte «Selbstfinanzierung»).

Zwangssparen

Mittels Gesetz (vom Staat verordnet) oder Vertrag (zwischen privaten Haushalten) werden die Einkommensbezüger gezwungen, ihren Konsum einzuschränken.
a) Zahlen von Steuern und von AHV-Beiträgen
b) Zahlen von Krankenkassen- und Nichtberufsunfallversicherungsprämien
c) Zahlen von Pensionskassenbeiträgen (BVG: Berufliches Vorsorgegesetz)
d) Kreditsparen (z.B. Raten für Konsumkredite) usw.

V 1.9 Der Produktionsfaktor Kapital

■ Investieren

Investieren: *Mit erspartem Geld werden Produktionsmittel gekauft.*

Man unterscheidet:

Ersatz- und Neuinvestitionen

Ersatzinvestitionen *(auch «Re-Investitionen» genannt)*	Neuinvestitionen *(auch «Nettoinvestitionen» genannt)*
Sie ersetzen nur abgeschriebene Anlagen. Es erfolgt kein Wirtschaftswachstum, da die bisherigen Produktionsmöglichkeiten lediglich erhalten bleiben.	Die bisherigen Produktionsmöglichkeiten werden erweitert durch den Kauf zusätzlicher Produktionsmittel. Es erfolgt ein Wirtschaftswachstum und zum Teil auch ein Strukturwandel.

■ Sparen = Investieren (siehe S. 109)

Diese Gleichung will sagen, dass das Sparen und das Investieren untrennbar miteinander verbunden sind.

Wenn nicht gespart wird, können auch keine Investitionen getätigt werden.

und

Wenn keine Investitionen getätigt werden, macht das Sparen keinen Sinn. (Die Banken könnten den Sparern keinen Zins zahlen, weil sie das Geld nicht gegen Zins ausleihen könnten.)

und

Ohne Investitionen gibt es kein Wachstum, und ohne Wachstum wird der Wohlstand nicht grösser.
(«Wohlstand» heisst: Über möglichst viele und hochwertige Güter verfügen können, siehe S. 132, Wohlstand – Wohlfahrt.)

NICE TO KNOW

Sparen kleiner als Investieren	Sparen grösser als Investieren
Wenn weniger gespart als investiert wird, können nicht alle Investitionen getätigt werden. Die Zinsen werden tendenziell steigen, bis der Kapitalmarkt wieder im Gleichgewicht ist.	*Wenn mehr gespart als investiert wird, können nicht alle Ersparnisse für Investitionen gebraucht werden. Die Zinsen werden tendenziell fallen, bis der Kapitalmarkt wieder im Gleichgewicht ist.*

Die 3 Wirtschaftssektoren (Erwerbsstruktur)

Wirtschaftssektoren: *Aufteilung der Erwerbstätigen einer Volkswirtschaft auf 3 Produktionsbereiche.*

Die in einer Volkswirtschaft Erwerbstätigen lassen sich in der Theorie drei Sektoren (Produktionsbereichen) zuordnen:

3 Sektoren

1. Sektor

(Primärer Sektor; Urproduktion)

In diesem Sektor geht es um die Beschaffung der Güter. Dazu gehören alle Unternehmen, die Sachgüter direkt aus der Natur gewinnen.

Zum 1. Sektor zählen: Landwirtschaft, Forstwirtschaft, Jagd und Fischerei sowie die Gewinnung von Bodenschätzen.

Dieser Sektor braucht den Einsatz von viel körperlicher Arbeit.

Der 1. Sektor ist arbeitsintensiv.

2. Sektor

(Sekundärer Sektor; Güterveredelung, Güterverarbeitung)

Die im primären Sektor beschafften Güter müssen verarbeitet werden.

Zum 2. Sektor zählen: Industrie, Gewerbebetriebe und Handwerker.

Dieser Sektor benötigt viele Rohstoffe und Maschinen.

Der 2. Sektor ist material- und kapitalintensiv.

3. Sektor

(Tertiärer Sektor, Dienstleistungen und Verwaltungen)

Güter werden verteilt und verbraucht. Alle Berufe, die nicht eindeutig den ersten beiden Sektoren zugeordnet werden können, werden dem tertiären Sektor zugerechnet.

Dazu gehören u.a.: Banken, Versicherungen, Gastgewerbe, Handel, Verwaltungen (des Bundes, der Kantone, der Gemeinden), öffentlicher Verkehr, freie Berufe wie Anwälte, Ärzte, Journalisten.

Dieser Sektor braucht viele Menschen.

Der 3. Sektor ist personalintensiv.

Verteilung der Erwerbstätigen in der Schweiz: 1800 bis 2011

1. Juli 2011
4,708 Mio Erwerbstätige:
- 1. Sektor: 3,6%
- 2. Sektor: 22,4%
- 3. Sektor: 74,0%

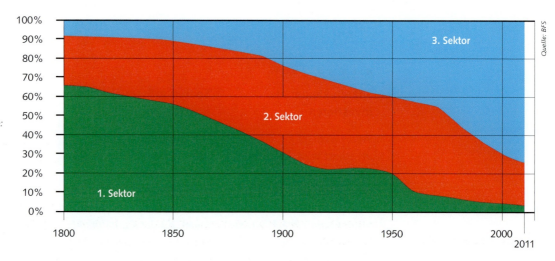

Quelle: BFS

V 1.10 Die drei Wirtschaftssektoren

Gesetzmässigkeiten

Die Aufteilung der Erwerbstätigen auf die 3 Sektoren lässt Rückschlüsse auf die wirtschaftliche Struktur eines Landes zu:

Agrarwirtschaft

Ist nämlich der weitaus grösste Teil der Erwerbstätigen einer Volkswirtschaft im 1. Sektor beschäftigt und nur wenige im 2. und noch weniger im 3. Sektor, dann handelt es sich um ein Entwicklungsland. Die Bevölkerung ist fast ausschliesslich damit beschäftigt, mit zum Teil einfachsten Hilfsmitteln den eigenen Nahrungsmittelbedarf zu decken. Man spricht von einer Agrarwirtschaft.

Industriewirtschaft

Die zunehmende Mechanisierung in der Landwirtschaft und die Fortschritte bei der Düngung, der Schädlingsbekämpfung usw. erhöhen die Arbeitsproduktivität im 1. Sektor und setzen Arbeitskräfte des 1. Sektors zugunsten des 2. und des 3. Sektors frei. Je mehr Erwerbstätige im 2. und im 3. Sektor tätig sind, desto industrialisierter ist ein Staat. Man spricht auch von einer Industriewirtschaft.

Dienstleistungswirtschaft

Der Einsatz von viel und hoch entwickeltem Sachkapital (Maschinen, Computer, Industrieroboter) erhöht die Arbeitsproduktivität des 2. Sektors und stellt Erwerbstätige aus dem 2. Sektor frei. Da im 1. Sektor kaum weitere Erwerbstätige benötigt werden, steht ihnen nur noch der 3. Sektor, der Dienstleistungssektor, offen.

Sind mehr als 50% der Erwerbstätigen im 3. Sektor tätig, dann handelt es sich um ein hoch entwickeltes Land. Man spricht dann von einer Dienstleistungswirtschaft.

Strukturwandel

Dieser laufende Entwicklungsprozess, ausgelöst durch den technischen Fortschritt, wird Strukturwandel genannt (siehe auch S. 98 f.).

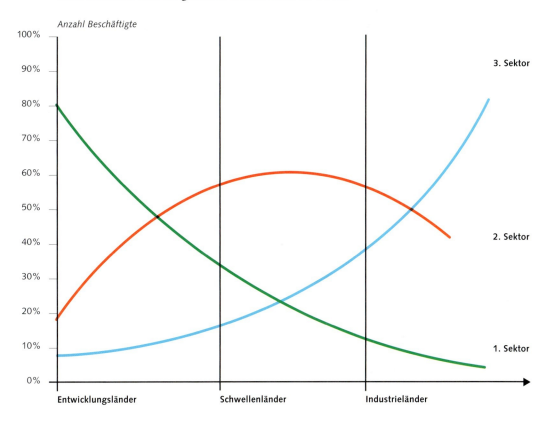

Hält man für die einzelnen Länder die Anzahl der Erwerbstätigen in den 3 Sektoren fest, so kann man beobachten, dass sich die Verteilung gemäss der drei Kurven entwickelt.

www.verlag-fuchs.ch/vwl

Der Markt – Die Preisbildung

> **Markt:** *Jeder Ort, an dem Angebot und Nachfrage aufeinandertreffen.*

Beispiele von Märkten:
- Konsummarkt (Gemüseladen, Einkaufszentren usw.)
- Finanz- und Kapitalmarkt (Aktienbörse usw.)
- Arbeitsmarkt (Stellenvermittlungsbüros usw.)

In unserem Wirtschaftssystem übernimmt der Markt bei allen wirtschaftlichen Gütern die Funktion der Preisbildung.

> **Preis:** *Ist der in Geld ausgedrückte Tauschwert für ein Sachgut oder eine Dienstleistung.*

Damit der Markt seine Funktion erfüllen kann, muss Konkurrenz herrschen. Konkurrenz heisst: Viele Anbieter des gleichen Sachgutes und viele Nachfrager nach diesem Sachgut treffen sich auf dem Markt und stehen dort im Wettbewerb zueinander.

Preisbildung nach Angebot und Nachfrage

Die Preisbildung auf dem Markt erfolgt aufgrund des Zusammenspiels zwischen Angebot und Nachfrage.

> **Angebot:** *Ist diejenige Menge an Sachgütern und Dienstleistungen, die von den Unternehmen (Produzenten) auf dem Markt zum Verkauf bereitgestellt wird.*

> **Nachfrage:** *Ist der Wille der privaten Haushalte (Konsumenten), Sachgüter und Dienstleistungen zu erwerben, um die Bedürfnisse zu befriedigen.*

Der Preis übernimmt in der freien Marktwirtschaft eine Signalfunktion, indem er anzeigt, dass Sachgüter und Dienstleistungen knapper werden. Der Preis lenkt Angebot und Nachfrage.

Verlauf der Angebots- und der Nachfragekurve

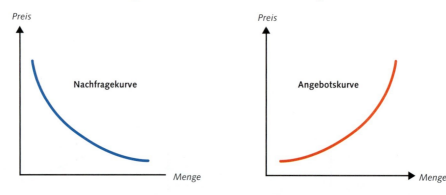

NICE TO KNOW

Der Preis kann nur das Angebot und die Nachfrage bei wirtschaftlichen Gütern lenken. Die freien Güter (z.B. schützende Atmosphäre) erzielen keinen Preis (siehe S. 104 und S. 129).

Der Gleichgewichtspreis

Die Nachfragekurve und die Angebotskurve können im gleichen Diagramm eingezeichnet werden. Der Schnittpunkt der Angebots- und der Nachfragekurve wird «Gleichgewichtspreis» oder «Marktpreis» genannt. Beim Gleichgewichtspreis wird der Markt geräumt, d.h. die angebotene Menge entspricht der nachgefragten Menge.

Die angebotene und die nachgefragte Menge

- Wenn der Preis steigt, vergrössern die Anbieter die Menge ihrer Ware auf dem Markt, da die Aussicht auf einen guten Verdienst sehr gross ist.

- Gleichzeitig sind immer weniger Nachfrager bereit, die Ware zu diesem Preis zu kaufen.

- Wenn der Preis einer Ware sinkt, sind immer mehr Nachfrager am Kauf dieser Ware interessiert.

- Gleichzeitig reduzieren die Anbieter ihre Menge, da der erzielte Gewinn kleiner wird.

Wenn die Preise steigen, wird die angebotene Menge grösser, die nachgefragte Menge aber sinkt.

Wenn die Preise sinken, wird die nachgefragte Menge grösser, die angebotene Menge aber sinkt.

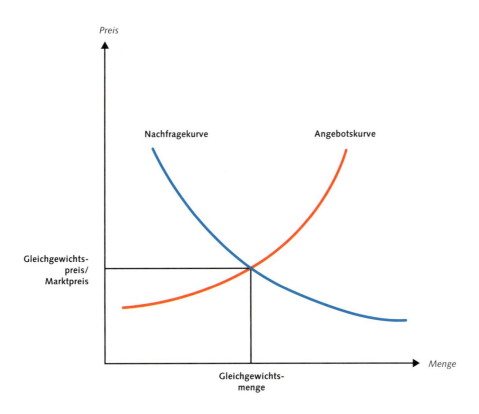

Die Preiselastizität der Nachfrage

Mit der Preiselastizität der Nachfrage wird untersucht, wie sich eine Preisänderung auf die Nachfrage auswirkt.

Die Preiselastizität der Nachfrage hängt einerseits davon ab,
– ob Ersatzprodukte existieren, und anderseits
– von den Preisen der Ersatzprodukte.

Elastische Nachfrage	Unelastische Nachfrage
Elastische Nachfrage: *Eine Nachfrage ist elastisch, wenn sich die nachgefragte Menge eines Sachgutes oder einer Dienstleistung **mehr** verändert als der Preis. Die Nachfragekurve ist flach.*	**Unelastische Nachfrage:** *Eine Nachfrage ist unelastisch, wenn sich die nachgefragte Menge eines Sachgutes oder einer Dienstleistung **weniger** verändert als der Preis. Die Nachfragekurve ist steil.*

Beispiel:
Der Preis für 200 Gramm Butter steigt um 30%. Die nachgefragte Menge sinkt um **mehr** als 30%. Viele Konsumenten kaufen weniger Butter oder weichen auf billigere Margarine aus.

Die Nachfrage nach Butter ist elastisch.

Beispiel:
Der Preis für einen Liter Benzin steigt um 30%. Die nachgefragte Menge sinkt um **weniger** als 30%. Viele Leute wollen oder können nicht auf das Fahrzeug verzichten. Es gibt kein direktes Ersatzprodukt.

Die Nachfrage nach Benzin ist unelastisch.

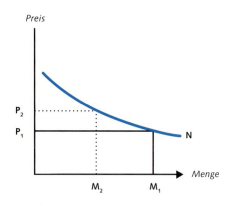 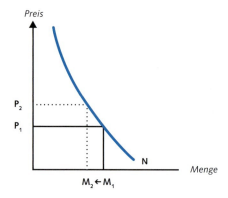

Der Preis erhöht sich von P_1 nach P_2. Die nachgefragte Menge verringert sich von M_1 nach M_2. Die nachgefragte Menge verändert sich mehr als die Preisveränderung.

Die Nachfrage ist elastisch.

Weitere Beispiele: Konzerte, Schmuck, Reisen (Kreuzfahrten), exotische Früchte, Süssigkeiten, Luxusartikel usw.

Der Preis erhöht sich von P_1 nach P_2. Die nachgefragte Menge verringert sich von M_1 nach M_2. Die nachgefragte Menge verändert sich weniger als die Preisveränderung.

Die Nachfrage ist unelastisch.

Weitere Beispiele: Grundnahrungsmittel (z.B. Brot, Salz, Milch), lebensnotwendige Medikamente, Strom, Wohnung, Zigaretten usw.

V 1.11 Der Markt – Die Preisbildung

■ Angebots- und Nachfrageüberhang

1. Der Angebotsüberhang (Angebotsüberschuss)

Beispiel:
In der Schweiz werden in Gesamtarbeitsverträgen Mindestlöhne zwischen Arbeitgeber- und Arbeitnehmerorganisationen vereinbart. Es ist aber möglich, dass Gesamtarbeitsverträge auf Ersuchen der Verbände vom Bundesrat als allgemeinverbindlich erklärt werden. In diesem Fall entsteht in dieser Branche ein staatlich festgesetzter Mindestlohn (Mindestpreis).

Der Mindestlohn ist höher als der Lohn, welcher entstehen würde, wenn der Mechanismus von Angebot und Nachfrage auf dem Markt spielt.

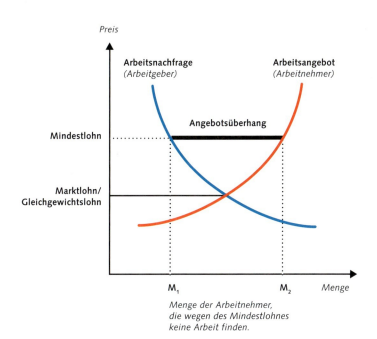

Die Arbeitgeber (= Nachfrager des Produktionsfaktors Arbeit) sind verpflichtet, die Mindestlöhne einzuhalten. Zu diesem Lohn fragen die Arbeitgeber daher nur die Menge M_1 (Arbeitskräfte) nach.
Die Arbeitnehmer (= Anbieter des Produktionsfaktors Arbeit) hingegen bieten zu diesem Lohn die Menge M_2 (Arbeitskräfte) an. Somit ist die angebotene Menge an Arbeitskräften grösser als die nachgefragte. Es entsteht ein Angebotsüberhang.

2. Der Nachfrageüberhang (Nachfrageüberschuss)

In einigen Ländern setzt der Staat Höchstpreise für die Grundnahrungsmittel fest. In der Türkei ist z.B. ein Höchstpreis für Brot festgelegt. Damit will der Staat eine möglichst gute Versorgung mit Grundnahrungsmitteln bzw. mit Brot erreichen.

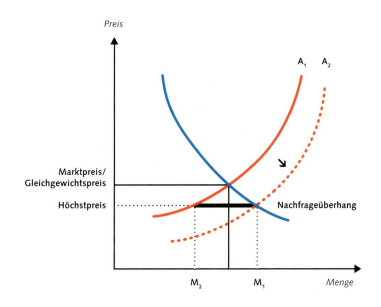

Bei diesem Höchstpreis für Brot ist die nachgefragte Menge (M_1) grösser als die angebotene Menge (M_2). Es entsteht ein Nachfrageüberhang (Nachfrageüberschuss).
Um diesen Nachfrageüberhang abzubauen, subventioniert der Staat die Brotherstellung. Dadurch verdient der Bäcker mehr und weitet sein Angebot aus. Die Angebotskurve verschiebt sich von A_1 nach A_2. Die nachgefragte Menge entspricht der angebotenen Menge. Es besteht kein Nachfrageüberhang mehr.

Wirtschaft und Umwelt

Seit Beginn der Industrialisierung hat die Umweltbelastung massiv zugenommen. Dies ist einerseits eine Folge des technischen Fortschritts, welcher zu einem hohen Wirtschaftswachstum geführt hat. Anderseits ist das Bevölkerungswachstum stark gestiegen.

Wir leben über unseren Verhältnissen – der Konsumrausch und seine Folgen

Würden alle Menschen so viele natürliche Ressourcen (Erdöl, Holz, Gas oder Pflanzen) verbrauchen und gleichzeitig so viele Schadstoffe in die Umwelt setzen wie:

| die Amerikaner, dann würde es 5 Erden brauchen. | wir Schweizer, dann würde es 2,5 Erden brauchen. | die Franzosen, dann würden 2 Erden benötigt. | die Inder, dann würde eine halbe Erde genügen. |

Es gibt grosse bevölkerungsreiche Staaten wie z.B. Indien oder China, die weit unterdurchschnittlich Naturkapital beanspruchen. Nur daher können Länder wie Amerika, Frankreich und die Schweiz über ihre Verhältnisse leben.
So gesehen leben wir also auf Kosten anderer.

Wir Schweizer können vermutlich weiterhin so leben wie bis anhin, weil sich diese Länder viel langsamer entwickeln werden und auch auf einem wesentlich tieferen Wohlstands- und Konsumniveau bleiben als wir. Die Frage stellt sich nur: Wie lange noch?

Wie lange lassen sich Länder mit natürlichen Ressourcen wie Indien, China oder Brasilien das noch gefallen? Bereits jetzt verbraucht die Menschheit laut Studie weltweit 40% mehr als die Natur wieder regenerieren kann. Wir zehren also an der Substanz. Folgen hat dieses Verhalten bis jetzt aber kaum. Dies könnte sich aber schnell ändern, dann nämlich, wenn die Ressourcen auch für die Verschwender spürbar knapp würden. Dann würden die Preise steigen und dies hätte wirtschaftliche Folgen für all jene Länder, die auf zu grossem Fuss leben.

Auf Kosten anderer zu leben, könnte uns also teuer zu stehen kommen. Oder umgekehrt gesagt: Ein sparsamer Umgang mit der Natur lohnt sich, nicht nur ökologisch, sondern auch ökonomisch.
Quelle: Wackernagel Mathis, Unser ökologischer Fussabdruck: wie der Mensch Einfluss auf die Umwelt nimmt, Birkhäuser, Basel 1997

→ www.verlag-fuchs.ch/vwl

V 1.12 Wirtschaft und Umwelt

Die Umweltgüter

Umweltgüter: *Sind Güter, die uns die Umwelt zur Verfügung stellt, wie Sonne, Atmosphäre, Berge, Seen, Flüsse, Tiere, Pflanzen usw.*

Wir haben die drei Produktionsfaktoren Boden, Arbeit und Kapital kennengelernt. Jeder dieser drei Produktionsfaktoren gehört jemandem, daher hat seine Nutzung einen Preis. Weil man für die Benützung des Bodens eine Grundrente, für die Arbeit einen Lohn und für das Kapital einen Zins zahlen muss, setzt man die Produktionsfaktoren sparsam ein.

Für die Produktion und den Konsum von Sachgütern und Dienstleistungen wird die Umwelt beansprucht. Weil viele Umweltgüter (saubere Luft, die schützende Atmosphäre, die Sonne usw.) aber unentgeltlich genutzt werden können, wird mit ihnen nicht sparsam umgegangen. Zudem entsteht die Illusion, dass sie im Überfluss vorhanden seien.

Nachhaltigkeit

Nachhaltigkeit: *Sie sieht eine Entwicklung vor, welche die Bedürfnisse der heutigen Generation befriedigt, allerdings so, dass künftige Generationen immer noch die Möglichkeit haben, ihre Bedürfnisse befriedigen zu können.*

Nachhaltigkeit ist vor allem in drei Bereichen wichtig:
- Umwelt (z.B. kein Raubbau der natürlichen Ressourcen)
- Wirtschaft (z.B. Verringerung der weltweiten Ungleichheit zwischen armen und reichen Ländern)
- soziale Gerechtigkeit (z.B. gerechte Verteilung von Einkommen und von Vermögen)

Externe Effekte

Externe Effekte: *Sind Auswirkungen einer wirtschaftlichen Tätigkeit, die nicht von den Verursachern getragen werden.*

Es gibt negative oder positive externe Effekte.
Beispiel eines negativen Effekts:
Durch den Lastwagentransport von Tomaten aus Spanien wird die Umwelt mit Schadstoffen belastet.
Beispiel eines positiven Effekts:
Die Abwärme einer Kehrichtverbrennungsanlage kann als Fernwärme genutzt werden.

Externe Kosten

Externe Kosten: *Externe Effekte werden in Geld umgerechnet.*

Die negativen externen Kosten (z.B. Verschlechterung der Luft) werden heute noch meistens von der Allgemeinheit getragen. So bezahlt der Staat mit den eingenommenen Steuern unter anderem Massnahmen zur Verbesserung der Luft.
Der Preis der Sachgüter und der Dienstleistungen beinhaltet demzufolge keine negativen externen Kosten. (Würde der Preis eines Pullovers z.B. die gesamten volkswirtschaftlichen Kosten einschliessen, müsste der Preis um einiges höher liegen.)

Das Verursacherprinzip

Verursacherprinzip: *Dasjenige Wirtschaftssubjekt trägt die negativen externen Kosten, das diese Kosten verursacht.*

Damit der Preis eines Produkts die gesamten volkswirtschaftlichen Kosten einschliesst, müssen die negativen externen Kosten mit einbezogen werden. Dabei soll der Verursacher die gesamten Kosten tragen (BV 74).

Um das Verursacherprinzip anwenden zu können, muss für die Umwelt ein Preis bestimmt werden. Die Kosten der Umweltbelastung müssen vom Verursacher getragen werden. Diese Kosten werden dann in den Preis des Sachgutes oder der Dienstleistung eingerechnet (sogenannte Internalisierung von externen Kosten). Der Preis des Sachgutes oder der Dienstleistung wird somit um die Umweltabgabe (z.B. CO_2-Abgabe) erhöht.

Mit Umweltabgaben (sogenannten Lenkungsmassnahmen) kann der Staat das Verhalten der Wirtschaftssubjekte lenken, ohne Sachgüter und Dienstleistungen zu verbieten und somit in die Entscheidungsfreiheit der Unternehmen bzw. der privaten Haushalte einzugreifen.

Der Einbezug der negativen externen Kosten

Durch den Einbezug der negativen externen Kosten, z.B. in Form einer Umweltabgabe oder einer Umweltsteuer, steigt der Preis des Sachgutes oder der Dienstleistung. Da die Sachgüter und Dienstleistungen, welche die Umwelt mehr belasten, auch stärker besteuert werden, werden die umweltverträglicheren Produkte im Verhältnis billiger.

Beispiel:
Wenn die Fluggesellschaft Swiss eine Umweltabgabe bezahlen muss, weil sie die Luft stark belastet, wird der Preis eines Fluges nach Berlin steigen. Weil die Eisenbahn die Umwelt viel weniger belastet, sinkt der Preis einer Fahrkarte nach Berlin im Verhältnis zum Flug.

Der Einbezug der negativen externen Kosten stösst auf politischen Widerstand. Die Unternehmen wehren sich gegen Umweltabgaben, weil dadurch die Produktionskosten erhöht werden und so die internationale Wettbewerbsfähigkeit abnimmt. Der Produktionsstandort Schweiz würde an Attraktivität verlieren.
Zudem ist es äusserst schwierig, alle negativen externen Kosten zu erfassen. Welches sind die Kosten für eine Autofahrt von Zürich nach Genf? Welche Leute leiden an Asthma wegen der Umweltverschmutzung und wie wird das Leiden dieser Menschen in Geldeinheiten umgerechnet?
Das Erfassen der negativen externen Kosten ist auch mit einem hohen administrativen Aufwand verbunden.

Weil die Erfassung der negativen externen Kosten sehr schwierig ist, können auch Ungerechtigkeiten entstehen.

Der Energieverbrauch kann einfacher erfasst werden. Daher steht heute eine Energiesteuer auch im Vordergrund der Diskussionen.

Die Energiesteuer

Energiesteuer: *Eine vom Staat auf den Verbrauch von Energie erhobene Steuer. Je mehr Energie verbraucht wird, desto mehr Steuern müssen bezahlt werden.*

Die Unternehmen überwälzen einen Teil dieser Kosten auf die Sachgüter und Dienstleistungen. Daher steigt deren Preis.

Zweck der Energiesteuer

Mit dem Verbrauch der Energie soll sparsamer umgegangen werden, oder man soll auf Sachgüter und Dienstleistungen ausweichen, die weniger Energie benötigen.

Beispiel:
Ein Unternehmen stellt für Getränkedosen Aluminium her, was viel Energie benötigt. Wenn nun die Energie vom Staat besteuert wird, verteuern sich die Produktionskosten für die Herstellung von Aluminium. Der Marktpreis für die Getränkedose steigt. Dadurch nimmt die Nachfrage nach Aluminium ab. Folglich wird auch die Umweltbelastung reduziert.

Die Unternehmen werden nun versuchen, den Energiebedarf zu reduzieren oder gar auf eine umweltfreundlichere Verpackung umzusteigen, damit sie weniger Abgaben bezahlen müssen.

Um die Energiesteuer bzw. die Umweltabgaben zu reduzieren, werden die Unternehmen auch vermehrt Forschung betreiben. Dabei interessiert es sie, wie sich die Umweltabgaben langfristig entwickeln, um ihre Forschung und ihre langfristigen Pläne danach ausrichten zu können. Diese Vorgaben müssen der Staat und die Politik leisten.

Häufig wird der Produktionsstandort eines Unternehmens ins Ausland verlegt, um so der Energiesteuer auszuweichen.

NICE TO KNOW

Das Erfordernis zur Einhaltung strengerer Umweltbestimmungen muss nicht zwingend ein Wettbewerbsnachteil bedeuten. Es können längerfristig sogar Wettbewerbsvorteile erlangt werden, indem man eine Vorreiterrolle spielt. Das Unternehmen hat die Möglichkeit, sich im Weltmarkt gegenüber Konkurrenten zu unterscheiden.

Wohlstand – Wohlfahrt

> **Wohlstand:** *Über möglichst viele und hochwertige Güter verfügen können.*

Über viele materielle Sachgüter zu verfügen, macht bekanntlich allein noch nicht glücklich. Zum Wohlbefinden des Menschen gehören auch immaterielle Güter.

> **Wohlfahrt:** *Heisst Lebensqualität und ist der Oberbegriff für alle Massnahmen, die zum Wohlbefinden des Menschen beitragen.*

Zu einer guten Lebensqualität (Wohlfahrt) gehören unter anderem:
- Wohlstand
- Gesundheit
- intakte Umwelt
- soziale Sicherheit
- Freiheit
- Gerechtigkeit

Unser Staat hat das Ziel, die gemeinsame Wohlfahrt zu fördern (BV 2).
Das würde demnach heissen: Der Staat ist besorgt, dass das Schweizervolk über mehr und mehr Wohlstand verfügt, in einer immer gesünderen Umwelt lebt, laufend mehr Sicherheit und mehr Freiheit geniesst und das Gefühl vorherrscht, die Gerechtigkeit im Staat nehme zu usw.

Diese Faktoren stehen aber untereinander teilweise in Zielkonflikten, was die Wohlfahrt wiederum vermindern kann.

Zielkonflikte

- Mehr Wohlstand heisst, immer mehr Sachgüter zu produzieren und zum Kauf anzubieten, was im Konflikt mit der Umwelt steht.

- Eine intaktere Umwelt heisst unter Umständen, dass weniger konsumiert werden dürfte und für Sachgüter und Dienstleistungen, welche die Natur belasten, wesentlich mehr bezahlt werden müsste. Dies wiederum bedeutet, dass der Wohlstand zurückgeht.

- Mehr Wohlstand kann aber auch im Konflikt stehen mit einer besseren Gesundheit. (Zum Beispiel essen wir dank des Wohlstands zu viel, was zu verschiedenen Krankheiten führen kann.)

- Wer mehr Sicherheit will, der kann nicht gleichzeitig mehr Freiheit beanspruchen. Wer z.B. will, dass ihm der Staat einen Arbeitsplatz garantiert, müsste dann auch bereit sein, dass ihm der Staat die Arbeitsstelle und den Arbeitsort zuweist und dass er nicht mehr frei auswählen könnte.

- Mehr Freiheit geht auf Kosten von mehr sozialer Sicherheit. Wer z.B. möglichst wenig Sozialabgaben dem Staat bezahlen will, um über möglichst viele Lohnanteile frei verfügen zu können, dessen Sicherheit wäre im Alter, bei Invalidität usw. weniger gross.

Eine Förderung der Lebensqualität kann daher nur heissen, dass die einzelnen Massnahmen gegeneinander abgewogen werden müssen.

Die Stimmberechtigten sind es, die letztlich darüber entscheiden, was die Lebensqualität in der Volkswirtschaft fördert, sei es durch die Wahl von entsprechenden Abgeordneten, sei es bei der Entscheidung von Sachfragen.

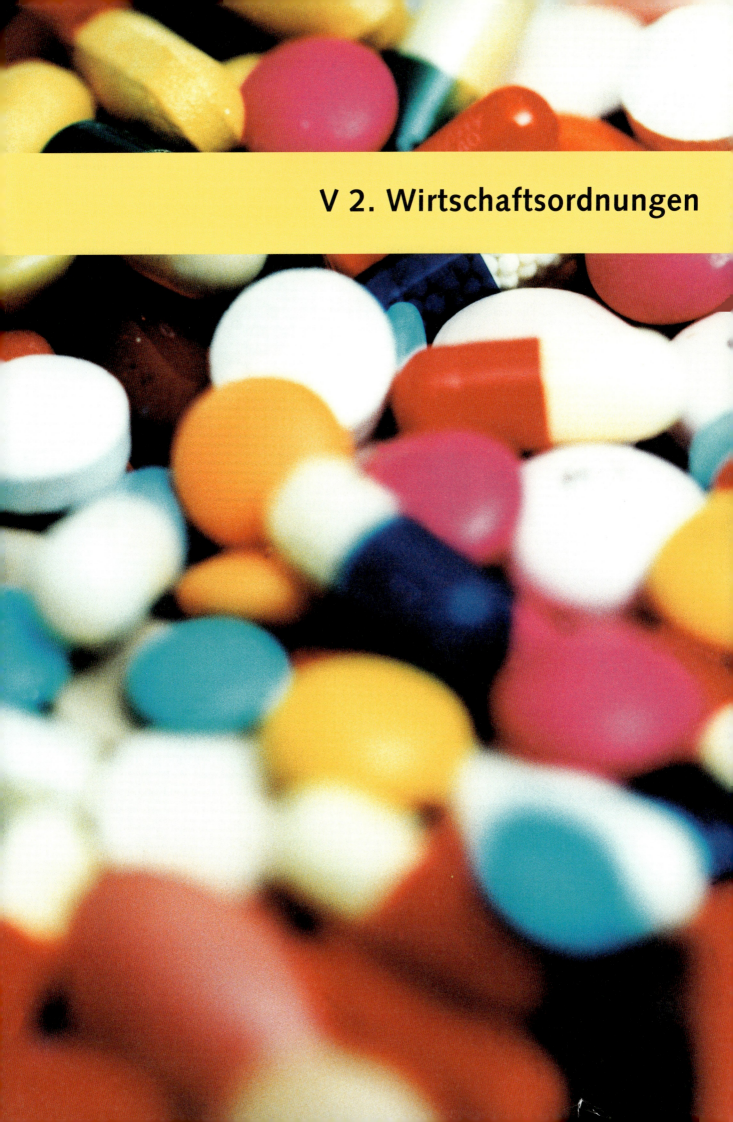

V 2. Wirtschaftsordnungen

Wirtschaftsordnungen

> **Wirtschaftsordnung:** *Umfasst die Regeln, nach denen die Wirtschaft in einem Land funktionieren soll. Die Wirtschaftsordnung wird im jeweilgen politischen System festgelegt. Die Volkswirtschaft und die Politik stehen in enger Verbindung zueinander.*

In der Demokratie (siehe «Der Staat», Demokratie) werden diese Regeln von der Gesellschaft und in der Diktatur (siehe «Der Staat», Diktatur) entweder von einer einzelnen Person oder einer kleinen Personengruppe aufgestellt.

Die freie Marktwirtschaft ist eine mögliche Wirtschaftsordnung. Weiter gibt es die zentrale Planwirtschaft als Gegenpol zur freien Marktwirtschaft sowie viele Zwischenformen, vor allem die soziale Marktwirtschaft.

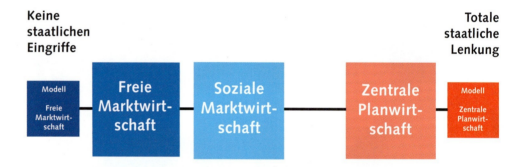

In den beiden absoluten Modellformen funktioniert keine Volkswirtschaft auf der Erde. Wer in einem Staat über die Staatsgewalt verfügt, bestimmt, ob die Wirtschaft eher nach marktwirtschaftlichen oder mehr nach planwirtschaftlichen Grundsätzen funktioniert. In der Demokratie spielen dabei die regierenden Parteien die entscheidende Rolle (siehe «Der Staat», Konkordanz- und Konkurrenzdemokratie).

Bei der sozialen Marktwirtschaft kommt dem Staat die Aufgabe zu, sozial unerwünschte Auswirkungen der freien Marktwirtschaft zu korrigieren. Insbesondere soll er die Rahmenbedingungen für einen funktionsfähigen Wettbewerb schaffen, die Marktmacht der grossen Unternehmen vermindern sowie die Einkommens- und Vermögensverteilung koordinieren. Die soziale Marktwirtschaft steht der freien Marktwirtschaft näher als der zentralen Planwirtschaft. Je nach Nation greift der Staat mehr oder weniger ins Marktgeschehen ein (siehe S. 138, Marktversagen).

Die klassischen westlichen Industrieländer (z. B. USA, Grossbritannien, Deutschland, Frankreich, Italien, die Schweiz usw.) bewegen sich alle zwischen freier Marktwirtschaft und sozialer Marktwirtschaft.

Kuba und Nordkorea sind jene Länder, die ihre Wirtschaft planwirtschaftlich organisieren.

Zwei Wirtschaftsmodelle

■ Die freie Marktwirtschaft

> **Freie Marktwirtschaft:** *Wirtschaftsordnung, bei der die Produktionsfaktoren (Boden, Arbeit, Kapital) in den Händen Privater sind und sich die Preise auf den Märkten aufgrund von Angebot und Nachfrage bilden.*

Im Zentrum der freien Marktwirtschaft steht die Einzelperson, das Individuum. Ziel ist es, die Wünsche der Einzelperson optimal zu befriedigen.

Da die Interessen sehr vielfältig und oft gegensätzlich sind, stellen private Haushalte und Unternehmen ihre eigenen Wirtschaftspläne auf. Sie treffen sich auf den Märkten, wo der Austausch der Sachgüter und der Dienstleistungen gegen Geld stattfindet. Dort wird auch der Preis festgelegt. Der Staat greift nicht in dieses Geschehen ein. Er garantiert lediglich die Freiheitsrechte, da sie die Voraussetzung für das Funktionieren der freien Marktwirtschaft bilden.

Einer der bekanntesten und prägendsten Vertreter dieses Gedankenguts war Adam Smith (siehe S. 176).

■ Die zentrale Planwirtschaft

> **Zentrale Planwirtschaft:** *Wirtschaftsordnung, bei der ein zentraler Plan die Produktion und die Verteilung der Sachgüter sowie die Bereitstellung von Dienstleistungen lenkt, daher auch zentral gelenkte Planwirtschaft genannt.*

Im Zentrum der wirtschaftlichen Tätigkeit steht das Wohl der Gesellschaft, welche den Staat bildet. Ziel ist es, dass möglichst alle Menschen dieser Gesellschaft gleichwertig sind, dass es keine Klassenunterschiede mehr gibt. Grundsätzlich gehören alle Produktionsmittel dem Kollektiv. Daher gibt es kein Privateigentum an Produktionsmitteln. Diese Ideen basieren auf den Theorien von Karl Marx und Friedrich Engels.

Das Kernstück der Wirtschaft bilden die Produktions- und die Verteilungspläne, die von den Unternehmen erfüllt werden müssen. Planungsbehörden bestimmen über Art, Grösse, Qualität und Preis der hergestellten Sachgüter.

Die Erarbeitung solcher Pläne ist äusserst kompliziert und komplex. Sie können daher nicht jedes Jahr neu erstellt werden und sind auf einen Zeitraum von z.B. 5 Jahren ausgerichtet.

Die beiden Wirtschaftsmodelle im Vergleich

	Freie Marktwirtschaft	Zentrale Planwirtschaft
Bedürfnisfrage	Die Bedürfnisse des Einzelnen (des Individuums) stehen im Mittelpunkt (siehe S. 102).	Die Bedürfnisse der Gesellschaft als Gemeinschaft (des Kollektivs) stehen im Mittelpunkt (siehe S. 103).
Produktionsmittel (Boden, Arbeit, Kapital)	Sie sind in privaten Händen. Man spricht in diesem Fall auch von Kapitalismus.	Sie gehören allen zusammen, der ganzen Gesellschaft (dem Kollektiv). Man spricht in diesem Fall auch von Sozialismus.
Steuerungsinstrument	Eine Vielzahl von Märkten steuert das Verhalten von Unternehmen und privaten Haushalten. Es herrscht ein freier Wettbewerb.	Ein zentral erarbeiteter Plan, in dem für alle wirtschaftlichen Tätigkeiten Anweisungen gegeben werden, steuert die Wirtschaft. (Was wird wann, wo, wie und zu welchem Preis produziert?)
Preisbildung	Der Preis bildet sich auf dem Markt aufgrund von Angebot und Nachfrage.	Der Preis wird zentral festgelegt.
Antrieb zu wirtschaftlicher Tätigkeit	Jedermann kann Gewinn erzielen.	Die aufgestellten Pläne müssen erfüllt werden. Dazu wird Zwang ausgeübt.
Eigentum	Jeder Private kann grundsätzlich alles zu Eigentum erwerben.	Grundsätzlich gehört alles dem Kollektiv, der gesamten Gesellschaft. Daher gibt es kein Privateigentum.
Aufgaben des Staates	Er muss ausschliesslich die Freiheitsrechte garantieren (Wirtschaftsfreiheit, Niederlassungsfreiheit, freie Wahl von Arbeitsplatz und Beruf, Wettbewerbsfreiheit usw.). Sonst soll er keine weiteren Aufgaben wahrnehmen.	Er entscheidet allein, was, wann, wo, wie und zu welchem Preis produziert wird. Daher kann es wenig Freiheitsrechte geben.
Politisches System	Die freie Marktwirtschaft und somit der Kapitalismus setzt Demokratie voraus.	Planwirtschaftliche Ziele können nur mittels Diktatur durchgesetzt werden.

Die soziale Marktwirtschaft

> **Soziale Marktwirtschaft:** *In dieser Wirtschaftsordnung werden die Ideen der freien Marktwirtschaft weitgehend übernommen. Zum Schutz der Schwachen (daher «soziale» Marktwirtschaft) spielt der Staat aber eine lenkende Rolle und greift ins Marktgeschehen ein.*

Die soziale Marktwirtschaft bildet einen «Kompromiss» zwischen freier Marktwirtschaft und zentraler Planwirtschaft. Während im System der freien Marktwirtschaft der Staat praktisch keine Rolle zu spielen hat, ist er bei der zentralen Planwirtschaft allgegenwärtig, die dominierende Kraft. Bei der sozialen Marktwirtschaft tritt der Staat hingegen erst dann auf, wenn das Spiel der freien Kräfte zu Fehlentwicklungen führt oder die Schwächeren Nachteile zu erleiden haben.

Die konkrete Form der sozialen Marktwirtschaft ist das Resultat der politischen Entscheidung des jeweiligen Landes. In der Demokratie spielen dabei politische Parteien und Verbände eine zentrale Rolle (siehe «Der Staat»).

In der Schweiz stützt sich der Staat auf die BV-Artikel 94 ff., welche es ihm erlauben einzugreifen.

Beseitigung von Fehlentwicklungen

Würde der Staat nicht eingreifen, würden Fehlentwicklungen entstehen, die den Menschen schaden (*Beispiel:* Gesetzgebung im Umweltschutz).

Garantie des freien Wettbewerbs

Der Staat trifft z.B. Massnahmen gegen Missbräuche im Kartellwesen. (Kartelle sind vertragliche Vereinbarungen von Unternehmen, die mittels Absprachen den Markt zu beherrschen versuchen; vornehmlich betrifft dies Preis- oder Gebietsabsprachen.)
Mit der Wettbewerbskommission (WEKO) und dem Preisüberwacher hat der Bund zwei Institutionen geschaffen, die gegen zu hohe Preise und zu wenig Wettbewerb kämpfen (siehe S. 154).

Förderung einzelner Wirtschaftszweige

Der Staat will einzelne Wirtschaftszweige schützen und fördern (z.B. die Landwirtschaft: Um den Bauern ein möglichst faires Einkommen zu garantieren, erfolgen Direktzahlungen, Zahlung von Subventionen usw.).

Erreichen von mehr sozialer Gerechtigkeit

Der Staat sorgt für:
a) eine gewisse Umverteilung der Einkommen und der Vermögen mittels progressiver Besteuerung oder indem er Subventionen zahlt (siehe S. 114, Einkommensverteilung);
b) eine genügende Einkommenssicherung der Erwerbstätigen beim Erreichen der Pensionierung (AHV), bei Invalidität, bei Arbeitslosigkeit, bei Unfall usw.;
c) eine kostenlose Grundschulbildung. Zusätzlich finanziert der Staat höhere Schulen weitgehend mit (siehe S. 147).

Eigenaktivitäten des Staates im Interesse des Gemeinwohls

Da gewisse Aufgaben vom Einzelnen (Privaten) gar nicht mehr ausgeführt werden können, wird der Staat im Interesse des Gemeinwohls aktiv (Beispiele: Bau von Autobahnen, Bau von Kehrichtverbrennungsanlagen, Bau von Spitälern). Die öffentliche Hand (Bund, Kantone und Gemeinden) ist der grösste Auftraggeber in der Volkswirtschaft.

Bestimmung des wirtschaftlichen Kurses durch Regierung und Parlament

Die Rolle, welche der Staat u.a. im Wirtschaftsgeschehen spielen soll, legt in der Demokratie das Volk fest, wenn es das Parlament und somit die Regierung wählt. Eine sozialdemokratische Regierung wird mehr staatliche Eingriffe tätigen als eine liberale (siehe «Der Staat», Die Parteien).

Marktversagen

> **Marktversagen:** *Liegt immer dann vor, wenn es dem Markt nicht gelingt, den Preis über den Mechanismus von Angebot und Nachfrage zu bilden.*

Der Markt hat die Aufgabe, den Tauschprozess abzustimmen, indem er über den Ablauf der Preisbildung (siehe S. 124 ff.) ein Gleichgewicht schafft. Ein Marktversagen liegt also dann vor, wenn der Handel am Markt teilweise oder sogar ganz zum Erliegen kommt, obwohl eine Nachfrage für ein Gut besteht, das in diesem Markt gehandelt wird.

Beispiel:
Angebot von öffentlichem Verkehr in Randregionen.

Öffentliche Güter

> **Öffentliche Güter:** *sind Sachgüter und Dienstleistungen, die vom Staat bereitgestellt werden, weil diese oft gar nicht oder nur unzureichend angeboten würden.*

Beispiele:
Strassenbeleuchtung, Landesverteidigung, saubere Umwelt

Der Staat greift in solchen Fällen ins Marktgeschehen ein.

Staatsaufgaben beim Marktversagen

Damit in einer Marktwirtschaft die Mängel des Marktes nicht überhandnehmen, greift der Staat ins Marktgeschehen ein. Es gibt dabei keine objektiv richtigen Lösungen. Vielmehr muss die Art und das Ausmass der Eingriffe des Staates in politischen Entscheidungsprozessen ausgehandelt werden (siehe «Der Staat»).

Gefahren bei Staatseingriffen

Bei diesen Eingriffen des Staates in den freien Markt sind jedoch folgende Gefahren zu beachten:

Übertriebener Aufwand
Es werden zu viele Steuergelder für die Problemlösung verwendet.

Zu grosse Bürokratie
Die Einhaltung der Vorschriften muss überwacht werden, was höhere Aufwendungen des Staates bedingt (Geld, Personal usw.).

Vernetzte Probleme
Auch die Entscheidungsträger im Staat sind nicht allwissend und unfehlbar; staatliche Massnahmen können ungeahnte negative Nebenwirkungen erzeugen.

Macht und Sonderinteressen
Die politischen Entscheidungsträger (Regierungsmitglieder, Parlamentarier usw.) sind oft auch Interessenvertreter und entscheiden nicht unabhängig zum Wohle der Allgemeinheit (siehe «Der Staat»).

Mögliche staatliche Massnahmen beim Marktversagen

Marktversagen	Staatliche Massnahmen
Externe Kosten Bei der Produktion und beim Konsum von Sachgütern und Dienstleistungen entstehen Schäden, die auf unbeteiligte Dritte abgeschoben werden (z.B. Lärm, Abgase).	**Vermeidung von externen Kosten** Der Staat reglementiert mittels Gesetzen und Vorschriften die Handhabung der externen Kosten. Die Verursacher werden finanziell belangt (z.B. Schwerverkehrsabgabe, CO_2-Abgabe).
Externer Nutzen Es gibt Güter, die von allen erwünscht, aber nicht mit Gewinn verkauft werden können. Der Markt produziert solche Güter nicht (z.B. Grundschule).	**Öffentliche Güter** Der Staat produziert und finanziert öffentliche Güter (z.B. Forschung, Erholungsräume, Bildungseinrichtungen und Sicherheitssysteme).
Fehlender Wettbewerb Es besteht die Gefahr, dass sich Anbieter zusammenschliessen und so den Wettbewerb verhindern (z.B. versteckte Preisabsprachen, Kartelle).	**Wettbewerbspolitik** Der Staat gibt dem Marktsystem einen sicheren rechtlichen Rahmen und kontrolliert Monopole und Kartelle (z.B. Preisüberwachung, Wettbewerbskommission).
Informationsprobleme Oft ist es den Bürgern nicht möglich, eine Marktübersicht zu erlangen (z.B. im Versicherungswesen).	**Informationsvorschriften** Der Staat sichert mit Vorschriften eine transparente Werbung, erlässt Vorschriften zur Rechnungslegung, führt Warentests durch, unterstützt den Konsumentenschutz (z.B. erlässt der Staat Gesetze gegen den unlauteren Wettbewerb).
Manipulation Unter Umständen können Konsumentenwünsche durch raffinierte Werbung manipuliert werden (z.B. Alkohol- und Tabakwerbung).	**Verbote** Der Staat erlässt Werbeverbote (z.B. für Alkohol und Tabak am Fernsehen), schreibt verbindliche Informationen vor (z.B. Hinweis auf Gesundheitsschädigung des Rauchens), oder er verbietet gar Produkte (z.B. Geldspielautomaten).
Soziale Frage Der Markt sorgt nicht für soziale Gerechtigkeit und Sicherheit (z.B. bei der Altersvorsorge, bei Invalidität, bei der medizinischen Versorgung).	**Sozialpolitik** Der Staat sorgt für geringere Belastung der sozial Schwachen (Steuerprogression, Sozialversicherung), oder unterstützt diese mittels Subventionen oder mit staatlicher Fürsorge.
Konjunkturschwankungen Volkswirtschaften sind regelmässig von Konjunkturschwankungen betroffen (siehe S. 168 ff.).	**Konjunkturpolitik** Der Staat kann eine unabhängige Notenbank garantieren, welche die Inflation eindämmt und den Wechselkurs steuert (siehe S. 160).

Ziele der staatlichen Wirtschaftspolitik

Eine wichtige Aufgabe der Volkswirtschaftslehre ist es, wirtschaftliche Erkenntnisse zu gewinnen und Erklärungen für Gesetzmässigkeiten in der Gesamtwirtschaft zu beschreiben. Daran sollte sich die konkrete Wirtschaftspolitik orientieren.

Wirtschaftspolitik: *Alle Massnahmen des Staates zur Beeinflussung der Wirtschaft.*

Beispiel: Wie soll die Arbeitslosigkeit wirksam bekämpft werden? Liegt die Lösung dieses Problems eher in einer Verkürzung oder in einer Verlängerung der Arbeitszeit? Helfen staatliche Beschäftigungsprogramme? Sind die Löhne in der Schweiz zu hoch? Hat es zu viele ausländische Arbeitskräfte in der Schweiz?

Solche Fragen und weitere können nur mit Bezug auf die Theorie der Volkswirtschaftslehre beantwortet werden (siehe S. 118 f., Die Arbeitslosigkeit).

Elemente der Wirtschaftspolitik

Ziel jeder Wirtschaftspolitik ist die Maximierung des Gemeinwohls eines Landes. Das Parlament, die Regierung und die Nationalbank legen in der Regel die Wirtschaftspolitik fest. Sie gliedert sich in verschiedene Elemente:

Strukturpolitik

Die Strukturpolitik besteht aus allen staatlichen Massnahmen zur Beeinflussung der regionalen und sektoralen Struktur.
- Die regionale Wirtschaftspolitik (regionale Strukturpolitik) hat das Ziel, die Unterschiede der wirtschaftlichen Leistungsfähigkeit der einzelnen Regionen zu reduzieren, d.h. der Staat betreibt Regionalpolitik zugunsten der Randregionen.
- Die sektorale Strukturpolitik beinhaltet alle Massnahmen, die den Strukturwandel beeinflussen. Oft geht es dabei um den Erhalt bestimmter Wirtschaftszweige, wie z.B. der Landwirtschaft.

Zu den strukturpolitischen Massnahmen gehören Subventionen, Steuervergünstigungen, Finanzhilfen für Forschungsvorhaben usw.

Ordnungspolitik

Die Ordnungspolitik enthält alle Massnahmen, die den rechtlichen Rahmen einer Volkswirtschaft gestalten. Teilbereiche der Ordnungspolitik sind z.B. die Wettbewerbspolitik (Regelungen, die den Wettbewerb zwischen den Unternehmen garantieren), die Politik zur Gestaltung der Unternehmens- und Eigentumsordnung, die Sozialpolitik (geringere Belastung der sozial Schwachen, siehe S. 138, Marktversagen), der Verbraucherschutz usw.

Geldpolitik

Als Geldpolitik bezeichnet man alle Massnahmen der Nationalbank (Notenbank).
Die Geldpolitik der Nationalbank soll Wirtschaftswachstum ermöglichen, ohne die Preisstabilität zu gefährden (siehe S. 158 ff.).

Konjunkturpolitik

Die Konjunkturpolitik erfasst alle staatlichen Massnahmen zur Steuerung der Konjunktur (siehe S. 174 f.).

Umweltpolitik

Die Umweltpolitik umfasst alle staatlichen Massnahmen zum Schutz der Gesundheit und der Sicherheit des Menschen, der natürlichen Vielfalt und der Erhaltung der Rohstoffe (siehe S. 130 f.). Die Gesundheit des Menschen wird durch geeignete Massnahmen (z.B. zur Schadstoffverminderung, Lärmverminderung) geschützt. Die Tier- und Pflanzenvielfalt und ihre natürlichen Lebensräume sollen erhalten bleiben.
Der Staat unternimmt auch Massnahmen zum Schutz des Menschen und teurer Sachwerte vor Naturgefahren (z.B. Steinschlag, Hochwasser) und zum Schutz vor technischen Risiken (z.B. Chemieunfälle). Zusätzlich unterstützt er die nachhaltige Nutzung der natürlichen Ressourcen Boden, Wasser, Luft.

Magisches Sechseck

Schon seit langer Zeit versucht die Wirtschaftspolitik mithilfe volkswirtschaftlicher Erkenntnisse ihre Ziele zu erreichen. Dabei sind so genannte Vielecke zur Verdeutlichung der verschiedenen Ziele verwendet worden.

Nach der Krise der Dreissigerjahre im letzten Jahrhundert (Deflation, Arbeitslosigkeit) war die Rede vom Dreieck, das aus Vollbeschäftigung, Preisstabilität und dem aussenwirtschaftlichen Gleichgewicht bestand. Im Laufe der Zeit wurde dieses Dreieck mit drei weiteren Zielen erweitert. So werden heute die wesentlichen wirtschaftspolitischen Ziele in einem Sechseck dargestellt. Sie stehen zueinander in einer Wechselwirkung. Da es nicht möglich ist, alle Ziele gleichzeitig zu erreichen, spricht man von einem magischen Sechseck.

Magisches Sechseck: *Bezeichnung für die Unmöglichkeit (Magie = Zauberei), alle sechs Ziele gleichzeitig zu erreichen.*

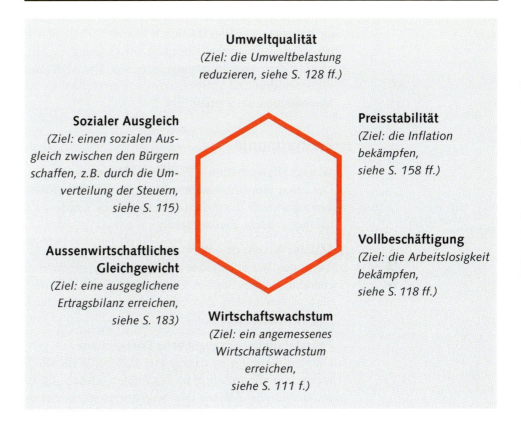

Es ist durchaus denkbar, dass in Zukunft weitere Ziele an Bedeutung gewinnen werden. So ist bereits heute ein ausgeglichener Staatshaushalt sehr wichtig.

Beziehung zwischen den Zielen

Bei der Beeinflussung der sechs Ziele können Zielkonflikte, Zielharmonie oder Zielneutralität entstehen.

Zielkonflikt
Die Massnahme für ein Ziel steht im Widerspruch mit einem anderen Ziel.

Zielharmonie
Die Massnahme für ein Ziel begünstigt auch das Erreichen eines anderen Zieles.

Zielneutralität
Die Massnahme für ein Ziel hat keinen Einfluss auf ein anderes Ziel.

Zielkonflikte

Wirtschaftswachstum – Umwelt
Der Staat fördert das Wirtschaftswachstum, indem er die Rahmenbedingungen der Unternehmen verbessert. Durch die Erhöhung des Wirtschaftswachstums nimmt die Umweltbelastung zu. Das Wirtschaftswachstum und die Umweltqualität stehen in einem Zielkonflikt zueinander.

Vollbeschäftigung – Umwelt
Um Vollbeschäftigung zu erreichen, müssen Arbeitsplätze geschaffen werden. Neue Arbeitsplätze bedeutet mehr Produktion (Wirtschaftswachstum). Durch die vermehrte Produktion von Sachgütern und Dienstleistungen erhöht sich die Umweltbelastung.

Preisstabilität – Vollbeschäftigung
Die Schweizerische Nationalbank (SNB) kurbelt die Wirtschaft an, indem sie die Geldmenge ausweitet. Dadurch können Arbeitsplätze erhalten oder neue geschaffen werden. Die Arbeitslosigkeit wird verringert. Mit der Erhöhung der Geldmenge entstehen aber Inflationstendenzen. Die SNB kann nicht gleichzeitig die Ziele Preisstabilität und Vollbeschäftigung erreichen. Es besteht zwischen diesen beiden Massnahmen ein Zielkonflikt.

Zielharmonie

Wirtschaftswachstum – Vollbeschäftigung
Der Staat tätigt Massnahmen, um das Wirtschaftswachstum zu fördern. Dadurch verringert sich die Arbeitslosigkeit eines Landes. Zwischen diesen beiden Massnahmen besteht Zielharmonie.

Sozialer Ausgleich – Wirtschaftswachstum
Wenn das Wirtschaftswachstum erhöht wird, dann erhöhen sich auch die Steuereinnahmen eines Staates. Gleichzeitig nimmt die Arbeitslosigkeit ab, dies reduziert die sozialen Kosten. Zwischen dem sozialen Ausgleich und dem Wirtschaftswachstum besteht Zielharmonie.

Preisstabilität – ausgeglichene Ertragsbilanz
Die Preisstabilität ist das oberste Ziel der SNB. Die SNB verringert z.B. die Geldmenge, um die Inflation zu bekämpfen. Durch die Verknappung des Geldangebotes steigen die Zinsen. Die Investitionstätigkeiten der Unternehmen nehmen ab. Die Verringerung der Geldmenge führt zu einer Aufwertung des Schweizer Frankens. Dadurch wird die Exportindustrie geschwächt. Die Ertragsbilanz (siehe S. 183) wird ausgeglichener.

Gewichtung der Ziele

Der Staat oder die Schweizerische Nationalbank müssen bei jeder Massnahme die einzelnen Auswirkungen abwägen. Da es unmöglich ist, alle sechs Ziele gleichzeitig zu erreichen, muss jeweils eine Gewichtung der Ziele vorgenommen werden. Diese Gewichtung kann sich laufend ändern und hängt auch davon ab, welche Regierung an der Macht ist.

Eine sozialdemokratische Regierung wird andere Gewichtungen vornehmen als eine freisinnige (siehe «Der Staat», die politischen Parteien sowie Konkordanz- und Konkurrenzdemokratie).

Der Sozialstaat Schweiz

> **Sozialstaat:** *Der Staat kümmert sich innerhalb seines Gebietes um die Benachteiligten (betagte, kranke, verunfallte, invalide und geistig behinderte Menschen, um mittellose Menschen usw.) und greift zu deren Schutz in das Wirtschaftsgeschehen ein, stellt Schutzbestimmungen auf und erbringt selbständig Leistungen.*

Die Sozialstaatlichkeit der Schweiz findet in der BV an verschiedensten Orten ihren Ausdruck.

Allgemeines Ziel des Staates

Im Zweckartikel 2 der BV wird in allgemeiner Weise die Förderung der gemeinsamen Wohlfahrt als Ziel vorgegeben (siehe S. 132, Wohlfahrt).

Sozialbestimmungen in der Verfassung

Im Aufgabenteil der BV und vereinzelt auch im Grundrechtsteil werden die einzelnen Elemente des heutigen Sozialverfassungsrechts wiedergegeben:

BV 12	Recht auf Hilfe in Notlage (siehe «Der Staat»)
BV 29	Anspruch auf unentgeltliche Rechtspflege (siehe «Der Staat»)
BV 62	Schulwesen (Anspruch auf unentgeltlichen Grundschulunterricht)
BV 66	Ausbildungsbeihilfen (Stipendienwesen)
BV 108	Wohnbau und Wohneigentumsförderung (sozialer Wohnungsbau)
BV 109	Mietwesen (Vorschriften gegen Missbräuche)
BV 110	Arbeit (Vorschriften zum Schutz der Arbeitnehmenden)
BV 111/112	AHV (staatliche Vorsorge, 1. Säule) und IV
BV 113	Berufliche Vorsorge (Pensionskasse, 2. Säule)
BV 114	Arbeitslosenversicherung
BV 115	Unterstützung Bedürftiger
BV 116	Familienzulagen und Mutterschaftsversicherung
BV 117	Kranken- und Unfallversicherung
BV 118	Schutz der Gesundheit
BV 124	Opferhilfe (infolge einer Straftat)

Sozialziele

Im Artikel 41 der BV werden unter dem Titel «Sozialziele» sieben grundlegende Felder heutiger Sozialpolitik aufgeführt:
soziale Sicherheit, Gesundheit, Familie, Arbeit, Wohnung, Bildung, Kinder und Jugendliche (siehe «Der Staat»).

Die Sozialstaatlichkeit zeigt sich auch auf kantonaler Ebene. Eine traditionelle sozialpolitische Aufgabe der Kantone und Gemeinden ist die Unterstützung Bedürftiger (BV 115) und die Unterstützung der Opfer von Straftaten (BV 124).

Will der Sozialstaat Schweiz seine sozialpolitische Verantwortung wahrnehmen, braucht er dazu Geld. Denn Leistungen gegenüber Schwachen und Benachteiligten kann er nur erbringen, wenn er tatsächlich über die notwendigen finanziellen Mittel verfügt. Andernfalls bleiben die in der Bundesverfassung verankerten Sozialbestimmungen «tote Buchstaben».

Die Finanzen der öffentlichen Hand

Die Gesamtheit von Bund, Kantonen und Gemeinden bilden «die öffentliche Hand». Um all ihre Aufgaben erfüllen zu können, bedürfen sie Geld. In diesem Zusammenhang spielen zwei Begriffe in der politischen Diskussion eine zentrale Rolle: Die Staats- und die Fiskalquote.

Staatsquote

Staatsquote: *Sie ist das Verhältnis in Prozent zwischen den öffentlichen Ausgaben (Bund, Kantone, Gemeinden und Sozialversicherungen) und dem Bruttoinlandprodukt (siehe S. 110 ff.).*

Durch die wachsende Bedeutung von Infrastrukturleistungen (z.B. Verkehr, Umweltschutz) und von Umverteilungszielen (soziale Wohlfahrt, Subventionen) ist der Anteil der Staatsausgaben am BIP, die Staatsquote, in den letzten Jahrzehnten beträchtlich gestiegen und erreichte 2011 34,8% (1970: 24,3%). Im Jahre 2003 war sie mit 38,3% am höchsten.

Fiskalquote

Fiskalquote: *Sie zeigt, wie gross der Anteil aller Steuern und der obligatorischen Sozialversicherungsbeiträge im Verhältnis zum BIP ist.*

Den steigenden Geldbedarf kann der Staat nur mit der Erhöhung der Zwangsabgaben (Steuern und obligatorische Sozialversicherungsbeiträge) decken. 2011 betrug die Fiskalquote der öffentlichen Hand (Bund, Kantone, Gemeinden) 29,8%.

Zunehmende Verschuldung

Die Schulden von Bund, Kantonen und Gemeinden dürften per Ende 2011 gut 206,2 Milliarden Franken betragen. Sie vergrösserten sich damit seit 1990 um rund 96,8% (Stand 1990: 104,76 Milliarden). Gegenüber dem Höchststand von 2004 (245,923 Mia.) baute die öffentliche Hand die Gesamtschulden aber um rund 16,2% ab.

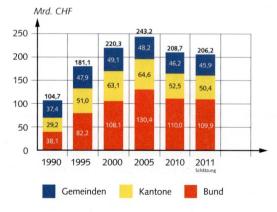
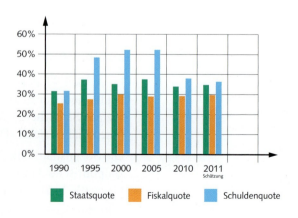

Die Schuldenbremse

■ Problem der Verschuldung

Die öffentliche Hand muss zur Deckung der Defizite Geld auf dem Kapitalmarkt beschaffen, wofür Zinsen zu zahlen sind. Je höher die Schuldenlast ist, desto mehr Zinsen muss der Staat zahlen.

Mit der hohen Verschuldung wird der politische Handlungsspielraum zunehmend eingeschränkt. Daher muss es das Ziel sein, die Haushalte von Bund, Kantonen und Gemeinden zu sanieren.

Eine Massnahme, um die Verschuldung in den Griff zu bekommen, ist die Schuldenbremse:

> **Schuldenbremse:** *In der Verfassung (BV 126) verankerter Mechanismus, der das Haushaltsgleichgewicht des Bundes dauerhaft absichern und damit das Schuldenniveau stabilisieren soll.*

Die Schuldenbremse schreibt dem Bundesrat und dem Parlament verbindlich vor, grundsätzlich nicht mehr auszugeben als eingenommen wird.

■ Ziele der Schuldenbremse

Einnahmen als Massstab der Ausgaben

Die Ausgaben werden an die Einnahmen geknüpft. Ausgaben dürfen also nur dann erhöht werden, wenn ihre Finanzierung durch zusätzliche Einnahmen oder durch Einsparungen gesichert ist. Steuersenkungen anderseits müssen mit Ausgabenkürzungen verknüpft werden.

Berücksichtigung der wirtschaftlichen Situation

Die Konjunktur (siehe S. 168 ff.) wirkt sich auf die Bundesfinanzen stark aus: In guten Zeiten gibt es mehr Steuereinnahmen, in schlechten weniger. Deshalb werden in der Hochkonjunktur wegen der vielen Einnahmen die Ausgaben oft stark erhöht und die Steuern gesenkt. In der darauffolgenden Rezession werden jedoch die Ausgaben nicht entsprechend gesenkt, was zu Defiziten und Verschuldung führt.

Hier setzt die Schuldenbremse an: Die Mehreinnahmen der «fetten» Jahre dürfen nicht für Mehrausgaben oder Steuersenkungen verwendet, sondern sollen für die Aufrechterhaltung eines bestimmten Ausgabenniveaus für spätere konjunkturell schlechtere Zeiten eingesetzt werden. In einer Rezession sind also Defizite zugelassen, diese müssen aber in der folgenden Hochkonjunktur durch Überschüsse ausgeglichen werden.

Sicherung eines ausgeglichenen Bundeshaushalts über einen Konjunkturzyklus hinaus (siehe S. 169)

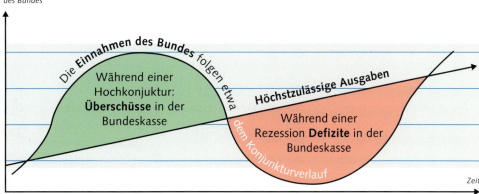

Die während der Hochkonjunktur erwirtschafteten Überschüsse werden für den Ausgleich der in der Rezession angefallenen Defizite verwendet.

Die Bundesfinanzen

Die Finanzierungsrechnung

Finanzierungsrechnung: *Widerspiegelt den Zustand der Bundesfinanzen und gibt Auskunft über die Einnahmen und die Ausgaben des Bundes.*

- BV 126–135 regelt die Finanzordnung des Bundes und hält vor allem die Einnahmequellen fest: direkte Bundessteuer, Mehrwertsteuer, Verrechnungssteuer usw.
- In BV 126 ist der Grundsatz festgehalten, wonach der Bund seine Ausgaben und Einnahmen auf die Dauer im Gleichgewicht zu halten hat.
- BV 167 hält fest, dass die Bundesversammlung über die Ausgaben des Bundes beschliesst, den Voranschlag festsetzt und die Staatsrechnung abnimmt.
- BV 183 besagt, dass der Bundesrat den Finanzplan erarbeitet, den Voranschlag entwirft und die Staatsrechnung erstellt.

Die Einnahmen

Die wichtigsten Einnahmenbereiche 2011

a) Direkte Steuern:		
– Direkte Bundessteuer[1]	17 891 Mio. CHF	27,8%
– Verrechnungssteuer[2]	4 861 Mio. CHF	7,6%
b) Indirekte Steuern:		
– MwSt	21 642 Mio. CHF	33,7%
– Mineralölsteuer	5 020 Mio. CHF	7,8%
– Stempelabgaben	2 857 Mio. CHF	4,4%
– Zölle	1 046 Mio. CHF	1,6%
– Übrige Fiskaleinnahmen	5 679 Mio. CHF	8,8%
c) Andere Einnahmen	5 249 Mio. CHF	8,2%
Gesamteinnahmen	**64 245 Mio. CHF**	**100,00%**

Übersicht über die wichtigsten Einnahmen

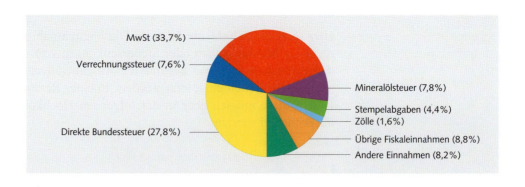

---

[1] Die direkte Bundessteuer ist eine Einkommenssteuer für natürliche Personen sowie eine Steuer auf dem Reinertrag für juristische Personen (z.B. Aktiengesellschaften). Rund 54% der Erträge stammen von den natürlichen Personen und 46% von juristischen Personen.

[2] Die Verrechnungssteuer ist eine vom Bund an der Quelle erhobene Steuer auf dem Ertrag von beweglichem Kapitalvermögen (insbesondere Zinsen und Dividenden), auf den Lotteriegewinnen und auf bestimmten Versicherungsleistungen. Mit der Steuer soll die Steuerhinterziehung bekämpft werden. Beim ordnungsgemässen Deklarieren der Verrechnungssteuer in der Steuererklärung wird sie dem Steuerpflichtigen zurückerstattet. Der Steuersatz beträgt 35%.

V 2.5 Die Finanzen der öffentlichen Hand 147

■ Die Ausgaben

Die wichtigsten Ausgabenbereiche des Bundes 2011

– Soziale Wohlfahrt	22 557 Mio. CHF	33,0%
(AHV, IV, Krankenversicherungen usw.)		
– Finanzen und Steuern (u.a. Schuldzinsen)	9 954 Mio. CHF	16,0%
– Verkehr	8 062 Mio. CHF	12,9%
– Landesverteidigung	4 533 Mio. CHF	7,3%
– Landwirtschaft und Ernährung	3 663 Mio. CHF	5,9%
– Bildung und Forschung	6 509 Mio. CHF	10,4%
– Beziehungen zum Ausland (u.a. Entwicklungshilfe)	3 214 Mio. CHF	5,2%
– Übrige Ausgaben	5 841 Mio. CHF	9,4%
Gesamtausgaben	**62 333 Mio. CHF**	**100,0%**

Übersicht über die wichtigsten Ausgabengebiete

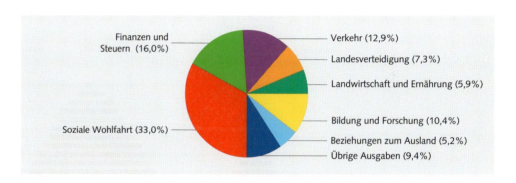

Einnahmenüberschuss in der ordentlichen Finanzierungsrechnung 2011
Einnahmen abzüglich Ausgaben ergeben für 2011 einen Überschuss von CHF 1,912 Mrd. (Ende 2011: Gesamtschulden des Bundes brutto: CHF 110,516 Mrd.).

■ Subventionen des Bundes

Subvention: *Zweckgebundene Unterstützung aus öffentlichen Mitteln. Diese Mittel müssen nicht mehr zurückbezahlt werden, dürfen aber nur für den bestimmten Zweck verwendet werden.*

2011 zahlte der Bund Subventionen in der Höhe von CHF 38,105 Mrd.
Allein die fünf grössten Brocken machen 90,7% aus, nämlich:
- Soziale Wohlfahrt: CHF 16,619 Milliarden (AHV, Krankenversicherungen usw.)
- Bildung und Forschung: CHF 6,085 Milliarden
- Verkehr: CHF 5,262 Milliarden (Strassen, öffentlicher Verkehr usw.)
- Landwirtschaft und Ernährung: CHF 3,528 Milliarden (Direktzahlungen usw.)
- Finanzen und Steuern: CHF 3,049 Milliarden

Übersicht über die wichtigsten Subventionsbereiche

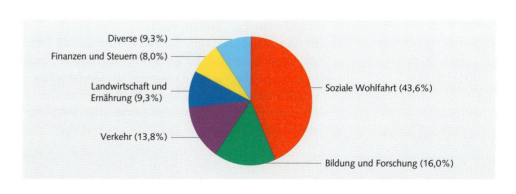

Die Finanzierung der AHV

Die Grenzen der Belastbarkeit des Sozialstaates Schweiz zeigen sich in ihrer ganzen Schärfe in der Frage der Finanzierung der AHV.

Einen Grossteil der AHV finanziert die werktätige Bevölkerung zusammen mit den Arbeitgebern durch Lohnprozente. Doch reichen diese Beiträge nicht aus, den AHV-Bezügern eine existenzsichernde Rente zu zahlen. Erst die Subventionen des Bundes an die AHV-Kasse garantieren dieses Verfassungsrecht (BV 111/112).

Die Finanzlage der AHV hängt in grossem Masse von der gegenwärtigen Altersstruktur und der zukünftigen demografischen Entwicklung der Schweiz ab. Die Zahl der über 64-Jährigen hat sich seit 1950 mehr als verdoppelt, jene der 80-Jährigen und Älteren sogar gut verdreifacht. Die Zahl der unter 20-Jährigen hat dagegen viel weniger stark zugenommen und ist seit Anfang der 70er-Jahre sogar rückläufig. Dieser Alterungsprozess ist die Folge steigender Lebenserwartung und niedriger Geburtenhäufigkeit. Er wird sich laut den Bevölkerungsszenarien des Bundesamtes für Statistik in den nächsten Jahrzehnten fortsetzen.

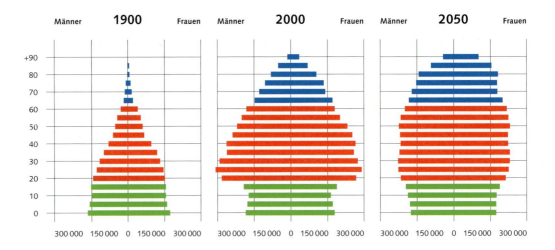

2010 lebten rund 7,9 Millionen Menschen in der Schweiz und man schätzt, dass es 2030 rund 8,7 Millionen sein werden.
2005 kamen auf 100 Personen im erwerbsfähigen Alter (20–64 Jahre) 26 Rentner. 2011 waren es 31 Rentner und 2030 sollen es 50 Rentner sein.
Deshalb sind rechtzeitig Lösungen zu suchen und zu vollziehen.

Lösungsansätze

- Eine Idee lautet, die Mehrwertsteuer und/oder die Lohnprozente zu erhöhen.
- Vor allem von sozialdemokratischer und von grüner Seite wird gefordert, anstelle der Arbeit vermehrt die Energie zu besteuern (siehe S. 131).
- Eine grosse Mehrheit eher rechtsbürgerlich ausgerichteter Kreise fordert Sparmassnahmen und will die Subventionen an die AHV-Kasse senken, was zu Leistungskürzungen führen würde.
- Ein Ansatz schlägt vor, das AHV-Alter auf 67 Jahre zu erhöhen. Frühpensionierungen müssten mit hohen Rentenkürzungen bezahlt werden.
- Eine utopische Variante sieht vor, die Grenzen der Schweiz für junge, arbeitswillige Ausländer und Ausländerinnen zu öffnen, die aufgrund ihres Alters und ihrer höheren Geburtenhäufigkeit die Altersstruktur der Bevölkerung positiv beeinflussen würden.

V 3. Geld und Konjunktur

Das Geld

> **Geld:** *Ist ein Hilfsmittel, um Sachgüter zu erwerben und Dienstleistungen in Anspruch zu nehmen. Als Geld gilt alles, was jedermann zum Tausch von Sachgütern und von Dienstleistungen akzeptiert.*

Für jede Form von Geld gelten drei Bedingungen: Akzeptanz, Vertrauen in den Wert des Geldes und Knappheit.

Die Aufgaben des Geldes

Geld erfüllt drei Aufgaben. Es ist

Zahlungsmittel	Wertaufbewahrungsmittel	Wertmassstab
→ zahlen	→ sparen	→ vergleichen
Man bezahlt mit Geld.	Man spart mit Geld.	Aufgrund der Preisangaben werden Waren miteinander verglichen.

Der Wert des Geldes

Kaufkraft des Geldes

Der Wert des Geldes wird mit der Kaufkraft gemessen. Die Kaufkraft zeigt, wie viele Sachgüter und Dienstleistungen mit einem Franken gekauft werden können.

> Wenn die Preise steigen, nimmt die Kaufkraft ab. Es können also mit einem Franken weniger Sachgüter und Dienstleistungen gekauft werden.

> Wenn die Preise sinken, steigt die Kaufkraft. Es können also mit einem Franken mehr Sachgüter und Dienstleistungen gekauft werden.

Binnenwert des Geldes

Der Binnenwert des Geldes gibt an, wie viele inländische Sachgüter und Dienstleistungen z.B. mit 100 Franken gekauft werden können.

Aussenwert des Geldes

Der Aussenwert des Geldes gibt an, wie viele ausländische Sachgüter und Dienstleistungen z.B. mit 100 Franken gekauft werden können. Er zeigt auf, welchen Wert das inländische Geld gegenüber fremdem Geld hat.

Die Formen des Geldes heute

Bargeld

Münzen und Noten sind Bargeld. Das Bargeld spielt heute eine untergeordnete Rolle, besonders seit es die Kredit- und die Bargeldkarten gibt.

Buchgeld

Das Buchgeld wird auch Giralgeld genannt (kommt von Giro = Überweisung).
Beim Buchgeld handelt es sich um Guthaben bei den Banken und der Post, über die der Kunde ständig verfügen kann. Er kann sein Guthaben jederzeit in Bargeld umwandeln. Das Buchgeld besitzt wie das Bargeld eine echte Zahlungsfunktion.
Buchgeld entsteht:
– durch Einzahlung von Bargeld auf ein Konto,
– durch Gutschrift auf einem Konto,
– durch Überweisung (z.B. bargeldlose Lohnzahlung),
– durch Kreditgewährung der Geldinstitute.
Die Bezahlung erfolgt durch das Umbuchen von einem Konto auf ein anderes.

Devisen

Devisen sind Buchgeld in ausländischen Währungen.

Die Börse

> **Börse:** *Ist ein Markt – in erster Linie für Wertpapiere –, auf dem sich das Wertpapier-Angebot und die Wertpapier-Nachfrage treffen; daraus ergibt sich ein Marktpreis, der Aktienkurs.*

Wie funktioniert die Börse?

Wer sein Geld in Wertpapiere anlegen will, geht an die Börse. Der Weg an die Börse führt in der Regel über die Bank. Früher existierten in der Schweiz mehrere Börsenplätze (Zürich, Basel, Genf). Heute gibt es nur noch die EBS, die «Elektronische Börse Schweiz».

Der Kunde kann bei seiner Bank Kauf- und Verkaufsaufträge für Aktien erteilen. Die Börsenhändler der Banken geben diese Aufträge an die Elektronische Börse Schweiz weiter. Der Zentralcomputer kann auf diese Weise jeden Moment das Verhältnis von Angebot und Nachfrage erkennen, und der Preis (Aktienkurs) für die gehandelten Wertpapiere wird automatisch bestimmt.

Es ist auch möglich, selber am Computer via Internet Kauf- und Verkaufsaufträge zu erteilen (z.B. via Swissquote).

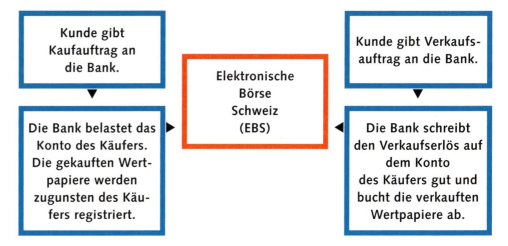

Wie entsteht der Kurs der Wertpapiere?

Die folgenden Faktoren können einen grossen Einfluss auf die Gesamtstimmung an der Börse oder auf einzelne Kurse haben:
- Der Wert eines Unternehmens kann schwanken. Die produzierten Güter sind plötzlich nicht mehr gefragt; das Unternehmen kann sich der wirtschaftlichen Entwicklung nicht anpassen; der Gewinn sinkt und der Wert der Aktien auch.
- Ein politisches Ereignis auf der Welt löst bei den Anlegern Angst aus. Sie stossen Aktien ab.
- Reine Vermutungen und Gerüchte beeinflussen das Verhalten der Anleger.
- Der Regierungswechsel in einem wirtschaftlich starken Land kann den Börsenhandel beeinflussen.
- Kursschwankungen an grossen Börsenplätzen wirken sich auf andere Börsenplätze aus.
- Spekulanten verkleinern mit Massenkäufen das Angebot und verkaufen alles im richtigen Moment zu hohen Preisen. Danach ist das Angebot wieder gross und die Preise fallen.
- Steigende Zinsen für Obligationen erhöhen deren Attraktivität für die Sparer; dadurch verlagern die Sparer das Geld von Aktien in Obligationen. (Bei fallenden Zinsen steigen in der Regel die Aktienkurse.)

Der Wechselkurs

> **Wechselkurs:** *Ist der Preis, zu dem Währungen gegeneinander ausgetauscht werden. Oft wird der Wechselkurs auch «Devisenkurs» genannt.*

Die Devisen

Ausländische Währungen werden auch als «Devisen» bezeichnet, wobei dieser Begriff zwei Bedeutungen haben kann.

> **Devisen:**
> a) Devisen sind ausländische Zahlungsmittel ($, £, ¥, € usw.).
> b) Devisen sind im Ausland zahlbare Geldforderungen, welche in ausländischen Währungen beglichen werden müssen. (Beispiel: Eine Schweizer Firma muss in den USA eine Rechnung begleichen, welche auf 130 000 $ lautet.)

Der Devisenmarkt

Der Wechselkurs bildet sich auf dem Devisenmarkt.

> **Devisenmarkt:** *Ort, an welchem Devisen (fremde Währungen) gehandelt werden.*

Das Wechseln von inländischem Geld in fremdes und von fremdem Geld in inländisches ist eine Dienstleistung, welche in den meisten Fällen von den Banken erbracht wird.

Der Verdienst liegt darin, dass die Banken für den Ankauf von fremdem Geld (sie nimmt fremdes Geld entgegen und man erhält dafür inländisches Geld) und für den Verkauf von fremdem Geld (die Bank gibt fremdes Geld gegen Zahlung von inländischem) verschiedene «Preise» (Kurse) berechnen.

Verkauf und Ankauf von fremden Währungen

Wir unterscheiden zwischen:

Verkauf von fremden Währungen (aus der Sicht der Bank)

> **Briefkurs = ich bezahle (Fachsprache: Ask)**
> Dieser Kurs gilt, wenn man inländisches Geld in eine fremde Währung wechselt. Die Bank bietet einem die fremde Währung zu diesem Kurs an.
> Der Briefkurs ist immer höher als der Geldkurs.

An- bzw. Rückkauf von fremden Währungen (aus der Sicht der Bank)

> **Geldkurs = ich erhalte (Fachsprache: Bid)**
> Dieser Kurs ist massgebend, wenn die Banken fremdes Geld entgegennehmen und dafür inländisches Geld zahlen. Die Bank kauft die fremde Währung.

Der Geldkurs ist immer tiefer als der Briefkurs.

In der Schweiz wird angegeben, wie viel man für 1 oder 100 ausländische Geldeinheiten zahlen muss.

Um 1 Euro zu erhalten, müssen z.B. CHF 1.24 (Januar 2012) bezahlt werden.

Mit Ausnahme des Dollars ($), des Pfunds (£) und des Euro (€), bei denen der Kurs auf eine Geldeinheit bezogen ist, wird angegeben, wie viel man für 100 ausländische Geldeinheiten zahlen muss. Um 100 Yen (¥) zu erhalten, muss man z.B. 1.28 CHF (Januar 2012) bezahlen.

V 3.3 Der Wechselkurs

Noten und Devisen

Will man sich orientieren, welcher Kurs zurzeit gilt, findet man z.B. in Zeitungen zwei verschiedene Rubriken, genannt «Noten» und «Devisen».

Noten = Wechseln von Bargeld

Der Begriff «Noten» gilt immer, wenn Geld in ausländisches Bargeld gewechselt wird. Folglich gilt der Begriff «Noten», wenn man z.B. ausländisches Geld für eine Ferienreise erwirbt.

Die Spannweite zwischen Ankauf (Geldkurs) und Verkauf (Briefkurs) ist grösser, da die Aufwendungen für die Bank höher sind. Die Bank muss u.a. das Bargeld zinslos aufbewahren und zur Sicherheit des Bargeldes eine Versicherung abschliessen.

Devisen = Wechseln von Buchgeld

Der Begriff «Devisen» gilt immer, wenn kein ausländisches Bargeld ausbezahlt wird. Es handelt sich um Buchgeld. (Beispiel: Es werden 1000 Euro nach München auf ein Konto transferiert.)

Die Spannweite zwischen Ankauf (dem Geldkurs) und Verkauf (dem Briefkurs) ist geringer. Die Aufwendungen für die Bank sind kleiner, weil die Transaktionen getätigt werden können, ohne Bargeld zu verschieben.

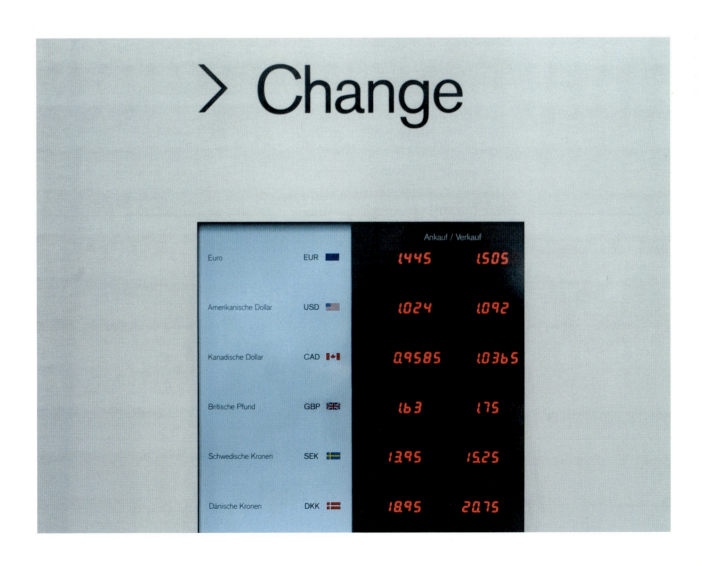

Der Landesindex der Konsumentenpreise

> **Landesindex der Konsumentenpreise (LIK):** *Ist ein Massstab, der die allgemeine Preisentwicklung von all jenen Sachgütern und Dienstleistungen aufzeigt, welche für die privaten Haushalte von Bedeutung sind.*

Preisstatistik

Der Landesindex ist eine Preisstatistik. Mit diesem Index werden die Preise für Konsumausgaben gemessen. Deshalb werden z.B. für die Ermittlung der Teuerung im Gesundheitswesen nicht die Krankenkassenprämien berücksichtigt, sondern die Arzt-, Zahnarzt- und Spitaltarife sowie die Preise für Medikamente.

Ermittlung der Preisstatistik

Zur Ermittlung eines Preisindexes braucht es drei Elemente:
- den Warenkorb (die Verbrauchsgewohnheiten der Konsumenten müssen zunächst ermittelt werden.)
- die Preiserhebung (jemand muss die Preisentwicklung mitverfolgen und festhalten.)
- den Berechnungsmodus (die Preisänderungen müssen gewichtet werden.)

Es werden aber nicht alle Ausgaben, welche die privaten Haushalte tätigen, vom Index der Konsumentenpreise direkt erfasst. So fehlen die Ausgaben für Versicherungen (u.a. Krankenkassenprämien usw.), für Unterhaltsbeiträge, für Geldspenden und für die Steuern.

Der Warenkorb

> **Warenkorb:** *Beinhaltet sämtliche Sachgüter und Dienstleistungen, die der Berechnung des Index der Konsumentenpreise dienen, z.B. Nahrungsmittel, Kleider, Wohnungsmiete.*
> *Ein Warenkorb ist das Abbild von Waren und Dienstleistungen, die ein Schweizer Durchschnittshaushalt konsumiert.*

Verbrauchserhebung

Es ist das Ziel, den privaten Konsum möglichst genau in einem Warenkorb abzubilden. Um den Warenkorb zusammenzustellen und zu gewichten, wird eine Verbrauchserhebung vorgenommen.

Die Verbrauchserhebung gibt Auskunft, wie ein durchschnittlicher Schweizer Haushalt sein Einkommen in einem Jahr verwendet.

NICE TO KNOW

Wettbewerbskommission (WEKO) / Preisüberwacher

	Wettbewerbskommission	**Preisüberwacher**
Gewählt durch	Bundesrat	Bundesrat
Tätigkeitsgebiet	– Schutz des Wettbewerbs – Bekämpfung von schädlichen Kartellen und Preisabsprachen – Fusionskontrolle – Verhinderung staatlicher Wettbewerbsbeschränkungen	– Überwachung der Preise von marktmächtigen Unternehmen und Monopolen sowie administrierter Preise und Gebühren von öffentlichen Unternehmen – schreitet ein bei missbräuchlichen Preisen
Sanktionen	– verfügt gegen Firmen, die Wettbewerb unzulässig beschränken – Empfehlungen und Stellungnahmen an politische Behörden – kann Bussen aussprechen	– unterbreitet Preis- und Politikempfehlungen – kann Preissenkung verfügen

Quelle: WEKO, Preisüberwacher, NZZ am Sonntag, 18.2.07

Der ab 2000 gültige Warenkorb

Im Jahre 2000 wurde der Landesindex überarbeitet: Es fand u.a. eine Ausweitung der Hauptgruppen von 9 auf 12 statt und diese wurden neu gewichtet. Im Dezember 2010 (Basis Dezember 2010 = 100) wurde der Warenkorb wiederum neu gewichtet.

	2008	2010	2011	2012
Nahrungsmittel und alkoholfreie Getränke	11,1%	11,00%	10,64%	10,31%
Alkoholische Getränke und Tabak	1,8%	1,75%	1,80%	1,76%
Bekleidung und Schuhe	4,4%	4,45%	4,20%	4,08%
Wohnen und Energie	25,2%	25,75%	26,29%	26,16%
Hausrat und laufende Haushaltführung	4,8%	4,65%	4,72%	4,75%
Gesundheitspflege	14,5%	13,85%	14,15%	14,63%
Verkehr	11,3%	11,00%	10,83%	10,83%
Nachrichtenübermittlung	2,9%	2,80%	2,88%	2,94%
Freizeit und Kultur	10,6%	10,40%	9,86%	9,56%
Erziehung und Unterricht	0,7%	0,70%	0,67%	0,68%
Restaurants und Hotels	8,1%	8,45%	8,70%	8,84%
Sonstige Waren und Dienstleistungen	4,6%	5,20%	5,26%	5,46%
(Quelle: BFS)	100%	100%	100%	100%

Die Datenerfassung

- Das Marktforschungsinstitut IHA und das Bundesamt für Statistik führen die Haushaltsbudgeterhebungen (HABE) durch.
- Der Warenkorb erfährt jedes Jahr eine neue Gewichtung. Dadurch können die sich laufend verändernden Marktsituationen und Konsumgewohnheiten berücksichtigt werden.
- In der gesamten Schweiz werden an rund 3000 Verkaufsstellen monatlich rund 35 000 Preise erfasst.
- Bei rund 3000 aus dem Telefonverzeichnis zufällig ausgewählten Haushalten werden die Ausgaben detailliert erhoben und zu einer durchschnittlichen Ausgabenstruktur hochgerechnet.

Die Gewichtungen

- Die verschiedenen Waren- und Dienstleistungsgruppen sind unterschiedlich gewichtet. Steigen beispielsweise die Mietzinse, schlägt sich das im Index kräftiger nieder, als wenn Früchte teurer werden.
- Innerhalb jeder Gruppe werden wiederum Gewichtungen vorgenommen. Es fällt z.B. stärker ins Gewicht, wenn Milch oder Brot teurer werden, als wenn für Orangen oder Straussenfilets mehr bezahlt werden muss.

Das Bundesamt für Statistik ist bestrebt, eine möglichst weitgehende Übereinstimmung mit dem Konsumentenpreisindex der Europäischen Union zu erreichen. Erst dadurch wird es möglich sein, die Preisentwicklung in der Schweiz mit jener in der EU zu vergleichen.

Teuerungsausgleich

Bei Lohnverhandlungen bzw. beim Entscheid für Rentenerhöhungen wird der Landesindex der Konsumentenpreise als Massstab für den Teuerungsausgleich herbeigezogen. Falls der Teuerungsausgleich nicht gewährt werden sollte, sinkt die Kaufkraft der Einkommen, d. h. Arbeitnehmer und Rentner könnten sich weniger leisten.

Die Banken

Man unterscheidet in der Schweiz zwischen der Schweizerischen Nationalbank und den Schweizer Geschäftsbanken. Zusammen regeln und steuern sie den Geldstrom in der Volkswirtschaft (siehe S. 106 und 108).

Die Schweizerische Nationalbank (SNB)

Schweizerische Nationalbank (auch Zentralbank oder Notenbank genannt): *Ist eine eigenständige staatliche Institution, die aufgrund der Bundesverfassung das Notenmonopol (alleiniges Recht zur Herstellung und zur Herausgabe von Banknoten) hat.*
Die Schweizerische Nationalbank soll eine Geldpolitik führen, die dem Gesamtinteresse der Schweiz dient (BV 99). Sie ist von der Regierung (dem Bundesrat) unabhängig.

- Jede Volkswirtschaft hat eine Nationalbank (z.B. USA: *FED*, EU: *EZB*). Die Nationalbanken sind für die Geldpolitik ihres Landes zuständig. Sie haben die Aufgabe, die Geldmenge den Bedürfnissen der Wirtschaft anzupassen, wobei sie beachten müssen, dass einerseits nicht zu viel Geld im Umlauf ist und dass anderseits der Wirtschaft nicht zu wenig Geld zur Verfügung steht.

- In gewissen Ländern sind die Nationalbanken mehr oder weniger von ihren Regierungen abhängig, z.B. in Brasilien oder in Russland. In der Schweiz untersteht die SNB zwar der Aufsicht von politischen Behörden, da sie öffentliche Aufgaben erfüllt, in ihren Entscheidungen ist sie aber frei. Damit wird auch vermieden, dass die SNB zur Finanzierung der Staatsausgaben missbraucht werden könnte.

- Die Nationalbanken versorgen die Geschäftsbanken mit Geld und gewähren ihnen Kredite. Daher werden sie auch als «Bank der Banken» bezeichnet.

Die Geschäftsbanken

Geschäftsbanken: *Sind Institutionen, die sich gewerbsmässig mit Geschäften des Zahlungs- und des Kreditverkehrs befassen. Sie nehmen Geld entgegen (Ersparnisse) und leihen es aus (Kredite).*

- In einer Volkswirtschaft koordinieren die Geschäftsbanken das Zusammentreffen des Geldangebots und der Geldnachfrage.

- Die Geschäftsbanken sorgen zusammen mit der Post für den bargeldlosen Zahlungsverkehr. Sie erbringen Dienstleistungen bei Finanzierungs- und Anlagegeschäften.

NICE TO KNOW

Münzhoheit

Die SNB verfügt über das Banknotenmonopol. Das Prägen von Münzen ist aber Sache des Bundes. Die Swissmint, früher «Eidgenössische Münzstätte» genannt, gehört dem Finanzdepartement an. Die von ihr geprägten Münzen bringt die SNB in Umlauf.

Der Schweizer Franken

Der Schweizer Franken (CHF) ist das gesetzlich vorgeschriebene Zahlungsmittel der Schweiz. Die von der SNB herausgegebenen Banknoten müssen in der Schweiz akzeptiert werden, wann und wo immer jemand etwas mit ihnen bezahlen will.

Bank des Bundes

Der Bund wickelt seine Zahlungen im In- und im Ausland über seine Konten bei der SNB ab. Die SNB verwaltet zudem die Wertschriften des Bundes. Somit ist die SNB auch die Bank des Bundes.

V 3.5 Die Banken

Die Schweizerische Nationalbank (SNB)

Gesetzliche Grundlage
Gemäss BV 99 steht dem Bund das Recht zur Herausgabe von Banknoten zu. Der Bund hat dieses Recht aber ausschliesslich der Schweizerischen Nationalbank übertragen. Die Nationalbank hat rein volkswirtschaftliche Aufgaben zu erfüllen, d.h. sie arbeitet nicht gewinnorientiert.

Hauptaufgaben der Nationalbank
Die Schweizerische Nationalbank hat vier wesentliche Aufgaben zu erfüllen:

1. **Den Geldumlauf der Schweiz regeln**
   Die SNB regelt den Bargeldumlauf und sichert die Qualität der Banknoten (d.h. sie zieht einen Teil der abgenutzten Banknoten aus dem Verkehr und gibt neue Noten heraus, ohne dadurch die Geldmenge zu erhöhen).

2. **Den Zahlungsverkehr erleichtern**
   Die SNB hat für den Zahlungsverkehr, welchen die Geschäftsbanken unter sich tätigen, ein einheitliches Abwicklungssystem (das Swiss Interbank Clearing, SIC) geschaffen. Dadurch wurde die Abwicklung des bargeldlosen Zahlungsverkehrs wesentlich erleichtert.

3. **Eine im Gesamtinteresse dienende Geld- und Währungspolitik führen**
   Die SNB versucht mit der Steuerung der Geldversorgung die Inflation niedrig zu halten und anderseits ein stetiges Wirtschaftswachstum zu fördern.

4. **Ein stabiles Finanzsystem fördern**
   Die SNB analysiert die Entwicklungen an den Finanzmärkten. Sie stellt (zusammen mit dem Bund und der Finanzmarktaufsicht, FINMA) Rahmenbedingungen für den Finanzplatz auf und gewährt in letzter Instanz Liquiditätshilfen (Kreditgeberin).

Die SNB berät in Währungsfragen die Bundesbehörden. Vor wichtigen geldpolitischen Entscheiden unterrichtet die SNB den Bundesrat. Häufig stimmen der Bundesrat und die SNB ihre Massnahmen gegenseitig ab.

Organisation
Die Schweizerische Nationalbank ist eine Aktiengesellschaft. Rund 55% des Aktienkapitals sind im Besitz von Kantonen, Kantonalbanken, Gemeinden und anderen öffentlich-rechtlichen Institutionen. Der Bund besitzt keine Aktien. Ungefähr 45% des Aktienkapitals sind im Besitz von Privatpersonen und Unternehmen.

Kunden
Kunden sind die Geschäftsbanken und der Bund.
(Privatpersonen sind keine Kunden der Nationalbank.)

Die schweizerischen Geschäftsbanken

Gesetzliche Grundlage
«Eine Bank bedarf zur Aufnahme ihrer Geschäftstätigkeit einer Bewilligung der eidgenössischen Finanzmarktaufsicht (FINMA);...» (Art. 3 des Bundesgesetzes über die Banken und Sparkassen). Die FINMA ist das Aufsichtsorgan des Bundes. Der Bundesrat wählt die Mitglieder der FINMA. Die FINMA erteilt die Bewilligung, wenn die Voraussetzungen wie Mindestreserven, Liquiditätsvorschriften (finanzielle Mittel) usw. gegeben sind.

Haupttätigkeiten der Geschäftsbanken

1. **Passivgeschäfte**
   - Spareinlagen und Festgelder entgegennehmen
   - Kassaobligationen herausgeben
   - Sichteinlagen tätigen

2. **Aktivgeschäfte**
   - Kredite an Unternehmen und Privatpersonen gewähren
   - Hypothekargeschäfte tätigen (Finanzierung von Immobilien)

3. **Übrige Dienstleistungen**
   - Zahlungsverkehr im In- und mit dem Ausland abwickeln
   - Wertschriften an- und verkaufen (z.B. Aktien und Anleihensobligationen) usw.
   - Vermögen verwalten

Nicht alle Banken bieten sämtliche Geschäfte an.

Organisation der Geschäftsbanken
Die Geschäftsbanken können in unterschiedlichen Rechtsformen bestehen. Es gibt zum Beispiel:
- Aktiengesellschaften: Berner Kantonalbank, UBS (Union Bank of Switzerland), CS (Credit Suisse),
- Genossenschaften: Raiffeisenbanken,
- öffentlich-rechtliche Anstalten: gewisse Kantonalbanken.

Kunden
Kunden sind Privatpersonen, Unternehmen, die Kantone und der Bund.

Die Geldpolitik der SNB

> **Geldpolitik der SNB:** *Die SNB versorgt die Schweizer Wirtschaft so mit Geld, dass diese wachsen kann und dass die Preise in der Schweiz möglichst stabil bleiben. Das Direktorium der SNB bestimmt die Geldpolitik.*

Drei geldpolitische Elemente

Das geldpolitische Konzept der Schweizerischen Nationalbank (SNB) umfasst drei Elemente:
– Ziel der Preisstabilität (der Wert des Geldes soll möglichst stabil gehalten werden.)
– Inflationsprognose (Voraussage, wie sich die Inflation mittelfristig entwickeln dürfte.)
– Zielband für den Schweizer Franken 3-Monats-Libor (damit setzt die SNB ein Ziel, die Geldmenge in die gewünschte Richtung zu steuern.)

Preisstabilität nach SNB

> **Preisstabilität nach SNB:** *Die Preise gelten für die SNB als stabil, wenn der Landesindex der Konsumentenpreise im Jahr in einem Band zwischen 0% und 2% liegt.*

Die Preisstabilität ist für die SNB oberstes Ziel. Sie will weder Inflation noch Deflation zulassen.

Inflationsprognose (Inflation siehe S. 163 ff.)

Geldpolitische Massnahmen wirken nicht sofort, sondern erst nach 2 bis 3 Jahren. Um rechtzeitig Massnahmen einleiten zu können, braucht die SNB Hinweise, wie sich die Preise in Zukunft entwickeln könnten. Wichtig für sie sind Informationen über Kapazitätsauslastungen, über die Entwicklung auf dem Arbeitsmarkt, über Löhne, Wechselkurse (siehe S. 152 f.) und über die Geldmenge.
Weicht die prognostizierte Inflation von der Preisstabilität ab, muss die SNB ihre Geldpolitik überprüfen. Sie reagiert darauf, indem sie das Zinsniveau auf dem Geldmarkt beeinflusst (siehe unten «Zielband für den CHF 3-Monats-Libor»).

Der 3-Monats-Libor

> **Libor (London InterBank offered Rate):** *Zinssatz, den grosse Geschäftsbanken untereinander verlangen, wenn sie einander ungedeckte Kredite in verschiedenen Währungen geben. Er wird täglich in London festgelegt.*
> **3-Monats-Libor:** *Libor-Zinssatz für Dreimonatsanlagen.*

Der 3-Monats-Libor wird täglich auf der Basis der Zinsverhältnisse mehrerer Banken in London ermittelt.

Libor für 3-monatige Anlagen in Schweizer Franken = Leitzins der SNB

Die SNB steuert diesen Libor indirekt: Sie legt ein Zielband für den CHF 3-Monats-Libor fest und passt dann die Verhältnisse ihrer Repo-Geschäfte so an, dass der Libor, der grundsätzlich auf dem Markt gebildet wird, sich innerhalb dieses Zielbandes bewegt.

Der Schweizer Franken 3-Monats-Libor ist der bedeutendste Geldmarktsatz. Daher kann man ihn auch als Leitzins der SNB bezeichnen. Der Leitzins beeinflusst das allgemeine Zinsniveau in einer Volkswirtschaft.

Eine Erhöhung des Leitzinses signalisiert einen restriktiven (einengenden) geldpolitischen Kurs der SNB, während eine Senkung einen expansiven (ausweitenden) geldpolitischen Kurs anzeigt.

Die Umsetzung der Geldpolitik

Die Schweizerische Nationalbank (SNB) setzt heute hauptsächlich das Repo-Geschäft ein, um die Geldmenge auf dem Geldmarkt zu verändern.

Das Repo-Geschäft (Repurchase Agreement)

Repo-Geschäft: *Seit 1998 eingeführt, ist es das Hauptinstrument der SNB zur Steuerung der Geldmenge.*

Bei diesem Geschäft verkaufen die Geschäftsbanken der SNB Wertschriften. Die SNB gewährt den Geschäftsbanken dafür Kredite. Gleichzeitig wird vereinbart, dass die Geschäftsbanken nach einer festgelegten Zeitspanne diese Wertpapiere wieder zurückkaufen. Für die Dauer dieses Geschäftes müssen die Geschäftsbanken der SNB Zins (genannt Repo-Zins) bezahlen.

Die Wertschriften dienen der SNB als Sicherheit, falls eine Geschäftsbank ihren Verpflichtungen nicht mehr nachkommen könnte.

Die Nationalbank verfügt aber noch über weitere geldpolitische Instrumente, unter anderen über den Devisenswap. Dieses Instrument zur Geldmengensteuerung setzt die SNB aber eher selten ein.

Der Devisenswap

Devisenswap: *Er wird von den Geschäftsbanken als kurzfristige Überbrückung bei unvorhergesehenen Liquiditätsengpässen benützt.*

Beim Devisenswap verkaufen Geschäftsbanken der SNB eine ausländische Währung (Devisen). Gleichzeitig wird vereinbart, dass die Geschäftsbanken nach einer festgelegten Zeitspanne die ausländische Währung wieder zurückkaufen. Im Gegensatz zum Repo-Geschäft unterliegt die SNB beim Devisenswap einem Gegenparteirisiko. (Da der Preis der Devisen im Voraus festgelegt wird und keine Partei weiss, wie sich die Devisen entwickeln werden, tragen beide ein Risiko.)

Die SNB hat 2008 ein neues geldpolitisches Instrument geschaffen

SNB Bills

SNB Bills: *Die SNB gibt regelmässig eigene Schuldverschreibungen (verzinsliche Wertpapiere) heraus, um die Liquidität am Geldmarkt zu verringern.*

Mit der Emission von SNB Bills verfolgt die SNB das Ziel, die Geldmenge im Bankensystem zu reduzieren. Die Geschäftsbanken können mit dem Erwerb dieser Wertpapiere überschüssige Geldmittel (Liquidität) sicher und ertragbringend anlegen. Sie können diese SNB Bills bei Bedarf jederzeit wieder in Liquidität umwandeln.

Die SNB bestimmt nach den Bedürfnissen ihrer Geldmarktsteuerung die Höhe, die Dauer und die Häufigkeit der Emissionen von Bills.

→ www.verlag-fuchs.ch/vwl

Die Wirkung der Geldpolitik

Die SNB-Geldpolitik als Gratwanderung

Die Geldpolitik der SNB kann mit einer Gratwanderung verglichen werden:
a) Senkt die SNB ihre Zinsen zu stark, dann schöpfen die Geschäftsbanken vermehrt Geld. Die Geldmenge wird aufgebläht. Es droht eine Inflation (siehe S. 163 ff.).
b) Setzt die SNB die Zinsen jedoch zu hoch an, steht der Wirtschaft zu wenig bzw. zu teures Geld zur Verfügung. Es drohen Rezession und sogar Deflation.

Um diesen beiden unerwünschten Gefahren zu begegnen, muss die SNB vorausschauend handeln. Daher kommt der Inflationsprognose grosse Bedeutung zu.

Wirkung der Geldpolitik

Bei Inflationsgefahr

Bei Inflationsgefahr geht die SNB folgendermassen vor:
– Zuerst gibt sie bekannt, dass sie das Zielband für den Dreimonate-Libor anhebt.
– Danach erhöht sie den Repo-Zinssatz, jenen Zinssatz also, zu dem sie den Geschäftsbanken Kredite gewährt. Für die Geschäftsbanken wird das Beziehen von Geld bei der SNB teurer.
– Nun erhöhen die Geschäftsbanken die Kreditzinsen. Für die privaten Haushalte und die Unternehmen bedeutet dies, dass Kredite sich verteuern, worauf sie weniger Kredite aufnehmen. Sie verzichten auf einen Teil der geplanten Ausgaben.
– Weil die Zinssätze sich erhöht haben, werden auch die Geldanlagen in Schweizer Franken begehrter. Die Nachfrage nach Schweizer Franken steigt, worauf der Preis für den Schweizer Franken, der Wechselkurs (siehe S. 152 f.), steigt.
– Als weitere Folge werden nun die Schweizer Güter im Verhältnis zu den ausländischen Gütern teurer. Die Unternehmen bekunden mehr Mühe, ihre Produkte im Ausland abzusetzen. Die Exporte gehen zurück.
– Weil private Haushalte und Unternehmen auf einen Teil ihrer geplanten Ausgaben verzichten und die Exporte sich verringert haben, verlangsamen die Unternehmen ihre Produktion. Es wäre für sie nun verheerend, die Produkte weiter zu verteuern. Daher sehen sie von Preiserhöhungen ab.
– Das Ziel der SNB ist erreicht. Die Inflationsgefahr ist gebannt.

Fazit: Durch die Erhöhung der Zinssätze vermag die Nationalbank die Nachfrage nach Sachgütern und Dienstleistungen zu dämpfen.

Bei Rezessions- oder Deflationsgefahr

Droht in einer Volkswirtschaft steigende Arbeitslosigkeit als Folge einer mangelnden Nachfrage nach Gütern und Dienstleistungen und ist die Preistendenz sinkend, dann wird die Nationalbank der Wirtschaft zusätzliches Geld zur Verfügung stellen. Sie senkt die Zinssätze.

Indem die SNB die Geschäftsbanken mit Reserven oder Liquidität (zusätzlichen flüssigen Mitteln) versorgt, hat sie einen entscheidenden Einfluss
– auf das Volumen der Geldschöpfung durch die Geschäftsbanken und
– auf die Menge an Geld, die in der Wirtschaft zirkuliert.

Geldpolitik und Wechselkurs

Ist der Schweizer Franken gegenüber einer wichtigen Währung, z.B. US-$, über- oder unterbewertet, so hat dies Folgen für die Schweizer Wirtschaft. Im Notfall kann die Schweizerische Nationalbank US-$ kaufen bzw. verkaufen, um den Wechselkurs zu stützen oder zu senken. Solche Massnahmen wirken sich aber auf die Geldversorgung (das Geldvolumen) aus.

Die Geldpolitik der SNB hat verschiedene Auswirkungen auf die Wirtschaft:
– Zuerst beeinflusst sie die Zinsen und den Wechselkurs.
– Dann zeigen sich Auswirkungen auf den Konsum, die Investitionen und die Exporte. Schliesslich wirkt sie sich auf die Inflation aus.

Geldschöpfung durch die Geschäftsbanken

> **Geldschöpfung:** *Durch die Gewährung von Krediten schaffen die Geschäftsbanken neues Geld. Der Anteil von Buchgeld an der Geldmenge wird erhöht.*

Weil die Geschäftsbanken von Gesetzes wegen (Bankengesetz) einen gewissen Teil der erhaltenen Einlagen nicht als Kredit weitergeben dürfen, sondern als Reserven behalten müssen, sind ihre Möglichkeiten jedoch begrenzt.

Bezahlen Kunden am Bankschalter Geld auf ihre Konten ein, so können sie dieses Geld jederzeit wieder abheben. Die Banken wissen aber, dass nicht alle Kunden ihre Bankeinlagen gleichzeitig zurückziehen werden. Es genügt, wenn die Banken z.B. 20% vom einbezahlten Geld als Reserve bei sich behalten, um ihren Kunden gegenüber zahlungsfähig zu bleiben. Mit den restlichen 80% können sie den privaten Haushalten und den Unternehmen Kredite gewähren.

Mit dem Ausleihen von Geld erhöhen die Geschäftsbanken die Geldmenge. Dieser Vorgang wird als Geldschöpfung bezeichnet.

Beispiel

Rita Suter zahlt CHF 20 000.– in Noten auf ihr Konto bei der Bank A ein. Die Menge des Geldes, das in der Wirtschaft vorhanden ist, verändert sich durch diese Einlage nicht.

Peter Frei braucht für ein Occasionsauto Geld. Er geht zur Bank A. Diese leiht ihm von den CHF 20 000.–, die Rita Suter einbezahlt hat, CHF 16 000.– und schreibt ihm diesen Kredit auf seinem Konto gut. Somit hat die Bank A die Geldmenge um CHF 16 000.– erhöht.

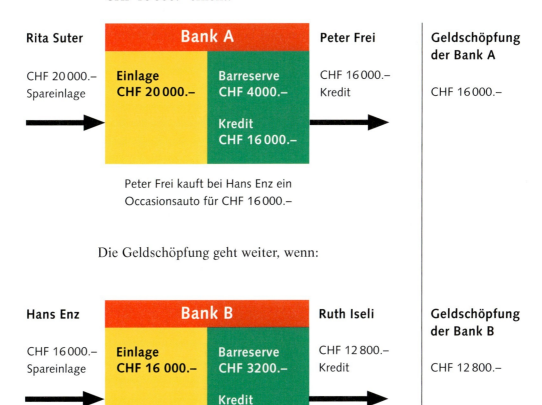

Die Geldmengen

Bei den Geldmengen (M_1, M_2, M_3) handelt es sich um Definitionen von Geld, die insbesondere für die Volkswirtschaftslehre und für die Geldpolitik der Nationalbank von Bedeutung sind.

Der Notenumlauf entspricht der Summe aller von der Schweizerischen Nationalbank ausgegebenen Noten. Die Notenbankgeldmenge besteht zu 90% aus dem Notenumlauf und zu 10% aus Giroguthaben der Geschäftsbanken bei der SNB.

Das Giroguthaben der Geschäftsbanken

Giroguthaben sind unverzinsliche Sichteinlagen von inländischen Geschäftsbanken bei der Nationalbank. Die Geschäftsbanken sind gesetzlich verpflichtet, bei der Nationalbank Sichteinlagen zu halten. Zusätzlich kann die Nationalbank mit den geldpolitischen Instrumenten (siehe S. 159) Einfluss auf die Giroguthaben nehmen. Dadurch steuert die Nationalbank die Verfügbarkeit von Geld im Bankensystem.

Konkret definiert die Schweizerische Nationalbank die Geldmenge wie folgt:

■ Geldmenge M_1

> **Geldmenge M_1:** *Entspricht dem Bargeldumlauf im Publikum (Noten und Münzen) + den Sichteinlagen der Inländer in Schweizer Franken bei Banken und der Post + den Einlagen auf Transaktionskonten.*
> *(M_1 = Bargeldumlauf + Sichteinlagen + Transaktionskonten)*

– Sichteinlagen sind Bank- und Postkontoguthaben, die jederzeit ohne zeitlichen Verzug abgezogen werden können.
– Transaktionskonten sind Lohn- und Kontokorrentkonten.

■ Geldmenge M_2

> **Geldmenge M_2:** *Geldmenge M_1 + Spareinlagen.*

Die Spareinlagen sind wie Sichteinlagen, aber mit tieferen Rückzugslimiten.

Die gebundenen beruflichen Vorsorgegelder (2. Säule) und die freiwillige Altersvorsorge (Säule 3a) gehören nicht zur Geldmenge M_2. Sie werden ausgeklammert.

■ Geldmenge M_3

> **Geldmenge M_3:** *Geldmenge M_2 + Termineinlagen.*

Termineinlagen sind sogenannte Festgelder. Sie sind für eine bestimmte Zeit fest gebunden und sind erst danach wieder verfügbar.

M_2 und M_3 umfassen Gelder, bei denen die Funktion als Wertaufbewahrungsmittel stärker im Vordergrund steht.

NICE TO KNOW

Aufhebung der Golddeckung

Seit dem 1.1.2000 ist die SNB nicht mehr verpflichtet, einen Teil des Notenumlaufs mit Gold zu decken. Denn heute sichert nicht mehr die Golddeckung das Vertrauen in eine Währung, sondern die Fähigkeit der Nationalbank (Notenbank), die Preisstabilität zu gewährleisten.

Geldwertstörung: Inflation

Geldwertstörung: *Die Kaufkraft des Geldes ist gestört.*

Wenn der Geldstrom und der Güterstrom um die gleichen Beträge zu- oder abnehmen, bleibt die Wirtschaft immer noch im Gleichgewicht. Das Gleichgewicht wird dann gestört, wenn die beiden Ströme nicht mehr übereinstimmen.

Man unterscheidet drei Arten von Geldwertstörungen:
Die Inflation, die Deflation und die Stagflation.

Die Inflation

Inflation: *Anhaltender Anstieg des allgemeinen Preisniveaus. Der Wert des Geldes sinkt.*

Inflation kommt vom lateinischen Wort «inflare», was «aufblähen» heisst. Bei einer Inflation bläht sich die Geldmenge im Verhältnis zur Gütermenge auf, womit die Geldmenge grösser wird als die Gütermenge.
Für die gleiche Summe Geld erhält man weniger Sachgüter und Dienstleistungen. Anders ausgedrückt: Für die gleiche Menge Sachgüter und Dienstleistungen muss man mehr Geld zahlen. Somit sinkt die Kaufkraft des Geldes. Die Preise steigen.

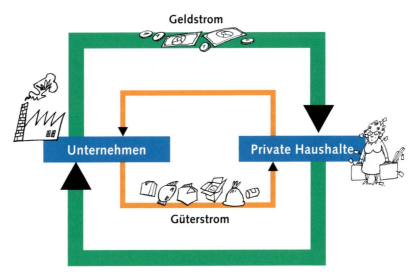

Die Wahrscheinlichkeit, dass ein solcher Prozess allgemeiner Preissteigerungen eintritt, ist dann besonders gross, wenn:
– die Unternehmen in ihren Produktionsmöglichkeiten ausgelastet sind oder
– Vollbeschäftigung herrscht oder
– die Geldmenge gleichzeitig steigt.

Gefahren der Inflation

– Sinkt die Kaufkraft des Lohnes ständig, sind davon untere und mittlere Einkommensschichten besonders stark betroffen.
– Familien und Rentner mit kleinem Einkommen können zum Teil die teuren Güter für den täglichen Bedarf nicht mehr bezahlen, während hohe Einkommen den Kaufkraftverlust des Geldes eher verschmerzen.
– Durch die Geldentwertung verlieren auch die Ersparnisse an Wert.
– Hält der Prozess der Teuerung über längere Zeit an, kann dies die sozialen Gegensätze verschärfen, zu politischen Unruhen führen und das Vertrauen in das Funktionieren der Wirtschaft zerstören.

Ursachen der Inflation

Inflation von der Geldseite her

Erhöhung der Geldmenge durch die Nationalbank

- *Defizitfinanzierung des Staates*
  Der Staat bzw. die Regierung verlangt, dass die Nationalbank Staatsdefizite finanziert, indem sie die Notenpresse in Gang setzt. (In der Schweiz ist dies wegen der Unabhängigkeit der Schweizerischen Nationalbank nicht möglich.)

- *Stützungskäufe*
  Wenn z.B. der Dollar gegenüber dem Schweizer Franken übermässig an Wert verliert, werden unsere Produkte auf dem Weltmarkt zu teuer. Um die Exportwirtschaft nicht in eine schwierige Lage zu bringen, erfolgen sogenannte Stützungskäufe. Die Nationalbank kauft z.B. grosse Mengen an Dollar auf und bezahlt mit Schweizer Franken. Dadurch hat sich die Geldmenge (der Geldstrom) vergrössert.

- *Zu lockere Geldpolitik der Nationalbank*
  Die Nationalbank weitet die Geldmenge als Folge einer zu lockeren Geldpolitik übermässig aus (siehe S. 159, Umsetzung der Geldpolitik).

Erhöhung der Geldmenge durch die Geschäftsbanken (Geldschöpfung)

Weil die Wirtschaftslage optimistisch eingeschätzt wird, stellen die Unternehmen und die privaten Haushalte viele Kreditbegehren an die Geschäftsbanken. Durch die Kreditvergabe wird die Geldmenge ausgeweitet (siehe S. 161).
Die Geschäftsbanken können durch die Kreditvergabe zusätzliches Buchgeld schaffen.

Erhöhung der Umlaufgeschwindigkeit

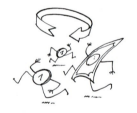

> **Umlaufgeschwindigkeit:** *Gibt an, wie häufig eine Geldeinheit (zum Beispiel innerhalb eines Jahres) verwendet wird, um Sachgüter und Dienstleistungen zu finanzieren.*

Wenn die Geld- und die Gütermenge gleich bleiben, die Umlaufgeschwindigkeit des Geldes sich aber erhöht, steigt das Preisniveau.

Je schneller das Geld die Hand wechselt, desto eher entsteht die Illusion, dass sich mehr Geld im Umlauf befindet. Die Unternehmen wollen davon profitieren. Die Preise werden erhöht.

Die Umlaufgeschwindigkeit hängt vor allem von den Zahlungsgewohnheiten ab. Das Vertrauen, welches man in eine Währung hat, beeinflusst, wie schnell das Geld weitergegeben wird.

Die Fishersche Verkehrsgleichung

$$M \times U = BIP \times P$$
Geldstrom = Güterstrom

M: Geldmenge
U: Umlaufgeschwindigkeit
BIP: Bruttoinlandprodukt
P: Preisniveau

Diese Gleichung zeigt auf, dass diese vier Grössen in einem engen Zusammenhang stehen. Die SNB kann nur einen Teil des Geldstroms beeinflussen (siehe S. 106 ff.).

NICE TO KNOW

Geldschöpfung

Eine Erhöhung der Geldmenge wird Geldschöpfung genannt.

Geldvernichtung

Wird die Geldmenge verringert, wird dies als Geldvernichtung bezeichnet.

V 3.9 Geldwertstörung: Inflation

Inflation von der Güterseite her

Verringerung der Gütermenge

- Wenn die Arbeitszeit verkürzt wird, der Lohn aber gleich bleibt und die Leistung (mittels Rationalisierungsmassnahmen) nicht gesteigert werden kann, dann führt dies zu einem Rückgang der Produktion von Sachgütern.
- Bei Missernten geht der Ertrag aus dem Boden zurück. Ganz verheerend sind die Auswirkungen für Staaten mit Monokulturen. (Die Einnahmen dieser Staaten hängen ganz besonders von einem Ernteprodukt ab, z.B. von Kaffee.)
- Fallen etliche Arbeitstage aus, z.B. aufgrund von Streiks, vermindert dies die Produktion von Gütern.
- Als Folge von Kriegen werden Arbeitskräfte an die Kriegsfront beordert und somit dem Wirtschaftsprozess entzogen. Zudem werden in einem Krieg Produktionsanlagen und Infrastrukturen zerstört.

Weitere Ursachen der Inflation

Nachfrageinflation

Ein allgemeiner Gütermangel kann entstehen, wenn die gesamtwirtschaftliche Nachfrage nach Sachgütern und Dienstleistungen überdurchschnittlich zunimmt (z.B. Bund, Kantone und Gemeinden vergeben viele und grosse Aufträge oder die Unternehmen investieren sehr viel). Dieser Gütermangel verursacht Preissteigerungen.

Angebotsinflation

Wenn die Produktionskosten für die Unternehmen steigen (z.B. höhere Steuern, höhere Löhne, teurere Rohstoffe) oder die Unternehmen höhere Gewinne realisieren wollen, dann steigen die Preise für die Sachgüter und die Dienstleistungen. Dadurch entsteht Inflation (Angebotsinflation).

Lohn-Preis-Spirale

> **Lohn-Preis-Spirale:** *Ist ein Prozess, bei dem sich die Erhöhung der Löhne auf die Preise und die gestiegenen Preise sich wiederum auf die Löhne auswirken.*

In der Hochkonjunktur werden z.B. Lohnerhöhungen gewährt, die über die Produktivitätssteigerung hinausgehen. Dadurch erhöhen sich die Lohnkosten im Unternehmen. Die erhöhten Lohnkosten bewirken, dass sich die Preise für die Sachgüter und Dienstleistungen erhöhen. Dies führt zu einem Steigen des Landesindex der Konsumentenpreise. Die Löhne steigen erneut. Dadurch ist die Lohn-Preis-Spirale in Gang gesetzt worden.

Importierte Inflation

Im Ausland sind Sachgüter teurer geworden. Sobald solche verteuerten Sachgüter importiert werden (Import von Rohstoffen, Halbfertigprodukten und Endprodukten), steigen die Preise für diese Sachgüter im Inland.

Gründe für steigende Preise im Ausland:
- Im Ausland herrscht eine höhere Inflation als im Inland. Folglich steigen die Preise für Sachgüter und Dienstleistungen im Ausland stärker an.
- Die ausländische Währung wird teurer (ihr Kurs steigt gegenüber der inländischen Währung), dann werden ausländische Sachgüter und Dienstleistungen für das Inland teurer. Dies wird auch «wechselkursinduzierte Inflation» genannt.

Folgen der Inflation

■ Vorteile geniessen

Eigentümer — Die Sachwerte (Liegenschaften, wertvolle Gegenstände usw.) haben die Eigenschaft, wertbeständig zu sein. Daher erfolgt während der galoppierenden Inflation eine Flucht in die Sachwerte. Dadurch erhöht sich aber der Preis dieser Sachgüter, weil die Nachfrage steigt.

Schuldner — Die Schulden werden real kleiner. Zwar bleibt die Schuldsumme gleich (zum Beispiel CHF 50 000.–), aber da die Einkommen sich laufend erhöhen, fällt es immer leichter, die Schuld zurückzuzahlen.

Der Staat — Höhere Einkommen führen zu höheren Steuereinnahmen und die Staatsschuld verringert sich.

Unternehmen — Weil die privaten Haushalte in die Sachwerte fliehen, können die Unternehmen mehr produzieren, ihre Produktionskapazitäten voll auslasten und höhere Gewinne erzielen.

■ Nachteile erleiden

Arbeitnehmer — Die Kaufkraft des Lohnes nimmt ab und die Arbeitnehmer sind darauf angewiesen, dass ihnen die Teuerung voll ausgeglichen wird. Da Lohnanpassungen meistens jährlich nur einmal erfolgen, hinken die Löhne immer der Teuerung nach. Wird den Arbeitnehmern die Teuerung ausgeglichen, so verfügen sie zwar nicht über mehr Kaufkraft, rutschen aber in eine höhere Steuereinkommensklasse und müssen nun mehr Steuern bezahlen (kalte Progression).

Gläubiger — Da das Geld an Wert verliert, vermindert sich der Wert der Darlehen ebenfalls.

Rentner — Die Kaufkraft der Rente (AHV, Pensionskasse) nimmt ab. Eine allfällige Anpassung an die Teuerung erfolgt verspätet.

Sparer — Die Kaufkraft der Ersparnisse nimmt ab. Wenn der Zinssatz auf einem Sparkonto 4% und die Inflation 1% beträgt, dann ist der reale Zinsertrag nur 3%. Ist die Inflationsrate sogar höher als der ausbezahlte Zins, nimmt der Wert der Ersparnisse ab. Es erfolgt erst recht eine Flucht in die Sachwerte.

NICE TO KNOW

Politische Ursachen einer Inflation

Wenn z.B. in einem Land eine hohe Arbeitslosigkeit herrscht, dann wird die Regierung versuchen, auf die Nationalbank Druck auszuüben, damit diese die Geldmenge erhöht. Dadurch kann Inflation entstehen.

Psychologische Ursachen einer Inflation

Aufgrund eines allgemeinen Optimismus nimmt die gesamtwirtschaftliche Nachfrage nach Sachgütern und Dienstleistungen zu. Wenn es den Menschen einer Volkswirtschaft gut geht, dann steigen die Konsumansprüche. Man will immer mehr Bedürfnisse befriedigen. Die Nachfrage nach Sachgütern und Dienstleistungen steigt, dadurch ist das Angebot im Verhältnis zur Nachfrage zu klein. Dies treibt die Preise für Sachgüter und Dienstleistungen in die Höhe. Es entsteht Inflation.

Geldwertstörungen: Deflation und Stagflation

Die Deflation

Deflation: *Anhaltender Rückgang des allgemeinen Preisniveaus. Der Wert des Geldes steigt.*

Bei einer Deflation ist die Gütermenge grösser als die Geldmenge. Für die gleiche Summe Geld erhält man mehr Sachgüter und Dienstleistungen. Anders ausgedrückt: Für die gleiche Menge Sachgüter und Dienstleistungen muss man weniger zahlen. Somit steigt die Kaufkraft des Geldes. Die Preise beginnen zu sinken. Die Deflation ist demnach das Gegenteil der Inflation.

Die Wahrscheinlichkeit, dass ein solcher Prozess allgemeiner Preisrückgänge eintritt, ist dann besonders gross, wenn:
– die privaten Haushalte nicht konsumfreudig sind oder
– die Unternehmen sinkende Umsätze verzeichnen oder
– die Arbeitslosenzahlen steigen oder
– die Löhne niedrig sind oder sogar sinken.

Gefahren der Deflation
Während einer Deflation befindet sich die Wirtschaft in der Phase des konjunkturellen Abschwungs (siehe S. 169 ff.). Die ständig fallenden Preise führen dazu, dass auch die Einkommen sinken. Sinkende Preise erfreuen zwar die privaten Haushalte, können aber einen katastrophalen Kreislauf auslösen. In der Hoffnung, die Preise würden noch tiefer fallen (das Einkommen ist ja auch gesunken), halten sich die privaten Haushalte mit Einkäufen erst recht zurück. Damit steigen die Überkapazitäten der Unternehmen, die in der Folge ihre Investitionen stoppen und damit beginnen müssen, Personal abzubauen, Löhne zu senken usw. Zudem werden Schuldner eher zahlungsunfähig.

Die Stagflation

Stagflation: *Setzt sich aus den Wörtern Stagnation und Inflation zusammen. Obwohl die Wirtschaft stagniert (nicht wächst), steigen die Preise.*

Dieser Zustand wird gefürchtet. Im Gegensatz zur Inflation, bei welcher Vollbeschäftigung herrscht, ist bei der Stagflation ein Teil der Erwerbstätigen arbeitslos. Zur Bekämpfung der Stagflation gerät man in ein Dilemma:

Entweder
Man bekämpft die Inflation. (Die Geldmenge wird verkleinert; es wird weniger Geld von der Notenbank zur Verfügung gestellt. Dadurch kann weniger produziert werden, somit steigt die Zahl der Arbeitslosen.)

Oder
Man bekämpft die Arbeitslosigkeit. (Die Geldmenge wird ausgeweitet und Geld für Arbeitsbeschäftigungsprogramme oder für Investitionen zur Verfügung gestellt. Dann steigt die Inflation noch stärker.)

Man kann also nicht beide Übel gleichzeitig bekämpfen. Für die Wirtschaftspolitik besteht daher ein kleiner Spielraum. Es hängt von der Nationalbank ab, welcher Massnahme der Vorzug gegeben wird.
Eine sozialdemokratische Regierung dürfte eher den Druck auf die Nationalbank erhöhen, damit diese die Geldmenge ausweitet und die Arbeitslosigkeit bekämpft. Eine liberale Partei dürfte sich eher für die Bekämpfung der Inflation einsetzen.

Die Konjunktur

> **Konjunktur:** *Widerspiegelt die Gesamtsituation einer Volkswirtschaft. Sie bezeichnet den schwankenden Verlauf der Wirtschaft bzw. des Wirtschaftswachstums. Das Wirtschaftswachstum wird anhand des realen Bruttoinlandsproduktes gemessen.*

Die beiden Begriffe Konjunktur und Wirtschaftswachstum hängen zusammen.

Das Wachstum der Wirtschaft verläuft nicht gleichmässig (linear). Das Wirtschaftswachstum nimmt manchmal schneller zu, dann stagniert es, oder es bildet sich sogar zurück. Mit dem Wirtschaftswachstum schwanken auch andere Grössen wie die Zinsen, die Auslastung der Produktionsanlagen, die Entwicklung der offenen Stellen, die Aktienmärkte usw. Einmal herrscht ein Zustand mit nahezu Vollbeschäftigung und Inflationstendenzen. Zu einem späteren Zeitpunkt kann sich dieses Bild ändern, indem Unterbeschäftigung (die Arbeitslosigkeit nimmt zu) und Deflationstendenzen herrschen. Es wäre aber ein Irrtum, anzunehmen, dass alle Branchen einer Volkswirtschaft zur selben Zeit die gleiche Entwicklung durchmachen.

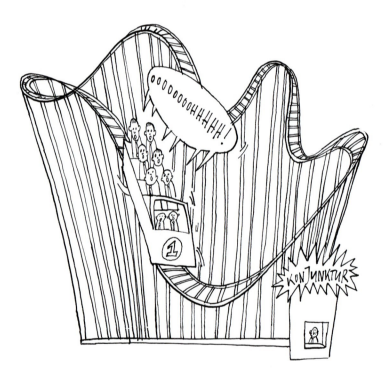

NICE TO KNOW

Prognosen der weltwirtschaftlichen Entwicklung

	BIP[1]		ALQ[2]		Inflation[3]	
	2012	2013	2012	2013	2012	2013
USA	2,9	2,7	7,8	7,0	1,4	1,3
Japan	2,1	1,7	4,7	4,5	− 0,1	− 0,15
Grossbritannien	2,3	2,5	7,7	7,4	2,1	2,75
Deutschland	2,1	1,9	6,5	6,3	0,7	1,4
Schweiz	1,8	1,8	3,3	3,0	1,0	1,0

Quelle: IMF, World Economic Outlook Database, Oct. 2011

[1] *Veränderung gegenüber Vorjahr, in %, real*
[2] *Arbeitslosenquote, in %*
[3] *Veränderung gegenüber Vorjahr, in %*

Der Konjunkturzyklus

Konjunkturzyklus: *Es wird ein Zeitraum (eine ganz bestimmte Phase) der Wirtschaftsentwicklung betrachtet, entweder eine Periode von einem Wellental zum nächsten Wellental oder von einem Wellenberg zum nächsten Wellenberg.*

Die Wirtschaftsentwicklung kann man mittels einer wellenförmig verlaufenden Kurve darstellen, genannt Konjunkturzyklus.

In der Realität folgt die Konjunktur aber nur bedingt den Gesetzen des Konjunkturzyklus. Untersuchungen haben gezeigt, dass sich die einzelnen Phasen des Konjunkturzyklus bezüglich ihrer Länge (Zeitdauer) und ihrer Intensität (Ausschlag nach oben und nach unten) unterscheiden.

In der Schweiz werden die Konjunkturzyklen anhand der jährlichen Veränderungsraten des Bruttoinlandproduktes gemessen.

Hauptelemente des Konjunkturzyklus

Die Hauptelemente des Konjunkturzyklus sind:
- der Konjunkturaufschwung (mit der eigentlichen Erholung und der Hochkonjunktur) und
- der Konjunkturabschwung (mit der Rezession und der Depression)

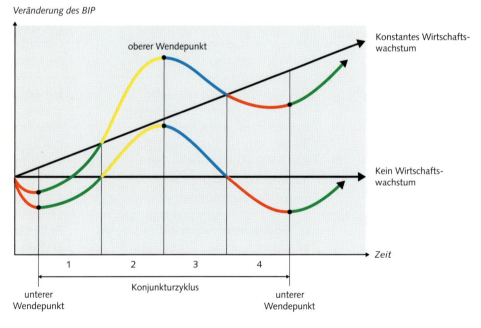

1 = Aufschwung / Erholung 3 = Abschwung / Rezession
2 = Hochkonjunktur / Boom 4 = Depression / Krise

Würde die Wirtschaft gleichmässig wachsen (d.h. eine konstante Wachstumsrate des BIP), käme dies der abgebildeten Geraden (konstantes Wirtschaftswachstum) gleich.

Würde die Wirtschaft nicht wachsen (d.h. wäre das BIP immer genau gleich gross), käme dies der abgebildeten Geraden (kein Wirtschaftswachstum) gleich.

Konjunkturaufschwung

Das Wirtschaftswachstum nimmt zu.
Bei den nachfolgenden Beschreibungen handelt es sich um **Tendenzen**.

	Aufschwung (Erholung)	Hochkonjunktur (Boom)
Zukunftsaussichten	Es herrscht eine optimistische Stimmung.	Die Zukunftsaussichten sind euphorisch.
Nachfrage	Die Nachfrage nach Sachgütern und Dienstleistungen nimmt zu.	Die Nachfrage nach Sachgütern und Dienstleistungen ist sehr gross. Die Produktion und der Absatz erreichen einen Höchststand.
Angebot	Die Produktion wird ausgeweitet.	Die Produktionsanlagen sind voll ausgelastet.
Preise	Die Preise der Sachgüter und Dienstleistungen steigen.	Die Preise steigen stark an.
Investitionen	Die Investitionen werden ausgeweitet. Die Gewinnerwartungen der Unternehmen nehmen zu.	Die Gewinnerwartungen sind weiterhin sehr günstig. Daher erhöhen die Unternehmen die Investitionen.
Zinsen	Das Kreditvolumen der Banken ist nicht ausgeschöpft. Zu Beginn des Aufschwungs können Unternehmen noch zu niedrigen Zinsen Kredite beziehen. Mit fortschreitendem Aufschwung steigen die Zinsen für die Kredite.	Es herrschen hohe Zinsen für Kredite, da die Geldnachfrage grösser ist als das Geldangebot. Die Banken haben ihre Kreditmöglichkeiten ausgeschöpft.
Beschäftigungslage	Es werden neue Arbeitsplätze geschaffen.	Es herrscht ein Mangel an Arbeitskräften. Es werden viele Überstunden geleistet.
Löhne / Gewinne	Die Löhne der Arbeitnehmer und die Gewinne der Unternehmen nehmen zu.	Die Löhne der Arbeitnehmer steigen immer noch. Die Gewinne der Unternehmen sind sehr gross.
Sparverhalten der privaten Haushalte	Die privaten Haushalte sparen weniger, da die Zukunftsaussichten gut sind. Es wird mit höheren Einkommen gerechnet.	Die privaten Haushalte sparen sehr wenig.

■ Konjunkturabschwung

Das Wirtschaftswachstum nimmt ab.
Bei den nachfolgenden Beschreibungen handelt es sich um **Tendenzen**.

	Abschwung (Rezession)	Depression (Krise)
Zukunftsaussichten	Es herrscht eine unsichere Stimmung.	Es herrscht eine allgemein pessimistische Stimmung.
Nachfrage	Die Nachfrage nach Sachgütern und Dienstleistungen nimmt ab.	Die Nachfrage nach Sachgütern und Dienstleistungen ist sehr gering.
Angebot	Die Produktion wird vermindert.	Die Produktion wird weiter vermindert. Die Produktionsanlagen werden zum Teil nicht genutzt.
Preise	Die Preise der Sachgüter und Dienstleistungen stagnieren oder nehmen ab.	Mit fortschreitendem Abschwung sinken die Preise für Sachgüter und Dienstleistungen.
Investitionen	Die Unternehmen investieren weniger. Es werden höchstens noch Ersatzinvestitionen getätigt.	Die Unternehmen tätigen sehr wenige Investitionen.
Zinsen	Die Geldnachfrage sinkt, folglich sinken auch die Zinssätze.	Es herrschen niedrige Zinsen, da das Geldangebot grösser ist als die Geldnachfrage.
Beschäftigungslage	Es werden Arbeitskräfte abgebaut oder nicht mehr ersetzt, was einem Abbau gleichkommt.	Die Wirtschaft wird durch hohe Arbeitslosigkeit geplagt. Es werden vermehrt Unternehmen stillgelegt.
Löhne/Gewinne	Die Löhne stagnieren und die Gewinne nehmen ab.	Die Löhne der Arbeitnehmer sind tief. Die Gewinnaussichten der Unternehmen sind schlecht. Häufig werden Verluste erzielt.
Sparverhalten der privaten Haushalte	Die privaten Haushalte sparen vermehrt, da die Zukunftsaussichten unsicher sind und mit Lohnkürzungen oder mit Kurzarbeit gerechnet oder gar Arbeitslosigkeit befürchtet wird.	Die privaten Haushalte sparen vermehrt, da sie z.B. Angst vor der Arbeitslosigkeit haben.

Die heute geltende Regel für den Beginn einer Rezession lautet: Sinkt das BIP einer Volkswirtschaft in zwei aufeinanderfolgenden Quartalen, befindet sich diese Volkswirtschaft in einer Rezession.

Konjunkturindikatoren

> **Konjunkturindikatoren:** *Sind Grössen, die auf Konjunkturschwankungen hinweisen und die auf einzelne Konjunkturphasen schliessen lassen (z.B. die Konsumentenstimmung ist ein Indikator).*

Generell wird die konjunkturelle Entwicklung anhand von Konjunkturindikatoren eingeschätzt, d.h. man versucht anhand dieser Indikatoren zu erkennen, wo sich die Konjunktur befindet und in welche Richtung sich die Wirtschaft bewegen wird. Experten betrachten bei der Beurteilung der konjunkturellen Lage immer mehrere unterschiedliche Daten, die unabhängig voneinander erfasst werden.

Die Konjunkturindikatoren werden entsprechend ihrer zeitlichen Bedeutung eingeteilt in:
- Frühindikatoren,
- Präsenzindikatoren und
- Spätindikatoren

Frühindikatoren

> **Frühindikatoren:** *Sind vorauseilende Indikatoren, d.h. sie zeigen die wirtschaftliche Entwicklung vorzeitig an, d.h. bevor sie wirklich eintritt. Sie sind vor allem für die Prognose wichtig und basieren häufig auf Umfragen.*

Baubewilligungen	Baubewilligungen sind ein zuverlässiger Frühindikator. Bautätigkeiten hängen erfahrungsgemäss sehr stark von der konjunkturellen Entwicklung ab. Steigt die Anzahl der Baugenehmigungen, so deutet dies in der Regel auf eine Aufwärtsbewegung hin.
Konsumentenstimmung	Das Staatssekretariat für Wirtschaft (seco) erhebt die Stimmung der privaten Haushalte anhand einer Umfrage. Eine positive Konsumentenstimmung deutet auch auf eine Aufwärtsbewegung hin.
Auftragslage	Die stichprobenartige Erfassung der Auftragslage der Unternehmen gibt ebenfalls Aufschluss über die konjunkturelle Lage.
Offene Arbeitsstellen	Unternehmen bieten neue Stellen an, wenn sie glauben, dass ihre Auftragslage auch in Zukunft sehr gut ist oder sich sogar noch verbessern wird. Daher ist eine hohe Anzahl offener Arbeitsstellen ein guter Indikator für eine Aufwärtsbewegung.
Investitionsverhalten	Hohe Investitionen der Unternehmen deuten darauf hin, dass die Unternehmen mit weiteren Aufträgen und Gewinnen rechnen. Die zusätzlichen Investitionen der Unternehmen verstärken den Aufwärtstrend. Das Investitionsverhalten der Unternehmen ist ein vorauseilender Indikator. Tätigen die Unternehmen hingegen keine Investitionen, dann deutet dies auf eine Abwärtsbewegung hin.
Geschäftsklima-Index	Der Geschäftsklima-Index erfasst stichprobenartig die allgemeine Lage der Unternehmen und ihre Erwartungen für die kommenden Monate.

Präsenzindikatoren

Präsenzindikatoren: *Sind gleichlaufende Indikatoren, d.h. sie zeigen die gegenwärtige wirtschaftliche Entwicklung an.*

Bruttoinlandprodukt — Ein wichtiger Präsenzindikator ist das monatlich gemessene Bruttoinlandprodukt. Schwankungen des BIP geben gute Hinweise auf den Verlauf der Konjunktur.

Branchenumsätze — Auch die monatlichen Umsätze der jeweiligen Branchen geben Aufschluss über die konjunkturelle Situation eines Landes.

Umsätze der Unternehmen — Während eines Aufschwungs nehmen die Umsätze der Unternehmen zu, sie bilden die wirtschaftliche Konjunktur ohne Verzögerung ab.

Privater Konsum — In einem Abschwung nimmt der private Konsum ab, da die Zukunft für die privaten Haushalte unsicher ist. Die privaten Haushalte beginnen somit zu sparen. Dies verschärft den Abschwung.

Exporte/Importe — Die Schweiz ist sehr stark mit dem Ausland verflochten. Ein Aufschwung in Deutschland führt zu höheren Exporten und zu Aufschwungtendenzen in der Schweiz, was wiederum zu höheren Importen führt.

Spätindikatoren

Spätindikatoren: *Sind nachhinkende Indikatoren, d.h. sie zeigen die wirtschaftliche Entwicklung mit einer zeitlichen Verzögerung an*

Arbeitsmarkt — Ein sehr wichtiger Spätindikator ist der Arbeitsmarkt. Er reagiert mit einer deutlichen Verzögerung. Während z.B. der gleichlaufende Indikator BIP bereits den Aufwärtstrend anzeigt, ist beim Arbeitsmarkt noch nichts zu spüren. Die Entwicklung auf dem Arbeitsmarkt tritt häufig erst einige Monate später ein.

Konkurse der Unternehmen — Ein weiterer wichtiger Spätindikator sind die Unternehmenskonkurse. Häufig verfügen die kriselnden Unternehmen noch über finanzielle Reserven, die es ihnen ermöglichen, während ein paar Monaten auf dem Markt zu bestehen, obwohl sie keine Aufträge mehr ausführen und ihre Umsätze drastisch gesunken sind. Erst nach einer gewissen Zeit gehen sie in Konkurs.

Arbeitslosenquote — Auf dem Arbeitsmarkt schlagen sich konjunkturelle Bewegungen mit einer deutlichen Verzögerung nieder. Häufig versucht ein Unternehmen, höhere Umsätze mit einer Erhöhung der Arbeitsbelastung der bestehenden Arbeitskräfte zu bewältigen. Erst bei anhaltender erhöhter Auftragslage wird das Unternehmen neue Mitarbeiter einstellen, d.h., die Arbeitslosenquote verringert sich mit einer zeitlichen Verzögerung.

Steigende Zinsen — Die erhöhten Investitionstätigkeiten der Unternehmen führen zu einer Erhöhung der Nachfrage nach Krediten, was mit einer zeitlichen Verzögerung steigende Zinsen mit sich bringt.

Die Konjunkturpolitik

> **Konjunkturpolitik:** *Summe aller staatlichen Massnahmen zur Steuerung der Konjunktur. Ziel ist es, allzu grosse Schwankungen im Wirtschaftsverlauf zu verhindern oder sie zumindest gering zu halten und so ein möglichst ausgeglichenes Wirtschaftswachstum zu erreichen.*

Der Konjunkturartikel in der Verfassung (BV 100)

Die Verfassung gibt dem Bund das Recht, ins Wirtschaftsgeschehen einzugreifen.
- Dabei ist es das Hauptziel, Massnahmen zu treffen, damit die konjunkturelle Entwicklung möglichst ausgeglichen verläuft (siehe auch «antizyklisches Verhalten» auf der folgenden Seite).
- Danach nennt die Verfassung zwei Teilziele, nämlich die Verhütung und die Bekämpfung der Arbeitslosigkeit sowie der Teuerung.
- Der Bund soll auch die wirtschaftliche Entwicklung der einzelnen Landesgegenden berücksichtigen.
- Bei der Einnahmen- und bei der Ausgabenpolitik sollen Bund, Kantone und Gemeinden die Konjunkturlage berücksichtigen.

Um diese Ziele zu erreichen, können Massnahmen getroffen werden, welche
- die Geldmenge betreffen (monetäre Konjunkturpolitik) und/oder
- die Geldmenge nicht betreffen (nicht monetäre Konjunkturpolitik).

Regelung der Geldmenge

Massnahmen, welche die Geldmenge betreffen (Geldpolitik)

BV 99 überträgt die Regelung der Geldmenge der Nationalbank (SNB). Die Nationalbank (siehe S. 156 ff.) ist bestrebt, stabile monetäre Verhältnisse zu schaffen. Sie versucht vor allem die Zinsen, die Wechselkurse (siehe S. 152 f.) und die Inflation (siehe S. 163 ff.) für die Wirtschaft optimal zu gestalten.

Damit die SNB diese Aufgaben wahrnehmen kann, ist es für sie wichtig, über eine genaue, für statistische Zwecke geeignete Definition von Geld zu verfügen. In diesem Zusammenhang spricht man von Geldmengen M_1, M_2 und M_3.

In Zeiten der Inflation sollte die SNB die Geldmenge möglichst verkleinern. Die Geschäftsbanken können dann weniger Kredite gewähren. Dies führt zu steigenden Zinsen. Wenn die Nationalbank die Geldmenge verringert, dann besteht die Gefahr, dass der Schweizer Franken aufgewertet wird, er nimmt an Wert zu. Dadurch werden die schweizerischen Sachgüter und Dienstleistungen für das Ausland teurer. Dies schadet der Exportwirtschaft.

In Zeiten der Deflation (siehe S. 167) sollte die SNB die Geldmenge vergrössern, um die Beschäftigungslage zu verbessern. Diese Massnahme birgt aber schon wieder den Keim für spätere Inflationstendenzen in sich.

Ein weiteres wichtiges Ziel der Nationalbank ist es, Preisstabilität zu erreichen (siehe S. 158). Dies ist wichtig für die Sozialpartner (Arbeitnehmer und Arbeitgeber), da der Landesindex der Konsumentenpreise die Grundlage für die Lohnverhandlungen bildet. Die Löhne sind ein wichtiger Kostenfaktor für die Unternehmen.

Mit all diesen Massnahmen leistet die Schweizerische Nationalbank einen grossen und wichtigen Beitrag zur Erreichung eines Wirtschaftswachstums. Sie spielt bei der Konjunkturpolitik die entscheidende Rolle.

→ www.verlag-fuchs.ch/vwl

V 3.11 Die Konjunktur

Massnahmen, welche nicht die Geldmenge betreffen (vor allem Finanzpolitik)

Die Finanzpolitik (auch Fiskalpolitik genannt)

Die öffentliche Hand (Bund, Kantone, Gemeinden) soll sich bei ihrer Ausgaben- und Einnahmenpolitik konjunkturgerecht, das heisst antizyklisch, verhalten.

Antizyklisches Verhalten: *Finanzpolitische Massnahmen, mit denen genau das Gegenteil von dem gemacht wird, was sich im Konjunkturzyklus abspielt.*

In Zeiten der Hochkonjunktur nehmen die Steuereinnahmen des Bundes, der Kantone und der Gemeinden zu. Das verleitet zu Mehrausgaben. Als grösster Auftraggeber in einer Volkswirtschaft sollte die öffentliche Hand jedoch mit Ausgaben und Aufträgen zurückhaltend sein, um die Wirtschaftsentwicklung nicht noch zusätzlich anzuheizen. Der Staat sollte seine Ausgaben verkleinern und einen Budgetüberschuss erzielen.

Der Schuldenberg dürfte nicht vergrössert werden. Im Gegenteil, mit den Mehreinnahmen müsste die öffentliche Hand versuchen, ihre Schulden abzubauen.

In Zeiten der Rezession und der Depression nehmen die Steuereinnahmen ab. Die öffentliche Hand sollte nun das während der Hochkonjunktur ersparte Geld einsetzen, um mit öffentlichen Aufträgen, mit Steuersenkungen und mit Subventionen den Unternehmungen unter die Arme zu greifen und so die Wirtschaft wieder anzukurbeln.

Ist der Schuldenberg nicht allzu hoch, verfügt der Staat über genügenden Handlungsspielraum. Der Staat kann sich aber nicht antizyklisch verhalten, wenn der Schuldenberg sehr hoch ist (siehe S. 144 f.).

In den letzten Jahren versucht der Staat vermehrt, eine Deregulierung vorzunehmen, d.h. er baut staatliche Eingriffe in die Wirtschaft ab. So werden ehemalige Staatsbetriebe privatisiert (z.B. ein Teil der PTT wurde zur Swisscom).

Es ist möglich, dass die Fiskalpolitik im Zusammenhang mit der Schuldenbremse (siehe S. 145) in Zukunft eine grössere Rolle spielen wird.

Die Zollpolitik

Indem der Staat die Zölle hebt bzw. senkt, hemmt oder fördert er Importe bzw. Exporte.

Beispiel: Um den Absatz der einheimischen Tomaten zu fördern, wurde der Zoll auf ausländischen Tomaten erhöht.

Da die WTO (siehe S. 188 f.) der Zollpolitik enge Grenzen setzt und die bilateralen Verhandlungen mit der EU erfolgreich abgeschlossen worden sind, hat die Zollpolitik der Schweiz wenig Bedeutung mehr.

NICE TO KNOW

Widersinn des Sparens

Wenn in Zeiten der Rezession die privaten Haushalte vermehrt sparen, werden dadurch weniger Güter gekauft. Somit können die Unternehmen weniger produzieren. Es müssen Arbeitskräfte entlassen werden und die Wirtschaft gerät in eine noch grössere Schieflage. Jedermann sollte eigentlich in Zeiten der Hochkonjunktur mehr sparen und in Zeiten der Rezession mehr ausgeben (antizyklisches Verhalten der privaten Haushalte).

Drei bedeutende Wirtschaftstheoretiker

Die Wirtschaftspolitik eines jeden Staates kreist im Wesentlichen um die Frage: Wie viel staatliche Einflussnahme auf das wirtschaftliche Geschehen ist notwendig bzw. tolerierbar, ohne dass die Marktmechanismen wesentlich gestört werden und ohne dass der Markt seine regulierende Kraft verliert (siehe S. 124 f.).

Im Folgenden werden drei bedeutende Wirtschaftstheoretiker vorgestellt, deren Theorien im Spannungsfeld dieser Frage stehen.

Adam Smith (1723–1790)

Adam Smith: *Schottischer Professor für Logik und Moralphilosophie. Smith legte in seinen Schriften den Grundstein zur klassischen Nationalökonomie. Er sah im Eigennutz die treibende Kraft für gesellschaftlichen Wohlstand und wirtschaftlichen Erfolg.*

Smiths Hauptanliegen

Smith befürwortet den freien Wettbewerb im Rahmen einer marktwirtschaftlichen Wirtschaftsordnung. Er fordert:
- Die Einwohner eines Staates sollen in wirtschaftlichen Angelegenheiten selbstverantwortlich ihre eigenen Ziele und Interessen verfolgen dürfen.
- Der Staat soll sich nicht in die Angelegenheiten der Wirtschaft einmischen, weil staatliche Eingriffe das Spiel der Marktkräfte verzerren und über kurz oder lang zu wirtschaftlichen Fehlentwicklungen führen.
- Die Aufgabe des Staates soll sich deshalb beschränken auf:
    - den Schutz der Bürger und des Eigentums gegen Angriffe von aussen und von innen,
    - die Führung von Unternehmen, bei denen der Aufwand grösser ist als der Gewinn (z.B. Schulen).

In seinem Buch «Der Reichtum der Nationen» (1776) schreibt Adam Smith von der «invisible hand» (unsichtbaren Hand) und meint damit Folgendes: Wenn jeder Bürger eines Landes versucht, möglichst viel Gewinn aus seinem Kapital zu erwirtschaften, profitiert davon automatisch die ganze Volkswirtschaft – und damit profitiert auch jeder Einzelne in diesem Land.
Somit wird nach Smith jeder von einer unsichtbaren Hand geführt, um einem Zweck (dem Wohl aller) zu dienen, den er eigentlich gar nicht beabsichtigt, da er bewusst ja nur das eigene Wohl fördern will.

Die Theorie von Smith bildet die Grundposition des sogenannten Wirtschaftsliberalismus. In unserem Staate teilen die FDP und die SVP tendenziell diese Auffassung (siehe «Der Staat», Die Parteien).

V 3.11 Die Konjunktur

John Maynard Keynes (1883–1946)

John Maynard Keynes: *Britischer Nationalökonom, Diplomat, Politiker und Publizist. Keynes gilt als einflussreichster Wirtschaftswissenschaftler des 20. Jahrhunderts.*
Unter dem Eindruck der Weltwirtschaftskrise und der Massenarbeitslosigkeit der Zwischenkriegszeit (1919–1939) beschäftigte er sich mit Fragen der Vollbeschäftigung und der Zusammenhänge zwischen Sparen und Investieren.

Keynes' Hauptanliegen

Keynes widerspricht der klassischen Theorie von Smith, wonach eine Marktwirtschaft automatisch zur Vollbeschäftigung tendiere und die sogenannten «Selbstheilungskräfte» der Wirtschaft eine Rezession beenden würden.
Er war vielmehr der Ansicht, dass normalerweise ein Ungleichgewicht auf dem Arbeits-, dem Waren- und dem Finanzmarkt herrscht.
Auf lange Sicht ist es zwar durchaus möglich, dass im Markt ein Gleichgewicht entsteht. Doch dieser Zeithorizont ist so weit weg, dass er für die Menschen, die unter der Rezession (siehe S. 169 ff.) leiden (z.B. arbeitslos sind), keine Hoffnung ist. Ironisch sagt Keynes über die Heilkräfte des Marktes auf lange Sicht: «Auf lange Sicht sind wir alle tot.»

Der Staat soll daher die Wirtschaft in Zeiten einer Rezession durch die Vergabe öffentlicher Aufträge ankurbeln (Strassenbau, öffentliche Bauten usw.), während er sich dann in Phasen der Hochkonjunktur ökonomisch zurückhalten soll. So könne eine mangelnde private Nachfrage durch eine öffentliche Nachfrage ausgeglichen werden, womit Arbeitsplätze und privater Konsum erhalten blieben.
Es ist somit Aufgabe des Staates, mittels geeigneter Massnahmen antizyklisch in die Entwicklung einer Volkswirtschaft einzugreifen (siehe S. 175).

Das Ziel der Wirtschaftspolitik nach Keynes ist es, den Aufschwung möglichst lange zu bewahren und eine Rezession zu vermeiden.

Die Gewerkschaften, die SP und Teile der CVP befürworten staatliche Einflussnahme zur Korrektur unliebsamer Wirtschaftsentwicklungen (siehe «Der Staat», Die Parteien).

Milton Friedman (1912–2006)

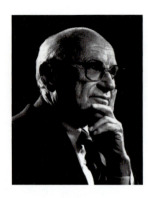

Milton Friedman: *Professor an der Universität von Chicago. Friedman gilt als einer der einflussreichsten, aber auch umstrittensten Ökonomen in der 2. Hälfte des 20. Jahrhunderts.*
Er war einer der ersten Wirtschaftswissenschafter, die den Zusammenhang zwischen der Geldmenge (siehe S. 162) und der Inflationsentwicklung erklärten.
Für seine herausragenden Arbeiten auf dem Gebiet der monetären Theorie wurde er 1976 mit dem Nobelpreis ausgezeichnet.

Friedmans Hauptanliegen

Friedman zeigte (gemeinsam mit Edmund Phelps) auf, dass es nicht möglich ist, durch die Erhöhung der Geldmenge die Arbeitslosigkeit zu senken. Vielmehr führe diese Massnahme lediglich zu einem Anstieg der Inflationsrate, ohne dass die Arbeitslosenquote wirksam gesenkt werde.

Die langfristige Beziehung zwischen der Geldmenge und der Inflation bildet den Kern der geldpolitischen Überlegungen von Friedman. Für ihn war die Inflation ein rein monetäres Phänomen, das die Nationalbanken mit einer strikten Kontrolle der Geldmenge bekämpfen sollten.
Diese Theorie nennt man Monetarismus: Nach ihr soll der Staat lediglich mit der Steuerung der Geldmenge wirtschaftspolitisch aktiv sein. Ziel ist es, eine langfristige Stabilität der Preise zu erreichen und Inflation möglichst zu vermeiden.

Milton Friedman war Mitbegründer der Chicagoer-Schule. Diese fordert, dass der Staat nicht in das Wirtschaftsgeschehen eingreifen soll. Der Markt regelt alles am besten. Und die Freiheit des Einzelnen ist dann am grössten, wenn der Staat möglichst wenig regelt.
Für Friedman würden alle Aufgaben, die der Staat heute bei uns übernimmt und organisiert (Bildung, Rente, Gesundheitswesen usw.), durch den freien Markt besser geregelt.

Friedman war gegen die antizyklische Finanzpolitik und widersprach somit energisch den Theorien von John Maynard Keynes.

Obwohl er nie ein Regierungsmitglied war, hatte er viele Jahrzehnte lang erheblichen Einfluss auf die amerikanische Wirtschaftspolitik. Er (bzw. die Chicagoer Gruppe) war informeller Berater von Senator Goldwater, der langjährigen britischen Premierministerin Margaret Thatcher und des chilenischen Diktators Augusto Pinochet. Weiter unterstützte er die Wahlkämpfe der US-Präsidenten Richard Nixon und Ronald Reagan.

In der Schweiz fordern gewisse FDP- und SVP-Politiker einen Laissez-faire-Kapitalismus (siehe freie Marktwirtschaft, S. 134 ff.) im Sinne Friedmans.

V 4. Beziehungen nach aussen

Politische Weltkarte

V 4.1 Politische Weltkarte

Die Globalisierung der Wirtschaft

> **Globalisierung:** *Ist die zunehmende weltumspannende Verflechtung in Wirtschaft, Politik, Kultur, Information und Kommunikation.*
> *(globalisieren = auf die ganze Welt ausrichten)*

Die zunehmende weltweite Verflechtung der Wirtschaft, der Kulturen, der Informationen und der Politik stellt eine bedeutende Entwicklung in der Menschheitsgeschichte dar.

Die Globalisierung der Wirtschaft

Die Volkswirtschaft interessiert sich vor allem für den wirtschaftlichen Bereich.

Die Wirtschaft vermag problemlos nationale Grenzen zu überwinden (durch Fusionen, Gründung von Tochtergesellschaften usw.). Und die Wirtschaft ist sehr flexibel. Daher verschmelzen heute die Weltmärkte mehr und mehr. Es findet ein weltweiter Konkurrenzkampf statt.

Um auf den Weltmärkten präsent zu sein und bestehen zu können, sehen sich die Unternehmungen gezwungen, zu wachsen oder sich mit anderen Unternehmen zusammenzuschliessen.

Es gibt schweizerische Unternehmen, die nur noch einen kleinen Teil ihres Umsatzes in der Schweiz erwirtschaften. (Beispiel: Die Zementgruppe Holcim, weltweit grösstes Unternehmen in diesem Markt, erwirtschaftet im Inlandgeschäft nur noch 5%, den Rest in der übrigen Welt.)

Finanzmärkte (Kapital)

Die bedeutendste Globalisierung hat auf den Finanzmärkten stattgefunden, weil das Kapital relativ einfach in verschiedene Länder transferiert werden kann.

Beispiel: Schweizerische Kapitalanleger können von höheren Zinsen profitieren, indem sie ihr Geld auf ausländischen Kapitalmärkten anlegen. Das Risiko der einzelnen Kapitalanlagen auf den internationalen Kapitalmärkten muss aber abgewogen werden.

Problem: Geht es einer Wirtschaft schlechter (z.B. Griechenland, Spanien, Italien, USA), reagieren die Kapitalanleger panikartig und sie ziehen ihr Kapital im grossen Stil zurück. Dadurch verschärft sich die wirtschaftliche Krise im entsprechenden Land. Diese Krise kann augenblicklich auf andere nicht so sichere Finanzplätze übergreifen.

Arbeitsmärkte (Arbeit)

Im Gegensatz zu den Finanzmärkten ist der Arbeitsmarkt stärker auf die einzelne Volkswirtschaft begrenzt. Von den Arbeitnehmern wird aber vermehrt Mobilität verlangt, da die Unternehmen weltweit tätig sind.

Durch die Globalisierung hat sich die Konkurrenz unter den Arbeitnehmern weltweit verschärft. Für qualifizierte Arbeitskräfte haben sich die Möglichkeiten verbessert, im Ausland zu arbeiten.

Gütermärkte

Die offensichtlichste Art der Globalisierung ist der weltweit schnelle Austausch von Sachgütern und Dienstleistungen. Diese werden häufig nicht mehr in der Schweiz produziert und dann exportiert, sondern im Ausland hergestellt, wo vor allem die Lohnkosten tiefer sind.
(Die im Ausland von schweizerischen Unternehmen produzierten Sachgüter und Dienstleistungen übersteigen wertmässig die gesamten Exporte der Schweiz.)

Die Zahlungsbilanz

Um eine bessere Übersicht zu erhalten, wird die Zahlungsbilanz in verschiedene Teilbilanzen aufgegliedert.

Handelsbilanz

Sie stellt die Exporte (Ausfuhren von Sachgütern) den Importen (Einfuhren von Sachgütern) gegenüber. Wird mehr exportiert als importiert, so entsteht in der Handelsbilanz ein Überschuss, im andern Fall ein Defizit.
(2010 stammten 77,5% aller Importe aus den 27 EU-Staaten und 62,0% aller Exporte gingen dorthin. Die Schweiz ist somit von der EU abhängig.)

Dienstleistungsbilanz

Sie stellt die Einnahmen von exportierten Dienstleistungen und die Ausgaben für importierte Dienstleistungen einander gegenüber. Die Dienstleistungen umfassen u.a. den Fremdenverkehr, Bankdienstleistungen, Versicherungs- und Transportgeschäfte. Die Schweiz weist in der Dienstleistungsbilanz traditionell einen Überschuss auf.

Bilanz der Arbeits- und Kapitaleinkommen

a) Es werden die Arbeitseinkommen von Grenzgängern erfasst.
   Da in der Schweiz mehr ausländische Grenzgänger arbeiten als Schweizer im benachbarten Ausland, entsteht bei den Arbeitseinkommen ein Defizit.
b) Zudem erfasst man sämtliche Erträge (z.B. Zinsen) von Kapitalien, welche von einzelnen Schweizern oder Schweizer Unternehmen im Ausland investiert worden sind, sowie die Zinsen, welche für ausländische Guthaben bezahlt werden müssen, die in der Schweiz investiert worden sind. Bei den Kapitaleinkommen erzielt die Schweiz jeweils einen grossen Überschuss.

Die Bilanz der Arbeits- und Kapitaleinkommen weist für die Schweiz im Normalfall einen Überschuss auf (Ausnahme: 2008 resultierte erstmals ein Defizit).

Bilanz der laufenden Übertragungen

Berücksichtigt werden hier die von Ausländern in der Schweiz verdienten Einkommen, welche diese nicht mehr in der Schweiz ausgeben, sondern ins Ausland überweisen, sowie Gelder aus der AHV und der Pensionskasse, welche den in ihre Heimatländer zurückgekehrten Ausländern ausbezahlt werden.
Gelder für die Entwicklungshilfe und für internationale Organisationen werden ebenfalls in dieser Bilanz erfasst. Üblicherweise resultiert für die Schweiz in der Bilanz der laufenden Übertragungen ein Defizit.

> **Ertragsbilanz**
>   Die Handelsbilanz
> + die Dienstleistungsbilanz
> + die Bilanz der Arbeits- und der Kapitaleinkommen
> + die Bilanz der laufenden Übertragungen
> = Ertragsbilanz

Die Schweiz weist in ihrer Ertragsbilanz einen Überschuss auf. Sie exportiert insgesamt mehr Sachgüter, Dienstleistungen, Arbeits- und Kapitaleinkommen, als sie importiert.

Zahlungsbilanz

> Ertragsbilanz + Kapitalverkehrsbilanz = Zahlungsbilanz.

Einfach ausgedrückt, erfordert jede Verbuchung bei einer der vier Bilanzen (Handelsbilanz, Dienstleistungsbilanz, Bilanz der Arbeits- und der Kapitaleinkommen und Bilanz der laufenden Übertragungen) eine Gegenbuchung in der Kapitalverkehrsbilanz. Daher ist die Zahlungsbilanz als Ganzes immer ausgeglichen.

→ www.verlag-fuchs.ch/vwl

Flexibler Wechselkurs – fixer Wechselkurs

Der Wechselkurs kann flexibel (beweglich) oder fix (fest) sein.

◼ Flexibler Wechselkurs

> **Flexibler (beweglicher) Wechselkurs:** *Der Wechselkurs entwickelt sich am Devisenmarkt ausschliesslich aufgrund von Angebot und Nachfrage. Der Kurs schwankt frei (auch «Floating» genannt).*

Sauberes Floating

Greift die Nationalbank auf dem Devisenmarkt nicht in den Mechanismus von Angebot und Nachfrage ein (man sagt auch, sie interveniert nicht), dann bezeichnet man dies als «sauberes Floating».

Schmutziges Floating

Beim «schmutzigen Floating» hingegen greift die Nationalbank in die Devisenmärkte ein (sie interveniert), indem sie fremde Währungen kauft oder verkauft. Dadurch beeinflusst sie die Wechselkurse.
Die Industrienationen wenden heute das «schmutzige Floating» an.

Beispiel einer Intervention durch die Nationalbank
Der CHF ist gegenüber dem $ sehr hoch bewertet, wodurch unsere Exportwirtschaft im Ausland immer weniger konkurrenzfähig wird. Um unsere Exportwirtschaft zu stützen, erhöht die Notenbank die Nachfrage nach Dollar, indem sie grössere Mengen Dollar aufkauft. Damit will sie erreichen, dass der $ steigt und der CHF an Wert verliert. Dafür muss sie aber Schweizer Franken abgeben, was letztlich das Risiko einer Inflation in sich bergen kann (siehe S. 163 ff.).

Steigender und fallender Wechselkurs

Wenn bei gleichbleibendem Angebot mehr und mehr Einheiten einer Währung nachgefragt werden, steigt der Kurs dieser Währung. Im umgekehrten Fall fällt er.
Da täglich ein äusserst reger Austausch von Währungen erfolgt, ändern sich die Kurse von Tag zu Tag (siehe S. 124, Angebot und Nachfrage).

◼ Fixer Wechselkurs

> **Fixer (fester) Wechselkurs:** *Handelspartner oder Staaten einigen sich untereinander, die Währung gegenseitig so zu wechseln, dass der Austauschpreis nur innerhalb von engen Grenzen schwanken darf. Die Nationalbank muss ständig intervenieren, damit der Kurs beibehalten werden kann.*

Erreicht der Dollar-Kurs den oberen Interventionspunkt, weil die Nachfrage nach $ grösser ist als das Angebot, muss die Nationalbank $ auf den Markt bringen. Dadurch vergrössert sie das Angebot, und der Kurs steigt nicht mehr, oder er fällt gar.

Im umgekehrten Fall (der Dollar erreicht den unteren Interventionspunkt), kauft die Nationalbank $ auf, um die Nachfrage anzuheizen. Der Kurs fällt nicht mehr, oder er beginnt gar zu steigen.

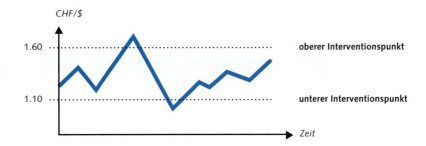

Kursverschlechterung – Kursverbesserung

Die Veränderungen der Devisenpreise bei flexiblen Wechselkursen werden Kursverschlechterung und Kursverbesserung genannt.

■ Kursverschlechterung

Kursverschlechterung: *Die inländische Währung verschlechtert sich, wenn man für eine ausländische Währung zunehmend mehr bezahlen muss.*

Es liegt eine Kursverschlechterung vor, wenn man gestern für 1 Euro CHF 1.20 bezahlte und heute CHF 1.25 bezahlen muss.

Beim Umtausch in fremdes Geld muss mehr inländisches Geld aufgewendet werden. Somit wird das ausländische Geld teurer. Gegenüber einer ausländischen Währung verliert die inländische Währung an Wert.

Ursachen einer Verschlechterung

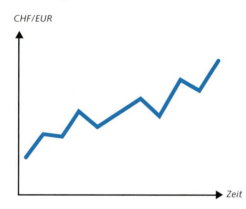

- unberechenbare politische Lage
- geringe oder keine Währungsreserven
- geringe Nachfrage nach dieser Währung
- hohe Inflationsraten
- kritisch eingestufte oder schlechte Wirtschaftslage
- hohe öffentliche Staatsdefizite
- Verkauf der Währung im grossen Stil

■ Kursverbesserung

Kursverbesserung: *Die inländische Währung verbessert sich, wenn man für eine ausländische Währung immer weniger bezahlen muss.*

Es liegt eine Kursverbesserung vor, wenn man gestern für 1 Euro CHF 1.31 bezahlte und heute CHF 1.27 bezahlen muss.

Beim Umtausch in fremdes Geld muss weniger inländisches Geld bezahlt werden, somit wird das ausländische Geld billiger. Gegenüber einer ausländischen Währung nimmt die inländische Währung an Wert zu.

Ursachen einer Verbesserung

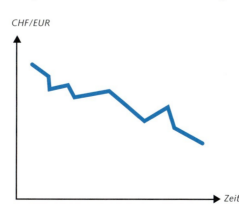

- stabile politische Verhältnisse
- grosse Währungsreserven
- grosse Nachfrage nach dieser Währung
- keine oder eine geringe Inflation
- gute Wirtschaftslage
- keine allzu grossen Defizite im öffentlichen Haushalt

Auswirkungen von Kursänderungen

■ Folgen einer Kursverschlechterung des CHF

Wenn sich der Schweizer Franken z.B. gegenüber dem Euro verschlechtert, gibt es Vor- und Nachteile.

	Vorteile	Nachteile
Importe		Importe aus den Euro-Ländern werden teurer. Für Waren, welche in € bezahlt werden müssen, benötigt man mehr CHF.
Exporte	Exporte von Sachgütern und Dienstleistungen aus der Schweiz nach den Euro-Ländern nehmen zu. Kunden aus den Euro-Ländern brauchen weniger €, um eine Rechnung in CHF zu bezahlen. In € umgerechnet werden schweizerische Exporte billiger. Unsere Konkurrenzfähigkeit nimmt zu.	
Beschäftigung	Steigende Exporte schaffen im Allgemeinen mehr Arbeitsplätze.	
Fremdenverkehr	Der schweizerische Fremdenverkehr profitiert. Personen aus den Euro-Ländern können mit € in der Schweiz mehr kaufen. Daher werden Ferien in der Schweiz interessanter. Die Beschäftigung in der Tourismusbranche steigt.	Schweizer, die in ein Euro-Land reisen, müssen mehr CHF in € wechseln. Für sie wird der Aufenthalt in diesem Land teurer.
Angelegtes Kapital	Der Wert der Gelder, die von Schweizern in € angelegt worden sind, steigt.	Der Wert der Gelder, die von Personen aus den Euro-Ländern in CHF angelegt worden sind, sinkt.

■ Massnahme der SNB gegen Kursverschlechterung

Im Notfall interveniert die SNB auf dem Kapitalmarkt, indem sie fremde Währung (z.B. €) verkauft und CHF ankauft. Dadurch verringert sich die Geldmenge an Schweizer Franken. Auswirkungen: Der CHF wird stärker, die Importwirtschaft profitiert, während die Exportwirtschaft benachteiligt wird.

NICE TO KNOW

Problem für Schweizer Exporteure

Wenn Exporteure heute Waren, die erst noch hergestellt werden müssen, in CHF offerieren, wissen sie nicht, welchen Wert der Schweizer Franken in ein paar Wochen oder Jahren hat. Es herrscht ein Wechselkursrisiko. Es können Währungsgewinne, aber auch grosse Währungsverluste resultieren. Mit der Einführung des Euro entfällt dieses Wechselkursrisiko für die 17 Euro-Länder. Davon profitiert die Schweiz nicht.

Folgen einer Kursverbesserung des CHF

Nachfolgend werden die Vor- und die Nachteile aufgezeigt, wenn sich der Schweizer Franken gegenüber dem Euro verbessert.

	Vorteile	Nachteile
Importe	Importe aus den Euro-Ländern werden billiger. Für Waren, die in € bezahlt werden müssen, benötigt man weniger CHF.	
Exporte		Exporte von Sachgütern und Dienstleistungen aus der Schweiz nach einem Euro-Land nehmen ab. Kunden aus einem Euro-Land brauchen mehr €, um eine Rechnung in CHF zu bezahlen. In € umgerechnet werden Exporte aus der Schweiz teurer. Unsere Konkurrenzfähigkeit nimmt ab.
Beschäftigung		Sinkende Exporte können zu einem Abbau von Arbeitsplätzen führen.
Fremdenverkehr	Schweizer, die in ein Euro-Land reisen, benötigen weniger €. Für sie wird ein Aufenthalt in diesem Land billiger.	Der schweizerische Fremdenverkehr verzeichnet weniger Gäste aus den Euro-Ländern. Personen aus den Euro-Ländern können mit € in der Schweiz weniger kaufen. Daher werden Ferien in der Schweiz für sie weniger interessant. Wenn weniger Leute in der Schweiz Ferien machen, nimmt die Anzahl der Beschäftigten in der Tourismusbranche ab.
Angelegtes Kapital	Der Wert der Gelder, die von Personen aus den Euro-Ländern in CHF angelegt worden sind, steigt.	Der Wert der Gelder, die von Schweizern in € angelegt worden sind, sinkt.

Massnahme der SNB gegen Kursverbesserungen

Im Notfall interveniert die SNB auf dem Kapitalmarkt. Sie kauft fremde Währungen (z.B. €) gegen Abgabe von Schweizer Franken. Dadurch weitet sie die Geldmenge an Schweizer Franken aus.

Auswirkungen: Der CHF wird schwächer, die Exportwirtschaft profitiert, während die importierten Güter teurer werden.

NICE TO KNOW

Die Auswirkungen einer Kursverbesserung des Schweizer Frankens resp. des Euro wirkt sich auch auf die Handelsbeziehungen derjenigen Länder aus, welche ihre eigene Währung allenfalls an den Euro gebunden haben (z.B. Bosnien und Herzegowina, Bulgarien aber auch Staaten wie die Elfenbeinküste, Kongo, Niger, Senegal und Togo).

Die WTO (Die Welthandelsorganisation)

WTO: *(World Trade Organization = Welthandelsorganisation) basiert auf einem 1995 in Kraft getretenen völkerrechtlichen Vertrag. Die WTO ist eine internationale Organisation.*
Der WTO gehören zurzeit 157 Staaten (Stand 1.1.2012) an (u.a. auch die Schweiz). Die Mitgliedstaaten decken über 90% des Welthandels ab. Sitz ist Genf.

Die Ziele der WTO

- Den weltweiten Handel mit Sachgütern und Dienstleistungen regeln
- Den freien Welthandel garantieren
- Handelsschikanen abbauen
- Faire Spielregeln im Welthandel schaffen

Die 3 Funktionen der WTO

Rechtlich gesehen ist die WTO die «Strassenverkehrsordnung des Welthandels». Wer das Vertragswerk verletzt, muss dafür «bezahlen» und die Verletzung aufgeben oder in Form von Handelszugeständnissen dem Geschädigten Ersatz leisten.

Wirtschaftlich gesehen dient die WTO der schrittweisen Liberalisierung des Welthandels.

Politisch gesehen ist die WTO eine Plattform für die Zusammenarbeit zwischen Staaten und Regierungen und ermöglicht die friedliche Beilegung von Differenzen im Handelsbereich zwischen einzelnen WTO-Mitgliedstaaten.

Aufgaben der WTO

Die WTO verwaltet internationale Handelsverträge und stellt ein Forum dar für die Weiterentwicklung bestehender und die Verhandlung neuer Verträge im Bereich des Welthandelsrechts. Dank des WTO-Streitschlichtungsverfahrens besitzen die WTO-Regeln gegenüber den Vertragsparteien auch Verbindlichkeit. Zudem werden in der WTO gegenseitig die Handelspolitiken der Mitgliedländer überprüft (Trade Policy Review).

→ www.verlag-fuchs.ch/vwl

NICE TO KNOW

Die «Uruguay-Runde»
In 8 «Runden» ist der 1947 ins Leben gerufene «GATT-Vertrag» verbessert und den aktuellen wirtschaftlichen und technischen Entwicklungen angepasst worden. Die letzte Runde, die 8., dauerte von 1986 bis 1994 und wird «Uruguay-Runde» genannt. (Alle Welthandelsrunden wurden entweder nach dem Eröffnungs- bzw. dem Verhandlungsort oder nach dem Initianten benannt.) Aufgrund dieses Vertrages wurde ab 1.1.1995 das GATT durch die WTO ersetzt.

Die «Doha-Runde»
Im November des Jahres 2001 startete die neue WTO-Verhandlungsrunde die sogenannte Doha-Runde. Das Ziel der Doha-Runde ist es, das weltweite Wachstum zu erhöhen und die Armut zu bekämpfen. Wesentliche Streitpunkte sind einerseits der Abbau der Agrarsubventionen in den USA und der fehlende Zugang zum Agrarmarkt der EU. (Die ärmeren Länder in Afrika, Asien und Lateinamerika beurteilen die Massnahmen in Europa und in den USA zum Schutz der einheimischen Landwirtschaft als eine drastische Einschränkung des Marktzugangs.) Anderseits wollen die Industrie- und ein Teil der Entwicklungsländer eine stärkere Öffnung der Märkte der Schwellenländer (u.a. Brasilien und Indien) für Industriegüter.

V 4.5 Die WTO

■ Die 3 Pfeiler der WTO

Die WTO bildet die Dachorganisation für
- das Güter- und Zollabkommen (GATT),
- das Dienstleistungsabkommen (GATS) sowie
- das Abkommen über geistiges Eigentum (TRIPS)

Nebst diesen drei für die WTO-Mitglieder verbindlichen Abkommen gibt es auch noch Abkommen, denen nur ein Teil der WTO-Mitglieder beigetreten sind, z.B. das WTO-Abkommen über das Öffentliche Beschaffungswesen (zurzeit 40 Mitglieder, u.a. auch die Schweiz).

WTO

Güter- und Zollabkommen (GATT)

Die Landwirtschaft wird vom Vertragswerk erfasst.
Das Agrarabkommen führt zu einer Verbesserung der gegenseitigen Marktzutrittsmöglichkeiten, zu einem Abbau der staatlichen Unterstützung und zu einer Verminderung der Exportsubventionen.

Zölle auf Industriegütern werden abgebaut.
Die Zölle wurden um mehr als 30 % abgebaut. Dadurch werden Importe günstiger und Exporte erleichtert. Bei gewissen Produkten gelang es gar, die Zölle vollständig zu eliminieren (Pharmaprodukte, medizinische Ausrüstungen, Baumaschinen usw.).

Handelsverzerrungen werden abgebaut.
Gegen Produkte, die unter den Produktionskosten verkauft werden (sogenanntes «Dumping») und gegen subventionierte Produkte (der Staat verbilligt bestimmte Produkte mit Subventionen, damit sie auf dem Weltmarkt konkurrenzfähiger sind) können Massnahmen getroffen werden.

Technische Vorschriften, die den Handel behindern, werden vermehrt harmonisiert.
Die technischen Normen in den unterschiedlichen Ländern sollen vereinheitlicht werden. Sicherheitsnormen, welche in unterschiedlichen Ländern das gleiche Niveau haben, sollen gegenseitig anerkannt werden.

Dienstleistungsabkommen (GATS)

Um eine möglichst grosse Übereinstimmung mit dem Warenhandel zu erreichen, wurden grundsätzlich alle Bereich der Dienstleistungswirtschaft dem Abkommen unterstellt (u.a. freie Berufe, Baugewerbe, Telekommunikation, Finanzdienstleistungen, Transport). Die gegenwärtig geltenden Verpflichtungen im Finanzdienstleistungsbereich (Banken-, Versicherungs- und Wertpapierdienstleistungen) wurden 1997 ausgehandelt.

Abkommen über geistiges Eigentum (TRIPS)

Ziel des Übereinkommens über handelsbezogene Aspekte der Rechte des geistigen Eigentums (TRIPS) ist es, den Schutz des geistigen Eigentums weltweit zu harmonisieren und zu verstärken. Dadurch sollen Handelshemmnisse abgebaut werden. Das TRIPS enthält einen internationalen Mindeststandard, den die WTO-Mitglieder in ihren nationalen Rechtsordnungen gewähren müssen.

Der IWF (Internationaler Währungsfonds)

IWF: *Der Internationale Währungsfonds (auf Englisch «IMF» = International Monetary Fund) ist eine 1944 an der Konferenz von Bretton Woods (USA) gemeinsam mit der Weltbank gegründete Sonderorganisation der UNO.*
Der IWF hat die Aufgabe, geordnete Währungsbeziehungen zu schaffen. Er ist die wichtigste internationale Organisation für Finanz- und Währungsfragen.
Der IWF zählt 187 Mitgliedstaaten (Stand 1.1.2012). Die Schweiz ist Mitglied. Sitz der Organisation ist Washington.

Der Internationale Währungsfonds und die Weltbank werden auch die Bretton-Woods-Institutionen genannt.

Die Ziele des IWF

Ziele des Internationalen Währungsfonds (IWF) sind:
- die Förderung von Beschäftigung und Wohlstand,
- erleichterter Austausch der Währungen sowie
- finanzielle Unterstützung für Länder in einer Wirtschaftskrise.

Um diese Ziele zu erreichen, fördert der IWF die Zusammenarbeit im Bereich der Wirtschaftspolitik.

Mitglieder des IWF

Die Mitglieder des Internationalen Währungsfonds sind verpflichtet, einen finanziellen Beitrag zu leisten und die Statuten des IWF zu befolgen. Ansonsten bestehen keine speziellen Eintrittsanforderungen, um die Mitgliedschaft zu erreichen. Die Stimmenzahl eines Staates hängt von seinem Anteil an eingezahltem Kapital ab. Die grössten Teilhaber im IWF sind die USA, Japan, Deutschland, ab Mitte 2008 China, Grossbritannien und Frankreich. Die Politik des IWF wird somit stark von diesen Industriestaaten geprägt.

Das Führungsorgan des IWF

Der Exekutivrat ist das Führungsorgan des IWF. Er setzt sich aus 24 Personen aus den wichtigsten Mitgliedländern zusammen. Der Exekutivrat tagt mehrmals in der Woche.

Traditionell wird der IWF von einer Person aus Europa geführt, während der Weltbank eine Person aus den USA vorsteht.

Kapital

Grundsätzlich: Der Internationale Währungsfonds bezieht kein Geld auf den internationalen Finanzmärkten. Seine finanziellen Mittel erhält der IWF von Beiträgen (Quoten) und Darlehen seiner Mitglieder.

Dieser Beitrag (die Quotenhöhe) wird vorwiegend aufgrund von mehreren Kriterien festgesetzt, insbesondere nach:
- der Höhe des Bruttoinlandprodukts,
- den Währungsreserven und
- Zahlungsbilanztransaktionen.

Der eingezahlte Betrag der Mitgliedstaaten wird grösstenteils verzinst. Der Zinssatz liegt wenig unter dem Marktzinssatz. Entsprechend dem einbezahlten Kapital werden den Mitgliedländern Sonderziehungsrechte zugeteilt.

Die Weltbank

Weltbank: *Internationale Bank für Wiederaufbau und Entwicklung (IBRD), kurz «Weltbank» genannt, ist eine 1944 an der Konferenz von Bretton Woods (USA) gemeinsam mit dem IWF gegründete Sonderorganisation der UNO mit dem Ziel, die wirtschaftliche Entwicklung in den Mitgliedstaaten zu fördern. Der Weltbank gehören 187 Staaten an (Stand 1.1.2012). Die Schweiz ist Mitglied. Sitz ist Washington.*

Die Ziele der Weltbank

Die Weltbank will ein Gleichgewicht in der Weltwirtschaft herstellen und erhalten. Ursprünglich diente die Weltbank der Krisenbekämpfung und dem Wiederaufbau der vom 2. Weltkrieg geschädigten Länder. Im Jahre 1947 vergab die Weltbank ihr erstes Darlehen.

Heute betreibt die Weltbank vor allem Entwicklungszusammenarbeit. Sie koordiniert und finanziert entsprechende Projekte. Dadurch wird versucht, die Lebensbedingungen in den Entwicklungsländern zu verbessern.

1960 wurde zudem eine wichtige Unterorganisation der Weltbank gegründet, nämlich die Internationale Entwicklungsorganisation (IDA). Sie hat zum Ziel, die ärmsten Entwicklungsländer zu Vorzugsbedingungen zu unterstützen.

Mitglieder

Um der Weltbank anzugehören, muss ein Staat Mitglied des IWF sein. Die Stimmen der einzelnen Staaten werden nach dem zugesicherten Kapital gewichtet. Die Weltbank wird traditionell von einer Person aus den USA geführt.

Das Vorgehen der Weltbank

Die Weltbank funktioniert als Geschäftsvermittlerin zwischen privaten Banken und Entwicklungsländern. Da die Entwicklungsländer bei den Privatbanken als unsichere Kunden gelten, müssten sie dort hohe Zinsen bezahlen. Die Weltbank hingegen, deren Eigenkapital durch die Industriestaaten garantiert ist, bekommt von den Privatbanken günstige Kredite, die sie an die Entwicklungsländer weitergibt. Der grösste Teil der Darlehen der Weltbank stammt nicht aus den Kapitalanteilen der Mitgliedländer, sondern von den internationalen Kapitalmärkten.

Die Weltbank gewährt den Regierungen der Entwicklungsländer Darlehen für Projekte und Programme, die den wirtschaftlichen und sozialen Fortschritt in diesen Ländern fördern. Dadurch können die Lebensverhältnisse in den Entwicklungsländern verbessert werden.

Wenn die Weltbank in ein Projekt investiert, werden häufig zusätzlich private Investoren gefunden. Daher übt die Weltbank einen enormen Einfluss auf die Schuldnerländer aus. Aus diesem Grund bezahlen diese in der Regel zuerst die Zinsen und die Rückzahlungen der Schuld an die Weltbank zurück.

→ www.verlag-fuchs.ch/vwl

Die Entwicklungszusammenarbeit

> **Entwicklungszusammenarbeit:** *Umfasst alle Leistungen von Industrieländern an Entwicklungsländer mit dem Ziel, die Lebensbedingungen in den Entwicklungsländern zu verbessern.*

Oberstes Ziel der Entwicklungszusammenarbeit ist die «Hilfe zur Selbsthilfe».

> **Entwicklungsland:** *Bezeichnung für ein Land*
> – mit einem niedrigen Pro-Kopf-Einkommen
> – mit vielen Analphabeten bzw. niedrigen Einschulungsraten
> – mit niedrigem Kalorienverbrauch pro Kopf
> – mit einer schlechten medizinischen Versorgung
> – mit einem explodierenden Bevölkerungswachstum
> – mit einer hohen Säuglingssterblichkeit und niedriger Lebenserwartung

Diese Kriterien treffen vorwiegend auf viele Staaten in Afrika, Asien, Mittel- und Südamerika zu.

Durch die fortschreitende Globalisierung werden das Gefälle zwischen Arm und Reich und die gegenseitige Abhängigkeit verstärkt. Daher ist die Entwicklungszusammenarbeit ein wichtiger Ausdruck der Solidarität mit den Ärmsten dieser Welt.

Die Entwicklungszusammenarbeit des Bundes

Die Entwicklungszusammenarbeit ist ein wichtiger Bestandteil der schweizerischen Aussenpolitik. 1994 stellte der Bundesrat ein neues Leitbild für die Entwicklungspolitik auf mit vier Hauptzielen:

Ziele
- Wahrung und Förderung von Frieden und Sicherheit; Förderung der Menschenrechte; Demokratie und Rechtsstaat
- Förderung der Wohlfahrt und bessere Rahmenbedingungen für ein nachhaltiges Wachstum
- Erhöhung der sozialen Gerechtigkeit
- Schutz der natürlichen Lebensgrundlagen

Mittel

Der Bundesrat setzt 4 Mittel ein, um die Entwicklungszusammenarbeit zu fördern:
- die Technische Zusammenarbeit: Projekte, die unter schweizerischer Aufsicht durchgeführt, überwacht und finanziert werden (z.B. Bau einer Käserei)
- die Finanzhilfe: Kredite zu besonders günstigen Bedingungen und Beiträge à fonds perdu (diese müssen nicht zurückbezahlt werden)
- wirtschafts- und handelspolitische Massnahmen: Hilfe an die Entwicklungsländer durch verstärkte Handelsbeziehungen (z.B. Gewährung günstigerer Zollbedingungen)
- die humanitäre Hilfe: Lieferung von Nahrungsmitteln, Medikamenten, Zelten usw.

Leistungen

Im Jahre 2010 betrug die öffentliche Entwicklungshilfe der Schweiz 2,4 Milliarden Franken. Dies entspricht einem Anteil von 0,41% des BIP. Damit befindet sich die Schweiz im Mittelfeld. Im Jahre 1970 legte die UNO 0,7% des BIPs als gewünschtes Ziel für die Entwicklungshilfe fest. Im Jahre 2010 erreichten nur Norwegen, Luxemburg, Schweden, Dänemark und die Niederlande dieses Ziel. *(Quelle: DEZA).*

Private Hilfswerke sammeln etwa 1 Milliarde Franken pro Jahr. In dieser Milliarde sind Spenden für gemeinnützige Organisationen im Inland wie auch Spenden an die Entwicklungs- und die Katastrophenhilfe im Ausland zusammengefasst. Die von Privaten unentgeltlich geleistete Arbeit zugunsten von Bedürftigen wird zusätzlich auf eine weitere Milliarde Franken geschätzt.

Der EU-Binnenmarkt

> **Binnenmarkt:** *Der Binnenmarkt umfasst einen einheitlichen Raum, in dem 4 Grundfreiheiten gewährleistet sind, nämlich:*
> - *freier Warenverkehr* — *freier Dienstleistungsverkehr*
> - *freier Personenverkehr* — *freier Kapitalverkehr*

Ein Binnenmarkt ist wirtschaftlich gesehen ein einziges Land.
Wenn z.B. Teigwaren aus Rom nach Venedig verkauft werden, ist dies Binnenhandel. Werden die Teigwaren von Italien nach Deutschland verkauft, war dies früher Aussenhandel (= Export und Import). Im EU-Binnenmarkt handelt es sich aber wiederum um einen Binnenhandel.

Die 4 Grundfreiheiten im Binnenmarkt

Freier Warenverkehr

– Der freie Verkehr von Waren ist dann sichergestellt, wenn Zölle und Zollformalitäten sowie die mengenmässigen Beschränkungen von Waren wegfallen. Die Zollunion ist die Voraussetzung für einen freien Warenverkehr.

> **Zollunion:** *Staaten betreiben in Bezug auf Zölle und Kontingente eine einheitliche Handelspolitik:*
> *a) Massnahme nach innen:* Unter den beteiligten Volkswirtschaften werden die Zölle und die Kontingente (Beschränkungen der Menge) abgeschafft.
> *b) Massnahme nach aussen:* Gegenüber Drittstaaten werden einheitliche Zölle und Kontingente erhoben.

– Ebenfalls hat man für die Steuer auf Waren (z.B. Mehrwertsteuer) einen einheitlichen Mindestsatz von zur Zeit 15% festgelegt. Die einzelnen Länder dürfen aber einen höheren Satz erheben.
– Die technischen Vorschriften (z.B. gesundheitliche Vorschriften für Lebensmittel) wurden weitgehend durch neue EU-Vorschriften ersetzt.
– Die technischen Anforderungen an ein Produkt wurden durch die EU klar definiert.

Freier Personenverkehr

Der freie Personenverkehr beinhaltet:
– die freie Einreise in ein EU-Land und die freie Ausreise aus einem EU-Land,
– der freie Aufenthalt in einem EU-Land,
– das freie Wohnrecht in einem EU-Land,
– die Niederlassungsfreiheit und
– die freie Wahl des Arbeitsplatzes in jedem Mitgliedland der EU.

Die Arbeitnehmer, die Selbständigerwerbenden, die Rentner, die Studenten und die Nichterwerbstätigen können sich irgendwo in der Europäischen Union niederlassen, sofern sie über genügend finanzielle Mittel verfügen, um ihren Lebensunterhalt und eine ausreichende Krankenversicherung bezahlen zu können.

In der EU wurden Regelungen getroffen für eine gegenseitige Anerkennung von Diplomen und sonstigen Qualifikationsnachweisen. Damit wird der freie Berufszugang im gesamten Binnenmarkt ermöglicht.

Freier Dienstleistungsverkehr

Sämtliche Dienstleistungen dürfen in jedem EU-Land angeboten werden. Beschränkungen sind nicht mehr zulässig.

Freier Kapitalverkehr

Das Kapital kann in allen EU-Ländern ungehindert transferiert werden. Die Kapitalanleger können sich überall in der EU die günstigsten Möglichkeiten auswählen.

Die Europäische Währungsunion (EWU)

Währungsunion: *Raum mit einer einheitlichen Währung.*
Europäische Währungsunion (EWU): *Raum von zurzeit 17 (Stand 1.1.2012) von 27 EU-Staaten, welche den Euro als einheitliche Währung führen.*

Mitglieder

Anfang 2002 wurde der Euro als gemeinsame Währung in 12 Mitgliedstaaten der EU eingeführt, und zwar in Belgien, Deutschland, Finnland, Frankreich, Griechenland, Irland, Italien, Luxemburg, den Niederlanden, Österreich, Portugal und Spanien. 2007 führte Slowenien als 13. EU-Land den Euro ein und 2008 vollzogen Zypern und Malta diesen Schritt. 2009 wurde die Slowakei als 16. und 2011 Estland als 17. Land Mitglied des EWU.

Montenegro und der Kosovo haben den Euro als gesetzliches Zahlungsmittel eingeführt, obwohl sie nicht Mitglieder der EU sind.

Dänemark (aufgrund eines Volksentscheides im Jahre 2000), Grossbritannien und Schweden stehen freiwillig abseits. Im Jahre 2003 lehnte auch die schwedische Bevölkerung den Beitritt zur EWU ab.

So wie ein einzelner Staat zur Durchführung seiner Geld- und Währungspolitik eine Nationalbank (auch Noten- oder Zentralbank genannt) hat, bedürfen die 17 Euro-Länder einer Zentralbank, welche die geld- und währungspolitischen Aufgaben der Währungsunion erfüllt.

Die Europäische Zentralbank (EZB)

Die Europäische Zentralbank (EZB): *Ist eine eigenständige Institution, die in der europäischen Währungsunion die geldpolitischen Aufgaben erfüllt. Der Vertrag von Maastricht sichert der Europäischen Zentralbank die notwendige Unabhängigkeit zu, damit diese die geldpolitischen Aufgaben wahrnehmen kann. Sitz ist Frankfurt.*

Die Europäische Zentralbank hat die Aufgaben:
- die 17 Mitgliedstaaten mit Geld zu versorgen (die EZB verfügt über das Notenmonopol),
- die Geldmenge zu steuern (oberstes Ziel ist die Preisstabilität) und
- eine gemeinsame Wechselkurspolitik zu betreiben.

→ www.verlag-fuchs.ch/vwl

NICE TO KNOW

Wirtschaftliche Kriterien für beitrittswillige Staaten (Konvergenzkriterien)

1. Inflationskriterium: Die Preisstabilität ist oberstes Ziel der Währungsunion. Die Inflationsrate eines zukünftigen Mitgliedstaates darf maximal 1,5% höher sein als der Durchschnitt der drei Mitgliedstaaten mit den tiefsten Inflationsraten (2007 maximal 2,58%).

2. Zinskriterium: Der Zinssatz widerspiegelt die Erwartungen über die zukünftige Preisentwicklung. Die Übereinstimmung der Zinssätze weist daher darauf hin, dass die Marktteilnehmer in allen Staaten der Währungsunion in etwa die gleiche Preisentwicklung erwarten. Der langfristige Zinssatz für Beitrittswillige darf maximal 2% höher sein als der langfristige Zinssatz in der Währungsunion (2007 maximal 6,36%).

3. Schuldenkriterium 1: Die Neuverschuldung (das Budgetdefizit) eines Beitrittskandidaten darf höchstens 3% des Bruttoinlandprodukts betragen.

4. Schuldenkriterium 2: Die gesamte Staatsverschuldung eines beitrittswilligen Staates darf nicht mehr als 60% des Bruttoinlandprodukts betragen.

5. Wechselkurskriterium: Der Beitrittskandidat muss mindestens 2 Jahre ohne grössere Kursschwankungen am Europäischen Währungssystem teilgenommen haben.

Der Einfluss des Euro auf die Schweiz

Alle Nachbarn der Schweiz (ausgenommen Liechtenstein) haben den Euro eingeführt. Zudem sind die 17 Euro-Länder die wichtigsten Handelspartner der Schweiz. Die Einführung des Euro bringt nun der Schweiz Vor- und Nachteile.

Auswirkungen auf die Schweiz

- Die schweizerische Industrie hat bei Exporten von Investitionsgütern eine starke Stellung und profitiert vom Erneuerungs- und Rationalisierungsschub, der im EWU-Raum aufgrund des erhöhten Wettbewerbs erfolgt.
- Die schweizerischen Konsumenten werden zu Nutzniessern des Euro gehören. Wegen des Preisdrucks kann man damit rechnen, dass die Preise für Autos, Heimelektronik, Haushalteinrichtung, Bekleidung und Bücher fallen.
- Der verschärfte Wettbewerb dämpft den konjunkturellen Preisauftrieb.
- Die Einführung des Euros führt tendenziell zu verstärktem Wettbewerb in den 17 Euro-Ländern. Dies erhöht auch den Wettbewerbsdruck auf die Schweizer Unternehmen.
- Der erhöhte Wettbewerbsdruck in der Schweiz bewirkt mehr Innovationen.

Stabilität des Euro

Die Stabilität des Euro hängt in Zukunft von vielen Kriterien ab:
- von der wirtschaftlichen Entwicklung der einzelnen Mitgliedländer,
- von der Entwicklung der Staatsverschuldung der Teilnehmerstaaten und
- von der Geldpolitik der Europäischen Zentralbank.

Für die Schweiz ist es sehr wichtig, dass der Euro
- stabil und
- stark bleibt.

www.verlag-fuchs.ch/vwl

V 4.10 Die Europäische Währungsunion

Ein starker Euro

Wenn eine Währung stabil und gefragt ist, spricht man von einer starken Währung. Jedermann hat Vertrauen in die Währung. Der Binnenwert und der Aussenwert einer starken Währung bleiben von kleinen Schwankungen abgesehen konstant.

Beispiele von starken Währungen:
- amerikanischer Dollar
- Euro
- Schweizer Franken

Vorteile
- Die Nachfrage nach CHF nimmt nicht zu. Folglich findet keine Aufwertung des Schweizer Frankens statt.
- Die von der Schweiz exportierten Güter und Dienstleistungen bleiben konkurrenzfähig.
- Schweizerische Unternehmen, die in die Euro-Länder exportieren, müssen nur noch eine Währung (Euro) verwalten.

Nachteile
- Die aus dem EU-Raum importierten Sachgüter und Dienstleistungen werden tendenziell teurer. (Das betrifft z.B. Sachgüter aus Ländern mit bisher starken Kursschwankungen, siehe S. 165, importierte Inflation.)
- Für uns werden Ferien im EU-Raum teurer.

Massnahmen der SNB
- Die Schweizerische Nationalbank wird versuchen, den Wechselkurs des Euro stabil zu halten.
- Ein starker Euro erfordert keine weiteren Massnahmen der SNB.

Ein schwacher Euro

Wenn eine Währung instabil und nicht gefragt ist bzw. abgestossen wird, spricht man von einer schwachen Währung. Da kein Vertrauen besteht, erfolgt die Flucht in eine starke Währung.

Beispiele von schwachen Währungen:
- Cedi (Ghana)
- Belarus-Rubel (Weissrussland)
- Irak-Dinar

Vorteile
- Die Sachgüter und die Dienstleistungen aus dem EU-Raum werden tendenziell billiger.
- Es wird für uns günstiger, im Euro-Raum Ferien zu machen.

Nachteile
- Die Nachfrage nach CHF nimmt zu. Dadurch findet eine Aufwertung des Schweizer Frankens statt.
- Durch die Aufwertung des Schweizer Frankens werden die schweizerischen Sachgüter und Dienstleistungen (Exportgüter) für das Ausland teurer. Folglich können die schweizerische Unternehmen weniger exportieren.

Massnahmen der SNB
- Die Schweizerische Nationalbank wird versuchen, der Aufwertung des Schweizer Frankens entgegenzuwirken, indem sie die Geldmenge vergrössert. Durch die Erhöhung der Geldmenge entstehen aber wieder Inflationstendenzen.
- Die letzte aller Massnahmen wäre, den Schweizer Franken an den Euro zu binden. Dadurch würde die SNB die Möglichkeit verlieren, eine eigenständige Geldpolitik zu betreiben und sie müsste die möglicherweise schlechte Geldpolitik der Europäischen Zentralbank übernehmen.

NICE TO KNOW

Unabhängig, ob ein starker Euro oder ein schwacher Euro besteht, haben die schweizerischen Unternehmen den Nachteil, dass sie nicht von der Europäischen Währungsunion profitieren können. Für sie besteht weiterhin ein Wechselkursrisiko.
Damit die Schweiz der Europäischen Währungsunion beitreten könnte, müsste sie zuerst der Europäischen Union beitreten.

V 5. Die grafische Darstellung

Die grafische Darstellung

> **Grafische Darstellung:** *Visualisieren von Informationen durch das Zeichnen von Linien, Kreisen, Balken, Säulen oder Farbflächen. Somit können Daten schneller überblickt und in eine Beziehung zueinander gebracht werden.*

Das Kreisdiagramm (Kuchendiagramm)

Darstellung von Teilen eines Ganzen

Der Kreis wird verwendet, wenn man einzelne Anteile eines Ganzen, häufig in Prozenten, darstellen will. Es werden somit die Verhältnisse der einzelnen Bestandteile zueinander aufgezeigt. Der Kreis vermittelt dem Betrachter das Gefühl der Vollständigkeit.

Aus diesem Grund eignet er sich besonders gut für die Darstellung der Teile eines Ganzen (z.B. sämtliche Ausgaben eines Staates).

Exportländer eines Unternehmens

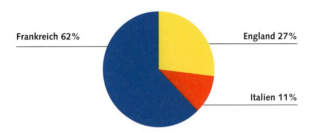

Beispiel: Ein Unternehmen exportiert nach England 27% ihrer Produkte, nach Italien 11% und nach Frankreich 62%. Im Kreisdiagramm kann dargestellt werden, wie gross der Anteil an den Produkten ist, die das Unternehmen nach diesen drei Ländern exportiert.

Das Balkendiagramm (das Säulendiagramm)

Darstellung von Rangfolgen

Beim Balkendiagramm oder beim Säulendiagramm werden absolute Zahlen miteinander verglichen (z.B. der Export verschiedener Länder in Milliarden $).
Das Balkendiagramm und das Säulendiagramm sind identisch. Der einzige Unterschied besteht darin, dass die Darstellung beim Balkendiagramm horizontal und beim Säulendiagramm vertikal ist.

Das Balkendiagramm wird häufig gewählt, um eine Rangfolge darzustellen.

BIP in Mrd. US-$ im Jahre 2010

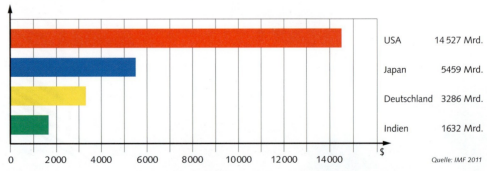

Beispiel: Damit man das Bruttoinlandprodukt verschiedener Länder vergleichen kann, trägt man die absoluten Zahlen (z.B. BIP in Mrd. CHF) in ein Balkendiagramm ein. Dabei entsteht eine Rangordnung. Damit eine sinnvolle Aussage möglich wird, muss das Bruttoinlandprodukt in den einzelnen Ländern nach den gleichen Grundsätzen berechnet werden.

Das Kurvendiagramm (Liniendiagramm)

Darstellung von Entwicklungen

Das Kurvendiagramm wird am häufigsten eingesetzt.

In ein Kurvendiagramm können auch mehrere Kurven eingezeichnet werden. Dadurch lassen sich die Kurven miteinander vergleichen.

Es muss aber darauf geschaut werden, dass nicht zu viele Kurven in ein Diagramm gezeichnet werden, da sonst die Übersicht verloren geht.

Das Kurvendiagramm kann eine Entwicklung gut darstellen.

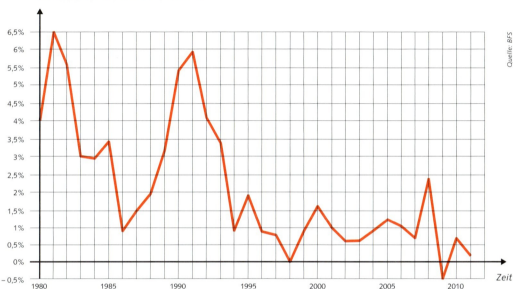

Inflationsrate in der Schweiz (Quelle: BFS)

Beispiel: Um die Entwicklung der Inflationsraten darzustellen, wird ein Kurvendiagramm gewählt.

– 1980 betrug die Inflation 4%. Im folgenden Jahr erreichte sie sogar mehr als 6%. Mit Ausnahme des Jahres 1985 sank darauf die Inflation und erreichte 1986 einen Wert von unter 1%.
– Von 1986 bis 1991 stieg die Inflation stark an bis auf 5,9%. Danach fiel sie, ausgenommen in den Zeitspannen 1994–95, 1998–99 und 1999–2000.
– Ende 2011 betrug die Inflationsrate 0,2%.

Die Veränderung der Darstellung (Manipulation)

Es muss beachtet werden, dass grafische Darstellungen sehr einfach missbraucht werden können, um den Betrachter absichtlich irrezuführen (zu manipulieren).

Beispiel: Die Umsatzkurve eines Unternehmens vermittelt einen anderen Eindruck, je nachdem, wie man die Einteilung der Achsen verändert.

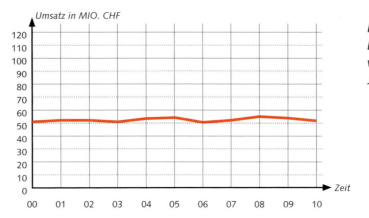

Realität:
Der Umsatz bleibt während mehreren Jahren relativ konstant.

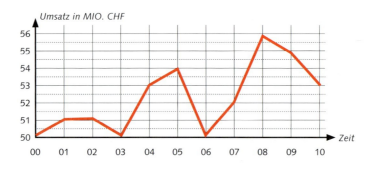

Die Einteilung der vertikalen Achse beginnt nicht mehr bei 0. Der Eindruck entsteht, als hätte es viel grössere Umsatzschwankungen gegeben.

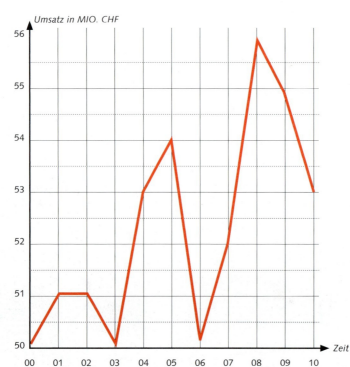

Die Einteilungen der vertikalen Achse sind vergrössert worden. Dadurch sind die Ausschläge noch markanter. Der Eindruck entsteht, als hätte es gewaltige Umsatzschwankungen gegeben.

Die Wahl der Achseneinheit ist daher sehr entscheidend. Wer eine Grafik liest, muss sich zuerst fragen, ob die Einteilung der Achsen sinnvoll gewählt worden ist. Die gleiche Feststellung trifft auf das Säulen- und das Balkendiagramm zu.

R 1. Das Recht: Einführung

Roman Steiner
Jakob Fuchs
Otto Hirschi
Thomas Zeller

Einführung ins Recht: Übersicht

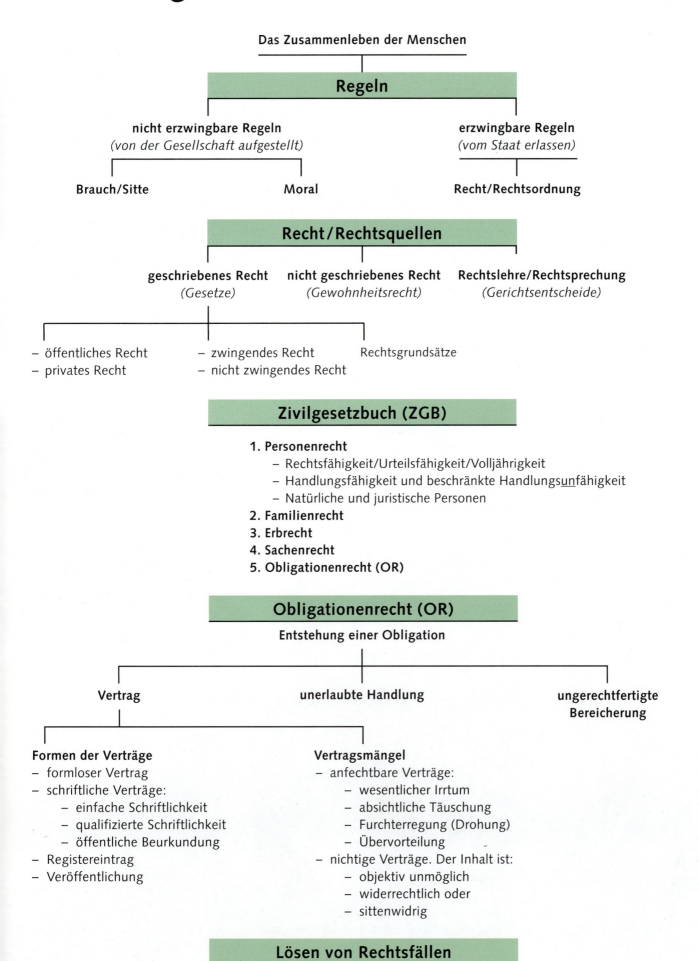

Regeln für die Gesellschaft

Wo Menschen zusammenleben, entsteht eine Gemeinschaft, eine Gesellschaft. Da der einzelne Mensch den Drang verspürt, seine Bedürfnisse, seine Ideen und Überzeugungen durchzusetzen, braucht es in einer Gemeinschaft Regeln, damit dieses Zusammenleben funktioniert und kein Chaos entsteht.

Diese Regeln schränken den Einzelnen zwar ein, geben ihm aber auch Sicherheit. Nur dort, wo der Mensch bereit ist, seine Freiheiten und Rechte einzuschränken, sie mit anderen zu teilen, kann jeder in grösstmöglicher Freiheit leben.

Nicht erzwingbare Regeln

Es gibt Regeln, die im täglichen Zusammenleben der Menschen entstanden sind. Das sind Sitten/Bräuche und die Moral. Auch wenn die Einhaltung dieser «Verpflichtungen» nicht mit staatlicher Gewalt durchsetzbar ist, kennt die Gesellschaft eine Vielfalt von «Sanktionen», wenn jemand diese Regeln nicht beachtet: Man wird gemieden, aus der Gruppe ausgeschlossen, benachteiligt usw.

Sitte/Brauch

> **Sitte/Brauch:** *Sitte/Brauch bezeichnet ein zur Gewohnheit (Tradition) gewordenes Verhalten des Menschen. Dieses Verhalten bezieht sich auf die äusseren Umgangsformen in der Gesellschaft. (Die Begriffe Sitte und Brauch werden meist identisch verwendet: «Es ist Sitte/Brauch, dass...», «Andere Länder, andere Sitten/Bräuche»)*

Beispiele: Weihnachtsfest, jährlicher Betriebsausflug, Fasnachtsumzug, «Sechseläuten» in Zürich.

Eine Sitte wird ohne zu überlegen und zu hinterfragen akzeptiert.
Sitten sind unabhängig von Werten (z.B. Gerechtigkeit) und sind von Gesellschaftsgruppe zu Gesellschaftsgruppe verschieden.

Moral

> **Moral:** *Bezieht sich auf das Zusammenleben in der Gesellschaft und orientiert sich an Grundwerten wie Gerechtigkeit, Fürsorge und Wahrheit.*

Beispiele: Man ist gegenüber dem Mitmenschen ehrlich. Man kümmert sich um kranke Familienangehörige.

In fast allen Kulturen hat die Moral ihren Ursprung in der Religion und ist von dieser stark beeinflusst. Man spricht auch von Sittlichkeit.

Erzwingbare Regeln

Jeder Staat regelt, wie sich die Menschen innerhalb des Staatsgebietes verhalten müssen und welche Regeln Gültigkeit haben. Diese Regeln werden unter dem Begriff «Recht» bzw. «Rechtsordnung» zusammengefasst.

Recht

> **Recht:** *Sammelbegriff für alle vom Staat erlassenen Regeln (Gesetze) und für anerkannte Regeln (Gewohnheitsrecht, Rechtslehre), die von staatlichen Organen (Gerichte) auch durchgesetzt werden.*

> **Rechtsordnung:** *Alle Rechtsregeln, die für ein Volk eines Staates gelten.*

In einem Rechtsstaat werden diese Regeln von der Gesellschaft selber bestimmt, während in einer Diktatur solche Regeln durch einen einzelnen oder mehrere uneingeschränkte Machthaber festgelegt werden.

Rechtsquellen

Rechtsquellen: *Orte, wo man das Recht findet.*

Es gibt drei Arten von Rechtsquellen:
- geschriebenes Recht
- Gewohnheitsrecht
- Rechtslehre und Rechtsprechung

■ Geschriebenes Recht

Geschriebenes Recht: *Alle Rechtsregeln, die von der dafür zuständigen Behörde erlassen worden sind.*

Diese Regeln liegen schriftlich vor und sind unter anderem in Gesetzbüchern festgehalten.

Gesetze werden von einem Parlament erlassen. Verordnungen dagegen sind Sache der Regierung (siehe S. 205).

■ Gewohnheitsrecht

Gewohnheitsrecht: *Ungeschriebene Regeln, die nach langer Zeit der Anwendung zu Recht geworden sind, weil die Gesellschaft sie als Recht anerkannt hat.*

Ein typisches Beispiel von Gewohnheitsrecht ist die Höhe des Finderlohns. Zwar hält ZGB 722^2 fest, dass jemand, der etwas findet, unter Umständen Anspruch auf einen angemessenen Finderlohn hat, wenn die Sache zurückgegeben werden konnte. Wie hoch dieser Lohn angesetzt wird, steht jedoch nirgends. Das Gewohnheitsrecht hat den Finderlohn auf 10% festgelegt.

In seltenen Fällen wird auch auf den Ortsgebrauch verwiesen.

Ortsgebrauch: *Die an einem Ort übliche Handlungsweise. Der Ortsgebrauch kann bei Gerichtsverfahren allenfalls als Entscheidungshilfe dienen.*

Der Ortsgebrauch wird unter anderem im Mietrecht angewendet (OR 266c).

■ Rechtslehre und Rechtsprechung

Rechtslehre: *Die von den Rechtsgelehrten geäusserten Meinungen, die in der rechtswissenschaftlichen Literatur anerkannt sind.*

Diese Meinungen helfen den Richtern bei der Urteilsfindung.

Rechtsprechung als Präjudiz: *Die Urteilsbegründung eines übergeordneten Gerichts (meistens Bundesgericht) ist für ein untergeordnetes Gericht wegweisend, wenn es einen ähnlichen Rechtsfall zu beurteilen hat. Daraus entsteht eine einheitliche Rechtsprechung.*

Wenn ein oberes Gericht ein wegweisendes Urteil fällt, stützen sich untergeordnete Gerichte in der Folge auf dieses Urteil und übernehmen die Begründung des oberen Gerichts.

Die Rangordnung der Rechtserlasse

Verfassung

> **Verfassung:** *Grundgesetz eines Staates, welches die Grundordnung, wie der Staat aufgebaut ist, sowie die Grundregeln des Zusammenlebens enthält. Die Verfassung bildet auch die Grundlage für die Schaffung von Gesetzen.*

Bundesebene
Änderungen oder Ergänzungen der Bundesverfassung müssen in jedem Fall von Volk und Ständen (Kantonen) gutgeheissen werden (BV 195).

Kantonsebene
Jeder Kanton hat seine eigene Kantonsverfassung, deren Inhalt aber der Bundesverfassung nicht widersprechen darf. Änderungen oder Ergänzungen müssen nach der Zustimmung durch die jeweilige Kantonsbevölkerung noch von National- und Ständerat gutgeheissen werden (BV 51).

Gesetz

> **Gesetz:** *Vom Parlament erlassene nähere Ausführung zu einer Verfassungsbestimmung. Das Gesetz enthält Rechte und Pflichten, Gebote und Verbote.*

Bundesebene
Ein Gesetz wird von National- und Ständerat beschlossen. Das Volk (mittels 50 000 Unterschriften) oder 8 Kantone kann danach das fakultative Referendum ergreifen und eine Volksabstimmung erzwingen (BV 141).
Allein das Volksmehr entscheidet, ob das Gesetz angenommen oder abgelehnt wird.

Beispiele von Gesetzen auf Bundesebene sind: ZGB, OR, StGB, SVG, ArG

Kantonsebene
Kantonale Gesetze werden vom jeweiligen Kantonsparlament (Grosser Rat / Kantonsrat / Landrat) erlassen. Da das Kantonsparlament aber nur aus 1 Kammer besteht, erfolgt bei der Beratung eine 1. und zu einem späteren Zeitpunkt eine 2. Lesung, in der dann unter Umständen Änderungsvorschläge aus der 1. Lesung berücksichtigt werden.

Gemeindeebene
Hier spricht man von Reglementen. Das sind Erlasse, die Gesetzescharakter haben.
Beispiele: Organisationsreglement, Kehrichtreglement, Baureglement, Kanalisationsreglement

Verordnung

> **Verordnung:** *Verordnungen sind untergeordnete Erlasse, die Recht setzen und die nicht dem Referendum unterstehen. Sie bedürfen einer gesetzlichen Grundlage.*

Bundesebene
Verordnungen werden vom Bundesrat (das ist der Normalfall, BV 182) oder ausnahmsweise vom Parlament selbst (BV 163) erlassen.

Kantonsebene
Neben dem Begriff «Verordnung» wird auf Kantonsebene auch der Begriff «Dekret» verwendet.

Öffentliches und privates Recht

■ Öffentliches Recht

> **Öffentliches Recht:** *Regelt die Rechtsbeziehungen zwischen dem Staat einerseits und Personen anderseits.*

Grundsatz
Beim öffentlichen Recht besteht ein Unterordnungsverhältnis (eine Subordination), d.h. die Person ist dem Staat und seinen Bestimmungen untergeordnet. Die Person muss sich an diese Bestimmungen halten, damit das Zusammenleben im Staat funktioniert.
Das öffentliche Recht dient dem Schutz und der Wahrnehmung öffentlicher Interessen.

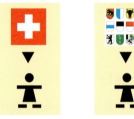

Anwendung
Das öffentliche Recht wird in der Regel von Amtes wegen angewendet, d.h. eine Behörde (z.B. die Polizei) oder ein Gericht wird von sich aus tätig (ohne Antrag einer Privatperson.)

Beispiele von öffentlichem Recht
– Bundesverfassung (BV)
– Strafgesetzbuch (StGB)
– Strassenverkehrsgesetz (SVG)
– Umweltschutzgesetz (USG)
– Schuldbetreibungs- und Konkursgesetz (SchKG)

■ Privates Recht

> **Privates (ziviles) Recht:** *Regelt die Rechtsbeziehungen zwischen Personen untereinander (privat = zivil).*

Grundsatz
Beim privaten Recht besteht eine Beziehung unter gleichgestellten Personen (eine Koordination).
Das private Recht betrifft nur die beteiligten Personen oder Parteien. Bei der Aushandlung des Rechts sind sie frei, gewisse Vorschriften müssen eingehalten werden (siehe «zwingendes Recht», siehe S. 207).

Anwendung
Nur wenn eine Person oder eine Partei klagt, werden im Rahmen eines Zivilprozesses Abklärungen getroffen.

Beispiele von privatem Recht
– Zivilgesetzbuch (ZGB)
– Obligationenrecht (OR)

Zwingendes und nicht zwingendes Recht

◼ Zwingendes Recht

Zwingendes Recht: *Die Rechtsregeln sind zwingend, d.h. sie sind durch den Parteiwillen nicht veränderbar.*

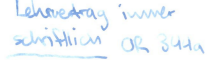
Lehrvertrag immer schriftlich OR 344a

Öffentliches Recht ist in der Regel immer zwingendes Recht (man muss sich daran halten).

Aber auch im Privatrecht gibt es zwingende Bestimmungen. Dabei unterscheidet man:
– **absolut zwingende Regeln**
 Die Bestimmungen sind gegenüber beiden Parteien nicht veränderbar (z.B. siehe im Arbeitsvertragsrecht OR 361).
– **relativ zwingende Regeln**
 Zugunsten der wirtschaftlich-sozial schwächeren Partei (z.B. Arbeitnehmer) dürfen Änderungen gemacht werden, nicht aber zu deren Ungunsten.
 Beispiel: Nach dem 20. Altersjahr hat ein Arbeitnehmer Anrecht auf 4 Wochen bezahlte Ferien. Der Arbeitgeber darf ihm mehr, aber nicht weniger gewähren.

Das Privatrecht wird nicht von Amtes wegen durchgesetzt. Daher ist es auch beim zwingenden Privatrecht notwendig, dass die berechtigte Person ihre Rechte geltend macht und sie notfalls auch gerichtlich durchsetzt.

◼ Nicht zwingendes Recht

Nicht zwingendes Recht (auch «dispositives Recht» genannt): *Die gesetzlichen Regeln gelten, wenn nichts anderes vereinbart worden ist. Die Parteien dürfen aber etwas Abweichendes vereinbaren.*

Der Gesetzgeber hat Regeln aufgestellt für den Fall, dass nichts vereinbart wird. Die überwiegende Zahl der privatrechtlichen Bestimmungen ist nicht zwingendes Recht.
Beispiele:
– Jemand stirbt und es fehlt ein Testament, also gelten die Bestimmungen des ZGB.
– Der Miet- wie der Arbeitsvertrag können mündlich abgeschlossen werden. Die mündlichen Vereinbarungen sind oft lückenhaft. Entsteht Streit über diese Lücken, gelten die Artikel aus dem OR.

In gegenseitiger Absprache können aber auch Änderungen gegenüber dem Gesetz vereinbart werden.
Beispiel: In einem Einzelarbeitsvertrag wird die Kündigungsfrist während der Probezeit auf 5 Arbeitstage festgelegt.

Rechtsgrundsätze

> **Rechtsgrundsatz:** *Rechtsbestimmung, die eine grosse Bedeutung hat und in verschiedenen Rechtsgebieten Anwendung findet.*

Gewisse Rechtsgrundsätze sind in der Bundesverfassung festgehalten. Auch die Einleitungsartikel im ZGB gelten grundsätzlich für die gesamte Rechtsordnung.

■ Rechtsgleichheit (BV 8)

Hier ist der Grundsatz festgehalten, dass vor dem Gesetz alle gleich und dass Mann und Frau gleichberechtigt sind. Niemand darf diskriminiert werden.
Das Gesetz, die Gesetzgeber, die Anwender des Gesetzes (Richter) dürfen niemanden bevorzugen.

■ Reihenfolge der Rechtsquellen (ZGB 1)

In einem Rechtsfall muss zuerst das geschriebene Recht mit seiner Auslegung herangezogen werden. Wenn sich darin keine Vorschrift befindet, hat das Gericht Gewohnheitsrecht zu berücksichtigen. Wo auch solches fehlt, hat das Gericht nach der Regel zu urteilen, die es als Gesetzgeber aufstellen würde.

■ Richterliches Ermessen (ZGB 4)

Wo dem Gericht eigenes Ermessen eingeräumt wird, muss es sämtliche Umstände des konkret zu beurteilenden Falles beachten, um den besonderen Verhältnissen auch tatsächlich gerecht zu werden.

■ Treu und Glauben (ZGB 2¹ und BV 9)

Der Gesetzgeber verlangt, dass jedermann immer nach bestem Wissen und Gewissen handelt. Es wird also erwartet, dass man in seinem Handeln ehrlich und fair ist. Ein Zusammenleben ist nur möglich, wenn man davon ausgehen darf, dass man vom Gegenüber nicht belogen oder betrogen wird. Dasselbe Verhalten wird aber auch von einem selbst erwartet.

■ Rechtsmissbrauchsverbot (ZGB 2²)

Missbraucht jemand sein Recht offensichtlich, wird dieser Missbrauch nicht geschützt (*Beispiel:* Nur um den Nachbarn zu ärgern und diesem vorsätzlich die Aussicht zu nehmen, darf man keine Mauer bauen, die sonst keinen Zweck hat.)

■ Beweislast (ZGB 8)

Wer etwas behauptet und daraus etwas zu seinen Gunsten ableiten will, muss seine Behauptung auch beweisen. Beweisen heisst: Man muss das Gericht von der Richtigkeit einer behaupteten Tatsache überzeugen.

ARBEITSUNFALL IM GERICHT

"DIE BEWEISLAST IST ERDRÜCKEND."

Zivilgesetzbuch (ZGB): Übersicht

Zivilgesetzbuch (ZGB): *Es enthält privates (ziviles) Recht.*

Eines der wichtigsten Gesetzeswerke im Bereich des privaten Rechts ist das ZGB. Es regelt viele Bereiche des Lebens, von der Geburt bis zum Tod. Es geht dabei unter anderem um die Namensgebung, die Erziehung, das Zusammenleben, die Heirat (siehe S. 248 f.), die Trennung und die Scheidung (siehe S. 253), um das Eigentum (siehe S. 269), um das Erbe (siehe S. 261 ff.) sowie um Verträge.
Das ZGB gliedert sich in fünf Teile:

1. Personenrecht

Das Personenrecht enthält u.a. Bestimmungen über:
- die Rechtsfähigkeit
- die Urteils- und die Handlungsfähigkeit
- natürliche und juristische Personen
- die Namensgebung
- den Schutz der Persönlichkeit

2. Familienrecht

Das Familienrecht enthält Bestimmungen u.a. zu folgenden Bereichen:
- das Eherecht, insbesondere die Eheschliessung und die Ehescheidung
- das Güterrecht
- das Kindesverhältnis (Vaterschaft), die Unterhaltspflicht innerhalb der Familie, die gegenseitigen Rechte und Pflichten von Eltern und Kindern, die Adoption
- der Erwachsenenschutz

3. Erbrecht

Das Erbrecht regelt die finanziellen Folgen des Sterbens einer natürlichen Person. Es enthält u.a. Bestimmungen über
- die Erben
- den Erbgang
- die Aufteilung des Erbes

4. Sachenrecht

Das Sachenrecht befasst sich mit Beziehungen von Personen zu Sachen. Geregelt werden u.a.:
- das Eigentum (Grundeigentum, Fahrniseigentum)
- der Besitz
- das Grundbuch

5. Obligationenrecht

Aus dem 5. Teil, dem Obligationenrecht, hat man einen selbständigen Teil gemacht (ein eigenes Gesetzbuch, das wieder mit dem Artikel 1 beginnt). Daher spricht man auch vom ZGB und vom OR. Dennoch gehört das OR inhaltlich zum ZGB und die Einleitungsartikel 1–10 des ZGB gelten auch für das OR (siehe S. 212 ff.).

Im Folgenden werden wichtige Begriffe aus dem Personenrecht erklärt.

Begriffe zum Personenrecht

Rechtsfähigkeit

Rechtsfähigkeit (ZGB 11): *Fähigkeit, Rechte und Pflichten zu haben.*

Alle Menschen sind rechtsfähig. Sie haben unter anderem das Recht, dass ihre Persönlichkeit geschützt wird (z.B. vor Gewalt) und dass sie Eigentum (siehe S. 269) erwerben oder erben können. Jedermann hat aber auch die Pflicht, die Persönlichkeit des anderen zu respektieren.

Rechtsfähig ist man unabhängig vom Alter und unter gewissen Voraussetzungen schon vor der Geburt und in beschränkter Weise bis über den Tod hinaus. Schon der Fötus ist bedingt rechtsfähig: Nach Ablauf der 12-Wochen-Frist (Abtreibungsverbot ab 12. Schwangerschaftswoche) hat er das Recht auf Persönlichkeitsschutz und, unter der Bedingung, dass er lebend geboren wird, ist er auch fähig zu erben.

Nach dem Tod steht jedermann das Recht auf ein schickliches Begräbnis zu.

Urteilsfähigkeit

Urteilsfähigkeit (ZGB 16): *Fähigkeit, vernunftgemäss zu handeln.*

Diese Fähigkeit erreicht man etwa mit 13 bis 14 Jahren. Wer geistig behindert ist, erlangt die Urteilsfähigkeit nicht, bleibt urteilsunfähig.

Volljährigkeit

Volljährigkeit (ZGB 14): *Mit Vollendung des 18. Altersjahres (also am 18. Geburtstag) wird man volljährig. (Davor gilt man als minderjährig.)*

Sonderregelung: Mit 16 Jahren erreicht man die religiöse Volljährigkeit (ZGB 303), das heisst, man kann die Religionszugehörigkeit selbständig bestimmen.

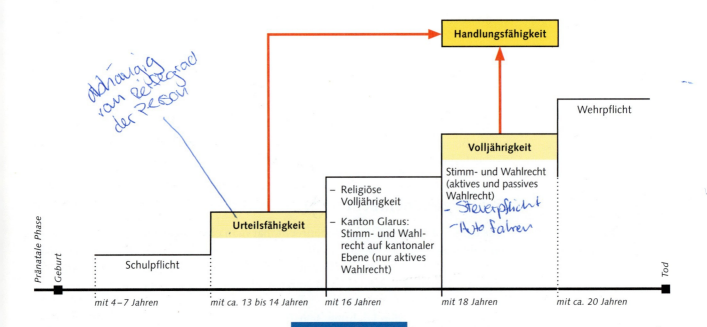

R 1.8 Das Zivilgesetzbuch

Handlungsfähigkeit

| Urteilsfähigkeit + Volljährigkeit = Handlungsfähigkeit |

> **Handlungsfähigkeit (ZGB 12/13):** *Fähigkeit, durch seine eigenen Handlungen Rechte und Pflichten zu begründen (ZGB 12).*
> *Voraussetzung: Urteilsfähigkeit und Volljährigkeit (ZGB 13)*

Die Handlungsfähigkeit umfasst die:
- **Geschäftsfähigkeit**, d.h. durch eigene Handlungen können Rechtsgeschäfte gültig getätigt werden (Verträge abschliessen, siehe S. 230 ff., 270 ff., 290 ff. usw.) und
- **Deliktsfähigkeit**, d.h. durch rechtswidriges Verhalten kann man zivilrechtlich zur Verantwortung gezogen werden (siehe S. 341). Deliktsfähig im strafrechtlichen Sinne wird man aber bereits vom 10. Altersjahr an.

Wer handlungsfähig ist, kann z.B. heiraten (siehe S. 248 ff.) oder ein Testament errichten (siehe S. 265) sowie auf eidgenössischer Ebene stimmen und wählen.

Beschränkte Handlungsunfähigkeit

> **Beschränkte Handlungsunfähigkeit (ZGB 19):** *Fähigkeit, nur mit Zustimmung des gesetzlichen Vertreters (Eltern, Beistand, Vormund) Verpflichtungen einzugehen.*

Beschränkt handlungsunfähig sind urteilsfähige Minderjährige und urteilsfähige Personen unter umfassender Beistandschaft (siehe S. 259).

Beschränkt handlungsfähig sind urteilsfähige Volljährige, deren Handlungsfähigkeit durch eine Massnahme des Erwachsenenschutzes eingeschränkt worden ist (siehe S. 259).

Natürliche Personen

NATÜRLICHE PERSON

> **Natürliche Person (ZGB 11 ff.):** *Jeder einzelne Mensch gilt rechtlich gesehen als natürliche Person. Die natürliche Person hat Rechte und Pflichten.*

Auch Juristen, Anwälte oder Richter sind einzelne Menschen. Daher gelten auch sie als natürliche Personen.

Juristische Personen

JURISTISCHE PERSON

> **Juristische Personen (ZGB 52 ff.):** *Sind Personenverbindungen, die selbständig Rechte erwerben und Pflichten haben können.*

Die «juristischen Personen» sind Gebilde des Rechts (daher die Bezeichnung «juristisch»). Auch wenn sie sich häufig aus einzelnen Menschen bzw. natürlichen Personen zusammensetzen, werden sie rechtlich als eine Einheit, als eine Person behandelt.
Beispiele: Vereine, Aktiengesellschaften, Genossenschaften.

Der Gesetzgeber verleiht den juristischen Personen unter bestimmten Voraussetzungen die Rechts- und die Handlungsfähigkeit.
Beispiel: Eine Aktiengesellschaft macht Schulden. Den Gläubigern gegenüber haftet die Aktiengesellschaft mit dem Gesellschaftsvermögen. Die einzelnen Aktionäre haften aber nicht mit ihrem Privatvermögen.

Auch das Steuerrecht kennt natürliche und juristische Personen (siehe S. 311).

Das Obligationenrecht (OR): Übersicht

Obligationenrecht (OR): *Es enthält ziviles Recht und ist der 5. Teil des ZGB.*

Weil das Obligationenrecht so umfangreich ist, wurde daraus ein separates Gesetzbuch gemacht.

Aufbau des OR

1. Allgemeine Bestimmungen (OR 1–183)

1. Entstehung der Obligationen
2. Wirkung der Obligationen
3. Erlöschen der Obligationen
4. Besondere Verhältnisse bei Obligationen
5. Abtretung von Forderungen und Schuldübernahme

Die Allgemeinen Bestimmungen gelten für alle einzelnen Vertragsverhältnisse, bei denen jedoch manchmal noch weiterführende Ergänzungen zu finden sind. Diese gehen den Allgemeinen Bestimmungen generell vor.

2. Die einzelnen Vertragsverhältnisse (OR 184–551)

Kauf und Tausch | Schenkung | Miete | Pacht | Leihe | Arbeitsvertrag | Werkvertrag

Verlagsvertrag | Auftrag | Prokura und andere Handlungsvollmachten | Bürgschaft | Einfache Gesellschaft

3. Handelsgesellschaften und Genossenschaft (OR 552–926)

Kollektivgesellschaft | Kommanditgesellschaft | Aktiengesellschaft | Kommanditaktiengesellschaft | Gesellschaft mit beschränkter Haftung | Genossenschaft

4. Handelsregister, Geschäftsfirmen und kaufmännische Buchführung (OR 927–963)

Handelsregister | Geschäftsfirmen | Kaufmännische Buchführung

5. Wertpapiere (OR 965–1186)

Die Entstehung einer Obligation (Verpflichtung)

> **Obligation:** *Ist eine Verpflichtung einer Partei gegenüber einer anderen Partei.*

Bei der Obligation unterscheidet man folgende Parteien:

Schuldner	Gläubiger
Schuldner sind eine Verpflichtung eingegangen, müssen also eine Leistung erbringen.	Gläubiger sind berechtigt, eine Leistung zu verlangen.

Eine Obligation enthält immer mindestens ein Recht und eine Pflicht.

Beispiel:
Frau Gehrig kauft bei einem Möbelgeschäft ein Sofa. Es entstehen zwei Obligationen:

1. **Obligation:** Frau Gehrig ist Schuldnerin, weil sie dem Möbelgeschäft Geld bezahlen muss. Das Möbelgeschäft ist Gläubiger, weil es von Frau Gehrig Geld erhält.

2. **Obligation:** Frau Gehrig ist Gläubigerin, weil sie vom Möbelgeschäft das Sofa erhält. Das Möbelgeschäft ist Schuldner, weil es das Sofa liefern muss.

Die Obligation kann auf drei verschiedene Arten entstehen, die nachfolgend erklärt werden.

Obligation durch Vertrag (OR 1 ff.)

Ein Schuldverhältnis entsteht durch Vertrag. Zwei Parteien teilen einander ihren Willen mit. Die Willensäusserungen stimmen überein. Eine Partei verpflichtet sich zu einer Leistung (z.B. zur Lieferung einer Ware), und die andere Partei verpflichtet sich zur Gegenleistung (z.B. zur Bezahlung dieser Ware).

Beispiel:
Jemand kauft in einer Garage ein Auto. Die Garage verpflichtet sich zur Lieferung des Autos, der Käufer verpflichtet sich zur Bezahlung des Kaufpreises.

Obligation durch unerlaubte Handlung (OR 41 ff.)

Wer einer anderen Partei widerrechtlich (unerlaubt) Schaden zufügt, muss der geschädigten Partei den Schaden ersetzen (Haftpflichtverhältnis siehe S. 220 f. und S. 341). Das Schuldverhältnis betrifft sowohl Personen- wie Sachschäden.

Beispiel:
Jemand fährt auf der Skipiste aus Unachtsamkeit in eine andere Person. Diese Person erleidet einen Schienbeinbruch und ihre Skis sind beschädigt. Die unachtsame Person wird haftpflichtig.

Obligation durch ungerechtfertigte Bereicherung (OR 62 ff.)

Erhält jemand zu Unrecht Geld, muss er dieses Geld zurückerstatten.

Beispiel:
Aus Versehen erhält jemand den 13. Monatslohn doppelt ausbezahlt. Dieser muss zurückgezahlt werden.

Vertrag und Abschluss des Vertrags

Vertrag: *Gegenseitig übereinstimmende Willensäusserung von Parteien (OR 1).*

Der Gesetzgeber spricht absichtlich von Parteien und nicht von Personen. Es können nämlich auf der einen oder auf beiden Seiten mehrere Personen bei der Entstehung eines Vertrages mitwirken.
Die verschiedenen Vertragsarten (Mietvertrag, Arbeitsvertrag, Kaufvertrag usw.) sind im Obligationenrecht geregelt.

- 2 Parteien
- beidseitig
- legal
- wirtschaftlicher Zweck

■ Ein-, zwei- und mehrseitige Rechtsgeschäfte

Verträge gehören zu den zweiseitigen Rechtsgeschäften, weil mindestens zwei Parteien übereinstimmende Willensäusserungen kundtun.

Im Gegensatz dazu stehen die einseitigen Rechtsgeschäfte. Dabei führt die Willensäusserung einer einzigen Person die Rechtswirkung herbei. Dazu gehören beispielsweise die letztwillige Verfügung (Testament, siehe S. 265 und ZGB 481 ff.) oder die Ausschlagung einer Erbschaft (ZGB 566).

Bei mehrseitigen Rechtsgeschäften müssen mehr als zwei Personen beteiligt sein, so z.B. bei der Gründung einer Aktiengesellschaft (OR 625).

■ Vertragsfähigkeit

Vertragsfähigkeit: *Ist die Befähigung, selbständig Verträge abzuschliessen.*

Grundsätzlich wird man mit der Handlungsfähigkeit geschäftsfähig (siehe S. 221). Dies gilt für die natürlichen wie auch für die juristischen Personen (siehe S. 221).

Ausnahme (ZGB 323): Was das Kind durch eigene Arbeit erwirbt, steht unter seiner Verwaltung und Nutzung. Das bedeutet, dass eine junge Person, die zwar urteilsfähig, aber noch nicht volljährig (18-jährig) ist, teilweise Verträge abschliessen darf, falls das Geld aus dem eigenen Arbeitserwerb zur Vertragserfüllung ausreicht.

Beispiel: Eine 16-jährige Lehrtochter darf einen Kaufvertrag über ein Fahrrad abschliessen, falls sie den Kaufpreis aus dem durch eigene Arbeit erworbenen Geld bezahlen kann.

■ Antrag (Angebot / Offerte)

Mit der Annahme eines verbindlichen Antrags (siehe Kaufen, S. 270) gilt der Vertrag als zustande gekommen. Vorbehalten bleiben die Bestimmungen über die Form der Verträge (OR 3, siehe S. 215).

Von einem rechtsgültig abgeschlossenen Vertrag kann man grundsätzlich nicht mehr zurücktreten, ausser die Vertragsparteien sind mit einem Rücktritt einverstanden. Das Gesetz sieht jedoch bei einzelnen Vertragsverhältnissen eine Rücktrittsmöglichkeit vor, z.B. beim Haustürgeschäft unter bestimmten Voraussetzungen (siehe S. 277) oder bei Verträgen, die dem Konsumkreditgesetz (KKG) unterstehen (siehe S. 283 ff.).

Formen der Verträge

Formloser Vertrag

> **Formloser Vertrag:** *Die Vereinbarung ist an keine Form gebunden. Das Wort «formlos» (auch «formfrei» genannt) bedeutet dabei, dass der Vertrag mündlich oder stillschweigend abgeschlossen wird.*

Die weitaus meisten Verträge kommen formlos zustande (OR 11).

OR 16 Parteien können freiwillig eine „schärfere" Form vereinbaren

Formgebundener Vertrag (Schriftlichkeit)

> **Formgebundener Vertrag:** *Diese Vereinbarung ist an eine Form gebunden.*

Wir unterscheiden drei Formen von Schriftlichkeit.

Einfache Schriftlichkeit

Der Inhalt des Vertrages kann von Hand oder mit dem Computer erfasst werden. Der Gesetzgeber verlangt nur, dass die Unterschriften von Hand geschrieben werden. Die elektronische Signatur ist der eigenhändigen Unterschrift gleichgestellt.

Qualifizierte Schriftlichkeit

Zur Gültigkeit verlangt das Gesetz, dass nebst der Unterschrift noch weitere Teile eigenhändig eingesetzt werden oder dass bestimmte Voraussetzungen erfüllt sind.
Beispiele:
– Beim eigenhändigen Testament verlangt der Gesetzgeber, dass der Verfasser den gesamten Inhalt von Hand niederschreiben muss (siehe auch S. 265).
– Bei einer Mietzinserhöhung verlangt das Gesetz, dass der Vermieter ein vom Kanton dafür vorgeschriebenes Formular mit Rechtsbelehrung verwendet (siehe S. 297).

Öffentliche Beurkundung

Der Inhalt des Vertrages ist von weitreichender Bedeutung. Der Gesetzgeber verlangt daher, dass eine urkundsberechtigte Person, z.B. ein Notar *[+ 2 Zeugen]*, den Vertrag prüft, ob alle gesetzlichen Vorschriften eingehalten worden sind. Ist das der Fall, bezeugt der Notar dies auf dem Vertrag mit seiner Unterschrift und einem Stempel.

Registereintrag und Veröffentlichung

Registereintrag

Gewisse Rechtsgeschäfte müssen nebst der öffentlichen Beurkundung auch noch in ein Register eingetragen werden.
Beispiel: Ein Hauskauf muss ins Grundbuch und die Gründung einer Aktiengesellschaft ins Handelsregister eingetragen werden.

Veröffentlichung

Noch weiter gehende Bestimmungen verlangen, dass gewisse Rechtsvorgänge zu veröffentlichen sind, um sie jedermann bekannt zu machen, z.B. im Kantonsblatt (Haus- oder Grundstückskauf).

Tipp — *Unterschreiben Sie nie einen Vertrag, den Sie nicht bis in alle Details gelesen und dessen Inhalt Sie nicht verstanden haben.*

Vertragsmängel

In gewissen Fällen kann ein Vertrag angefochten werden oder er ist gar nichtig.

■ Anfechtbare Verträge

Anfechtbarer Vertrag: *Der Inhalt eines Vertrages entspricht nicht dem effektiven Willen einer Partei (Vertragsmangel).*

Die Partei, für die der Vertrag mangelhaft ist, kann diesen beim Gericht anfechten. Anfechtungsgründe sind:

Wesentlicher Irrtum (OR 23 f.)	Damit das Gericht einen Irrtum als wesentlich einstuft, gelten hohe Anforderungen. *Beispiel:* Ein teures Kunstwerk stellt sich im Nachhinein als billige Kopie heraus, obwohl der Käufer bei Vertragsabschluss von der Echtheit ausgegangen ist. Blosse Rechnungsfehler gelten z.B. nicht als wesentlicher Irrtum. Sie müssen zwar korrigiert werden, der Vertrag ist aber trotzdem verbindlich.
Absichtliche Täuschung (OR 28)	Ein Vertragspartner macht wissentlich falsche Angaben oder er verheimlicht Tatsachen, von denen er Kenntnis hat. *Beispiel:* Ein Unfallwagen wird vom Verkäufer als unfallfrei verkauft, obwohl er weiss, dass es ein Unfallwagen ist.
Furchterregung (Drohung) (OR 29 f.)	Einem der Vertragspartner wird das Erleiden eines erheblichen Übels angedroht, falls er den Vertrag nicht abschliesst. *Beispiel:* Jemand weiss von Steuerhinterziehung eines andern. Er fordert von ihm den Verkauf eines Bildes und droht, sonst werde er ihn wegen Steuerhinterziehung anzeigen.
Übervorteilung (OR 21)	Man benachteiligt jemanden, um für sich einen unangemessenen Vorteil zu erlangen. *Beispiel:* Jemand verlangt von einer in der Sache unkundigen Person das Fünffache des üblichen Preises.

Liegt ein Anfechtungsgrund vor, ist der Vertrag gegenstandslos.

■ Nichtige Verträge

Nichtiger Vertrag (OR 20): *Der Vertrag ist mit einem derart schweren Mangel versehen, dass er nichtig ist. «Nichtig» heisst in diesem Zusammenhang: Der Vertrag wird so behandelt, als ob er nicht existieren würde.*

Nichtigkeitsgründe sind:

– **Objektiv unmöglicher Vertragsinhalt**
  Beispiel: Jemand verkauft einer Person den Zürichsee.

– **Widerrechtlicher Vertragsinhalt**
  Beispiel: Der Handwerker verpflichtet sich in seinem Arbeitsvertrag zur Leistung von durchschnittlich 60 Stunden pro Woche.

– **Vertragsinhalt gegen die guten Sitten**
  Beispiel: Jemand schliesst mit einer anderen Person einen Vertrag ab, dass diese bei einer Erbschleicherei mithilft. (Als «Erbschleicher» bezeichnet man eine Person, die auf unredliche oder unmoralische Weise zu einer Erbschaft zu gelangen versucht).

Vertragserfüllung

Vertragserfüllung: *Ist das Erbringen der vereinbarten Leistungen.*

Mit der Vertragserfüllung erlischt der Vertrag mit all seinen Nebenrechten (z.B. Bürgschaften und Pfandrechte, OR 114). Aufgrund der Vertragsfreiheit (OR 19) darf die Vertragserfüllung innerhalb der Schranken der Rechtsordnung beliebig festgelegt werden.

Gegenstand der Erfüllung

Hier wird die Frage geklärt: Wer muss was erfüllen?

– Der Schuldner ist dafür verantwortlich, dass der Vertrag erfüllt wird. Die Leistungen muss er jedoch nur dann persönlich erbringen, wenn die Erfüllung des Vertrages von seinen Kenntnissen, Fähigkeiten und Fertigkeiten abhängt (OR 68). Dies ist z.B. beim Arbeitsvertrag der Fall (OR 321).

– Die vereinbarte Leistung muss erbracht werden. Bei der Lieferung von Gattungsware (siehe S. 269) trifft der Lieferant die Auswahl. Die Ware muss jedoch mindestens mittlere Qualität aufweisen (OR 71).
Beispiel:
Ein Gemüsehändler hat 500 kg Tomaten an Lager. Jemand bestellt bei ihm 50 kg. Der Gemüsehändler wählt die bestellten 50 kg aus. Er darf jedoch nicht einfach die qualitativ schlechtesten Tomaten anbieten.

– Geldschulden müssen in der Landeswährung erfüllt werden (OR 84).
Der Schuldner, der eine Zahlung leistet, darf hierfür eine Quittung (siehe S. 274) verlangen (OR 88).

Ort der Erfüllung

Hier wird die Frage geklärt: Wo muss der Schuldner den Vertrag erfüllen?
Es gelten grundsätzlich folgende Bestimmungen (OR 74):

– Geldschulden sind Bringschulden. Erfüllungsort ist dort, wo der Gläubiger zum Zeitpunkt der Erfüllung seinen Wohnsitz hat.

– Bei Schulden von Spezieswaren (siehe S. 269) gilt: Erfüllungsort ist dort, wo sich die Ware zum Zeitpunkt des Vertragabschlusses befindet.

– Andere Schulden (z.B. von Gattungswaren) sind Holschulden: Erfüllungsort ist dort, wo der Schuldner zum Zeitpunkt der Entstehung der Schuld seinen Wohnsitz hat.

Zeitpunkt der Erfüllung

Hier wird die Frage geklärt: Wann wird der Vertrag erfüllt?
Ohne anderslautende Vereinbarung kann die Erfüllung sofort gefordert werden (OR 75).

Folgen der Nichterfüllung eines Vertrags

▪ Schadenersatz

Kann eine Verbindlichkeit nicht eingehalten werden, so muss der Schuldner für den daraus entstandenen Schaden Ersatz leisten. Ist er imstande zu beweisen, dass ihn an der Nichterfüllung keine Schuld trifft, wird er von der Schadenersatzpflicht befreit (OR 97).

Der Gläubiger hat folgende Handlungsmöglichkeiten:

▪ Mahnung

Erfüllt der Schuldner die Verbindlichkeit nicht rechtzeitig, wird er durch Mahnung des Gläubigers in Verzug gesetzt (OR 102).
Handelt es sich bei der Schuld um eine Geldschuld, so muss der Schuldner 5% Verzugszins bezahlen, auch wenn ohnehin (also ohne Verzug) ein tieferer Vertragszins geschuldet ist. Wurde hingegen ein höherer Vertragszins abgemacht, so gilt dieser auch während des Verzugs (OR 104).

Beispiel:
Frau Rothen gibt am 1. Februar Herrn Enz ein Darlehen von CHF 5000.–. Im Vertrag wurde ein Jahreszins von 4% vereinbart und die Rückzahlung auf den 30. September des gleichen Jahres festgesetzt. Nachdem Frau Rothen am 5. Oktober das Geld noch nicht erhalten hat, mahnt sie Herrn Enz. Von nun an gilt ein Verzugszins von 5%.
Wären jedoch im Darlehensvertrag 6% abgemacht worden, gälten diese auch während des Verzugs.

▪ Fristsetzung

Gleichzeitig mit der Mahnung kann eine angemessene Frist zur nachträglichen Erfüllung gesetzt werden. Verstreicht auch diese Nachfrist ungenutzt, kann der Gläubiger auf der Erfüllung beharren und zusätzlich Schadenersatz verlangen. Bei zweiseitigen Verträgen kann er aber auch auf die Erfüllung verzichten und verlangen, dass er wirtschaftlich so gestellt wird, wie wenn der Schuldner die Forderung rechtzeitig erfüllt hätte, oder er kann vom Vertrag zurücktreten (OR 107).

Der Gläubiger muss keine Nachfrist ansetzen,
– wenn aus dem Verhalten des Schuldners hervorgeht, dass die Verbindlichkeit sowieso nicht erfüllt wird (z.B. weigert sich der Schuldner von vornherein seiner Pflicht nachzukommen),
– wenn die nachträgliche Erfüllung für den Gläubiger unnütz ist,
– wenn ein genauer Stichtag für die Erfüllung festgelegt wurde (OR 108).

In diesen Fällen kann der Schuldner ohne Nachfristansetzung auf die Erfüllung verzichten oder vom Vertrag zurücktreten.

Verjährung

> **Verjährung:** *Ablauf einer gewissen Frist, nach der die Erfüllung einer Forderung rechtlich nicht mehr erzwungen werden kann. Die Forderung selber bleibt jedoch bestehen.*

Ohne Verjährungsfrist würden Forderungen «ewig» bestehen bleiben. Dies hätte zur Folge, dass Gerichte über Angelegenheiten urteilen müssten, über die niemand mehr richtig Bescheid weiss.

Der Gesetzgeber hat aus diesem Grund Verjährungsfristen festgelegt. Ist eine solche abgelaufen, kann der Gläubiger die Erfüllung der Forderung rechtlich nicht mehr durchsetzen. Dem Schuldner bleibt es jedoch freigestellt, die Schuld freiwillig zu begleichen, z.B. aus moralischen Gründen.

■ Die wichtigsten Verjährungsfristen

20 Jahre (SchKG 149a)	Einforderung von Verlustscheinen
10 Jahre (OR 127)	Hat das Bundeszivilrecht nichts anderes bestimmt, verjährt eine Forderung nach 10 Jahren. – Forderungen aus Gutscheinen ohne Verfalldatum – Rückzahlung von Darlehen
5 Jahre (OR 128)	Forderungen aus: – Mängeln bei Kauf (Mobilien) – Miet- und Kapitalzinsen – periodischen Telefonabrechnungen – Alimenten – Handwerksarbeit – Warenkauf für den täglichen Bedarf – Lebensmittelkauf – Arbeitslohn – rechtskräftig festgesetzten Steuern (direkte Bundessteuer) – Mängeln beim Kauf oder beim Umbau von Immobilien – Versicherungsprämien – Honoraren für Ärzte und Anwälte
2 Jahre	– Schadenersatzanspruch aus Motorfahrzeug- und Velounfällen, wenn der Geschädigte Kenntnis vom Schaden und vom Schädiger hat – Vertraglicher Anspruch gegenüber Privatversicherungen (gilt auch für die Zusatzversicherungen der Krankenkasse)
1 Jahr	– Bei Ansprüchen aus Mängeln gekaufter oder reparierter Waren (Ausnahme: Es wurde eine kürzere oder eine längere Frist vertraglich vereinbart.) – Schadenersatzansprüche, wenn der Geschädigte Kenntnis vom Schaden und vom Schädiger hat – Ansprüche aus ungerechtfertigter Bereicherung

Für Privatpersonen verjähren die meisten Forderungen nach 5 Jahren.

Unerlaubte Handlung

Eine Obligation kann auch durch eine unerlaubte Handlung entstehen. Wer einem andern durch eine unerlaubte Handlung einen Schaden zufügt, haftet für diesen Schaden.
Dabei unterscheidet man folgende Arten der Haftung:

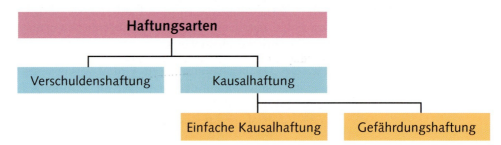

■ Verschuldenshaftung

> **Verschuldenshaftung:** *Verpflichtung zum Ersatz eines Schadens, der jemand einer andern Person widerrechtlich zugefügt hat. Dabei spielt es keine Rolle, ob dies absichtlich oder fahrlässig geschehen ist. (OR 41)*

Damit jemand aufgrund der Verschuldenshaftung verpflichtet werden kann, Schadenersatz zu leisten, müssen vier Bedingungen erfüllt sein:

– **Schaden**
Es muss eine ungewollte Vermögensverminderung entstanden sein, wobei diese vom Geschädigten bewiesen werden muss. Meistens stellt dies kein Problem dar, wenn es um Körperschäden (z.B. einen Beinbruch) oder um Materialschäden (z.B. ein beschädigtes Auto nach einem Zusammenstoss) geht. Schwieriger wird es, wenn z.B. psychische Beeinträchtigungen geltend gemacht werden.

– **Widerrechtlichkeit**
Die Handlung muss gegen die Rechtsordnung verstossen bzw. es darf keine Rechtsgrundlage für die Handlung geben.
Beispiel: Ein junger Mann wird nachts von einem Fremden angegriffen und dabei verletzt. Der Angreifer muss den dem Opfer entstandenen Schaden ersetzen (OR 46).

– **Adäquater Kausalzusammenhang**
Die Handlung (ein Handeln oder ein Unterlassen) des Schädigers muss nach dem gewöhnlichen Lauf der Dinge und der allgemeinen Erfahrung Ursache für den entstandenen Schaden sein.
Beispiel: Ein Lastwagen eines Zügelunternehmens blockiert während 5 Minuten die Strasse. Nun ist ein Autofahrer, der warten musste, verspätet und fährt deshalb zu schnell. Er sieht ein vor einem Rotlicht wartendes Auto zu spät und rammt dieses: Der adäquate Kausalzusammenhang zwischen dem die Strasse blockierenden Lastwagen und dem Unfall ist nicht gegeben. Das Zügelunternehmen haftet nicht für den Schaden. Hingegen haftet der fehlbare Automobilist, denn zwischen seiner Fahrweise und dem verursachten Schaden besteht ein adäquater Kausalzusammenhang.

– **Verschulden**
Dem Schadenverursacher kann vorgeworfen werden, dass er in dieser Situation anders hätte handeln können und sollen.
Vorsätzlich handelt, wer den Schaden absichtlich herbeiführt oder zumindest bewusst in Kauf nimmt. Fahrlässig handelt, wer den Schaden aus mangelnder Sorgfalt verursacht.

Kausalhaftung

Kausalhaftung: *Ist die Haftung ohne Verschulden.*

Es gelten drei gleiche Haftungsvoraussetzungen wie bei der Verschuldenshaftung:
– Schaden
– Widerrechtlichkeit und
– adäquater Kausalzusammenhang
Hingegen fällt das Verschulden weg.

Einfache Kausalhaftung

Die einfache Kausalhaftung wird auch milde Kausalhaftung genannt. Haften muss z.B., wer einen Schaden verursacht und sich nicht entlasten kann, indem er beweist, dass er seine Sorgfaltspflicht eingehalten hat.
Zur einfachen Kausalhaftung gehören unter anderen:

– **Haftung des Geschäftsherrn (OR 55)**
Beispiel: Ein Angestellter eines Malergeschäfts stösst auf einem Gerüst einen Eimer voller Farbe um. Der herunterfallende Eimer beschädigt das rechtmässig parkierte Auto eines unbeteiligten Dritten.

– **Haftung für Tiere (OR 56)**
Beispiel: Ein Hund ist an einer vier Meter langen Kette angebunden. Als sich eine Gruppe von Wanderern nähert, schiesst der Hund aus seiner Hütte hervor. Ein Wanderer erschrickt, fällt rückwärts über eine Mauer und verletzt sich schwer.

– **Haftung des Werkeigentümers (OR 58)**
Beispiel: In einer Mietwohnung befindet sich eine Galerie, die über eine mobile Leiter erreicht werden kann. Diese Galerie wird vom Mieter als Schlafraum genutzt. Als die Freundin des Mieters die Leiter hinuntersteigen will, rutscht die Leiter weg. Die Freundin fällt hinunter und ist längere Zeit arbeitsunfähig. Der Eigentümer der Wohnung ist haftpflichtig.

– **Haftung des Familienhauptes (ZGB 333)**
Beispiel: Benjamin und Klara, 2- und 4-jährig, gehen alleine nach draussen, nehmen einen Schlitten und fahren damit einen schmalen Wanderweg hinunter. Dabei rammen sie einen älteren Mann von hinten. Dieser stürzt und bricht sich den Oberschenkel.

– **Produktehaftung (PrHG 1)**
Beispiel: Eine Frau kauft sich einen Liegestuhl. Aufgrund eines Produktionsfehlers bricht dieser zusammen. Die Frau erleidet einen Armbruch. Der Produzent des Liegestuhls haftet für den Schaden, wenn er sich nicht entlasten kann (PrHG 5).

Gefährdungshaftung

Die Gefährdungshaftung wird auch strenge Kausalhaftung genannt. Hier haftet, wer einen Schaden durch eine potenziell gefährliche Handlung verursacht. Zur Gefährdungshaftung gehört u.a.:

Haftung für den Betrieb eines Motorfahrzeugs
Wird durch den Betrieb eines Motorfahrzeugs ein Mensch getötet oder verletzt oder Sachschaden verursacht, so haftet der Halter für den Schaden (SVG 58).
Beispiel: In einer engen Passage touchiert ein korrekt entgegenkommendes Auto einen schwankenden Radfahrer. Der Halter des Autos haftet für den Schaden, den der Radfahrer erleidet.

Ungerechtfertigte Bereicherung

Ungerechtfertigte Bereicherung (OR 62 ff.): *Ist eine Zunahme des eigenen Vermögens aus dem Vermögen eines andern, wofür es keinen Rechtsgrund gibt.*

Rückerstattung

Der Entreicherte (hat Vermögensverlust) kann vom Bereicherten (hat Vermögenszunahme) die Rückerstattung verlangen. Der Anspruch auf Rückerstattung verjährt mit Ablauf eines Jahres, nachdem der Entreicherte Kenntnis von seinem Anspruch hat, spätestens aber nach zehn Jahren seit Entstehung des Anspruchs.

Beispiel:
In einem Kanton arbeiten zwei Lehrerinnen mit gleichem Namen: Karin Wettstein. Die eine übernimmt zusätzlich zu ihrem Pensum eine dreiwöchige Stellvertretung. Der Lohn hierfür wird irrtümlicherweise der anderen Karin Wettstein überwiesen.

Einschränkung der Rückerstattung

Die Bereicherung kann nicht zurückgefordert werden, wenn der Bereicherte beweisen kann, dass er zum Zeitpunkt der Rückforderung nicht mehr bereichert war. Diese Einschränkung gilt nicht, wenn der Empfänger bei der Veräusserung nicht in gutem Glauben war oder mit der Rückerstattung rechnen musste.

Beispiel:
Durch einen Softwarefehler werden Herrn Durrer von einer Bank irrtümlich CHF 50 000.– auf sein PC-Konto überwiesen. Herr Durrer bemerkt dies, hebt das Geld ab und schenkt es am gleichen Tag seiner Ehefrau. Zwei Tage später fordert die Bank das Geld zurück. Obwohl Herr Durrer nicht mehr im Besitze des Geldes ist, muss er es zurückerstatten.

Lösen von Rechtsfällen in vier Schritten

■ Systematisches Vorgehen

Rechtsfragen sind im Alltag meist schwierig zu beurteilen. Die Probleme betreffen häufig verschiedene Rechtsbereiche, die oft nicht klar voneinander abgegrenzt werden können. Die Gesetzesbestimmungen sind abstrakt formuliert und in einer ungewohnten Sprache abgefasst, weshalb die Anwendung dieser Regeln auf den konkreten Fall Schwierigkeiten bereitet. D. h. eine Lösung liegt nicht einfach auf dem Tisch, sondern kann nur mit etlicher Anstrengung angestrebt werden.

Als Hilfsmittel zur «Lösung» von Rechtsfällen empfiehlt sich ein systematisches Vorgehen, z.B. in vier Schritten:

■ Vorgehen in vier Schritten

1. Sachverhalt feststellen	Zuerst muss genau festgehalten werden, was passiert ist. Die «W-Fragen» sind zu stellen: *Wer hat wann, was, wo, wie und warum getan?*
2. Bezug zwischen Sachverhalt und Recht herstellen	Dann gilt es herauszufinden, welche gesetzlichen Regelungen auf den festgestellten Sachverhalt angewendet werden können: *Welche abstrakte Regel passt am besten zum konkreten Sachverhalt?*
3. Rechtsfolgen feststellen	Nachher muss geklärt werden, welche Konsequenzen die Anwendung dieser Regel nach sich zieht: *Welche Rechtsfolge sieht die anwendbare Regel vor?*
4. Durchsetzung des Rechts planen	Nun kann im letzten Schritt konkret geplant werden, was die vom Sachverhalt betroffenen Personen tun müssen, um zu ihrem Recht zu kommen: *Was muss ich tun, damit ich mein Recht durchsetzen kann?*

■ Umgang mit Rechtsfragen (allgemeine Hinweise)

– Rechtsfälle sind oft vielschichtig. Meist sind mehrere Personen beteiligt, die zueinander in unterschiedlichen Rechtsbeziehungen stehen. Eine grafische Darstellung der Situation verschafft Überblick und hilft zur Klärung.
– Häufig werden verschiedene Rechtsgebiete berührt, weshalb Regelungen aus mehreren Gesetzbüchern zur Anwendung kommen. Ein komplexer Fall kann zudem mehrere Prozesse auslösen (z.B. Strafprozess und dann Zivilprozess).
– Für das Verständnis der einzelnen Gesetzesartikel braucht es auch die Kenntnis des gesamten Aufbaus des Gesetzes. Die einzelne Regel muss im Zusammenhang mit den übrigen Bestimmungen des Gesetzes gelesen werden.
– Die Gesetze sind oft in einer umständlichen Sprache geschrieben. Die Rechtsregeln müssen ausgelegt werden. Dabei helfen Fragen wie:
– Was bezweckt die Regelung?
– Welches Ziel verfolgte der Gesetzgeber damit?

→ www.verlag-fuchs.ch/recht

Tipp *Ist die Rechtsfrage zu schwierig, bleibt nur noch der Beizug professioneller Hilfe. Viele Gerichte bieten Personen, die ein konkretes Rechtsproblem haben und in ihrem Gerichtskreis wohnen, periodisch eine kostenlose Erstberatung an. Auch die meisten kantonalen Anwaltsverbände kennen ähnliche Dienstleistungen.*

Lösen von Rechtsfällen: Fallbeispiel

Ein 3-jähriges Kind besucht mit seinem Vater ein Kaufhaus. Als der Vater das Kind kurzfristig unbeaufsichtigt lässt, zerstört das Kind beim Ballspielen eine teure Porzellanvase.

Gegen wen hat der Ladenbesitzer und Eigentümer der Vase allenfalls einen Anspruch (Versicherungen ausgenommen)?

Vorgehen in vier Schritten

1. Sachverhalt feststellen

Wer?
- 3-jähriges Kind
- Ladenbesitzer (Eigentümer der Vase)
- Vater des Kindes

Was und wann?
- Vater und Kind besuchen ein Kaufhaus.
- Vater beaufsichtigt das Kind vorübergehend nicht.
- Kind spielt mit einem Ball.
- Kind zerstört eine Vase (Sachschaden).

2. Bezug zwischen Sachverhalt und Recht herstellen

Es kommen zwei Haftpflichtige in Frage:
- Das Kind: Das Zerstören von Eigentum ist widerrechtlich, weshalb das Kind aufgrund unerlaubter Handlung nach OR 41 ff. haftbar sein kann. Problem: Das Kind ist urteilsunfähig.
- Der Vater: Haftung des Familienhauptes nach ZGB 333 wegen Vernachlässigung der Aufsichtspflicht.

Die Haftung des Kindes ist kaum durchsetzbar (OR 41 verlangt Urteilsfähigkeit), weshalb sich der Eigentümer der Vase auf ZGB 333 berufen und gegen den Vater vorgehen wird.

3. Rechtsfolgen feststellen

ZGB 333: Haftung für den entstandenen Schaden (siehe S. 341).

4. Durchsetzung des Rechts planen

- Der Eigentümer der Vase muss den entstandenen Schaden (Wert der Vase oder Kosten für Reparatur, falls möglich) und die Ursache des Schadens beweisen.
- Der Eigentümer hat die Verjährungsfrist zu beachten (OR 60).
- Für die Haftung ist weder ein Verschulden des Kindes noch ein eigenes Verschulden des Vaters am Schaden nötig. Der Vater kann sich aber von der Haftung befreien, wenn er nachweist, dass er seine Aufsichtspflicht nicht verletzt hat.

R 2. Arbeit

Arbeitsverträge: Übersicht

Der Überblick zeigt knapp das Wichtigste der verschiedenen Arbeitsverträge. Auf den folgenden Seiten werden diese genauer erläutert.

Der Lehrvertrag	**Der Einzelarbeitsvertrag (EAV)** (siehe S. 230 ff.)	**Der Gesamtarbeitsvertrag (GAV)** (siehe S. 238)	**Der Normalarbeitsvertrag (NAV)** (siehe S. 239)
Vertragspartner Der Lehrvertrag wird abgeschlossen zwischen einer lernenden Person (und bei deren Minderjährigkeit zusätzlich dem gesetzlichen Vertreter) und einem Arbeitgeber.	**Vertragspartner** Der Einzelarbeitsvertrag wird zwischen einem einzelnen Arbeitgeber und einem einzelnen Arbeitnehmer abgeschlossen.	**Vertragspartner** Der Gesamtarbeitsvertrag wird zwischen einem Arbeitnehmerverband (meistens ist dies eine Gewerkschaft) und einem einzelnen Arbeitgeber bzw. einem Arbeitgeberverband abgeschlossen.	**Vertragspartner** Beim Normalarbeitsvertrag handelt es sich um gesetzliche Bestimmungen für gewisse Berufsbranchen.
Form Der Lehrvertrag muss schriftlich abgeschlossen werden. Er bedarf zusätzlich der Genehmigung durch das kantonale Amt für Berufsbildung.	**Form** Der Einzelarbeitsvertrag kann formlos (also mündlich oder stillschweigend) abgeschlossen werden (die Schriftlichkeit empfiehlt sich aber).	**Form** Der Gesamtarbeitsvertrag muss schriftlich abgeschlossen werden. Die dem Gesamtarbeitsvertrag unterstellten Arbeitsverträge sind Einzelarbeitsverträge.	**Form** Der Gesetzgeber muss beim Erlassen von Normalarbeitsverträgen die vorgeschriebene Form der Veröffentlichung einhalten.
Zweck Beim Lehrvertrag steht die fachgerechte Ausbildung der lernenden Person im Vordergrund.	**Zweck** Beim Einzelarbeitsvertrag steht die Arbeitsleistung des Arbeitnehmers im Dienste eines Arbeitgebers im Vordergrund.	**Zweck** Es geht darum, den Arbeitsfrieden zu erhalten, für Konfliktfälle einheitliche Regeln aufzustellen und den Arbeitnehmer zu schützen.	**Zweck** Es geht um das Aufstellen einheitlicher Regeln und den Schutz von Arbeitnehmern, insbesondere von denjenigen, die nicht unter das Arbeitsgesetz fallen.

Der Einzelarbeitsvertrag (EAV)

> **Einzelarbeitsvertrag (EAV; OR 319 ff.):** *Der Arbeitnehmer verpflichtet sich gegen Lohn zur Leistung von Arbeit. Der Einzelarbeitsvertrag kann auf eine festgelegte Dauer oder auf unbegrenzte Zeit abgeschlossen werden.*

Regelungen zum EAV

Bestimmungen finden sich in vielen Gesetzen und Regelungen.
Die aufgeführten Regeln sind nur die wichtigsten.

– **Obligationenrecht (OR)**
   In OR 319–343 finden sich die wichtigsten privatrechtlichen Bestimmungen zum Einzelarbeitsvertrag. Neben den zwingenden Normen (siehe S. 207), die in OR 361 f. aufgelistet sind, enthält dieser Abschnitt im OR auch dispositive Regelungen (siehe S. 207). Lässt sich unter den besonderen Bestimmungen über den Einzelarbeitsvertrag keine zutreffende Regel finden, bieten oft die Regeln des Allgemeinen Teils des OR eine Antwort.

– **Arbeitsgesetz (ArG)**
   Das Arbeitsgesetz (siehe S. 240 ff.) enthält vorwiegend öffentlich-rechtliche Bestimmungen zum Schutz der Gesundheit des Arbeitnehmers. Daneben bestehen verschiedene Verordnungen, welche die Regeln des ArG genauer bestimmen.

– **Gesamtarbeitsverträge (GAV)**
   Für bestimmte Gruppen von Arbeitnehmern und Arbeitgebern gelten Gesamtarbeitsverträge (siehe S. 238). Sie werden durch Vertreter der Arbeitgeber- und Arbeitnehmerseite ausgehandelt. Die Gesamtarbeitsverträge enthalten Regeln, welche die dispositiven (nicht zwingenden) OR-Normen über den Einzelarbeitsvertrag ersetzen oder daneben Genaueres ausführen.

– **Normalarbeitsverträge (NAV)**
   Die Normalarbeitsverträge (siehe S. 239) haben den Schutz der Arbeitnehmer zum Zweck und dienen der Rechtsvereinheitlichung. Sie werden durch Behörden erlassen und gelten nur für bestimmte Branchen. Sie enthalten dispositives Recht.

– **Betriebsreglemente**
   Grössere Betriebe stellen in internen Reglementen häufig gemeinsame Regeln für alle Arbeitnehmer auf. Die einzelnen Arbeitsverträge enthalten nur noch die speziellen Bestimmungen oder Abweichungen vom Betriebsreglement. Die Betriebsreglemente dürfen nicht gegen zwingendes Recht verstossen.

– **Sozialversicherungsgesetze**
   Die meisten Gesetze im Bereich der Sozialversicherungen (AHVG, UVG, BVG, AVlG) verpflichten Arbeitnehmer und Arbeitgeber zu obligatorischen Beiträgen. Daneben werden die Leistungen der Versicherungen festgelegt. Die dazugehörenden Verordnungen enthalten Ausführungsbestimmungen zu den Gesetzen.

– **Datenschutzgesetz (DSG)**
   Das Datenschutzgesetz will den Missbrauch von Personendaten verhindern. Sowohl Arbeitgeber als auch Arbeitnehmer, die in ihrer beruflichen Tätigkeit Personendaten bearbeiten oder erfahren, müssen die Normen des DSG beachten.

→ www.verlag-fuchs.ch/recht

Stellenbewerbung

Dem Vertragsabschluss geht in der Regel ein Bewerbungsverfahren voraus, das häufig durch eine Stellenausschreibung des Arbeitgebers eingeleitet wird.

Stellenausschreibung

Stellenausschreibungen gibt es in lokalen, regionalen, nationalen oder sogar in internationalen Medien, z.B. in Tages- und Wochenzeitungen, in Verbandsjournalen, in Fachzeitschriften, in Amtsblättern und vor allem auch im Internet. Viele Stellen werden allerdings nicht ausgeschrieben, weshalb sich «blinde» Bewerbungen, die sich nicht auf eine ausgeschriebene Bewerbung beziehen, lohnen können.
In der heutigen angespannten Arbeitsmarktsituation ist es sehr wichtig, selber aktiv zu werden und sich ein persönliches Netzwerk aufzubauen, indem man mit Freunden und Bekannten spricht und diese Beziehungen nutzt.

Bewerbung

Es ist wichtig, dass eine Bewerbung vollständig ist. Sie enthält:

Bewerbungsbrief (Motivationsschreiben)	Lebenslauf (Curriculum Vitae/CV)	Beilagen

– mit PC schreiben, wenn erforderlich von Hand
– auf Inserat eingehen
– persönliche Voraussetzungen für diese Stelle beschreiben und mit den eigenen Kenntnissen und Fähigkeiten werben
– Motivation der Bewerbung speziell für diese Stelle darlegen (sich zuvor über das Unternehmen informieren)
– keine Standardbewerbung verwenden (persönlich gefärbten Bewerbungsbrief verfassen)
– natürlich schreiben
– Wiederholungen (zum Personalblatt) vermeiden
– sachlich und ehrlich bleiben
– sich kurz fassen (max. eine A4-Seite)
	– mit PC schreiben
	– tabellarische Form verwenden
	– Übersicht über alle wissenswerten Einzelheiten geben:
	  – Personalien
	  – Ausbildung
	  – berufliche Tätigkeiten
	  – besondere Fähigkeiten
	  – Referenzen, z.B. ehemaliger Chef, Ausbildner oder Lehrer (vorher um Erlaubnis fragen, dessen Funktion und Erreichbarkeit angeben)
	  – Zeitpunkt des Eintritts
	  – aktuelle Foto (eines Profifotografen) neueren Datums beilegen
		– Zeugnisse (Arbeitszeugnisse, evtl. Schulzeugnisse) und Diplome (immer nur Fotokopien)
		– evtl. Handschriftenprobe (Diese Schriftprobe wird vom Arbeitgeber für ein grafologisches Gutachten verwendet. Über die Schrift wird der Charakter des Bewerbenden beurteilt.)

Der Bewerbungsbrief und der Lebenslauf (auch Personalblatt genannt) sind die Visitenkarte. Man achte auf eine fehlerfreie, saubere Gestaltung und auf eine Präsentation, die den möglichen zukünftigen Arbeitgeber anspricht.

E-Recruiting

Viele Arbeitgeber nutzen die einfache und kostengünstige Möglichkeit, das Bewerbungsverfahren auf elektronischem Weg über das Internet abzuwickeln (E-Recruiting). Gerade bei der Online-Bewerbung hat der Stellensuchende besonders darauf zu achten, dass er sich genügend Zeit nimmt.

Weiter ist zu beachten, dass bei vielen Online-Bewerbungen die persönlichen Unterlagen nur im Rich-Text-Format beigefügt werden können. Die mit viel Aufwand und Sorgfalt erstellten Dokumente kommen beim Empfänger entsprechend «verunstaltet» an.

Im Allgemeinen gilt: Vorsicht beim elektronischen Versand von Personendaten. Man sollte nur vertrauenswürdige Adressen bedienen.

Vorstellungsgespräch

Wer zum auserwählten Kreis jener gehört, die zum Vorstellungsgespräch eingeladen werden, hat bereits einen wichtigen Schritt zur Anstellung getan. Über das persönliche Gespräch wählt der Arbeitgeber diejenige Person aus, die ihm am geeignetsten für die Besetzung der Stelle erscheint. Dieser entscheidende Moment will also gut vorbereitet sein.

Tipp
- *Sammeln Sie Informationen über den Arbeitgeber und sein Unternehmen (z.B. via Internet) und machen Sie sich ein Bild. Der Arbeitgeber erwartet eine klare Antwort auf die Frage nach Ihren Beweggründen für die Bewerbung.*
- *Setzen Sie sich mit sich selber kritisch auseinander und überlegen Sie, wo Ihre Stärken, aber auch, wo Ihre Schwächen liegen.*
- *Bereiten Sie sich auf mögliche Fragen vor, aber wirken Sie natürlich und nicht aufgesetzt. Auswendig gelernte Antworten machen keinen guten Eindruck.*
- *Überlegen Sie sich, welche Fragen geklärt werden müssen (z.B. Arbeitszeiten, Tätigkeitsbereich, Überstundenregelung, Ferien).*
- *Bleiben Sie sich selbst. Die meisten Arbeitgeber lassen einen Teil des Vorstellungsgesprächs durch geschulte und erfahrene Personalberater leiten, die sich nicht täuschen lassen.*
- *Zu einem Vorstellungsgespräch erscheint man pünktlich, weder zu spät noch viel zu früh.*
- *Bedenken Sie, dass Sie im World Wide Web Spuren hinterlassen und dass das Internet nicht vergisst. Stellen Sie deshalb nicht unbedacht Informationen über Ihre Person auf Internetplattformen wie facebook, myspace usw. Ein zukünftiger Arbeitgeber könnte im Zusammenhang eines Bewerbungsverfahrens Ihre Personalien «googeln» und dabei auf unvorteilhafte Fotos, Videos oder Texte stossen und so von Ihnen einen Eindruck gewinnen, der Ihrer beruflichen Zukunft schaden könnte.*

→ www.verlag-fuchs.ch/recht

Form und Entstehung des EAV

Form

Der Einzelarbeitsvertrag kann ohne besondere Form (also auch mündlich) abgeschlossen werden (OR 320). Für den Abschluss von bestimmten Arten von Einzelarbeitsverträgen gibt es allerdings Formvorschriften (z.B. OR 344a[1] für den Lehrvertrag oder OR 347a für den Handelsreisendenvertrag).

Arbeitnehmer und Arbeitgeber können auch freiwillig Formvorschriften vorsehen. So gibt es in Einzelarbeitsverträgen oft die Bestimmung, dass Vertragsabänderungen nur in schriftlicher Form gültig sind.

Entstehung

Zugunsten des Arbeitnehmers nimmt OR 320[2] bereits dann einen Vertragsabschluss an, wenn der Arbeitnehmer aufgrund der Umstände eine Entlöhnung erwarten durfte. Selbst wenn sich der Vertrag im Nachhinein als ungültig herausstellt, muss der Arbeitgeber dem Arbeitnehmer für die geleistete Arbeit einen Lohn zahlen (OR 320[3]).

Beispiel:
Ein Arbeitgeber stellt einen ausländischen Arbeitnehmer ohne Arbeitsbewilligung an. Im Gegensatz zum Arbeitnehmer ist sich der Arbeitgeber bewusst, dass der Abschluss dieses Einzelarbeitsvertrags eine öffentlich-rechtliche Bewilligung brauchen würde. Obwohl das Arbeitsverhältnis ungültig ist und durch behördlichen Eingriff unterbunden wird, hat der Arbeitnehmer einen Entlöhnungsanspruch für geleistete Arbeit.

Nichtantreten der Stelle (OR 337d)

Tritt der Arbeitnehmer seine Stelle überhaupt nicht an, begeht er eine Vertragsverletzung. Dadurch entsteht dem Arbeitgeber häufig ein Schaden: Er erleidet einen Verlust, da keine andere Arbeitskraft die Arbeit verrichten kann. Er muss auch Aufwendungen für die Neubesetzung der Stelle in Kauf nehmen. Deshalb sieht OR 337d vor, dass der Arbeitnehmer dem Arbeitgeber einen Schadenersatz von einem Viertel des vereinbarten Monatslohns zahlen muss, falls der Arbeitnehmer die Stelle ohne wichtigen Grund nicht antritt.

Probezeit (OR 335b)

Wird nicht etwas anderes vereinbart, gilt der erste Monat ab Stellenantritt als Probezeit (OR 335b[1]; zu den Kündigungsfristen während der Probezeit siehe S. 236). Die Dauer der Probezeit kann auf maximal drei Monate festgelegt werden (OR 335b[2]).

Tipp — *Es empfiehlt sich, den Einzelarbeitsvertrag in schriftlicher Form abzufassen. Ein guter schriftlicher Vertrag sorgt für klare Verhältnisse und gegenseitiges Vertrauen. Er hilft, Streitigkeiten zu vermeiden.*

Rechte und Pflichten des Arbeitnehmers

■ Arbeitsleistung (OR 321)

Hauptpflicht des Arbeitnehmers ist die Erledigung der ihm zugeteilten Arbeit. Der Arbeitnehmer hat aber nicht alle ihm übertragenen Aufgaben zu akzeptieren: Was klar nicht zu seinem Aufgabenbereich gehört, muss er nicht ausführen. So begeht z.B. der kaufmännische Angestellte keine Vertragsverletzung, wenn er sich weigert, sein eigenes Büro zu streichen. Aber das Aufräumen seines Arbeitsplatzes gehört als Nebenpflicht zu seinem Aufgabenbereich.

Persönliche Arbeitspflicht

Die Arbeitsleistung ist durch den Arbeitnehmer selber, also persönlich, zu erbringen. Eine Übertragung an eine andere Person ist nur zulässig, wenn sie vorgesehen ist.

Beschäftigungspflicht

Damit der Arbeitnehmer seine Arbeitsleistung erbringen kann, hat der Arbeitgeber eine Beschäftigungspflicht: Er muss dem Arbeitnehmer im Rahmen der betrieblichen Möglichkeiten auch tatsächlich Arbeit zuteilen.

■ Sorgfaltspflicht bei der Arbeitsleistung

Der Arbeitnehmer muss die ihm zugewiesenen Arbeiten so sorgfältig wie möglich erledigen (siehe OR 321a[1]).

Haftung

Arbeitet er unsorgfältig, hat er dem Arbeitgeber den entstandenen Schaden zu ersetzen (OR 321e). Dabei gilt: Jeder wird nach seinen Ellen gemessen. Von einem erfahrenen Arbeitnehmer wird deshalb ein höheres Mass an Sorgfalt erwartet als von einem unerfahrenen. Ist der Arbeitnehmer mit einer Aufgabe überfordert und weiss dies der Arbeitgeber, so hat dieser den Schaden selbst zu verantworten.

■ Treuepflicht (OR 321a)

Zwischen Arbeitnehmer und Arbeitgeber besteht eine enge Beziehung. Einzelarbeitsverträge sind deshalb stark von gegenseitigem Vertrauen geprägt. Damit Vertrauen möglich ist, legt das Gesetz Schutzpflichten fest. Wichtigstes Beispiel dafür ist aufseiten des Arbeitnehmers die Treuepflicht.

Der Arbeitnehmer hat auf die Interessen des Arbeitgebers zu achten. Er darf nicht ohne Grund gegen diese handeln.

Verbot der Konkurrenztätigkeit

Die Treuepflicht kann auch einen Einfluss auf die Freizeit haben. So ist es dem Arbeitnehmer untersagt, ohne Erlaubnis des Arbeitgebers einer Nebentätigkeit im gleichen Arbeitsbereich bei einem Konkurrenten nachzugehen (siehe OR 321a[3]).

Schweigepflicht

Selbst nach Beendigung des Vertrages kann die Treuepflicht Nachwirkungen haben: Geschäftsgeheimnisse, die der Arbeitgeber im Dienst und während seiner Vertragszeit erfahren hat, darf er ohne besondere Umstände weder selber auswerten noch anderen weitergeben (siehe OR 321a[4]).

Von der Treuepflicht abgeleitete Pflichten

→ www.verlag-fuchs.ch/recht

Viele Pflichten des Arbeitgebers sind aus der Treuepflicht abgeleitet, so z.B. die Pflicht, Arbeitsgeräte und Betriebseinrichtung fachgerecht und sorgfältig zu benutzen (OR 321a[2]), für den Arbeitgeber eingenommene Geldbeträge zu melden und herauszugeben (OR 321b), besondere Weisungen des Arbeitgebers zu befolgen (OR 321d[2]), selbst die Pflicht, in einem gewissen Mass Überstunden zu leisten (OR 321c).

Überstundenarbeit

> **Überstundenarbeit (OR 321c):** *Arbeitsleistung des Arbeitnehmers, die über den vertraglich festgelegten Arbeitsstunden liegt.*

Liegen besondere Umstände vor, wie z.B. Personalausfall oder ausserordentlicher Arbeitsanfall, ist der Arbeitnehmer verpflichtet, mehr Arbeitsstunden zu leisten, als vertraglich oder durch Gesamt- bzw. Normalarbeitsvertrag (siehe S. 238 f.) vorgesehen sind. Die Pflicht, Überstunden zu erbringen, unterliegt aber Einschränkungen. So müssen die Überstunden dem Arbeitnehmer zumutbar sein: Ausgewiesene körperliche Gebrechen oder familiäre Notsituationen befreien den Arbeitnehmer von seiner Pflicht.

Lohnzuschlag
Überstunden sind in der Regel mit einem Lohnzuschlag von mindestens 25% zu vergüten. Ist der Arbeitnehmer einverstanden, können sie auch durch Freizeit von mindestens gleicher Dauer kompensiert werden.

Spesenersatz

> **Spesen (OR 327a):** *Auslagen, die der Arbeitnehmer im Interesse des Arbeitgebers macht.*

Der Arbeitnehmer ist berechtigt, für alle notwendigen Spesen eine Vergütung zu verlangen. Als notwendig gelten Spesen, die in direktem Zusammenhang mit der Arbeitsleistung stehen und die dem Arbeitnehmer nicht in erster Linie persönlich zugutekommen.

Beispiele:
– Die Ausgaben für spezielle Arbeitskleider sind zu ersetzen. Aber Mehrzweckbekleidung, die der Arbeitnehmer auch in seiner Freizeit trägt, müssen vom Arbeitgeber nicht vergütet werden.
– Besondere Fahrtkosten für Arbeitseinsätze ausserhalb des normalen Arbeitsorts sind zu entschädigen.

Die Spesen können durch eine Pauschale abgegolten werden. Doch die Pauschale darf den Arbeitnehmer nicht schlechter stellen. Er muss also mit der Pauschale mindestens gleich viel erhalten wie bei separater Vergütung der einzelnen Spesen. Zudem kann eine Pauschalvergütung nur durch schriftliche Vereinbarung oder durch Gesamt- oder Normalarbeitsvertrag gültig vereinbart werden.

Spesenersatz ist nicht Arbeitslohn und muss auch nicht versteuert werden.

Rechte und Pflichten des Arbeitgebers

Lohn

Lohn (OR 322): *Ist die vertragliche Gegenleistung des Arbeitgebers für die Arbeitsleistung des Arbeitnehmers.*

Die Höhe des Lohnes kann durch Übereinkunft zwischen Arbeitnehmer und Arbeitgeber frei festgelegt werden. Gesamt- und Normalarbeitsverträge hingegen können Mindestlöhne vorschreiben.
Üblicherweise ist der Lohn in Geld geschuldet. Aber auch die Leistung von Naturalien (z.B. Kost und Logis, Kleidung) kann Lohn sein (sogenannter Naturallohn, siehe OR 322^2). Auch Mischformen von Geld- und Naturallohn kommen vor.
In der Regel hat der Arbeitgeber den Lohn jeweils am Ende eines Monats nach geleisteter Arbeit zu entrichten (siehe OR 323^1).

Lohnvorschuss
Ist der Arbeitnehmer in einer finanziellen Notlage, hat der Arbeitgeber nach seinen Möglichkeiten einen Vorschuss zu leisten (OR 323^4).

13. Monatslohn
Viele Einzelarbeitsverträge verpflichten den Arbeitgeber zur Leistung eines zusätzlichen 13. Monatslohnes. Dieser wird in der Regel am Ende des Kalenderjahres ausbezahlt. Ist die Stelle im Verlauf des Kalenderjahres angetreten oder verlassen worden, ist der 13. Monatslohn im Verhältnis zur Anstellungsdauer im Kalenderjahr geschuldet (d.h. Anspruch «pro rata temporis»).

Gratifikation
Die Gratifikation (OR 322d) ist eine Sondervergütung. Ob, wann und wie eine Gratifikation ausgerichtet wird, ist dem Arbeitgeber überlassen. Der Arbeitnehmer hat in der Regel keinen Anspruch auf Gratifikation. Selbst wenn eine Gratifikation vereinbart worden ist, hat der Arbeitnehmer (ohne anderslautende Abmachung) keinen Anspruch pro rata temporis, wenn er die Stelle vorzeitig verlässt.

Lohnabrechnung (OR 323b)

Ist Geldlohn geschuldet, muss der Arbeitgeber dem Arbeitnehmer bei jeder einzelnen Zahlung eine schriftliche Abrechnung übergeben mit einer detaillierten Auflistung der Vergütungen und der Abzüge.

Grundlohn
+ Lohnzuschlag für Überstunden
+ evtl. Gratifikation
+ evtl. Provision
+ evtl. Anteil am Geschäftsergebnis
= *AHV-pflichtiger Bruttolohn*
+ Kinder- und Familienzulagen (nicht AHV-pflichtig)

= Bruttolohn

− AHV/IV/EO-Beitrag
− BVG-Beitrag
− ALV-Beitrag
− NBU-Beitrag
− Krankentaggeld
− evtl. Quellensteuer

= Nettolohn

+ Spesenentschädigung

= ausbezahlter Lohn

Tipp *Kontrollieren Sie Ihre Lohnabrechnung genau.*

Lohnfortzahlungspflicht

> **Lohnfortzahlung (OR 324a):** *Zahlung des Lohnes, wenn der Arbeitnehmer aus unverschuldeten persönlichen Gründen nicht arbeiten kann.*

Ist es dem Arbeitnehmer aus persönlichen Gründen (aufgrund von Krankheit, Unfall oder einer gesetzlichen Pflicht, z.B. Einvernahme als Zeuge vor einem Gericht) nicht möglich zu arbeiten, hat der Arbeitgeber den Lohn für diese Zeit trotzdem auszurichten. Allerdings muss die Verhinderung unverschuldet sein. So hat der Arbeitnehmer, der wegen einer Straftat verhaftet wurde, keinen Anspruch auf Lohnfortzahlung.

Die Lohnfortzahlungspflicht ist je nach Dauer der Anstellung bemessen: Je länger die Anstellung bereits angedauert hat, umso länger ist auch der Lohn auszurichten. Bei der Berechnung der Anstellungsdauer ist die ununterbrochene Gesamtdauer beim gleichen Arbeitgeber massgebend. So wird die Lehrzeit zum direkt anschliessenden Einzelarbeitsvertrag hinzugerechnet, wenn es sich um denselben Arbeitgeber handelt.

Für die Lohnfortzahlungspflicht hat die Rechtsprechung drei verschiedene Mindestdauern festgelegt, die sich je nach Arbeitsregion unterscheiden (Basler, Berner und Zürcher Skala, siehe Internetseite).

Bei Schwangerschaft und bei Niederkunft der Arbeitnehmerin hat der Arbeitgeber die gleiche Lohnfortzahlungspflicht.
Die Arbeitnehmerin hat zudem einen neuen öffentlich-rechtlichen Erwerbsersatzanspruch. Erwerbstätige Mütter erhalten nach der Geburt eines Kindes während 14 Wochen 80% des durchschnittlichen Erwerbseinkommens vor der Geburt, maximal aber CHF 196.– pro Tag (Stand: 1.1.2012).

Anspruchsberechtigt sind erwerbstätige Frauen, die vor der Geburt mindestens 9 Monate bei der AHV versichert waren und davon mindestens 5 Monate gearbeitet haben. Das Arbeitspensum ist dabei nicht massgebend.

Fürsorgepflicht

> **Fürsorgepflicht (OR 328):** *Der Arbeitgeber hat die Persönlichkeit des Arbeitnehmers so gut wie möglich zu achten und zu schützen.*

Die Fürsorgepflicht zwingt den Arbeitgeber, die persönlichen Interessen des Arbeitnehmers zu achten. So hat der Arbeitgeber z.B. dafür zu sorgen, dass das Eigentum des Arbeitnehmers am Arbeitsplatz keinen grossen Gefahren ausgesetzt ist. Der Arbeitgeber ist jedoch nicht verpflichtet, für die persönlichen Gegenstände des Arbeitnehmers eine Versicherung abzuschliessen.

→ www.verlag-fuchs.ch/recht

Viele Pflichten des Arbeitgebers sind aus der Fürsorgepflicht abgeleitet, so z.B. ein «wohlwollendes» Arbeitszeugnis auszustellen (OR 330a), dem Arbeitnehmer tatsächlich Arbeit zuzuweisen (Beschäftigungspflicht).

Tipp *Ist nicht klar, welche Skala zur Anwendung gelangt oder wie lange die aktuelle Lohnfortzahlungspflicht dauert, geben die Gerichte am Arbeitsort Auskunft (aufgeschobene Krankentaggeldversicherung).*

Ferien

Ferien (OR 329a): *Entlöhnte Freizeit, die dem Arbeitnehmer zur Erholung dient.*

Der Arbeitgeber muss dem Arbeitnehmer jedes Jahr mindestens 4 Wochen Ferien geben, davon mindestens zwei Wochen zusammenhängend. Bis zum 20. Geburtstag hat der Arbeitnehmer Anspruch auf fünf Wochen Ferien pro Jahr.
Ist der Zweck der Ferien (Erholung) ohne Verschulden des Arbeitnehmers nicht möglich (z.B. durch Krankheit, Unfall), hat er Anspruch auf ein Nachholen der Ferien. Krankheit oder Unfall sind vom Arbeitnehmer nachzuweisen (Arztzeugnis).
Den Zeitpunkt der Ferien bestimmt der Arbeitgeber. Die Wünsche des Arbeitnehmers sind so weit als möglich zu berücksichtigen.

Urlaub für ausserschulische Jugendarbeit (OR 329e)
Für Jugendarbeit (z.B. Pfadilager), Jugendausbildung und Jugendweiterbildung (z.B. J+S-Kurse) hat der Arbeitnehmer bis zu seinem 30. Lebensjahr Anspruch auf eine Arbeitswoche Urlaub pro Dienstjahr. Urlaub ist aber nicht zu verwechseln mit Ferien. Während des Urlaubs erhält der Arbeitnehmer keinen Lohn.
Wird der Jugendurlaub mindestens zwei Monate vor Bezug angemeldet, muss der Arbeitgeber den Urlaub gewähren.

Arbeitszeugnis

Arbeitszeugnis (OR 330a): *Gibt Auskunft darüber, während welcher Zeitspanne der Arbeitnehmer was und in welcher Weise gearbeitet hat.*

Auf Verlangen hat der Arbeitgeber jederzeit ein Arbeitszeugnis auszustellen («Jederzeit» heisst nicht immer, sondern immer dann, wenn ein guter Grund vorhanden ist).
Arbeitsbestätigung: Wird es vom Arbeitnehmer ausdrücklich gewünscht, hat sich das Zeugnis bloss auf die Dauer und den Inhalt der Arbeit zu beschränken.
Reine Arbeitsbestätigungen werden im Berufsalltag meistens negativ bewertet.

Inhalt eines Zeugnisses
Ein vollständiges Arbeitszeugnis beinhaltet in der Regel:
- Dauer der Anstellung (beim Zwischenzeugnis: Anstellungsbeginn)
- Arbeitsort
- Funktion
- Pflichtenheft, Aufzählung der Aufgabenbereiche, allfällige Beförderungen, Aus- und Weiterbildungen während der Anstellung (intern und extern)
- Qualität der Arbeitsleistung, Arbeitsweise, Fachwissen und Engagement
- Verhalten gegenüber Mitarbeitern, Vorgesetzten und Kunden, Teamfähigkeit
- Austrittsgrund

Ein Arbeitszeugnis muss «wohlwollend» formuliert sein. Einmalige oder unbedeutende Verfehlungen dürfen bei der Gesamtbeurteilung nicht erwähnt werden. «Wohlwollend» heisst aber nicht, dass ein Zeugnis nichts Negatives enthalten darf.

Interpretation
Genaue Regeln, wie ein Arbeitszeugnis abzufassen ist, gibt es nicht. Und da Sprache immer ungenau ist, können auch Arbeitszeugnisse je nach Leser verschieden verstanden werden.

Tipp
- *Bestehen Sie auf jährlichen Beurteilungen.*
- *Reagieren Sie sofort, wenn Sie mit einem Zeugnis nicht einverstanden sind, und unterbreiten Sie dem Arbeitgeber einen schriftlichen Gegenvorschlag.*

Die Beendigung des Einzelarbeitsvertrags

Kündigung (OR 335)

Die Auflösung eines unbefristeten Vertrags bedarf einer Kündigung. Ein befristeter Vertrag dagegen endet auf den festgelegten Zeitpunkt, und dies, ohne dass eine Kündigung ausgesprochen werden muss. Vor diesem Zeitpunkt kann der befristete Vertrag nur beendet werden, wenn ein wichtiger Grund vorliegt.

Eine Kündigung ist formlos gültig, muss aber auf Verlangen schriftlich begründet werden (OR 335^2). Es empfiehlt sich aber dem Arbeitgeber die Kündigung mittels eingeschriebenem Brief zuzustellen.
Achtung: Kündigung rechtzeitig schicken, da das Datum des Poststempels nicht gilt.

Kündigungsfrist

> **Kündigungsfrist:** *Der Zeitraum, der zwischen der Mitteilung der Kündigung und der Beendigung des Arbeitsverhältnisses liegen muss (z.B. 3 Monate).*

Kündigung während der Probezeit
Während der Probezeit beträgt die Kündigungsfrist sieben Arbeitstage (d.h. arbeitsfreie Tage zählen nicht mit).

Kündigung nach der Probezeit
Nach der Probezeit bemisst sich die Kündigungsfrist je nach Anstellungsdauer:
– Im ersten Anstellungsjahr beträgt sie einen Monat,
– im zweiten bis und mit neunten Anstellungsjahr zwei Monate,
– danach beträgt sie drei Monate (OR 335c^1).

Die Kündigungsfristen können durch schriftliche Vereinbarung, Gesamt- oder Normalarbeitsvertrag verkürzt oder verlängert werden. Für Arbeitnehmer und Arbeitgeber dürfen dabei keine unterschiedlichen Fristen festgelegt werden. Nach der Probezeit darf die Kündigungsfrist nur in einem Gesamtarbeitsvertrag und nur für das erste Anstellungsjahr unter einen Monat herabgesetzt werden.

Kündigungstermin

> **Kündigungstermin:** *Zeitpunkt, auf den das Arbeitsverhältnis beendet wird (z.B. auf den 30. April).*

Anders als während der Probezeit hat die Kündigung danach immer auf Ende eines Monats (Kündigungstermin) zu erfolgen. Für die Rechtzeitigkeit ist der Empfang der Kündigung ausschlaggebend. Um sicherzugehen, dass die Kündigung rechtzeitig erfolgt, empfiehlt es sich deshalb, vom beabsichtigten Beendigungszeitpunkt zurückzurechnen.
Wurde die Kündigungsfrist nicht eingehalten, ist die Kündigung nicht einfach ungültig, vielmehr verschiebt sie sich auf den nächstmöglichen Zeitpunkt. Eine Ausnahme bildet die Kündigung, die während einer Sperrzeit ausgesprochen worden ist. Sie ist nichtig bzw. nicht zu beachten.

Missbräuchliche Kündigung (OR 336)
Eine Kündigung kann unter Umständen missbräuchlich sein. Das Gesetz zählt in OR 336 auf, wann das der Falls ist (z.B. weil der Arbeitnehmer obligatorischen Zivilschutzdienst leistet). Eine missbräuchliche Kündigung ist aber trotzdem gültig. Sie beendet das Anstellungsverhältnis. Wer missbräuchlich kündigt, hat auf Klage hin eine Geldstrafe von maximal 6 Monatslöhnen zu bezahlen (OR 336a).

Sperrfristen für die Kündigung

Sperrfrist: *Zeitlich begrenzter Kündigungsschutz, um Notlagen zu verhindern. Die Sperrfristen gelten erst nach Ablauf der Probezeit.*

Kündigungen, die während einer solchen Sperrfrist ausgesprochen werden, gelten als nicht erfolgt bzw. nichtig. Sie sind überhaupt nicht zu beachten. Liegt der Empfang der Kündigung aber vor Beginn einer Sperrfrist, wird nur der Lauf der Kündigungsfrist bis zum Ende der Sperrzeit unterbrochen.

Sperrfristen für den Arbeitgeber (OR 336c)
Der Arbeitgeber darf unter anderem nicht kündigen (OR 336c):
– während der Arbeitnehmer schweizerischen obligatorischen Militär-, Zivilschutz- oder zivilen Ersatzdienst leistet. Dauert der Dienst mehr als elf Tage, wird die Sperrzeit auf vier Wochen davor und vier Wochen danach ausgedehnt.
– während der Arbeitnehmer unverschuldet durch Krankheit oder Unfall nicht arbeiten kann. Diese Sperrfrist ist im ersten Anstellungsjahr auf 30, ab zweitem bis und mit fünftem Anstellungsjahr auf 90 und ab dem sechsten auf 180 Kalendertage beschränkt.
– während der Schwangerschaft und 16 Wochen nach Niederkunft der Arbeitnehmerin.

Die Sperrfristen können zugunsten des Arbeitnehmers verlängert werden.

Sperrfristen für den Arbeitnehmer
Übernimmt ein Arbeitnehmer eine Stellvertretung für eine vorgesetzte Person, die einen schweizerischen obligatorischen Militär-, Zivilschutz- oder zivilen Ersatzdienst leistet, so darf der Arbeitnehmer während dieser Zeit nicht kündigen.
Dauert der Dienst mehr als elf Tage, umfasst die Sperrfrist auch je vier Wochen davor und danach (OR 336d).

Fristlose Kündigung (OR 337)

Liegen ausreichende Gründe vor (d.h. die Zusammenarbeit ist unzumutbar), kann der Einzelarbeitsvertrag ohne Einhaltung einer Kündigungsfrist oder eines Kündigungstermins aufgelöst werden. Auch die fristlose Kündigung ist formlos gültig, muss aber auf Verlangen schriftlich begründet werden.

Eine fristlose Kündigung, die ohne ausreichenden Grund ausgesprochen wurde, ist trotzdem gültig. Sie beendet also das Arbeitsverhältnis. Dem Betroffenen bleibt nur die Klage auf Schadenersatz und Geldstrafe (für den Arbeitnehmer: OR 337c; für den Arbeitgeber: OR 337d).

Tipp *Ist ein Arbeitnehmer der Meinung, ihm sei ungerechtfertigt fristlos gekündigt worden, so soll er unverzüglich dem Arbeitgeber einen eingeschriebenen Brief, «Einschreiben (R)», mit folgendem Inhalt zukommen lassen:*
– Kündigungsgrund zurückweisen
– Bereitschaft erklären, weiter zu arbeiten
In gewissen Kantonen gibt das Arbeitsgericht in solchen und anderen Fällen Auskunft.
(Streitigkeiten aus Arbeitsverhältnissen werden vom Arbeitsgericht geschlichtet und/oder beurteilt.)

Der Gesamtarbeitsvertrag (GAV)

> **Gesamtarbeitsvertrag (GAV; OR 356[1]):** *Vereinbarung zwischen einem einzelnen Arbeitgeber oder einem Arbeitgeberverband und einem Arbeitnehmerverband über eine gemeinsame Regelung der Einzelarbeitsverträge.*

Form (OR 356c)

Damit ein Gesamtarbeitsvertrag gültig ist, muss er schriftlich abgeschlossen werden (OR 356c[1]). In der Regel wird bei einer Änderung des GAV nicht ein vollständig neuer Vertragstext angefertigt, sondern es werden nur die neuen Regelungen aufgeführt. So bestehen oft verschiedene Dokumente nebeneinander, was verwirren kann. Da der Arbeitgeber keine gesetzliche Pflicht hat, den Arbeitnehmer über Neuerungen zu informieren, muss dieser sich immer selber auf dem Laufenden halten.

Zweck

Neben der Vereinheitlichung der Einzelarbeitsverträge bezwecken Gesamtarbeitsverträge vor allem die Sicherung des sozialen Friedens. Sie legen fest, wie in Krisensituationen zu verfahren ist, und helfen so, langwierige, für das Wohlergehen der gesamten Bevölkerung schädliche Arbeitskämpfe zu vermeiden. Weil die Gesamtarbeitsverträge nicht einseitig festgelegt, sondern durch Arbeitnehmer- und Arbeitgeberseite gemeinsam erarbeitet werden, haben sie eine grosse Akzeptanz.

Inhalt (OR 356)

Die Gesamtarbeitsverträge regeln häufig jene Bereiche genauer, in denen das OR keine oder nur allgemeine Vorschriften aufstellt (z.B. Umfang der Lohnfortzahlungspflicht, Freizeitbezug, Spesenersatz, Mindestlöhne, Teuerungsausgleich). Die meisten Gesamtarbeitsverträge schreiben den eigentlichen Vertragsparteien (Arbeitgeber- und Arbeitnehmerorganisationen) die Friedenspflicht vor, d.h. die Arbeitnehmer verzichten auf Kampfmassnahmen (Streiks) und die Arbeitgeber verzichten auf Aussperrung der Arbeitnehmer. Zudem werden spezielle Schlichtungsverfahren bei Streitigkeiten eingesetzt.

Geltungsbereich

Üblicherweise gilt ein Gesamtarbeitsvertrag nur für die Mitglieder der Arbeitnehmer- und Arbeitgeberorganisationen, die den Gesamtarbeitsvertrag abgeschlossen haben. Einem bestehenden Gesamtarbeitsvertrag kann aber beigetreten werden, sofern die Vertragsparteien damit einverstanden sind (OR 356b).

Allgemeinverbindlicherklärung (AVE)

Unter genau festgelegten Voraussetzungen kann der Geltungsbereich eines Gesamtarbeitsvertrags auf sämtliche Beteiligten einer Berufsbranche (also auch auf Nichtmitglieder von Arbeitgeber- und Arbeitnehmerorganisationen) ausgedehnt werden. Es können nur Bestimmungen des Einzelarbeitsvertrags als allgemeinverbindlich erklärt werden.
Der Bundesrat kann einen GAV für die ganze Schweiz allgemeinverbindlich erklären, während kantonale Regierungen (Regierungsrat) dies für ihre Kantone tun können.

Beispiel:
Um die Arbeitnehmer besser zu schützen, hat der Bundesrat den ersten branchenübergreifenden GAV für Temporärarbeiter für allgemeinverbindlich erklärt. Er gilt ab 1.1.2012 und legt u.a. Mindestlöhne von CHF 16.45 bis CHF 23.59 fest.

Der Normalarbeitsvertrag (NAV)

Normalarbeitsvertrag (NAV; OR 359[1]): *Gesetzliche Vorschriften über den Inhalt von Einzelarbeitsverträgen für bestimmte Berufszweige.*

Form

Entgegen ihrem Namen sind Normalarbeitsverträge keine Verträge, sondern durch eine Behörde erlassene Vorschriften. Erstrecken sie sich auf mehrere Kantone, ist der Bundesrat zuständig, in allen anderen Fällen der jeweilige Kanton (OR 359a[1]).

Vernehmlassung und Veröffentlichung

Damit ein Normalarbeitsvertrag anwendbar wird, d.h. von den betroffenen Berufszweigen auch einzuhalten ist, muss er das vorgeschriebene Verfahren durchlaufen. So muss der voraussichtliche Inhalt des Normalarbeitsvertrags den betroffenen Kreisen zur Stellungnahme (Vernehmlassung) unterbreitet werden (OR 359a[2]). Der daraufhin beschlossene Text wird amtlich publiziert (OR 359a[3]).

Zweck

In Normalarbeitsverträgen werden einheitliche Regeln aufgestellt, um jene Arbeitnehmer zu schützen, die nicht unter das Arbeitsgesetz fallen.

Die Kantone sind verpflichtet, für die land- und hauswirtschaftlichen Angestellten Normalarbeitsverträge zu erlassen (OR 359[2]). Für die anderen Branchen, die ebenfalls nicht dem Arbeitsgesetz unterstehen, hat der Bundesrat Normalarbeitsverträge aufgestellt (z.B. für das Pflegepersonal sowie für die Assistenzärzte).

Inhalt

Normalarbeitsverträge können alles beinhalten, was in Einzelarbeitsverträgen geregelt wird. Die Bestimmungen eines NAV dürfen nicht gegen zwingendes Recht verstossen. Von ihnen kann in der Regel durch Vereinbarung abgewichen werden (Ausnahme: Mindestlohnbestimmungen nach OR 360a ff. sind relativ zwingend, d.h. sie können nicht zuungunsten des Arbeitnehmers abgeändert werden).

Mindestlohnregelung (OR 360a ff.)

Weil mit dem freien Personenverkehr aus der EU ein Lohndruck auf die inländischen Arbeitnehmer befürchtet wird, sieht OR 360a unter gewissen Voraussetzungen vor, dass Mindestlöhne festgelegt werden können.

Beispiel: Mindestlohn für Hausangestellte in privaten Haushalten
Im neuen Normalarbeitsvertrag, der vom 1.1.2011 bis 31.12.2013 gilt, hat der Bundesrat alle Hausangestellten eingeschlossen, die mindestens 5 Stunden pro Woche beim gleichen Arbeitgeber arbeiten. Dieser Normalarbeitsvertrag enthält drei verschiedene Ansätze. Der Mindestlohn beträgt:
- CHF 22.– pro Stunde für gelernte Hausangestellte mit einer 3-jährigen beruflichen Grundausbildung und einem eidgenössischen Fähigkeitszeugnis.
- CHF 20.– pro Stunde für gelernte Hausangestellte mit einem Berufsattest für eine 2-jährige Berufsbildung sowie für Ungelernte mit vier Jahren Berufserfahrung in der Hauswirtschaft.
- CHF 18.20 pro Stunde für Ungelernte ohne Berufserfahrung in der Hauswirtschaft.

Das Arbeitsgesetz (ArG)

> **Arbeitsgesetz:** *Zum Schutz des Arbeitnehmers aufgestellte Mindestvorschriften, von denen nicht abgewichen werden darf (zwingendes Recht, siehe S. 207).*

Zweck

Die Arbeitnehmer machen rund 90 % der erwerbstätigen Personen aus. Es besteht deshalb nicht nur das persönliche Interesse der Arbeitnehmer, sondern ein allgemeines Interesse der gesamten Bevölkerung an der guten Gesundheit der Arbeitnehmer (öffentliches Interesse).

Das Arbeitsgesetz hat eine Doppelfunktion: Zum einen richtet sich das Arbeitsgesetz als öffentlich-rechtlicher Erlass vorwiegend an die Arbeitgeber und verpflichtet diese direkt dem Staat gegenüber. Mit Bussen und anderen Massnahmen kann der Staat die Arbeitgeber dazu zwingen, das Arbeitsgesetz einzuhalten. Zum anderen verleihen die Bestimmungen dem Arbeitnehmer direkte privatrechtliche Ansprüche gegenüber dem Arbeitgeber.

Beispiel: Der Arbeitgeber hält eine Gesundheitsvorschrift aus dem ArG nicht ein. Der Staat kann den Arbeitgeber büssen und der Arbeitnehmer kann ihn auf Einhaltung der Schutzbestimmung einklagen.

Geltungsbereich (ArG 1)

Die Vorschriften des Arbeitsgesetzes sind grundsätzlich auf sämtliche Betriebe und alle Arbeitnehmer anwendbar. Aber gewisse Betriebe und gewisse Gruppen von Arbeitnehmern sind vom Geltungsbereich des Arbeitsgesetzes ausgenommen.

Allgemeiner Gesundheitsschutz (ArG 6)

Bereits aufgrund ihrer Fürsorgepflicht müssen die Arbeitgeber die Gesundheit der Arbeitnehmer schützen (OR 328). Mit der Umschreibung dieser Pflicht im Arbeitsgesetz kann der Staat den Schutz der Arbeitnehmer direkt durchsetzen.

Genauer umschrieben wird die Schutzpflicht in einer speziellen Verordnung. Darin wird unter anderem vorgeschrieben, wie die Arbeitsräumlichkeiten zu gestalten sind (z.B. Massnahmen gegen Kälte, Hitze, Lärm; Nichtraucherschutz; sanitäre Mindesteinrichtungen).

Arbeitszeitvorschriften

Kernstück des ArG bilden die Bestimmungen über die Arbeits- und die Ruhezeiten. Es werden insbesondere wöchentliche Höchstarbeitszeiten, Mindestpausen und Mindestruhezeiten festgelegt.

Als Arbeitszeit nach Arbeitsgesetz gilt die Zeit, während der sich der Arbeitnehmer zur Verfügung des Arbeitgebers halten muss. Der übliche Arbeitsweg gilt also nicht als Arbeitszeit.

Arbeitszeitrahmen pro Tag
Der betriebliche Arbeitszeitrahmen liegt zwischen 6 und 23 Uhr (Ausnahme: Vor- oder Nachverschiebung um maximal eine Stunde) und beträgt 17 Stunden. Innerhalb dieses Zeitraums unterscheidet das ArG zwischen Tages- (6–20 Uhr) und Abendarbeit (20–23 Uhr). Beide Arbeitsarten sind bewilligungsfrei. Der persönliche Arbeitszeitrahmen jedes Arbeitnehmers darf inklusive Pausen und Überzeit 14 Stunden nicht überschreiten (ArG 10).

Wöchentliche Höchstarbeitszeit
Das ArG schreibt wöchentliche Höchstarbeitszeiten vor, die nur ausnahmsweise überschritten werden dürfen (siehe ArG 12[1]).

Die wöchentliche Höchstarbeitszeit beträgt 45 Stunden für Angestellte von industriellen Betrieben, für Büropersonal, für technische und andere Angestellte sowie für das Verkaufspersonal in Grossbetrieben des Detailhandels. Für alle übrigen Arbeitnehmer (also vor allem Handwerker und das Verkaufspersonal in kleineren Detailhandelsbetrieben) gilt eine wöchentliche Höchstarbeitszeit von 50 Stunden (ArG 9).

Ruhezeitvorschriften

Das ArG regelt drei verschiedene Arten von Ruhezeiten, nämlich die Pausen, die tägliche Ruhezeit und die wöchentliche Ruhezeit.

Pausen
Die Arbeit ist durch folgende Mindestpausen zu unterbrechen (ArG 15):
– 15 Minuten bei einer Arbeitszeit von mehr als 5½ Stunden
– 30 Minuten bei einer Arbeitszeit von mehr als 7 Stunden
– 60 Minuten bei einer Arbeitszeit von mehr als 9 Stunden

Den Zeitpunkt der Pausen bestimmt grundsätzlich der Arbeitgeber. Er muss dabei auf die Bedürfnisse des Arbeitnehmers achten. Darf der Arbeitnehmer seinen Arbeitsplatz während einer Pause nicht verlassen, gilt diese Zeit nicht als Pause, sondern als Arbeitszeit (ArG 15[2]).

Tägliche Ruhezeit
Alle Arbeitnehmer haben Anspruch auf eine tägliche Ruhezeit von mindestens 11 aufeinanderfolgenden Stunden (ArG 15a).

Wöchentliche Ruhezeit
Die wöchentliche Mindestruhezeit besteht aus dem Sonntag (ArG 18) und einem zusätzlichen freien Halbtag (ArG 21). Das ArG schreibt also vor, dass eine Arbeitswoche nicht mehr als 5½ Tage umfassen darf.

Nacht- und Sonntagsarbeit

> **Nachtarbeit:** *Arbeit ausserhalb des täglichen Arbeitszeitrahmens.*
> **Sonntagsarbeit:** *Arbeit von Samstag, 23 Uhr, bis Sonntag, 23 Uhr.*

Sowohl die Nacht- als auch die Sonntagsarbeit sind grundsätzlich verboten (siehe ArG 16 bzw. 18). Ausnahmen bedürfen einer behördlichen Bewilligung und brauchen das Einverständnis des Arbeitnehmers.

Die Voraussetzungen für die Erteilung einer Bewilligung sind für die Nachtarbeit in ArG 17 und für die Sonntagsarbeit in ArG 19 geregelt. Der Arbeitgeber muss in beiden Fällen ein Bedürfnis nachweisen.

Hat der Arbeitnehmer bewilligte Nacht- oder Sonntagsarbeit zu leisten, muss ihm ein Lohnzuschlag von mindestens 25% (bei Nachtarbeit) bzw. 50% (bei Sonntagsarbeit) bezahlt werden.

Bei dauernder Nachtarbeit erhält der Arbeitnehmer anstelle des Lohnzuschlags eine Zeitgutschrift von 10% (ArG 17b^2).

Da Nachtarbeit erhöhte gesundheitliche Belastungen mit sich bringt, sieht das Arbeitsgesetz zum Schutz des Arbeitnehmers besondere Bestimmungen vor (z.B. für spezielle medizinische Untersuchungen und Beratungen, für Transportmöglichkeiten zum Arbeitsplatz).

Sondervorschriften

Jugendliche (ArG 29–32)
Bis zum 15. Altersjahr sind Anstellungen grundsätzlich verboten.
Bis zum 18. Altersjahr trifft den Arbeitgeber eine verstärkte Fürsorgepflicht und die tägliche Höchstarbeitszeit beträgt 9 Stunden innerhalb eines Zeitraums von 12 Stunden.

Schwangerschaft / stillende Mütter
Die Gesundheit von Frau und Kind darf durch die Arbeit nicht beeinträchtigt werden. Die einzelnen Schutzbestimmungen schreiben vor allem Beschäftigungsverbote und Beschäftigungseinschränkungen vor.

Arbeitnehmer mit Familienpflichten
Arbeitnehmer mit Familienpflichten (z.B. Erziehung von Kindern bis 15 Jahren, Betreuung pflegebedürftiger Angehöriger) müssen gegen ihren Willen keine Überzeit leisten und haben Anspruch auf eine Mittagspause von mindestens 1½ Stunden (ArG 36).

R 3. Familie

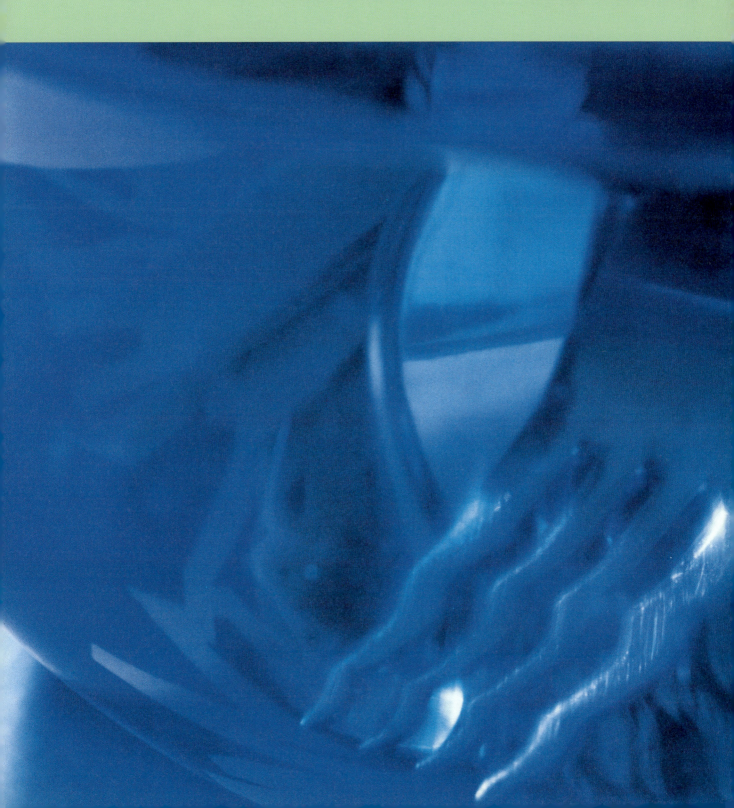

Familie: Übersicht

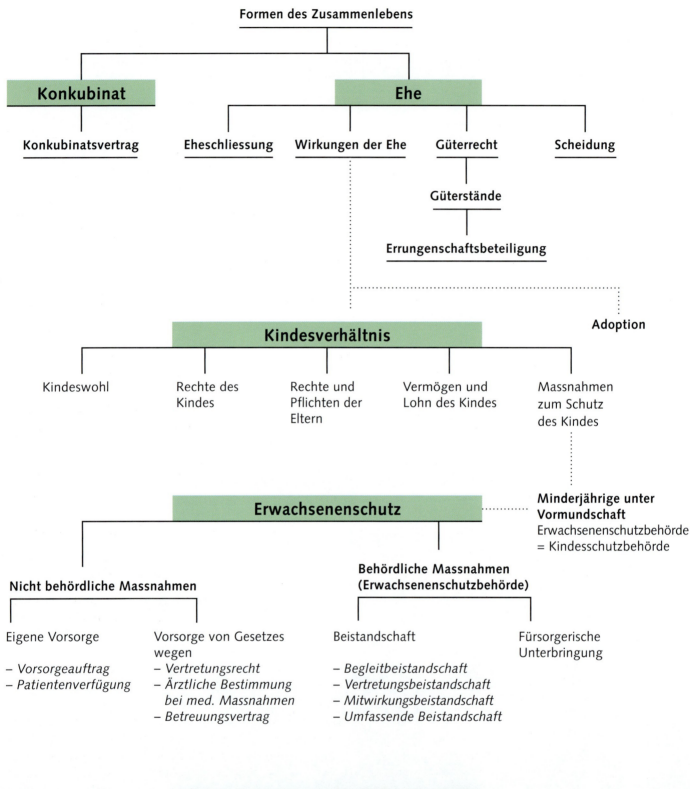
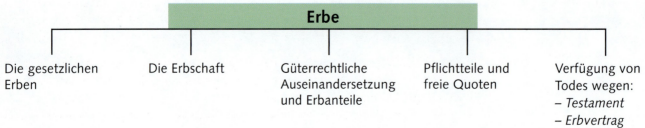

Familie / Zusammenleben

Funktion der Familie

Die Familie hatte früher vor allem eine Schutz- und eine Ordnungsfunktion. Die Familie als soziale Gemeinschaft, in der mehrere Generationen lebten, bot Schutz in wirtschaftlicher Not, bei Krankheit und im Alter.

Der Wandel der Gesellschaft hat unter anderem dazu geführt, dass sich die Familie stark verändert hat: Mann und Frau leben oft in unverheiratetem Zustand zusammen. Die Zahl der Ehescheidungen nimmt zu, und das nicht nur bei jungen Leuten. Alleinerziehende Väter und Mütter sind nichts Aussergewöhnliches. Männer führen den Haushalt. Frauen arbeiten für den Unterhalt der Familie. Die Zahl der Alleinstehenden wächst.

Unabhängig von staatlichen und privaten Versicherungen, die fast in allen Lebensbereichen für finanzielle Sicherheit sorgen, besteht das Bedürfnis nach Schutz und Geborgenheit in einer Familie jedoch auch heute noch.

Formen des Zusammenlebens

Klassische Familie
Darunter versteht man ein verheiratetes Paar mit einem oder mehreren gemeinsamen Kindern.

Konkubinatsfamilie
Die äussere Form ist dieselbe wie bei der klassischen Familie. Die Eltern sind jedoch nicht verheiratet und haben gemeinsame Kinder.

Kinderlose Paare
Sie sind verheiratet oder leben im Konkubinat.

Patchworkfamilie
Beide Elternteile haben Kinder aus früheren Beziehungen und zum Teil gemeinsame Kinder.

Adoptionsfamilie / Adoptionseltern
Ein verheiratetes Paar oder eine unverheiratete Person adoptiert ein Kind. Adoptionsfamilien sind vor dem Gesetz der klassischen Familie gleichgestellt.

Alleinerziehende
Die Mutter oder der Vater sorgt allein für die Kinder.

Gleichgeschlechtliche Paare
2007 trat das neue Partnerschaftsgesetz in Kraft. Danach können gleichgeschlechtliche Paare ihre Partnerschaft im Zivilstandsregister eintragen lassen. Die eingetragene Partnerschaft wird in verschiedener Hinsicht der Ehe angeglichen. So erhalten gleichgeschlechtliche Paare mit der Eintragung das gleiche gesetzliche Erbrecht wie Eheleute. Auch im Bereich der Steuern, der Sozialversicherungen und der beruflichen Vorsorge wird die eingetragene Partnerschaft der Ehe gleichgesetzt. Für sie gelten auch die gleichen Hindernisse wie für eine Eheschliessung (siehe S. 248).

Die gemeinsame Adoption bleibt aber eingetragenen Paaren verwehrt. Sie können hingegen in Gemeinschaft mit eigenen Kindern leben oder Kinder aus früheren Beziehungen in ihre Gemeinschaft aufnehmen.
Gleichgeschlechtliche Paare sind auch nicht berechtigt, einen gemeinsamen Namen zu führen.

Das Konkubinat

> **Konkubinat:** *Auf Dauer angelegtes Zusammenleben von zwei Partnern, die nicht miteinander verheiratet sind, auch «Ehe ohne Trauschein» genannt.*

Das Konkubinat ist oft eine erste Form des Zusammenlebens und eine Testphase für ein dauerhaftes Zusammenleben. Heute leben Menschen aller Altersgruppen mit und ohne Kinder im Konkubinat zusammen.

Das Konkubinat ist im Gesetz nicht ausdrücklich geregelt. Fehlt ein Konkubinatsvertrag, greift der Richter bei Streitigkeiten oft auf die Bestimmungen über die einfache Gesellschaft zurück (OR 530–551).

Der Konkubinatsvertrag

> **Konkubinatsvertrag:** *Vertrag zwischen zwei Partnern (verschiedenen oder gleichen Geschlechts), der vor allem die finanziellen Verhältnisse während der Dauer des Zusammenlebens, die Rechte und die Pflichten der Partner und die Auflösung des Konkubinats regelt.*

Möglicher Inhalt eines Konkubinatsvertrages

1. **Einleitung**
   Hier stehen die Namen und persönlichen Daten der Vertragsparteien.
2. **Inventar**
   Dies ist eine Liste über das Eigentum an allen Wertsachen und Gegenständen im Haushalt. Diese Liste muss man bei Neuanschaffungen laufend aktualisieren.
3. **Lebensunterhalt**
   Wer bezahlt wie viel an die laufenden Kosten (z.B. Nahrungsmittel) und die gemeinsamen Versicherungen?
4. **Mietverhältnis**
   Wie werden der Mietzins, die Nebenkosten, die Reparaturen usw. aufgeteilt?
5. **Arbeit im Haushalt**
   Wer erledigt welche Arbeiten im Haushalt? Wer bezahlt wem und wie viel für die Mehrarbeit im Haushalt?
6. **Änderung der Verhältnisse**
   Was gilt, wenn ein Partner z.B. arbeitslos oder krank wird oder eine Weiterbildung machen will?
7. **Todesfall**
   Die Partner verpflichten sich, einander im Todesfall zu begünstigen.
8. **Auflösung**
   Wie werden das gemeinsame Mobiliar und andere Werte aufgeteilt? Wer bezahlt allfällige gemeinsame Schulden? Kann evtl. eine Entschädigung für speziell geleistete Arbeit verlangt werden?
9. **Schlussbestimmungen**
   Wie wird bei Konflikten vorgegangen? Welches ist der Gerichtsstand? Welche Beratungsstellen werden aufgesucht?
10. **Ort, Datum Unterschriften**

Tipp: – *Falls Sie im Konkubinat leben, schliessen Sie unbedingt einen Vertrag ab.*
– *Einen guten Überblick über die Vertragsmuster gibt* www.konkubinat.ch

Vorteile und Nachteile des Konkubinats

Da die meisten Konkubinatspaare jung, kinderlos und beide Partner erwerbstätig sind, tragen sie auch weniger Verantwortung, und manche Nachteile fallen deshalb nicht so stark ins Gewicht.

Vorteile	Nachteile
– Die Gründung und die Auflösung sind ohne amtliche Formalitäten möglich. – Das Konkubinat ist eine Probezeit für die Ehe. – Man bezahlt in der Regel etwas weniger Steuern. – Witwen und Witwer behalten grundsätzlich ihre Renten, wenn sie ihren neuen Partner nicht heiraten. – Im Alter erhält man allenfalls mehr AHV-Rente, weil zwei einfache Altersrenten (2 x 100%) höher sind als eine Ehepaar-Altersrente (1 x 150%). – Eine Wohnung für zwei ist billiger als zwei Wohnungen für Alleinstehende. – Der Lebensunterhalt für ein Paar ist billiger als für zwei Einzelpersonen.	– Man ist vom Gesetz schlecht geschützt (daher ist ein Vertrag sehr empfehlenswert). – Jeder Partner kann die Verbindung jederzeit auflösen. – Es besteht kein Anspruch auf Renten, wenn ein Partner stirbt. – Der überlebende Partner hat keine gesetzlichen Erbansprüche. – Ärzte informieren in der Regel nur die nächsten Verwandten. – Sofern Kinder vorhanden sind, liegt das elterliche Sorgerecht und damit auch die ganze Verantwortung allein bei der Mutter. Es sei denn, die Kindesschutzbehörde hat einer gemeinsamen Sorge zugestimmt. – Konkubinatskinder sind gesellschaftlich noch nicht überall ehelichen Kindern gleichgestellt.

Kinder im Konkubinat

- Das Kind erhält den Namen und das Bürgerrecht der Mutter (ZGB 271).
- Die Mutter allein hat das elterliche Sorgerecht. Die Konkubinatspartner können bei der Kindesschutzbehörde allerdings die Erteilung eines gemeinsamen Sorgerechts beantragen (ZGB 298a).

Die Kindesanerkennung

Erst mit einer Kindesanerkennung vor dem Zivilstandsamt oder durch ein richterliches Urteil wird die Unterhaltspflicht des Vaters und das Erbrecht gegenüber dem Vater für das Kind begründet (ZGB 260).

Der Vater muss zur Anerkennung des Kindes persönlich bei einem der folgenden Zivilstandsämter erscheinen:
- Zivilstandsamt des Wohnorts oder Heimatorts des Vaters
- Zivilstandsamt des Wohnorts oder Heimatorts der Mutter
- Zivilstandsamt des Geburtsorts des Kindes

Eine Kindesanerkennung kann auch durch letztwillige Verfügung (Testament) erfolgen (siehe S. 265): Der Vater anerkennt auf diese Weise das Kind erst nach dem Tod. Dadurch wird das Kind zum gesetzlichen Erben.

BIENE KONKUBIENE

Die Ehe

Die Ehefreiheit

Ehefreiheit: *Niemand kann gezwungen werden, jemanden zu heiraten, den er nicht heiraten will, und niemand kann eine Ehe verbieten, wenn die gesetzlichen Voraussetzungen für eine Heirat erfüllt sind und Ehehindernisse fehlen. BV 14 garantiert die Ehefreiheit.*

Die Eheschliessung (Heirat)

Voraussetzungen

Ehefähig ist man, wenn man urteilsfähig (siehe S. 210) und volljährig ist, also das 18. Altersjahr vollendet hat (siehe S. 210 f.).

Um Scheinehen vorzubeugen, dürfen Ausländerinnen und Ausländer ab 1.1.2011 in der Schweiz nur noch heiraten, wenn sie dem Standesamt beweisen können, dass sie ein Bleiberecht haben (z.B. Niederlassungsbewilligung, ein gültiges Visum).

Ehehindernisse

- *Verwandtschaft und Stiefkindverhältnis:* Verboten ist die Ehe zwischen Verwandten in gerader Linie (z.B. zwischen Grossvater und Enkelin oder Grossmutter und Enkel; nicht aber zwischen Cousin und Cousine, siehe S. 261) und zwischen Geschwistern und Halbgeschwistern. Dabei ist unerheblich, ob es sich um eine Blutsverwandtschaft oder eine Verwandtschaft durch Adoption (siehe S. 257) handelt.
- *Frühere Ehe:* Bevor neu geheiratet werden kann, müssen frühere Ehen ungültig erklärt oder aufgelöst worden sein (ZGB 96).

Verlobung

Gemäss ZGB 90 ff. ist verlobt, wer sich die Ehe verspricht (bloss zusammenleben, gilt nicht als verlobt). Die Verlobung ist an keine besondere Form gebunden (z.B. ein Fest oder Schriftlichkeit), ist gesetzlich auch keine Voraussetzung für eine Ehe, und kann auch wieder aufgelöst werden. Wichtig: Die Verlobung begründet die Treuepflicht.

Vorbereitung der Ehe

Die Eheleute stellen ein Gesuch beim Zivilstandsamt des Bräutigams oder der Braut (ZGB 98). Dazu müssen sie persönlich erscheinen mit folgenden Unterlagen:
- *Wohnsitzbestätigung* (Diese ist bei der Wohngemeinde einzuholen.)
- *Personenstandsausweis* (Auszug aus dem Familienregister, das für jeden Schweizer Bürger beim Zivilstandsamt seines Heimatorts geführt wird.)
- *Heimatschein* (Er ist der Bürgerrechtsausweis der Schweizer Staatsangehörigen im Inland.)
- *Familienbüchlein* (Es dient dem Beweis der Familienverhältnisse gegenüber den Behörden und gibt Auskunft über die familienrechtliche Stellung der Familienmitglieder und über den Zivilstand der Eltern.)

Zivilstandsamt

Das Zivilstandsamt stellt die Ehefähigkeit der Brautleute fest und teilt ihnen die Fristen für die zivile Trauung mit (frühestens 10 Tage und spätestens drei Monate ab Entscheid). Unter Umständen erteilt es den Brautleuten auch eine Erlaubnis, die Trauung vor einem anderen Zivilstandsamt in der Schweiz vorzunehmen (ZGB 99 / 100). Bei der Ziviltrauung wird den Brautleuten ein Trauschein ausgestellt.

Kirchliche Trauung

Vor einer allfälligen kirchlichen Trauung muss zuerst die zivile Trauung vorgenommen werden (ZGB 97). Dem Priester ist der Trauschein von der Ziviltrauung vorzuweisen.

R 3.4 Die Ehe

■ Die Wirkungen der Ehe

Familienname (Neues Namensrecht, im September 2011 von den eidg. Räten beschlossen)
Grundsatz: Jeder Ehegatte behält nach der Trauung seinen Ledigennamen (ZGB 160).

Beispiel: P. Gick und S. Kunz heiraten. Es gibt folgende Möglichkeiten:	Frau	Mann	Kinder
1. – Die Brautleute bestimmen, dass sie nach der Heirat den Ledigennamen weiterführen. – Sie bestimmen bei der Trauung, wie die Kinder heissen: Kunz *oder* Gick – Ab der Geburt des 1. Kindes haben die Eltern die Möglichkeit, innert eines Jahres auf ihren Entscheid zurückzukommen und den Kindern den Namen des anderen Elternteils zu geben (ZGB 270).	Frau S. Kunz	Herr P. Gick	Kunz *oder* Gick
2. – Die Brautleute entscheiden: Der Name des Ehemannes wird zum Familiennamen. – Allianzname*	S. Gick S. Gick – Kunz	P. Gick P. Gick – Kunz	Gick
3. – Die Brautleute entscheiden: Der Name der Ehefrau wird zum Familiennamen. – Allianzname*	S. Kunz S. Kunz-Gick	P. Kunz P. Kunz-Gick	Kunz

* **Allianzname:** Er ist aus der Tradition (Gewohnheit) entstanden und wird mit Bindestrich geführt. Obwohl es sich beim Allianznamen nicht um einen amtlichen Namen handelt, darf er im alltäglichen Rechtsverkehr geführt und auch im Pass eingetragen werden.

– Nach dem Tod eines Partners (ZGB 30a) oder nach einer Scheidung (ZGB 119) kann die Rückkehr zum Ledigennamen jederzeit beim Zivilstandsamt erfolgen, und zwar ohne Gesuch.
– Die Namensgebung gilt auch für eingetragene gleichgeschlechtliche Paare (Partnerschaftsgesetz 12a).

Bürgerrecht Jeder Ehegatte behält sein Kantons- und Gemeindebürgerrecht (ZGB 161). Die Kinder erhalten das Kantons- und Gemeindebürgerrecht, dessen Namen sie tragen (ZGB 271).

Gegenseitiger Beistand Durch die Eheschliessung verpflichten sich die Eheleute, gemeinsam für ihr Wohl und das ihrer Kinder zu sorgen (ZGB 159).

Wohnung Den Wohnsitz bestimmen die Eheleute gemeinsam. Die Kündigung einer gemeinsamen Wohnung setzt die ausdrückliche Zustimmung beider Partner voraus (ZGB 162).

Unterhalt der Familie Mann und Frau sorgen gemeinsam für den Unterhalt der Familie. Sie sprechen sich ab, welchen Beitrag jeder zu leisten hat, sei es durch Geldzahlungen oder Leistungen im Haushalt, im eigenen Betrieb oder die Betreuung der Kinder (ZGB 163).

Betrag zur freien Verfügung Der Ehegatte, der die Kinder betreut und den Haushalt besorgt, hat Anrecht auf einen angemessenen Betrag zur freien Verfügung, der ihm periodisch ausgerichtet wird. Dieser Betrag (Taschengeld) richtet sich nach den finanziellen Möglichkeiten des erwerbstätigen Partners (ZGB 164).

Ausübung des Berufs Die Ehepartner nehmen bei der Ausübung des Berufes aufeinander und auf die Kinder Rücksicht (ZGB 167).

Auskunftspflicht Jeder Ehepartner hat das Recht, vom andern Auskunft über dessen finanzielle Verhältnisse wie Einkommen, Vermögen und Schulden zu verlangen (ZGB 170).

Vertretung der Gemeinschaft Jeder Ehepartner hat das Recht, die eheliche Gemeinschaft gegen aussen zu vertreten. Dies gilt aber nur für die Befriedigung laufender Bedürfnisse. Grössere Anschaffungen (z.B. teure Möbel, Auto) müssen gemeinsam beschlossen werden. Was kleinere oder grössere Anschaffungen sind, richtet sich nach den finanziellen Möglichkeiten des Paares (ZGB 166^1 und 166^2).

Haftung für Schulden Für Verpflichtungen zur Deckung der laufenden Bedürfnisse (Nahrungsmittel, Kleider, gemeinsame Ferien) haften die Ehepartner solidarisch, auch wenn sie von einem Partner ohne das Wissen des anderen eingegangen worden sind (ZGB 166^3).

Das Güterrecht

Wer eine Ehe eingeht, geht mit der Lebensgemeinschaft zugleich auch eine Einkommens- und eine Vermögensgemeinschaft ein.

> **Güterrecht (ZGB 181 ff.):** *Es bestimmt, was während der Ehe wem gehört und wie das Vermögen bei Scheidung oder bei Tod unter den Ehegatten aufgeteilt wird. (Es empfiehlt sich daher, bei der Heirat ein Inventar zu erstellen.)*

Die drei Güterstände

Die Errungenschaftsbeteiligung (ZGB 196 ff.)
Die Errungenschaftsbeteiligung (siehe S. 251) ist der häufigste Güterstand (auch ordentlicher Güterstand genannt). Er kommt immer dann zur Anwendung, wenn nichts Besonderes vereinbart worden ist.

Die Gütergemeinschaft (ZGB 221 ff.)
Es existieren drei Vermögensmassen:
– eine Vermögensmasse, die der Ehefrau allein gehört,
– eine Vermögensmasse, die dem Ehemann allein gehört, und
– eine Vermögensmasse, die beiden zusammen gehört.
Dieser Güterstand wird von Eheleuten gewählt, die den Gemeinschaftsgedanken in den Vordergrund stellen. Oftmals sind dies kinderlose Ehepaare.
Die Gütergemeinschaft ist sehr selten.

Die Gütertrennung (ZGB 247 ff.)
Es existiert kein gemeinsames Vermögen. Jedem Ehegatten gehört sein ganzes Vermögen alleine. Dieser Güterstand wird gewählt, wenn z.B. ein Ehegatte ein Geschäft führt. (Damit bleiben bei der Auflösung der Ehe alle Einkünfte beim Geschäftsinhaber.)

Keinen Einfluss hat die Gütertrennung auf die Steuererklärung. Die Einkommen werden gemeinsam erfasst. Somit werden Ehepaare, die unter einem anderen Güterstand leben, nicht benachteiligt (Steuerprogression, siehe S. 316).

Auch keinen Einfluss hat die Gütertrennung auf die finanzielle Haftung der Ehegatten gegenüber Dritten. Das heisst: Eheleute müssen auch bei Gütertrennung für Schulden einstehen die der Partner während des Zusammenlebens für die laufenden Bedürfnisse der Familie eingegangen ist. Für Geschäftsschulden des Ehepartners muss der andere Ehepartner jedoch nicht einstehen.

Der Ehevertrag

Durch Eheverträge können die ausserordentlichen Güterstände (Gütergemeinschaft oder Gütertrennung) selbst bestimmt werden.

Innerhalb von gesetzlichen Schranken können zudem besondere Vereinbarungen getroffen werden (z.B. können gewisse Teile der Errungenschaft dem Eigengut eines Partners übertragen werden).

Form der Eheverträge (ZGB 184)
Eheverträge bedürfen zu ihrer Gültigkeit der öffentlichen Beurkundung (siehe S. 215).

Allgemein gilt: Wenn Vermögen nicht klar zugeordnet werden kann, wird Miteigentum angenommen.

Die Errungenschaftsbeteiligung

> **Errungenschaftsbeteiligung (ZGB 196 ff.):** *Güterstand, der ohne besondere Vereinbarungen gilt (also ohne Ehevertrag), auch ordentlicher Güterstand genannt.*

Das Eigengut (ZGB 198 ff.)

Das Eigengut umfasst grundsätzlich alles,
- was den Eheleuten zum Zeitpunkt der Heirat separat gehört (z.B. Ersparnisse),
- was ihnen während der Ehe unentgeltlich zukommt (z.B. Erbschaft, Schenkungen) und
- was ausschliesslich zu ihrem persönlichen Gebrauch dient (z.B. Kleider, Schmuck).

Die Errungenschaft (ZGB 197)

Die Errungenschaft ist in der Regel alles, was die Eheleute während der Ehe erwirtschaften, z.B.:
Lohn, Leistungen von Sozialversicherungen, Leistungen von Pensionskassen, Erträge des Eigenguts, Ersatzanschaffungen für die Errungenschaft

Beispiel: *Pirmin und Lena heiraten, ohne einen Ehevertrag abzuschliessen. Lena besitzt ein Sparkonto von CHF 50 000.– und Pirmin Aktien im Wert von CHF 60 000.–. Nach der Geburt des 1. Kindes arbeitet Lena noch Teilzeit. Vier Jahre nach der Heirat erhält Pirmin ein Erbe und eine Schenkung in der Höhe von CHF 90 000.–. Durch seinen Lohn und die Erträge aus seinen Wertschriften wächst seine Errungenschaft innerhalb von fünf Jahren auf CHF 130 000.– an. Lena erreicht nach fünf Jahren eine Errungenschaft von CHF 50 000.– aus ihrer Teilzeitarbeit.*

Die Errungenschaftsbeteiligung in der Übersicht

Verwaltung – Nutzung – Verfügung

Bei der Errungenschaftsbeteiligung verwaltet und nutzt jeder Ehegatte sein Eigengut und seine Errungenschaft selber und verfügt auch selber darüber. Jeder Ehegatte kann alle Handlungen, die in Zusammenhang mit seinem Vermögen stehen, grundsätzlich selber vornehmen (ZGB 201).

Im Gegenzug haftet jeder Ehepartner für seine Schulden mit seinem ganzen Vermögen selber (ZGB 202).

Die güterrechtliche Auseinandersetzung

Durch Tod, Scheidung, gerichtliche Trennung, Vereinbarung eines andern Güterstandes oder Gütertrennung durch Richterspruch wird die Errungenschaftsbeteiligung aufgelöst. Bei der Errungenschaft wird wie folgt vorgegangen:

1. Es erfolgt die gegenseitige schuldrechtliche Auseinandersetzung: Jeder Partner begleicht die Schulden beim andern (ZGB 205³).
2. Beide erhalten ihr Eigengut.
3. Von der Errungenschaft jedes Partners werden die mit der Errungenschaft im Zusammenhang stehenden Schulden abgezogen. Das Ergebnis nennt man Vorschlag. Wurde während der Ehe nichts erspart oder sind die Schulden grösser als die Errungenschaft, beträgt der Vorschlag null.
4. Die beiden Vorschläge werden zusammengezählt und je zur Hälfte unter den Partnern geteilt.

Beispiel: *Pirmin verunglückt nach fünfjähriger Ehe mit dem Auto tödlich. Er hinterlässt seine Gattin Lena und zwei Kinder. Nun folgt zuerst die güterrechtliche Auseinandersetzung, um die Vermögensteile beider Partner zu errechnen.*

Auflösung des Güterstandes (durch Scheidung, Tod, Ehevertrag oder Richter)

Die Scheidung

> **Scheidung (ZGB 111 ff.):** *Auflösung der Ehe vor dem Richter.*

■ Voraussetzungen und Verfahren

Scheidung darf nicht mit Trennung verwechselt werden. Mit der Trennung löst ein Ehepaar lediglich den gemeinsamen Haushalt auf.

Viele Ehepaare nutzen die Trennungszeit als Besinnungszeit, um sich über das Schicksal ihrer Ehe klar zu werden. Die Statistiken der letzten Jahre zeigen aber, dass sich heute über 50% aller Ehepaare scheiden lassen.

Eheschutzmassnahmen: Das Gericht erlässt auf Verlangen eines Ehegatten Massnahmen zum Schutz der Ehe (ZGB 172 ff.).

■ Voraussetzungen und Verfahren

Die Schuldfrage spielt für die Auflösung der Ehe keine Rolle. Eine Scheidung kann auf gemeinsames Begehren der Eheleute erfolgen. Wenn der gemeinsame Scheidungswille fehlt, kann ein Ehepartner die Scheidung einseitig beantragen.

Scheidung auf gemeinsames Begehren

Verlangen die Ehegatten gemeinsam die Scheidung und reichen sie die vollständige Vereinbarung über die Scheidungsfolgen (z.B. Unterhaltszahlungen) mit gemeinsamen Anträgen hinsichtlich der Kinder ein, so hört das Gericht sie getrennt und zusammen an. Es überprüft, ob das Scheidungsbegehren und die Vereinbarung auf freiem Willen und auf reiflicher Überlegung beruhen und ob die Vereinbarung hinsichtlich der Kinder genehmigt werden kann (ZGB 111). Trifft dies zu, spricht das Gericht die Scheidung aus.

■ Scheidungsfolgen (ZGB 119 ff.)

Güter- und Erbrecht

Das eheliche Vermögen wird durch güterrechtliche Auseinandersetzung zwischen Mann und Frau aufgeteilt. Geschiedene Eheleute haben einander gegenüber kein gesetzliches Erbrecht mehr (ZGB 120).

Berufliche Vorsorge/AHV

Die während der Ehe erzielten Pensionskassenansprüche werden gemäss Freizügigkeitsgesetz ermittelt und je zur Hälfte auf die Eheleute aufgeteilt (ZGB 122). Das gleiche Vorgehen gilt für die AHV (siehe S. 340).

Nachehelicher Unterhalt

Ist einem Ehegatten nicht zuzumuten, dass er für seinen Lebensunterhalt selbst aufkommt, so hat ihm der andere einen angemessenen Beitrag auszurichten. Dabei sind unter anderem die Dauer der Ehe, die Aufgabenteilung während der Ehe, der Umfang und die Dauer der Kinderbetreuung sowie Einkommen, Vermögen, berufliche Ausbildung und Erwerbsaussichten der Ehegatten zu berücksichtigen (ZGB 125).

Kinder: Elternrechte und Elternpflichten

Neu: Der Bundesrat hat entschieden, dass die Eltern künftig in der Regel das gemeinsame Sorgerecht ausüben. Einzig wenn die Interessen des Kindes geschützt werden müssen, soll die elterliche Sorge einem Elternteil vorenthalten werden.

→ www.verlag-fuchs.ch/recht

Das Kindesrecht

> **Kindesrecht:** *Gesetzliche Bestimmungen über Rechte und Pflichten der Eltern gegenüber ihren Kindern und der Kinder gegenüber ihren Eltern.*

In der Umgangssprache versteht man unter «Eltern» stets die leiblichen, also biologischen, Eltern. In der Realität ist diese biologische Beziehung (vor allem zum Vater) nicht immer bekannt oder umstritten. Um diese Ungewissheit zu verringern und möglichst einfache Verhältnisse zu schaffen, definiert das Gesetz die «rechtlichen» Eltern. In der Folge ist vom Verhältnis zwischen den «rechtlichen» Eltern und den Kindern die Rede.

Die Entstehung des Kindesverhältnisses (ZGB 252 ff.)

Zur Mutter

Das Kindesverhältnis zur Mutter entsteht durch die Geburt oder durch die Adoption des Kindes (ZGB 252/264; siehe S. 257).

Zum Vater

Ist die Mutter bei der Geburt des Kindes verheiratet, gilt der Ehemann als Vater des Kindes. Stirbt der Ehemann vor der Geburt, gilt er trotzdem als Vater, wenn das Kind innerhalb von 300 Tagen nach seinem Tod geboren wird. Diese gesetzlichen Vaterschaftsvermutungen aufgrund der Ehe zur Mutter können vom Ehemann und (unter gewissen Voraussetzungen) vom Kind angefochten werden.

Ist die Mutter nicht verheiratet, kann der leibliche Vater das Kind anerkennen (siehe S. 247). Das Kindesverhältnis zum Vater und zur Mutter kann auch durch Adoption entstehen.

Mutter und Kind können auf Feststellung der Vaterschaft klagen. Das Gericht muss bei den Abklärungen mithelfen (evtl. erfolgt eine DNA-Analyse).

Kindeswohl

Das Kindeswohl ist der oberste Grundsatz im Kindesrecht und muss von den Eltern, aber auch von den Behörden in kindesrechtlichen Angelegenheiten beachtet werden. Das Kindeswohl wird in vielen Bestimmungen im Kindesrecht erwähnt, ohne genau definiert zu werden.

Am genauesten umschrieben wird das Kindeswohl in ZGB 302:
Das Kind hat Anrecht auf körperliche, geistige und sittliche Entfaltung, gemessen an seinen Neigungen und Fähigkeiten.

Diese Ausrichtung des Gesetzes auf das Kindeswohl heisst aber nicht, dass Kinder immer machen können, was sie wollen: Was dem Kind in Anbetracht der gesamten Situation und auch mit Blick auf die Zukunft am besten dient, muss nicht mit dem momentanen Willen des Kindes übereinstimmen.

Das Gesetz auferlegt dem Kind auch verschiedene Pflichten:
– Das minderjährige Kind schuldet den Eltern grundsätzlich Gehorsam (ZGB 301[2]).
– Es darf ohne elterliche Einwilligung in der Regel nicht selber über seinen Aufenthaltsort bestimmen (ZGB 301[3]).

Aus dem Kindeswohl sind viele Rechte des Kindes abgeleitet.

Rechte des Kindes

Mitbestimmung in der Erziehung
Die Eltern gewähren dem Kind bei wichtigen Entscheiden im Rahmen seiner Urteilsfähigkeit das Mitbestimmungsrecht (ZGB 301).

Angemessene Freiheit
Die Eltern lassen dem Kind bei seiner Lebensgestaltung einen Freiraum, der seiner Reife entspricht (ZGB 301). In diesem Zusammenhang stellen sich viele Fragen, die nicht generell beantwortet werden können, zum Beispiel:
– Wie lange darf ein 13-jähriges Kind in den Ausgang gehen?
– Welchen Bildungsweg soll ein Kind einschlagen?

Unterhalt
Das Kind hat gegenüber seinen Eltern Anspruch auf Unterhalt (ZGB 276 f.).

Religion
Bis zum vollendeten 16. Altersjahr bestimmen die Eltern über die religiöse Erziehung des Kindes. Mit 16 Jahren kann es seinen Glauben selber bestimmen (ZGB 303).

Rechte und Pflichten der Eltern

Elterliche Sorge
Die Kinder haben das Recht auf elterliche Sorge, solange sie minderjährig sind. Die elterliche Sorge wird von den verheirateten Eltern gemeinsam ausgeübt. Sind Vater und Mutter nicht verheiratet, liegt die Sorgepflicht in der Regel bei der Mutter. Mit Zustimmung der Kindesschutzbehörde (siehe S. 260) können die Eltern aber ein gemeinsames Sorgerecht vereinbaren. Die Zustimmung macht die Kindesschutzbehörde vom Kindeswohl abhängig (ZGB 296 ff.).

Pflege und Erziehung
Als Konsequenz der Sorgepflicht haben die Eltern die vielseitige Aufgabe, die körperliche und geistige Entwicklung ihrer Kinder zu fördern und zu schützen. Sie müssen die Eignung und die Neigungen der Kinder den Verhältnissen entsprechend unterstützen und ihnen dabei behilflich sein, eine Ausbildung zu absolvieren (ZGB 302).

Gesetzliche Vertretung
Die Eltern vertreten im Rahmen der Sorgepflicht das minderjährige Kind (ZGB 304). Ist das Kind urteilsfähig (siehe S. 210 f.), haben die Eltern bei der Vertretung Rücksicht auf die Meinung des Kindes zu nehmen.

Unterhaltspflicht der Eltern
Die Eltern müssen für den Unterhalt des Kindes aufkommen, bis dieses das 18. Altersjahr vollendet oder eine Erstausbildung abgeschlossen hat (ZGB 276/277).

Beispiel:
Die Eltern sind grundsätzlich verpflichtet, ein Kind bis zum ordentlichen Abschluss seines Studiums zu unterstützen, auch wenn es beim Abschluss des Studiums bereits über 24 Jahre alt ist. Das Kind muss aber nach seinen Möglichkeiten mithelfen, das Studium zu finanzieren.

Vermögen und Lohn des Kindes

Kindesvermögen
Hat ein Kind Vermögen, so haben die Eltern dieses im Rahmen ihrer Sorgepflicht zu verwalten.

Die Eltern dürfen in der Regel nur die Erträge (Zinsen, Gewinne) dieses Vermögens für den Unterhalt und die Ausbildung des Kindes gebrauchen. Die Verwendung des eigentlichen Vermögens bedarf im Normalfall der Bewilligung durch die Kindesschutzbehörde (ZGB 318–320).

Schutz des Kindesvermögens
Wird das Kindesvermögen durch einen Lotteriegewinn, durch eine Erbschaft usw. sehr gross, kann die Kindesschutzbehörde von den Eltern periodisch Rechenschaft über die Verwaltung des Kindesvermögens verlangen (ZGB 318³). Im Übrigen kann die Kindesschutzbehörde immer dann eingreifen, wenn die Eltern das Kindesvermögen nicht sorgfältig verwalten (ZGB 324).

Lohn des Kindes
Hat ein Kind ein Arbeitseinkommen, bevor es volljährig ist, kann es dieses selber verwalten und nutzen. Im Umfang dieses Einkommens ist es voll handlungsfähig. Lebt es noch bei den Eltern, so können sie verlangen, dass es einen Teil an seinen Unterhalt beisteuert (ZGB 323).

Haftung
Ist ein Kind urteilsfähig (siehe S. 210), aber nicht volljährig, kann es nur mit Zustimmung des gesetzlichen Vertreters Verträge abschliessen (ZGB 19¹).

Für Schäden, die das urteilsfähige minderjährige Kind durch unerlaubte Handlung jemandem zufügt, haftet es (bzw. sein Vermögen) aber selber (ZGB 19³). Daneben steht dem Geschädigten ein Anspruch auf Schadenersatz gegen die Eltern zu, die ihre Aufsichtspflicht über das Kind verletzt haben (ZGB 333). Ist das Kind allerdings urteilsfähig, ist selten eine Verletzung der Aufsichtspflicht gegeben.

Massnahmen zum Schutze des Kindes

Ist das Kindeswohl gefährdet, kann die Kindesschutzbehörde (siehe S. 260) sämtliche Massnahmen treffen, die zum Schutz des Kindes nötig sind. Eine Massnahme zum Schutze des Kindes bedeutet immer auch einen Eingriff in die Rechte der Eltern. Die Kindesschutzbehörde hat deshalb eine Interessenabwägung vorzunehmen.

Entziehung der elterlichen Sorge (Entzug der Obhut)
Sind die Eltern überhaupt nicht in der Lage, ihre Pflichten zu erfüllen, oder misshandeln sie ihr Kind oder lassen es verwahrlosen, so kann ihnen die Kindesschutzbehörde die elterliche Sorge entziehen. Das Kind erhält einen Vormund (siehe S. 260) und wird nötigenfalls in einer Pflegefamilie untergebracht. Die Eltern müssen in diesem Fall aber weiterhin finanziell für ihr Kind aufkommen, soweit das ihnen möglich ist (ZGB 311 / 312).

Kindesschutz im Strafrecht
Das Strafgesetzbuch (StGB) sieht verschiedene Bestimmungen zum Schutz des Kindes vor, insbesondere bei Vernachlässigung der Unterhaltspflicht (StGB 217), bei Verletzung der Fürsorge und Erziehungspflicht (StGB 219) und bei sexueller Ausbeutung (StGB 187–188).

www.verlag-fuchs.ch/recht

Die Adoption

Adoption (ZGB 264 ff.): *Eine minderjährige, volljährige oder eine Person unter umfassender Beistandschaft (Adoptivperson) wird von Ehegatten (Adoptiveltern) oder von einer Einzelperson (adoptierende Person) als Kind angenommen.*

Bei der Adoption entsteht ein Eltern-Kind-Verhältnis ohne Rücksicht auf die biologische Abstammung.

Die Voraussetzungen für die Adoption

Der entscheidende Gesichtspunkt für eine Adoption ist das Wohl des Kindes (ZGB 268 f.). Seine Entwicklung und Entfaltung müssen gewährleistet sein. Eine Adoption ist nur auf Gesuch hin möglich. Die zuständige Kindesschutzbehörde überprüft, ob alle Voraussetzungen für eine Adoption erfüllt sind.

Gemeinschaftliche Adoption
Es ist nur Ehepaaren erlaubt, eine Person gemeinschaftlich zu adoptieren. Weitere Voraussetzungen sind:
- Das Kind muss von den zukünftigen Eltern als Pflegekind ein Jahr lang betreut worden sein.
- Die Ehegatten müssen bereits fünf Jahre verheiratet sein oder das 35. Altersjahr zurückgelegt haben.

Mit diesen Vorschriften will man erreichen, dass sich Ehepaare nicht leichtfertig zu einer Adoption entschliessen (ZGB 264 / 264a).

Einzeladoption
Unverheiratete Personen können nur adoptieren, wenn sie das 35. Altersjahr zurückgelegt haben (ZGB 264b). Will eine verheiratete Person ein nicht gemeinsames Kind adoptieren, ist nicht das Alter entscheidend, sondern die Ehe muss nach Gesetz mindestens 5 Jahre gedauert haben.

Adoptivkind
Wird ein Kind adoptiert, muss es mindestens 16 Jahre jünger sein als die Adoptiveltern und es muss seine Zustimmung zur Adoption geben, falls es bereits urteilsfähig ist (ZGB 265).

Zustimmung der Eltern
Sind die Eltern des zu adoptierenden Kindes bekannt, müssen sie in der Regel ihre Zustimmung zur Adoption geben. Dies darf frühestens sechs Wochen nach der Geburt des Kindes erfolgen und kann während der nachfolgenden sechs Wochen widerrufen werden. Ist ein Elternteil unbekannt, genügt die Zustimmung des anderen (ZGB 265 ff.). Die Adoptiveltern dürfen den ehemaligen Eltern des Kindes nicht bekannt gegeben werden (ZGB 268b).

Die Wirkung der Adoption

Mit der Adoption entsteht zwischen Adoptivperson und adoptierender Person ein neues Kind-Eltern-Verhältnis. Die Betroffenen sind durch die Adoption miteinander verwandt und das adoptierte Kind hat die gleichen Rechte, wie wenn das Kindesverhältnis durch Geburt, Anerkennung oder gerichtliche Feststellung entstanden wäre. Das Kindesverhältnis zu den «alten» Eltern erlischt (ZGB 267).

Name und Bürgerrecht
Das Adoptivkind erhält den Familiennamen und das Bürgerrecht der Adoptiveltern. Diese können ihm auch einen neuen Vornamen geben (ZGB 267 f.).

Der Erwachsenenschutz: Die Vorsorge (gültig ab 2013)

> **Erwachsenenschutz:** Schützt die persönlichen oder vermögensrechtlichen Interessen von volljährigen Personen, wenn deren Selbständigkeit durch gewisse Schwächezustände eingeschränkt ist.

■ Die eigene Vorsorge

In gesunden Tagen kann zum eigenen Schutz ein Vorsorgeauftrag oder eine Patientenverfügung gemacht werden.

Der Vorsorgeauftrag (ZGB 360 ff.)

Für den Fall, dass eine handlungsfähige Person einmal handlungsunfähig werden sollte, kann sie mittels eines Vorsorgeauftrags eine natürliche oder juristische Person (siehe S. 17) bestimmen, damit diese dann für sie die entsprechenden Entscheidungen trifft (z.B. Verlegung in ein Pflegeheim, Auflösung der Wohnung, Verwaltung des Vermögens).

Der Vorsorgeauftrag muss von Hand geschrieben, mit Datum versehen und unterzeichnet oder dann öffentlich beurkundet (siehe S. 19) werden.

Die Patientenverfügung (ZGB 370 ff.)

Für den Fall, dass eine urteilsfähige Person einmal urteilsunfähig werden sollte (wegen Krankheit oder Unfall), kann sie mittels einer Patientenverfügung Vorschriften bezüglich medizinischer Massnahmen erlassen (z.B. es dürfen keine lebensverlängernden Massnahmen getroffen werden). Sie kann darin auch eine Vertrauensperson einsetzen, die dann im medizinischen Bereich Entscheidungen treffen kann.

Die Patientenverfügung muss schriftlich verfasst, datiert und unterzeichnet werden.

■ Die Vorsorge von Gesetzes wegen

Hat jemand weder einen Vorsorgeauftrag noch eine Patientenverfügung erlassen, noch eine entsprechende Beistandschaft errichtet (siehe S. 259), gelten die gesetzlichen Regeln. Diese umfassen:

– **Vertretungsrecht des Ehegatten oder des eingetragenen Partners**
  Eine urteilsunfähige Person wird durch den Ehegatten oder den eingetragenen Partner vertreten (ZGB 374 ff.). Dieses Vertretungsrecht umfasst Rechnungen bezahlen, Kleider besorgen, das Öffnen von Briefen oder von E-Mails usw.)

– **Ärztliche Bestimmung bei medizinischen Massnahmen**
  Der behandelnde Arzt bestimmt über die medizinischen Massnahmen (ZGB 377 ff.) Er muss die zur Vertretung berechtige Person beiziehen. Diese kann die Zustimmung zur Behandlung erteilen oder verweigern.

– **Betreuungsvertrag**
  Befindet sich eine urteilsunfähige Person für längere Dauer in einer Pflege-/Wohneinrichtung, so muss ein Betreuungsvertrag erstellt werden (ZGB 382 ff.). Darin wird geregelt, ob z.B. ein Altersheim oder ein Pflegeheim in Frage kommt sowie die Höhe der Kosten. Die Wünsche der betroffenen Person sind, soweit möglich, zu berücksichtigen.

■ Die Erwachsenenschutzbehörde

Die Erwachsenenschutzbehörde ist eine Fachbehörde und wird von den Kantonen bestimmt. Sie fällt ihre Entscheide mit mindestens drei Mitgliedern. Gleichzeitig ist sie auch Kindesschutzbehörde und erfüllt so diese Aufgaben (ZGB 440).

Je nach Grösse der Kantone setzen diese dafür eine einziges Gremium oder wenige Fachstellen ein. Diese Behörden bestehen aus diversen Fachpersonen (z.B. aus dem Bereich Recht, Sozialarbeit, Pädagogik / Psychologie, Medizin / Psychiatrie).

Erwachsenenschutz: Behördliche Massnahmen

Die Erwachsenenschutzbehörde ordnet eine behördliche Massnahme an, wenn die eigene Vorsorge, die Vorsorge von Gesetzes wegen (siehe S. 258) oder andere Unterstützungsleistungen (z.B. durch die Familie) nicht mehr ausreichen (ZGB 388 f.). Zu den behördlichen Massnahmen zählen:
– die Beistandschaft und
– die fürsorgerische Unterbringung (siehe S. 260).

Die Beistandschaft

Beistandschaft: *Schutzmassnahmen für eine volljährige Person, die ihre Angelegenheiten nicht mehr ganz oder nur noch teilweise selber regeln kann (ZGB 390).*

Dies ist der Fall: Bei einer geistigen Behinderung (eine Beeinträchtigung im kognitiven Bereich), bei einer psychischen Störung (z.B. Psychosen, Demenz, Suchtkrankheit) oder bei einem starken Schwächezustand (z.B. schwere Lähmung).
Die Erwachsenenschutzbehörde errichtet die Beistandschaft auf Antrag der betroffenen Person, einer ihr nahestehenden Person oder von Amtes wegen.

Beistand

Der Beistand wird von der Erwachsenenschutzbehörde ernannt. Beistand kann eine natürliche Person sein (siehe S. 211), die persönlich sowie fachlich geeignet ist und die erforderliche Zeit einsetzen kann (ZGB 400).
Für wichtige Geschäfte (z.B. den Kauf eines Hauses) muss er die Zustimmung der Erwachsenenschutzbehörde einholen (siehe Katalog ZGB 416 f.).

Man unterscheidet vier Arten der Beistandschaft:

Begleitbeistandschaft (ZGB 393)

Die Begleitbeistandschaft wird mit Zustimmung der hilfsbedürftigen Person errichtet, wenn diese begleitende Unterstützung braucht (z.B. Organisieren der Spitex).
Die Handlungsfähigkeit bleibt bei dieser Massnahme vollständig gewahrt.

Vertretungsbeistandschaft (ZGB 394)

Die hilfsbedürftige Person kann bestimmte Angelegenheiten nicht mehr erledigen und muss deshalb vertreten werden, z.B. wenn sie Kinder hat, die sie nicht mehr selbständig erziehen kann.
Die Handlungsfähigkeit kann in einzelnen Situationen punktuell eingeschränkt werden.
Die Vermögensverwaltungsbeistandschaft (Art. 395 ZGB) ist eine Unterart der Vertretungsbeistandschaft. Sie betrifft nur das Vermögen und das Einkommen des Verbeiständeten. Die Erwachsenenschutzbehörde bestimmt dabei die vom Beistand zu verwaltenden Vermögenswerte.

Mitwirkungsbeistandschaft (ZGB 396)

Bestimmte Handlungen der hilfsbedürftigen Person brauchen die Zustimmung des Beistands (z.B. Zustimmung zu allen Abzahlungsgeschäften).
Die Handlungsfähigkeit ist bei diesen bestimmten Handlungen von Gesetzes wegen beschränkt.

Umfassende Beistandschaft (ZGB 398)

Wenn eine besondere Hilfsbedürftigkeit, z.B. wegen dauernder Urteilsunfähigkeit besteht, wird eine umfassende Beistandschaft errichtet.
Die verbeiständete Person ist von Gesetzes wegen vollständig handlungsunfähig.

Kombinationen von Beistandschaften

Um eine bedürfnisgerechte Fürsorge sicherzustellen, können die Begleitbeistandschaft, die Vertretungsbeistandschaft und die Mitwirkungsbeistandschaft beliebig miteinander kombiniert werden (ZGB 397).

Fürsorgerische Unterbringung

Die fürsorgerische Unterbringung regelt die Unterbringung einer Person, die an einer psychischen Störung oder an geistiger Behinderung leidet oder schwer verwahrlost ist (ZGB 426 ff.).

Die fürsorgerische Unterbringung wird verordnet, wenn
– eine Person Widerstand leistet, bzw. eine urteilsfähige Person ihre Zustimmung zur Unterbringung nicht erteilt oder
– eine urteils*un*fähige Person in einer psychiatrischen Klinik untergebracht werden soll (ZGB 380).

Die fürsorgerische Unterbringung ist nur zulässig, wenn keine weniger einschneidende Massnahme der betroffenen Person genügenden Schutz bietet.

Die Erwachsenenschutzbehörde ist zuständig für Anordnung der Unterbringung und später für die Entlassung. Die Kantone dürfen jedoch Ärzte bezeichnen, die eine Unterbringung für eine vom Kanton bestimmte Dauer, jedenfalls von höchstens sechs Wochen, anordnen können.

Minderjährige unter Vormundschaft

Steht eine minderjährige Person nicht unter elterlicher Sorge (z.B. weil beide Elternteile gestorben sind), ernennt die Kindesschutzbehörde für das Kind einen Vormund (ZGB 327a ff.).
Die Erwachsenenschutzbehörde ist auch gleichzeitig Kindesschutzbehörde.
Der Vormund hat die gleichen Rechte wie die Eltern. Muss das Kind in einer geschlossenen Einrichtung oder in einer psychiatrischen Klinik untergebracht werden, so sind die entsprechenden Bestimmungen des Erwachsenenschutzes sinngemäss anwendbar.

Das Erbe

Erbrecht: *Regelt, wem das Vermögen und die Schulden eines Erblassers bei dessen Tod zukommen.*

■ Begriffe

Der Nachlass

Das gesamte Vermögen und alle Schulden des Erblassers bilden die Erbschaft, den sogenannten Nachlass. Rechte, Forderungen und Schulden gehören dazu, ebenso wie Grundstücke oder Gegenstände. War der Erblasser zum Zeitpunkt des Todes verheiratet, muss zuerst die güterrechtliche Auseinandersetzung (siehe S. 252) erfolgen, bevor der Nachlass bestimmt werden kann.

Die Erben

Die Erben erwerben durch den Tod des Erblassers automatisch den Nachlass zu gemeinsamem Eigentum (ZGB 560). Sie können bis zur Verteilung der Erbschaftsgegenstände unter sich nur gemeinsam über den Nachlass verfügen (Erbengemeinschaft).

■ Die gesetzlichen Erben (ZGB 457 ff.)

Erbe wird man aufgrund
- gesetzlicher Vorschrift (gesetzliche Erben) oder
- Testament (siehe S. 265) und
- Erbvertrag (eingesetzte Erben).

Das ZGB erklärt bestimmte Verwandte und den überlebenden Ehegatten zu gesetzlichen Erben. Der überlebende Ehegatte ist stets erbberechtigt. Die übrigen gesetzlichen Erben sind aufgrund ihrer Verwandtschaftsnähe zum Erblasser erbberechtigt. Die Erbschaft der Verwandten basiert auf dem Stammessystem (auch Parentelsystem genannt). Die Stämme sind wie folgt gegliedert:

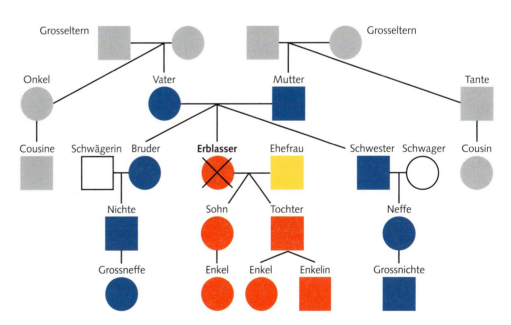

- Den ersten Stamm bildet der Erblasser mit seinen Nachkommen (die Kinder, Enkel, Grossenkel usw.).
- Den zweiten Stamm bilden die Eltern des Erblassers mit ihren Nachkommen (auch elterlicher Stamm oder Parentel genannt).
- Den dritten Stamm bilden die Grosseltern des Erblassers mit ihren Nachkommen (auch grosselterlicher Stamm oder Parentel genannt).

Die Erbschaft

■ Rangfolge und Anteile

Erster Stamm

Die nächsten gesetzlichen Erben des Erblassers sind seine Nachkommen. Sie erben untereinander zu gleichen Teilen. Ist ein Nachkomme vorverstorben, treten dessen Nachkommen an seine Erbstelle (ZGB 457). Der überlebende Ehegatte muss den Nachlass mit Erben aus dem ersten Stamm hälftig teilen (ZGB 462).

Beispiel: *Bei der güterrechtlichen Auseinandersetzung auf S. 252 wurden die Anteile von Lena und Pirmin errechnet. Das Resultat ergab, dass Lena Eigentümerin von CHF 140 000.– ist und der Nachlass des verunglückten Pirmin CHF 240 000.– beträgt. Dieser wird nun laut Gesetz geteilt, weil kein Testament oder kein Erbvertrag vorhanden ist (= gesetzlicher Erbanspruch).*

Vom Nachlass werden zuerst die Todesfallkosten von CHF 20 000.– abgezogen. Der Rest wird geteilt.

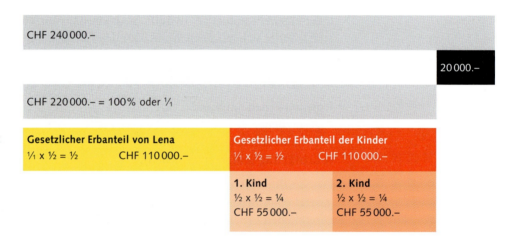

Zweiter Stamm

Sind im ersten Stamm keine Erben vorhanden, gelangt der Nachlass an die Erben des zweiten Stammes. Vater und Mutter des Erblassers erben zu gleichen Teilen. Ist ein Elternteil des Erblassers vorverstorben, treten dessen Nachkommen in seine Erbstellung ein (ZGB 458). Muss der überlebende Ehegatte mit Erben des zweiten Stammes teilen, erhält er ¾ des Nachlasses, die Erben des zweiten Stammes erhalten ¼ (ZGB 462²).

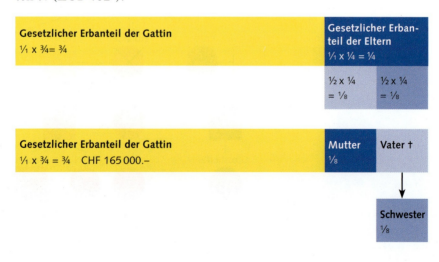

Mit dem 3. Stamm endet die gesetzliche Erbschaftsberechtigung der Verwandten. Finden sich keine Erben im 3. Stamm und besteht kein Testament, so fällt das Erbe an den Staat.

R 3.10 Das Erbe

■ Güterrechtliche Auseinandersetzung und Erbanteile

Im Todesfall eines Ehepartners geht der Erbschaft die güterrechtliche Auseinandersetzung voraus (siehe S. 252). Erst wenn diese stattgefunden hat, ist der Nachlass bekannt. An diesem bestehen die Erbanteile.

Fall: Zum besseren Verständnis übernehmen wir wiederum den Fall des Ehepaares Pirmin und Lena (siehe Seiten 251 f.) und zeigen in einer ganzheitlichen Übersicht den Weg der Einkommen und der Vermögen von der Bekanntschaft bis zum Tod von Pirmin und die nachfolgenden erbrechtlichen Varianten.

Auflösung des Güterstandes durch Scheidung, Tod, Ehevertrag oder Richter

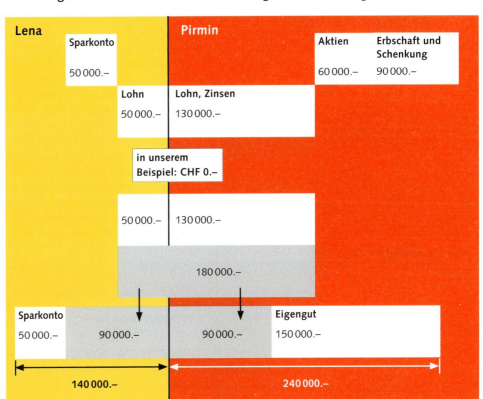

■ Die Erbteilung

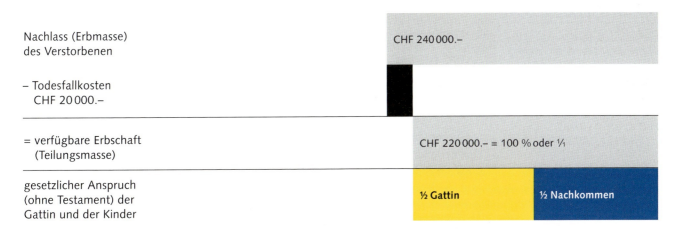

Pflichtteile und freie Quote

Der Erblasser kann über seinen Nachlass nicht völlig frei verfügen. Gewisse gesetzliche Erben, nämlich seine Nachkommen, sein Ehegatte oder seine Eltern (wenn sie erbberechtigt sind) besitzen einen sogenannten Pflichtteilsschutz (ZGB 470 f.).

■ Pflichtteile

Pflichtteil (ZGB 471): *Ist der Teil eines Erbanspruchs, den der Erblasser den gesetzlichen Erben nicht vorenthalten darf.*

Der Pflichtteil wird vom Gesetz als Bruchteil des gesetzlichen Erbanspruchs festgelegt:
- Der Pflichtteil des überlebenden Ehegatten und der Eltern beträgt je ½ ihres Erbanspruchs.
- Der Pflichtteil der Nachkommen beträgt ¾ ihres Erbanspruchs.

■ Freie (verfügbare) Quote

Freie (verfügbare) Quote (ZGB 470): *Ist der Teil des Nachlasses, über den durch Testament oder Erbvertrag frei verfügt werden kann.*

Die freie Quote ist das Gegenstück zu den Pflichtteilen. Ihre Grösse ergibt sich aufgrund der Pflichtteile, die der Erblasser zu beachten hat.

	⅛	⅛	⅛	⅛	⅛	⅛	⅛	⅛
verfügbare Erbschaft (Nachlass)	CHF 220 000.– = 100% oder ⁱ⁄₁							
1. Beispiel: Der Verstorbene hinterlässt Gattin und Kinder **ohne** Testament.	Gesetzlicher Erbanteil des Gatten ⅟₁ x ½ = ½ CHF 110 000.–				Gesetzlicher Erbanteil der Nachkommen ⅟₁ x ½ = ½ CHF 110 000.–			
Der Verstorbene hinterlässt Gattin und Kinder **mit** Testament.	Pflichtteil Gatte ½ x ½ = ¼ (²⁄₈)		Verfügbare (freie) Quote = ⅜ CHF 82 500.–		Pflichtteil Nachkommen ½ x ¾ = ⅜			
2. Beispiel: Der Verstorbene hinterlässt Gattin und Eltern (2. Stamm) **ohne** Testament.	Gesetzlicher Erbanteil des Gatten ⅟₁ x ¾ = ¾ CHF 165 000.–						Gesetzlicher Erbanteil der Eltern ⅟₁ x ¼ = ¼	
Der Verstorbene hinterlässt Gattin und Eltern **mit** Testament.	Pflichtteil Gatte ½ x ¾ = ⅜		Verfügbare Quote ⁴⁄₈ (½) CHF 110 000.–				Pflichtteil Eltern ⅛	
3. Beispiel: Der Verstorbene hinterlässt Gattin und Geschwister (2. Stamm) **ohne** Testament.	Gesetzlicher Erbanteil des Gatten ⅟₁ x ¾ = ¾ CHF 165 000.–						Geschwister ⅟₁ x ¼ = ¼	
Der Verstorbene hinterlässt Gattin und Geschwister (2. Stamm) **mit** Testament.	Pflichtteil Gatte ½ x ¾ = ⅜		Verfügbare Quote laut Testament ⁵⁄₈ = CHF 137 500.–					

■ Die Enterbung (ZGB 477 ff.)

Das Gesetz sieht die Möglichkeit der Enterbung vor und nennt zwei Gründe:
- Der Erbe hat gegen den Erblasser oder gegen eine ihm nahestehende Person eine schwere Straftat verübt (ZGB 477).
- Der Erbe hat eine familienrechtliche Pflicht gegenüber dem Erblasser oder gegenüber einem seiner Angehörigen schwer verletzt, z.B. ein Kind hat sich Jahre lang nicht um den pflegebedürftigen Erblasser gekümmert.

Die Enterbung muss in einem Testament festgehalten werden. Dort muss auch der Enterbungsgrund genannt werden, damit die Enterbung wirksam wird (ZGB 479).

→ www.verlag-fuchs.ch/recht

Verfügungen von Todes wegen

Ein Erblasser, der handlungsfähig ist (siehe S. 211, kann mit einem Testament (letztwillige Verfügung) oder einem Erbvertrag über seinen Nachlass bestimmen und so von der gesetzlichen Erbfolge abweichen. Er kann also bis zu einem gewissen Grad (siehe Pflichtteile) zwischen den gesetzlichen Erben eine andere Beteiligung an der Erbschaft vorsehen oder andere Personen als Erben einsetzen.

Das Testament

Testament (ZGB 498 ff.): *Ist eine einseitige Willenserklärung des Erblassers über die Verteilung seines Nachlasses.*

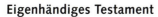

Eigenhändiges Testament
– Das Testament muss vom Erblasser vollständig von Hand geschrieben sein.
– Es muss das Datum der Niederschrift (Tag, Monat, Jahr) enthalten.
– Der Erblasser muss das Testament unterschreiben.

Ist eine dieser Vorschriften nicht erfüllt, besteht ein Formmangel. Anders als bei Formmängeln üblich, wird ein Testament durch einen Formmangel nicht einfach nichtig. Das Testament wird nur auf Klage hin für ungültig erklärt (ZGB 520).

Vorteil: Es ist mit keinen Kosten verbunden und jederzeit änderbar.
Nachteil: Das eigenhändige Testament kann leicht verloren gehen, vergessen oder nicht mehr gefunden werden. Die Kantone sind deshalb verpflichtet, Amtsstellen einzurichten, welche die Aufbewahrung übernehmen (ZGB 505[2]).

Öffentliches Testament
Das öffentliche Testament muss unter Mitwirkung einer Urkundsperson (meistens Notar) und zwei Zeugen erstellt werden (ZGB 499). Die Zeugen müssen den Inhalt des Testaments nicht kennen. Sie müssen nur bezeugen, dass der Erblasser das Testament gelesen hat, dass er damit über seinen Nachlass verfügen will und dass er in diesem Moment urteilsfähig war.

Vorteil: Die Urkundsperson muss ein Exemplar sicher aufbewahren und dieses auch beim Tod des Erblassers der zuständigen Amtsstelle übergeben.
Nachteil: Die Erstellung ist mit Kosten verbunden.

Der Erbvertrag

Der Erbvertrag verteilt die Erbschaft anders als das Gesetz es vorsieht.

Erbvertrag (ZGB 512 ff.): *Ist eine Vereinbarung (gegenseitige übereinstimmende Willenserklärung) der Vertragsparteien über ihren Nachlass.*

Ein Erbvertrag muss wie ein öffentliches Testament unter Mitwirkung einer Urkundsperson und zweier Zeugen erstellt werden (ZGB 512). Da es sich um einen Vertrag handelt, kann er (anders als das Testament) grundsätzlich nicht von einer Partei einseitig widerrufen werden: Dazu ist eine schriftliche Übereinkunft von allen Vertragsparteien nötig (ZGB 513).

Beispiel: Ein Pflegebedürftiger, der keine Nachkommen hat und nicht verheiratet ist, setzt seine langjährige Pflegerin gegen weitere Pflegeleistungen bis zu seinem Ableben als Alleinerbin ein.

Tipp
– *Testamente und Erbverträge sollten an einem sicheren Ort aufbewahrt werden. Notare, Rechtsanwälte und auch die Gemeinde stellen sich für diese Dienstleistung zur Verfügung.*
– *Besonders wichtig ist, dass Änderungen in einem Testament auch am Aufbewahrungsort nachgetragen werden.*

Todesfall – Massnahmen

■ Benachrichtigung der Behörden

Todesfall am Wohnort
Zuerst muss ein Arzt beigezogen werden, damit dieser den Tod bescheinigen kann. Dann erfolgt die Meldung beim Zivilstandsamt der Wohngemeinde mit der Todesbescheinigung des Arztes und mit dem Familienbüchlein.

Todesfall ausserhalb des Wohnortes
Auch hier ist zuerst ein Arzt beizuziehen. Die Todesmeldung erfolgt jedoch beim Zivilstandsamt des Todesortes.

Unfalltod
In diesem Fall ist zur Abklärung des Unfalls die Polizei zu benachrichtigen.

Weitere Schritte
Je nach Religionszugehörigkeit ist das entsprechende Pfarramt zu benachrichtigen. Auf Wunsch übernimmt in den meisten Gemeinden das Zivilstandsamt die Organisation der Bestattung (Termine, Art der Bestattung usw.).

Nachlassregelung
Dem Teilungsamt der Gemeinde muss ein allfälliges Testament übergeben werden. Das Teilungsamt unterstützt die Hinterbliebenen bei der Regelung des Nachlasses der verstorbenen Person.

■ Private Massnahmen

Man hat die Wahl, ein Bestattungsunternehmen mit Aufgaben, die im Zusammenhang mit einer Beerdigung anfallen, zu betrauen oder diese Aufgaben selbst zu erledigen:
- Leidzirkulare verfassen, drucken lassen und versenden
- Todesanzeige in der Zeitung aufgeben
- Einsargung und Überführung der Leiche veranlassen
- Mit der Friedhofsverwaltung bezüglich Grabstätte Kontakt aufnehmen
- Die Bestattungsfeierlichkeiten (Musik, gemeinsames Essen nach der Beerdigung usw.) organisieren

---

Tipp *Fast alle Gemeinden geben ein Merkblatt zu diesem Thema heraus. Dieses ist unter der Internet-Adresse der Gemeinde zu finden oder bei den Gemeindekanzleien erhältlich.*

R 4. Kauf

Kauf: Übersicht

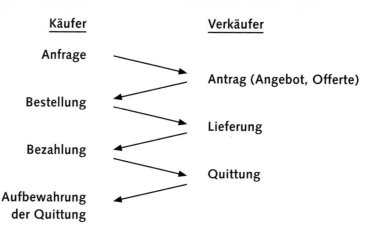

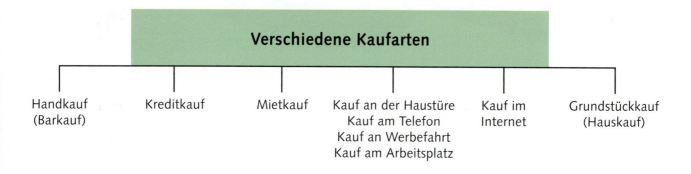

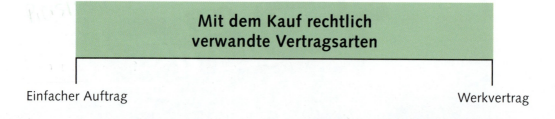

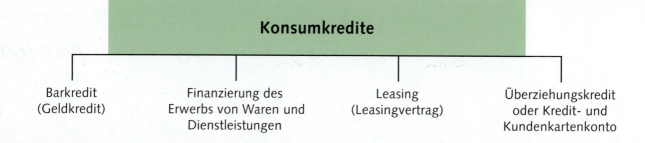

Begriffe aus ZGB (Sachenrecht) und aus OR

Eigentum

Eigentum (ZGB 641 ff.): *Der Eigentümer einer Sache kann nach seinem Belieben über diese Sache verfügen. Er muss aber die Rechtsordnung beachten.*

Über eine Sache nach Belieben verfügen heisst u.a.: Man kann die Sache verkaufen, verschenken, verändern oder gar zerstören. Die Rechtsordnung setzt dem Belieben aber Grenzen.

Beispiel:
Bauvorschriften verbieten es, ohne Bewilligung das Haus aufzustocken.
Das Umweltschutzgesetz bzw. das Abfallentsorgungsreglement lassen es nicht zu, das eigene Fahrrad im Wald zu entsorgen.

Eigentumsübertragung

Eine Eigentumsübertragung kann je nach Gegenstand z.B. durch blosse Übergabe (bewegliche Sache) oder Eintragung im Grundbuch (unbewegliche Sache) erfolgen. Der Grund einer Eigentumsübertragung kann
– ein vertraglicher, z.B. Kauf, Tausch (OR 237 f.), Schenkung (OR 239 ff.),
– oder ein gesetzlicher, z.B. Erbschaft (ZGB 560; siehe S. 262 ff.), sein.

Der Eigentümer kann seine Sache auch jemand anderem zum Gebrauch überlassen (siehe S. 289). Er bleibt weiterhin Eigentümer. Die andere Person wird dann (unselbständiger) Besitzer der Sache. Der unselbständige Besitzer muss mit der Sache sorgfältig umgehen und sie wieder dem Eigentümer auf dessen Verlangen zurückgeben.

Besitz

Besitz (ZGB 919 ff.): *Der Besitzer einer Sache hat die tatsächliche Gewalt über diese Sache.*

In der Regel sind Eigentümer und Besitzer dieselben Personen (man spricht von selbständigem Besitz).
Beispiele, in denen Eigentümer und Besitzer in der Regel nicht identisch sind (unselbständiger Besitz): Miete, Leihe, Leasing

Gattungskauf (Gattungsware)

Gattungskauf: *Nur die Art oder die Eigenschaft des Kaufgegenstandes ist bestimmt.*

Meistens handelt es sich um vertretbare (ersetzbare) Sachen, die in der Regel nach Zahl, Mass oder Gewicht bestimmt werden.
Beispiele: Äpfel, Benzin, Stoff.
Üblicherweise trifft beim Gattungskauf der Verkäufer die Auswahl (siehe OR 71).

Spezieskauf (Speziesware)

Spezieskauf (Stückkauf): *Der Kaufgegenstand ist individuell bestimmt.*

Beim Spezieskauf trifft der Käufer die Auswahl.
Beispiele: Occasionsauto, Kunstwerk (Original)

Der Ablauf eines Kaufs

> **Kaufvertrag (OR 184 ff.):** *Der Verkäufer verpflichtet sich, dem Käufer gegen Bezahlung des Kaufpreises das Eigentum an einer Sache oder an einem Recht zu übertragen.*

Form

Grundsätzlich können Kaufverträge formlos, d.h. mündlich oder stillschweigend, abgeschlossen werden. (Ausnahme: Immobilienkauf, siehe S. 279).

Kaufgegenstand

Der Kaufgegenstand kann ein Recht (z.B. Geldforderung), eine unbewegliche Sache (z.B. Grundstück) oder eine bewegliche Sachen (z.B. iPod, Mountainbike, Personenwagen) sein. Letzteres wird Fahrniskauf genannt. Im Alltag hat man es vor allem mit Fahrniskäufen zu tun. Ohne anderen Hinweis versteht man in der Folge unter «Kauf» deshalb den Fahrniskauf (Grundstückkauf, siehe S. 279).

Anfrage

Mit der Anfrage will sich der Käufer Informationen beschaffen. So interessieren u.a. Qualität, Quantität, Preis sowie Liefer- und Zahlungsbedingungen.

Antrag (Angebot / Offerte) OR 3 ff.

Der Verkäufer nennt die Bedingungen, zu denen er sich verpflichtet, die Ware zu liefern.

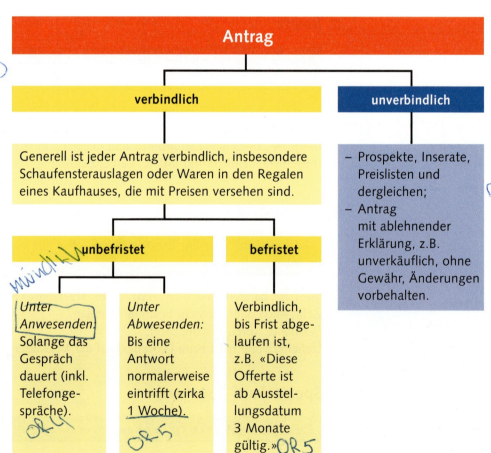

Die Zustellung unbestellter Ware (siehe S. 277) wird nicht als Antrag angesehen (OR 6a^1).

R 4.3 Der Ablauf eines Kaufvertrags

■ Bestellung (Annahme des Angebots)

- Eine Bestellung ist mündlich oder schriftlich möglich.
- Erfolgt die Bestellung aufgrund einer verbindlichen Offerte, gilt der Kaufvertrag als zustande gekommen. Die gegenseitigen Willensäusserungen stimmen überein (OR 1). Käufer wie auch Verkäufer können auf der Erfüllung der vereinbarten Bedingungen beharren.
- Bestellte Ware muss angenommen werden.
- Grundsätzlich gilt: gekauft ist gekauft (Ausnahme: Die Ware ist mangelhaft.).

Beispiel:
In einem Möbelgeschäft ist eine Matratze für CHF 480.– bestellt worden. Man hat vereinbart, dass diese Matratze in vier Wochen abgeholt und gleich bezahlt wird. Beim Holen der Matratze stellt man fest, dass dasselbe Produkt inzwischen zum Aktionspreis von CHF 350.– angeboten wird. Der Verkäufer kann auf Bezahlung von CHF 480.– beharren.
Ist die Matratze in der Zwischenzeit jedoch teurer geworden und kostet nun CHF 550.–, muss der Käufer nur die vereinbarten CHF 480.– bezahlen.

■ Nutzen und Gefahr

Der Zeitpunkt des Übergangs von Nutzen und Gefahr muss nicht mit der Eigentumsübertragung zusammenfallen. Nach dem Übergang von Nutzen und Gefahr gehören die geldwerten Vorteile dem Käufer, z.B. die Erträge. Der Käufer trägt aber auch das Risiko, den Kaufpreis trotzdem bezahlen zu müssen, falls der Kaufgegenstand beschädigt wird.

Beispiel:
Jemand kauft ein Haus mit Mietwohnungen. Nach dem Übergang von Nutzen und Gefahr gehören die Mietzinse dem Käufer. Wird die Wohnung durch eine Schlammlawine zerstört, hat der Käufer dennoch den ganzen Kaufpreis zu bezahlen.

Übergang von Nutzen und Gefahr

Ist nichts anderes vereinbart, gelten folgende Regelungen bezüglich des Zeitpunkts des Übergangs von Nutzen und Gefahr:
- *Gattungskauf:* wenn die Ware vom Rest getrennt ist bzw. wenn sie zur Versendung abgegeben ist (OR 185)
- *Spezieskauf:* beim Vertragsabschluss

■ Lieferung

Der Verkäufer schickt oder übergibt dem Käufer die Ware. Ist nichts anderes vereinbart, wird der Käufer mit der Übergabe der Ware Eigentümer dieser Ware, auch wenn er sie noch nicht bezahlt hat (ZGB 714).

Ort der Erfüllung (Holschulden)

Warenschulden sind in der Regel Holschulden. Das heisst, der Käufer muss die Ware beim Verkäufer abholen (OR 74).

Ist nichts anderes vereinbart worden, trägt der Käufer die Kosten für den Transport der Ware vom Erfüllungs- zum Bestimmungsort (OR 189).

Tipp · *Obwohl der Kaufvertrag grundsätzlich formlos gültig ist, soll man sich wichtige Bestellungen schriftlich bestätigen lassen oder man schreibt die Vereinbarung gleich selbst auf.*

Vertragsverletzungen

■ Lieferverzug

Regelfall (Mahngeschäft)

Liefert der Verkäufer nicht rechtzeitig, wird er in der Regel durch die Mahnung des Käufers in Verzug gesetzt. Gleichzeitig mit der Mahnung kann eine angemessene Frist zur nachträglichen Lieferung gesetzt werden. Aus Beweisgründen werden solche Liefermahnungen eingeschrieben geschickt.

Verstreicht auch diese Nachfrist ungenutzt, kann der Käufer auf der Lieferung beharren und zusätzlich Schadenersatz verlangen. Er kann aber auch auf die Lieferung verzichten (und verlangen, dass er wirtschaftlich so gestellt wird, wie wenn der Verkäufer die Vereinbarung rechtzeitig erfüllt hätte) oder er kann vom Vertrag zurücktreten (OR 102 und 107).

Spezialfälle (OR 108)

Der Käufer muss keine Nachfrist ansetzen, wenn
– sich der Verkäufer von vornherein zu liefern weigert,
– eine Nachlieferung für den Käufer unnütz ist,
– ein genauer Stichtag für die Lieferung festgelegt wurde.
Er kann dann ohne Nachfristansetzung auf die Lieferung verzichten oder vom Vertrag zurücktreten.

Beispiel:
Für eine Geburtstagsparty wurden bei einem Metzger auf den 4. September 100 Bratwürste bestellt. Kann der Metzger nicht termingerecht liefern, darf sofort auf eine nachträgliche Lieferung verzichtet werden. Kauft man die Würste an einem anderen Ort zu einem höheren Preis, muss der Metzger den Mehrpreis übernehmen.

■ Annahmeverzug

Der Käufer muss die rechtzeitig gelieferte Ware annehmen. Weigert er sich, kann der Verkäufer die Ware auf Kosten des Käufers hinterlegen, z.B. in einem Lagerhaus (OR 92).

■ Gewährleistung (Garantie)

Die verkaufte Ware muss einwandfrei geliefert werden. Das heisst, sie darf keine Mängel haben, die den Wert vermindern oder die Funktionstüchtigkeit einschränken. Dafür haftet der Verkäufer (OR 197).
Ist nichts anderes abgemacht, dauert diese sogenannte Gewährleistung (Garantie) ein Jahr ab Lieferdatum (OR 210). Sind Verkäufer und Käufer einverstanden, kann auf jegliche Garantieansprüche verzichtet werden oder man kann eine beliebige Garantiedauer vereinbaren.

Bei Gebäuden dauert die Garantiezeit 5 Jahre (OR 219).

Die Garantie gilt auch für gebrauchte Waren. Oft wird die Gewährleistung aber ausgeschlossen.

Ein generelles Umtauschrecht gibt es nicht.

Beispiel:
Eine Kundin kauft einen einwandfreien Pullover. Zu Hause stellt sie fest, dass die Farbe nicht zu den dafür vorgesehenen Hosen passt. Es hängt nun allein von der Kulanz (dem Entgegenkommen) des Verkäufers ab, ob sie den Pullover umtauschen kann. Um die Kundin nicht zu verlieren, stellt ihr der Verkäufer oft einen Gutschein aus, falls nichts Passendes gefunden wird.

R 4.3 Der Ablauf eines Kaufvertrags

■ Mangelhafte Ware

Der Käufer ist verpflichtet, die Ware nach Erhalt zu prüfen und einen offensichtlichen Mangel mittels Mängelrüge sofort dem Verkäufer zu melden (OR 201).

Mängelrüge: *Mitteilung des Käufers an den Verkäufer, welche Mängel die Ware aufweist und dass die Mängel nicht akzeptiert werden.*

Mit der Mängelrüge stellt der Käufer auch einen Gewährleistungsanspruch. Ohne andere Abmachung hat er dabei die Wahl zwischen zwei (beim Stückkauf) oder drei (beim Gattungskauf) Möglichkeiten:

Ersatzlieferung (OR 206)	Preisminderung (OR 205)	Wandelung (OR 205)
Bei der Ersatzlieferung wird die defekte Sache gegen eine einwandfreie umgetauscht.	Durch die Preisminderung wird der Kaufpreis reduziert. Die Reduktion erfolgt um die verhältnismässige Werteinbusse, die der Kaufgegenstand aufgrund des Mangels hat.	Mit der Wandelung wird der Kaufvertrag rückgängig gemacht. Dabei gibt der Käufer die Ware zurück und erhält vom Verkäufer das bereits gezahlte Geld zurück. In diesem Fall darf der Käufer auf Bargeld beharren. Er muss keinen Gutschein akzeptieren.
Die Ersatzlieferung kann nur beim Gattungskauf beantragt werden.	Die Preisminderung ist beim Gattungs- und beim Spezieskauf möglich (Stückkauf siehe S. 269).	Die Wandelung ist beim Gattungs- und beim Spezieskauf möglich, jedoch nur, wenn ein erheblicher Mangel vorliegt.

Reparatur
Eine Reparatur sieht das Gesetz nicht vor. Aufgrund der Vertragsfreiheit (OR 19) kann jedoch vereinbart werden, dass dem Käufer bei Vorliegen eines Mangels als vierte Wahlmöglichkeit ein Reparaturanspruch zusteht.
Treten im Nachhinein sogenannte versteckte Mängel auf, hat der Käufer diese umgehend dem Verkäufer zu melden (siehe Mängelrüge). Werden diese versteckten Mängel während der Garantiezeit entdeckt und gerügt, stehen dem Käufer wiederum die Gewährleistungsrechte (Garantierechte) zu

Korrespondenz: Mängelrüge
1. Vermerk: Eine Mängelrüge eingeschrieben schicken.
2. Brieftitel: «Ihre Lieferung vom ...» oder «Artikel xy ...»
3. Inhalt: – Bestätigung, dass man Ware am (Datum) erhalten hat.
              – Hinweis, dass die Ware sofort geprüft und folgender Mangel festgestellt worden ist (Mangel genau beschreiben).
              – Vorschlag zur Erledigung der Angelegenheit unterbreiten (Ersatzlieferung usw.).
              – Hinweis, dass Ware abgeholt werden kann (Ware nicht von sich aus zurückschicken).

■ Zahlungsverzug

Der Käufer muss innerhalb der vereinbarten Frist den abgemachten Kaufpreis bezahlen. Kommt er dieser Pflicht nicht nach, kann er vom Verkäufer gemahnt werden. Mit der Mahnung befindet sich der Käufer im Verzug und schuldet dem Verkäufer nebst dem Kaufpreis auch einen Verzugszins. Wurde nichts anderes vereinbart, beträgt dieser 5% pro Jahr (OR 104). Ebenfalls gehen zur Eintreibung der Schuld notwendige Auslagen zulasten des Käufers (OR 103, z.B. allfällige weitere Mahngebühren nach der ersten Mahnung).
Gemäss Gesetz reicht eine einzige Mahnung, um den Käufer in Verzug zu setzen (OR 102). In der Praxis haben sich jedoch drei Mahnungen eingebürgert.

Ort der Erfüllung (Bringschulden)

Geldschulden sind in der Regel Bringschulden. Der Käufer muss dem Verkäufer das Geld ohne anderslautende Vereinbarung an dessen Wohnort überbringen (OR 74).

■ Rechnung

Eine vollständige Rechnung enthält: Name und Adresse des Ausstellers und des Empfängers, Bezeichnung der Ware oder der Dienstleistung, Betrag, Zahlungsbedingungen und Datum der Rechnungsstellung. Eine Rechnung sollte nicht unterschrieben werden, es sei denn, es handelt sich um eine quittierte Rechnung.

■ Quittung (Zahlungsbestätigung)

> **Quittung:** *Schriftliche Bestätigung des Verkäufers, dass der Käufer die Ware bezahlt hat.*

Jeder Käufer hat das Recht, eine Quittung zu verlangen (OR 88).

Üblicher Inhalt:

Vorname und Name des Käufers
Betrag in Zahlen und Worten
Kaufgegenstand
Ort und Datum
Unterschrift des Verkäufers

Quittung
Die unterzeichnende Person bestätigt, von
Manuela Fischer, Hinterbachstrasse 30, 3186 Düdingen
CHF 500.– (fünfhundert) für:
1 Occasionsmofa (Allegro Alex) erhalten zu haben.
Fribourg, 16. Mai 2012
Peter Hammer

■ Aufbewahrung der Quittung

Da bei den meisten Käufen der Vertragsabschluss, die Übergabe des Kaufgegenstandes und die Kaufpreiszahlung zeitlich zusammenfallen, sollte die Quittung unbedingt aufbewahrt werden.
Will man nämlich Garantieansprüche geltend machen, muss man den Kauf beweisen können.

Verjährungsfrist beim Kaufvertrag

Bis zum Ablauf der Verjährungsfrist muss der Käufer belegen können, dass er den Kaufpreis bezahlt hat. Die Verjährungsfrist dauert bei den meisten Kaufverträgen mit privatem Zweck 5 Jahre (OR 128) als Ausnahme zur Regeldauer von 10 Jahren (OR 127). Man sollte daher über ein Ordnungssystem verfügen, so dass alle Quittungen der letzten fünf Jahre wieder auffindbar sind.

Verschiedene Kaufarten

Handkauf (Barkauf)

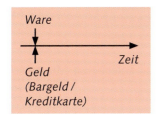

Handkauf: *Die Bezahlung erfolgt gleichzeitig mit der Übergabe des Kaufgegenstandes.*

Ohne gegenteilige Abmachung ist jeder Kauf ein Handkauf: Käufer und Verkäufer erbringen ihre Leistungen gleichzeitig (Zug um Zug; OR 184).

Vorteile
Käufer
– Hat besseren Überblick über die Ausgaben
– Erhält allenfalls einen Barzahlungsrabatt

Verkäufer
– Kann sofort über Geld verfügen

Nachteil
Käufer
– Hoher Kaufpreis bedeutet allenfalls ein Sicherheitsrisiko (viel Bargeld in der Tasche)

Kreditkauf

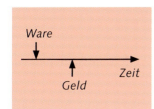

Kreditkauf: *Die Bezahlung erfolgt mit einer zeitlichen Verzögerung (z.B. 30 Tage) nach der Übergabe der Ware.*

Das Wort «Kredit» kommt vom Lateinischen «credere», was so viel wie glauben oder vertrauen bedeutet. Der Verkäufer vertraut darauf, dass ihm der Käufer die Ware bezahlt, obwohl er nicht mehr Eigentümer der Ware ist (siehe unten: Nachteile).
Der Verkäufer übergibt dem Käufer die Ware mit Rechnung. Diese ist vom Käufer innerhalb der vereinbarten Frist zu begleichen.

Vorteile
Käufer
– Muss kein Bargeld auf sich tragen
– Erhält Zahlungsaufschub

Nachteile
Käufer
– Bekommt keinen Barzahlungsrabatt (aber allenfalls Skonto bei Bezahlung innert kurzer Frist, z.B. innert 8 Tagen)

Verkäufer
– Erhält das Geld erst mit zeitlicher Verzögerung.
– Mit der Übergabe der Sache geht zumindest der Besitz (siehe S. 269) an den Käufer über, in der Regel aber auch das Eigentum daran. Bezahlt der Käufer die Ware nicht, kann diese vom Verkäufer nicht einfach zurückgefordert werden (OR 214³). Der Verkäufer muss den Weg über die Betreibung beschreiten (siehe S. 300 ff.).

Mietkauf

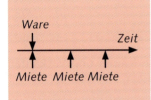

> **Mietkauf:** *Ein Gegenstand wird gemietet. Nach Vertrag kann der Mietgegenstand zu einem späteren Zeitpunkt zu Eigentum erworben werden.*

Diese Vertragsart ist gesetzlich nicht geregelt. Die bereits geleisteten Mietzinse werden beim Mietkauf teilweise zum Kaufpreis gerechnet.

Wird der Mieter beim Vertragsabschluss verpflichtet, das Eigentum am Mietobjekt zu erwerben, handelt es sich nicht um einen Mietkauf, sondern um einen Kreditkauf.

Vorteile
Käufer
- Der Käufer muss nicht den gesamten Kaufpreis auf einmal entrichten.
- Der Käufer kann die Ware, z.B. ein Musikinstrument, gebührend testen.

Verkäufer
- Der Verkäufer kann allenfalls Waren verkaufen, die sich der Käufer beim Handkauf nicht leisten könnte.

Nachteile
Käufer
- Der Endpreis ist meist massiv höher als beim Handkauf.
- Es besteht die Gefahr der Überschuldung bei mehreren gleichzeitig laufenden Mietkauf-Verträgen.

Verkäufer
- Es besteht das Risiko, dass der Käufer nach einer gewissen Zeit die Mieten nicht mehr bezahlt.

Mietkauf-Verträge und Kreditkaufverträge unterstehen je nach ihrer Ausgestaltung dem Konsumkreditgesetz (siehe S. 283 ff.).

Weitere Kaufarten

Kauf an der Haustüre, am Telefon, an einer Werbefahrt, am Arbeitsplatz

Für diese Vertragsarten gibt es gesetzliche Vorschriften zum Schutz des Konsumenten:

- Der Kunde kann den Vertragsabschluss innerhalb von 7 Tagen schriftlich (am besten eingeschrieben) widerrufen. Es gilt das Datum des Poststempels (OR 40b und 40e).
- Der Verkäufer muss den Kunden schriftlich über dieses Widerrufsrecht informieren (OR 40d). Die Frist zum Widerruf beginnt nicht zu laufen, solange der Verkäufer den Käufer nicht über das Widerrufsrecht informiert hat (OR 40e).

Diese Schutzbestimmungen gelten nicht, falls
- die Kaufsumme unter CHF 100.– liegt (OR 40a);
- es sich um Versicherungsverträge handelt (OR 40a);
- der Kunde die Vertragsverhandlungen ausdrücklich gewünscht hat (OR 40c);
- der Kunde den Vertrag an einem Markt- oder Messestand abgeschlossen hat (OR 40c).

Spezialfall: Nicht bestellte Ware   *unverbindliches Angebot*

Erhält eine Person Ware zugeschickt, die sie nicht bestellt hat, so muss sie diese weder aufbewahren noch zurücksenden und darf ohne Gegenleistung frei über diese verfügen (OR 6a).

Beispiel: Jemand erhält von einem Jugendclub zwei CDs geschickt (inkl. Rechnung), die er nie bestellt hat. Der Empfänger darf die CDs benutzen, ohne die Rechnung bezahlen zu müssen.

Liegt ein offensichtlicher Irrtum vor, muss der Empfänger den Absender benachrichtigen (OR 6a).

Beispiel: In der gleichen Strasse wohnen zwei Personen mit demselben Namen, aber unterschiedlichen Hausnummern. Diese Personen wissen voneinander. Nun wird von einem Versandhaus ein komplettes Fondue-Set mit Rechnung und Lieferschein an eine der beiden Personen geschickt, die dieses Set gar nie bestellt hat. In diesem Fall muss das Versandhaus benachrichtigt werden.

Kauf im Internet

Auch beim Internetkauf bestehen grundsätzlich keine Formvorschriften. Warenkäufe können daher mit elektronisch abgegebener Willensäusserung (z.B. mit einfachem Mausklick oder per E-Mail) abgeschlossen werden.

Dasselbe gilt für Internetauktionen (Versteigerungen). Wer am Schluss am meisten geboten hat, muss die Ware annehmen und bezahlen. Ein Rücktrittsrecht gibt es im Normalfall nicht.

Vorteile
- Angebote können einfach miteinander verglichen werden.
- Man ist an keine Ladenöffnungszeiten gebunden.
- Räumliche Distanzen zum Anbieter können einfach und schnell überwunden werden.

Gefahren und Probleme
- Aufgrund vieler Betrüger, die sich im Internet tummeln, lauern beim Internetkauf auch Gefahren. Anbieter, die vor Lieferung Zahlung verlangen (sogenannte Vorkasse), sollten genau geprüft werden, da ansonsten der Kunde unter Umständen vergeblich auf die bestellte Ware wartet.
- Ebenfalls Vorsicht geboten ist bei «Schnäppchen». Oft handelt es sich dabei um gefälschte Produkte, um Auslaufmodelle, um Produkte, bei denen kein Service garantiert wird, oder es ist eine nicht deklarierte, gebrauchte Ware usw. Wenn kein seriöser Grund für den tiefen Preis ersichtlich ist, muss damit gerechnet werden, dass die Quellen zweifelhaft sind.
- Im Internet werden oft gefälschte Markenartikel oder gestohlene Waren angeboten. Wer gestohlene Ware kauft, kann sich selber strafbar machen (StGB 160: Hehlerei).
Beispiel: Es werden 10 Original-Rolexuhren zum Preis von je CHF 700.– angeboten. In diesem Fall lohnt es sich, zuerst beim Hersteller nachzufragen, ob dieses Angebot seriös ist.
- Probleme kann es auch geben, wenn mangelhafte Ware geliefert wird, vor allem aus dem Ausland. In diesem Fall zu seinem Recht zu kommen, ist sehr zeitaufwendig und kostenintensiv, in vielen Fällen gar unmöglich.
- Besonders vorsichtig sollte man bei kostenlosen Angeboten sein. Mit einem einfachen Mausklick kann man in eine Kostenfalle tappen.

Tipp
- *Lesen Sie vor Vertragsabschluss jeweils die Allgemeinen Geschäftsbedingungen (AGB) gut durch.*
- *Vergleichen Sie verschiedene Angebote miteinander.*
- *Bestellbestätigungen sollte man aufbewahren (bessere Beweisbarkeit für den Vertragsabschluss!)*
- *Kaufen Sie keine Medikamente im Internet.*
- *Tätigen Sie Käufe via Internet nur bei seriösen Anbietern.*
- *Seien Sie vorsichtig mit Vorauszahlungen (sogenannte Vorkasse).*
- *Geben Sie keine PIN-Codes von EC-, Post- oder Kreditkarten an.*
- *Klären Sie vor allem bei Lieferanten aus dem Ausland zuerst die Portokosten ab.*
- *Achten Sie bei Auktionsseiten auf die Bewertung des Anbieters durch frühere Kunden.*
- *Setzen Sie für sich bei Versteigerungen im Voraus einen Höchstbetrag fest, den Sie dann auch einhalten. Sonst ist die Gefahr gross, dass in der Hitze des Gefechtes gegen Ende der Auktion die Ware massiv überzahlt wird.*

R 4.3 Der Ablauf eines Kaufvertrags

Rechtssicherheit / Beweiskraft

■ Grundstückkauf (Hauskauf)

Unter Grundstück versteht man gemäss ZGB 655 u.a.
- Liegenschaften (unbebaute oder bebaute Landflächen)
- in das Grundbuch aufgenommene selbständige und dauernde Rechte (z.B. Wegrecht)
- Miteigentumsanteile an Grundstücken (z.B. Stockwerkeigentum)

Formvorschrift
Damit der Kaufvertrag über ein Grundstück rechtsgültig wird, muss er schriftlich abgefasst und öffentlich beurkundet werden (Mitwirkung eines Notars, OR 216, siehe S. 215).

Eigentumsübertragung
Das Eigentum an einem Grundstück wird erst mit dem Eintrag ins Grundbuch übertragen (ZGB 656).

Handwerkerpfandrecht
Beim Kauf eines neu erstellten Hauses ist das Handwerkerpfandrecht (ZGB 839 ff.) zu beachten. Dies ist eine Sicherheit für die Handwerker, falls der Bauherr die Rechnungen nicht bezahlen kann. Damit das Handwerkerpfandrecht seine Wirkung erreichen kann, muss es im Grundbuch eingetragen werden.

Beispiel: Ein Bauunternehmen erstellt auf seinem Grundstück unter Mithilfe eines Handwerkers ein Einfamilienhaus. Zur Sicherung seiner Forderung lässt der Handwerker im Grundbuch ein Handwerkerpfandrecht eintragen. Nach erfolgtem Eintrag des Handwerkerpfandrechts kauft eine Familie das Grundstück und bezahlt den Kaufpreis. Weil das Bauunternehmen die Forderung des Handwerkers nicht bezahlt und einen schlechten Ruf bezüglich Zahlungsfähigkeit hat, betreibt der Handwerker das Bauunternehmen auf Pfandverwertung des Grundstücks. Zur Abwendung der Verwertung bleibt der Familie allenfalls nur die Bezahlung der Handwerkerforderung.

Tipp *Beim Grundstückkauf sind die Lasten und Rechte, die im Grundbuch eingetragen sind, genau zu prüfen.*

Der einfache Auftrag

> **Einfacher Auftrag (OR 394 ff.):** *Der Beauftragte besorgt die ihm vom Auftraggeber übertragenen Geschäfte oder Dienste. Dafür erhält der Beauftragte neben der Entschädigung für seine Auslagen in der Regel eine Vergütung.*

Beim einfachen Auftrag steht die Erfüllung einer Dienstleistung im Vordergrund. Typische Beispiele dafür sind:
- einen Zahnarzt oder Arzt konsultieren
- sich beim Coiffeur die Haare schneiden lassen
- bei einem Fahrlehrer Fahrstunden nehmen
- sich von einem Taxichauffeur nach Hause fahren lassen
- sich von einem Anwalt vor Gericht vertreten lassen

■ Formvorschrift

Der einfache Auftrag ist formlos gültig.

■ Persönliche Auftragsausführung

Der Beauftragte muss in der Regel den Auftrag selber ausführen (OR 398). Er darf von dieser Regelung abweichen, wenn er dazu vom Auftraggeber die Erlaubnis hat.

■ Entschädigung

Eine Vergütung muss dann bezahlt werden, wenn sie abgemacht wurde oder üblich ist. Für die notwendigen Auslagen erhält der Beauftragte ohne anderslautende Vereinbarung stets eine Entschädigung.

■ Haftung

Anders als beim Werkvertrag ist beim einfachen Auftrag kein konkretes Resultat, sondern eine sorgfältig ausgeführte Dienstleistung geschuldet. Der Beauftragte haftet deshalb für sorgfältiges Handeln bei der Ausführung des Auftrages.

■ Auflösung

Der einfache Auftrag kann von beiden Vertragsparteien jederzeit aufgelöst werden (OR 404). Geschieht dies jedoch zu einem ungünstigen Zeitpunkt, so ist allenfalls Schadenersatz geschuldet.
Beispiel:
Man hat für Samstagmorgen um 8 Uhr eine Fahrstunde abgemacht. Leider erwacht man erst um 7.45 Uhr. Sofort wird der Fahrlehrer telefonisch über das Missgeschick informiert. Weil es diesem nicht gelingt, in der verbleibenden Viertelstunde einen Ersatz zu finden, muss man die Fahrstunde bezahlen.

Der Werkvertrag

> **Werkvertrag (OR 363 ff.):** *Der Unternehmer errichtet für den Besteller gegen Bezahlung ein Werk.*

Beim Werkvertrag steht die Herstellung eines Werkes, also ein konkretes Resultat, im Vordergrund. Im Gegensatz zum Kaufvertrag, bei dem eine fertige Ware gekauft wird, lässt der Besteller beim Werkvertrag eine Sache nach seinen Wünschen herstellen, abändern oder reparieren. Typische Beispiele dafür sind: Bau eines Hauses, Herstellen einer Spezialkommode, Reparatur eines Autos.

■ Formvorschrift

Der Werkvertrag ist formlos gültig.

■ Werkherstellung

Der Unternehmer hat das Werk in der Regel selber herzustellen oder unter seiner persönlichen Leitung herstellen zu lassen.

■ Entschädigung

Wurde die Höhe der Vergütung im Voraus genau abgemacht (Festpreis), muss dieser Preis bezahlt werden, ungeachtet, ob der Aufwand des Herstellers grösser oder kleiner ist (OR 373). Wurde der Preis nicht oder nur ungefähr bestimmt, muss der Besteller den für die vertragsgemässe Herstellung nötigen Aufwand bezahlen (OR 374).

■ Haftung

Der Unternehmer haftet für die sorgfältige und termingerechte Ausführung des Werkes (OR 364 und 366). Ebenfalls ist er dafür verantwortlich dafür, dass das Werk die vertraglich zugesicherten Eigenschaften und keine Mängel aufweist (OR 368). Der Besteller muss das vollendete Werk sofort prüfen und dem Unternehmer allfällige Mängel mitteilen (Mängelrüge, siehe S. 79). Bei sehr grossen Mängeln kann er die Annahme verweigern (Wandelung, siehe S. 79). Bei Bauten geht das jedoch nicht. Bei kleineren Mängeln kann der Besteller eine Preisminderung oder eine Nachbesserung fordern (OR 368). Wurde nichts anderes vereinbart, dauert die Garantiezeit 5 Jahre bei Bauwerken (OR 371) und 1 Jahr für alle übrigen Werke (OR 210).

■ Auflösung

Solange das Werk noch nicht vollendet ist, kann der Besteller jederzeit vom Vertrag zurücktreten. Er muss dem Unternehmer jedoch bereits geleisteten Materialaufwand, Löhne und entgangenen Gewinn bezahlen (OR 377).
Wird der Werkpreis, von dem die Parteien ohne verbindliche Abmachung ausgegangen sind, unverhältnismässig stark (in der Regel um mehr als 10%) überschritten, kann der Besteller auch noch nach der Vollendung des Werkes vom Vertrag zurücktreten (OR 375). Der Besteller hat dem Unternehmer die bereits ausgeführten Arbeiten angemessen zu vergüten.

Tipp — *Man überlege sich genau, ob man einen Festpreis oder eine Vergütung nach Aufwand vereinbaren soll.*
Beim Festpreis weiss man exakt, wie viel man bezahlen muss. Der Unternehmer rechnet im Normalfall jedoch eine Sicherheitsmarge ein. Man bezahlt diesen Betrag, auch wenn der Aufwand kleiner war. Bei der Vergütung nach Aufwand trägt man jedoch ein grösseres Risiko.

Verträge im Vergleich

	Kaufvertrag (siehe S. 270 ff.)	Werkvertrag (siehe S. 281)	Einfacher Auftrag (siehe S. 280)	Arbeitsvertrag (siehe S. 230 ff.)
Vertragsparteien	Käufer + Verkäufer	Besteller + Unternehmer	Auftraggeber + Beauftragter	Arbeitnehmer + Arbeitgeber
Definition nach OR	OR 184: «Durch den Kaufvertrag verpflichtet sich der Verkäufer, dem Käufer den Kaufgegenstand zu übergeben und ihm das Eigentum daran zu verschaffen, und der Käufer, dem Verkäufer den Kaufpreis zu bezahlen.»	OR 363: «Durch den Werkvertrag verpflichtet sich der Unternehmer zur Herstellung eines Werkes und der Besteller zur Leistung einer Vergütung.»	OR 394: «Durch die Annahme eines Auftrages verpflichtet sich der Beauftragte, die ihm übertragenen Geschäfte oder Dienste vertragsgemäss zu besorgen.»	OR 319: «Durch den Einzelarbeitsvertrag verpflichtet sich der Arbeitnehmer auf unbestimmte oder bestimmte Zeit zur Leistung von Arbeit im Dienste des Arbeitgebers und dieser zur Entrichtung eines Lohnes.»
Entschädigung	Kaufpreis	Werkpreis, Werklohn	Honorar, Vergütung	Arbeitslohn
Merkmale	Das Eigentum am Gegenstand soll übertragen werden.	Ein Werk (Erzeugnis) muss hergestellt und abgeliefert werden.	Eine Dienstleistung soll erbracht werden.	Eine Arbeitsleistung über eine längere Zeit soll erbracht werden.
Pflichten	*Verkäufer:* Die Ware rechtzeitig und frei von Mängeln liefern. *Käufer:* – Kaufpreisleistung – Ware sofort prüfen und allfällige Mängel melden, genau beschreiben und Vorschlag zur Erledigung unterbreiten. Ware aufbewahren.	*Unternehmer:* Das Werk rechtzeitig und sorgfältig erstellen. *Besteller:* – Werkpreisleistung – Das Werk sofort prüfen und allfällige Mängel melden, genau beschreiben und Vorschlag zur Erledigung unterbreiten.	*Beauftragter:* Die Dienstleistung persönlich und sorgfältig erbringen. *Auftraggeber:* – Vergütung für Auslagen und eventuelle Aufwendungen leisten. – Das Ergebnis sofort annehmen, bzw. wenn man nicht einverstanden ist, an Ort und Stelle reklamieren.	*Arbeitgeber:* Dem Arbeitnehmer Arbeiten zuweisen und den Lohn dafür rechtzeitig bezahlen. *Arbeitnehmer:* Die Arbeiten sorgfältig ausführen gemäss den Anweisungen.
Rücktritt	Grundsätzlich: Gekauft ist gekauft. Wenn der Gegenstand rechtzeitig geliefert worden ist und keinen Mangel aufweist, ist kein Rücktritt möglich.	Ein Rücktritt durch den Besteller ist jederzeit möglich. Der Unternehmer hat aber Anspruch auf bereits geleisteten Materialaufwand, bezahlte Löhne und entgangenen Gewinn. Es bestehen keine Kündigungsfristen.	Ein Rücktritt ist jederzeit möglich. Die bis zum Zeitpunkt der Vertragsauflösung geleisteten Auslagen (evtl. auch Aufwendungen) sind zu vergüten. Es bestehen keine Kündigungsfristen.	Bei Vertragsauflösung müssen die Kündigungsfristen beachtet werden. (Nur in ganz besonderen Fällen ist eine fristlose Auflösung möglich.)

Das Konsumkreditgesetz (KKG)

> **Konsumkreditgesetz (KKG):** *Vorschriften über Kreditverträge zum Schutz des privaten Konsumenten. Unter Kreditverträgen werden alle Rechtsgeschäfte verstanden, die eine ähnliche oder gleiche Wirkung haben wie ein Zahlungsaufschub oder ein Darlehen.*

Menschen schliessen häufig Kreditverträge ab, wenn sie Bargeld für private Zwecke brauchen (z.B. Zahlungsverpflichtungen, Ferien) oder Anschaffungen tätigen wollen (z.B. Auto, Möbel), aber über keine flüssigen Mittel verfügen. Sie nehmen dafür oft sehr hohe Zinsen in Kauf.

Ziel des Gesetzes

Das KKG soll den Konsumenten vor Überschuldung schützen.
In den letzten Jahren hat die Überschuldung vor allem bei jungen Erwachsenen massiv zugenommen. Das KKG versucht, die gröbsten Auswüchse zu verhindern.

Schutz des Kreditnehmers

Der Gesetzgeber hat eine ganze Reihe von Vorschriften zum Schutz finanzschwacher Konsumenten aufgestellt:
– Vor Vertragsabschluss muss die Kreditgeberin eine vorgeschriebene Kreditfähigkeitsprüfung durchführen (siehe KKG 28 bis 31).
– Die Kreditgeberin ist verpflichtet, einen Konsumkredit, den sie gewähren will, der Informationsstelle für Konsumkredite (IKO) zu melden. Auch gewisse Zahlungsausstände des Konsumenten hat die Kreditgeberin der IKO zu melden.
– Die Kreditgeberin darf den vom Bundesrat festgelegten Höchstzinssatz (zurzeit maximal 15% inkl. Kosten) nicht überschreiten.
– Dem Kreditnehmer wird ein Rücktrittsrecht von 7 Tagen nach Erhalt der Vertragskopie eingeräumt. Der Poststempel ist massgebend.

Bereichsausnahmen (KKG 7)

Nicht unter das KKG fallen:
– zins- und gebührenfreie Kredite
– Kreditverträge unter CHF 500.– und über CHF 80 000.–
– Vier-Raten-Kredit, der innerhalb von 12 Monaten liegt
– Kredit, dessen Rückzahlung innert höchstens dreier Monate erfolgt
– grundpfandgesicherte Kredite
– Kredite, die durch bankenübliche Sicherheiten (z.B. Faustpfand) abgedeckt, und Kredite, die durch hinterlegtes Vermögen gesichert sind
– Verträge über fortgesetzte Erbringung von Dienstleistungen oder Leistungen von Versorgebetrieben (Wasserwerk, Elektrizitätswerk)

Die 4 Arten von Konsumkrediten (KKG 9–12)

Das Gesetz unterscheidet vier Kreditarten:
– KKG 9: Barkredite
– KKG 9/10: Verträge zur Finanzierung des Erwerbs von Waren und Dienstleistungen
– KKG 11: Leasingverträge
– KKG 12: Überziehungskredit auf laufendem Konto oder Kredit- und Kundenkartenkonto mit Kreditoption

Die 4 Kreditarten...

	Bar- bzw. Geldkredit	Finanzierung des Erwerbs von Waren und Dienstleistungen
Inhalt, Funktion	Die Kreditgeberin gewährt einem Konsumenten einen Bar- bzw. einen Geldkredit zu privaten Zwecken, ohne dass sie den Verwendungszweck des Kredites vorschreibt.	Die Kreditgeberin schliesst mit einem Konsumenten einen Kreditvertrag ab, um den Kauf einer bestimmten Ware oder Dienstleistung für den privaten Konsum vorzufinanzieren. Die Rückzahlung erfolgt üblicherweise in Form von monatlichen Ratenzahlungen.
Formvorschriften	Das KKG schreibt Schriftlichkeit mit zwingenden Angaben über die Ausgestaltung des Kredits vor und verlangt die Zustellung der Vertragskopie an den Konsumenten.	Das KKG schreibt Schriftlichkeit mit zwingenden Angaben über den Vertragsinhalt vor und verlangt die Zustellung der Vertragskopie an den Konsumenten.
Pflichten der Kreditgeberin	– Kreditfähigkeitsprüfung – Meldung des Kreditvertrages an IKO – Meldung an IKO auch bei Ausstehen von grösseren Teilzahlungen	– Kreditfähigkeitsprüfung – Meldung des Kreditvertrages an IKO – Meldung an IKO auch bei Ausstehen von grösseren Teilzahlungen
Recht des Konsumenten	Vorzeitige Erfüllung des Vertrages mit Kosteneinsparung	Vorzeitige Erfüllung des Vertrages mit Kosteneinsparung
Vertragsauflösung	– Widerrufsrecht des Konsumenten innert 7 Tagen – Rücktrittsrecht der Kreditgeberin bei Ausstehen von grösseren Teilzahlungen – Bei vorzeitiger Rückzahlung des Barkredites besteht Anspruch auf Erlass der Zinsen und auf eine angemessene Ermässigung der Kosten	– Widerrufsrecht des Konsumenten innert 7 Tagen – Rücktrittsrecht der Kreditgeberin bei Ausstehen von grösseren Teilzahlungen – Bei vorzeitiger Rückzahlung (d.h. bei vollständiger Bezahlung der Waren oder der Dienstleistungen) besteht Anspruch auf Erlass der Zinsen und auf eine angemessene Ermässigung der Kosten
Beispiele	Der Barkredit entspricht den sogenannten Kleinkrediten, Kleindarlehen und Konsumkrediten, welche für alle möglichen Verpflichtungen oder Konsumwünsche verwendet werden können.	Waren (z.B. Auto, TV) oder Dienstleistungen (z.B. Ferien, Kurse) werden gekauft oder in Anspruch genommen, welche durch die Kreditgeberin mit dem Barkredit vorfinanziert werden.

R 4.7 Das Konsumkreditgesetz ...im Überblick

	Leasing	Überziehungskredit oder Kredit- und Kundenkartenkonto
Inhalt, Funktion	Die Leasinggeberin finanziert dem Leasingnehmer die Nutzung einer Leasingsache zu privaten Zwecken.	Die Kreditgeberin gewährt einem Konsumenten zu privaten Zwecken einen Überziehungskredit auf laufendem Konto oder auf einem Kredit- und Kundenkartenkonto mit Kreditoption (d.h. der Kredit kann in Raten zurückbezahlt werden).
Formvorschriften	Das KKG schreibt Schriftlichkeit mit zwingenden Angaben zur Ausgestaltung des Leasings vor und verlangt die Zustellung der Vertragskopie an den Leasingnehmer.	Das KKG schreibt Schriftlichkeit mit zwingenden Angaben zum Vertragsinhalt vor und verlangt die Zustellung einer Vertragskopie an den Konsumenten. Der Konsument muss über jede Änderung des Zinses und der Kosten unverzüglich informiert werden.
Pflichten der Kreditgeberin	– Kreditfähigkeitsprüfung – Meldung des Leasingvertrages an IKO – Meldepflicht an IKO auch bei Ausstehen von drei Leasingraten	– Das Gesetz verlangt nur eine summarische Kreditfähigkeitsprüfung, d.h. die Kreditgeberin stützt sich auf die Angaben der Vermögens- und Einkommensverhältnisse des Kontoinhabers. Bei der IKO gemeldete Kredite sind zu berücksichtigen – Meldung des Überziehungskreditvertrages an IKO bei dreimaligem Überziehen
Vertragsauflösung	– Widerrufsrecht des Konsumenten innert 7 Tagen – Rücktrittsrecht der Leasinggeberin bei Zahlungsrückständen von mehr als drei monatlichen Leasingraten – Der Leasingnehmer kann mit einer Frist von mindestens 30 Tagen auf Ende einer dreimonatigen Leasingdauer kündigen	– Widerrufsrecht des Konsumenten innert 7 Tagen (Bei bestehendem Vertrag löst die Information über die Kontoüberziehung kein Widerrufsrecht aus.) – Rücktrittsrecht der Kreditgeberin bei Ausstehen von grösseren Teilzahlungen
Beispiele	Autoleasing Computerleasing	VISA-Kreditkarte, verschiedene Kundenkarten (z.B. PlusCard von Globus interio)

Der Leasingvertrag

> **Leasingvertrag:** Der Leasinggeber überlässt dem Leasingnehmer gegen Bezahlung von Leasingraten eine Sache für eine begrenzte Zeitdauer zur Bewirtschaftung (Nutzung) und/oder zum Gebrauch. Der Leasinggeber richtet die Leasingraten nach seinen Anschaffungskosten aus.

Beim Leasing steht also nicht der Erwerb des Eigentums an einer Sache (siehe S. 269) im Vordergrund, sondern deren Nutzung. Bei vielen Leasingverträgen erwirbt der Leasinggeber auf Anweisung des Leasingnehmers den Leasinggegenstand auf eigene Kosten (Finanzierungsleasing).

Die Vertragspartner beim Finanzierungsleasing

Beim Finanzierungsleasing sind drei Partner beteiligt, wobei nur zwischen dem Leasinggeber und dem Leasingnehmer sowie zwischen dem Leasinggeber und dem Lieferanten ein Vertrag besteht.

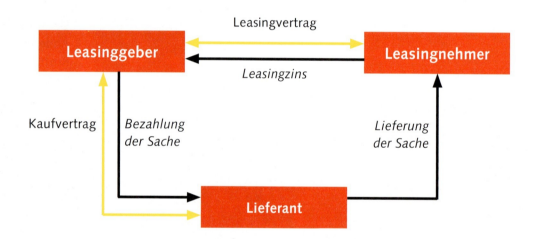

Wichtige Aspekte beim Autofinanzierungsleasing

- In der Regel führt der Lieferant (der Autohändler) die Verhandlungen mit dem Leasingnehmer und mit dem Leasinggeber. Nachdem der Leasinggeber die Kreditfähigkeit des Leasingnehmers überprüft hat, übergibt der Autohändler das Auto nach einer Wartefrist von ca. 10 Tagen dem Leasingnehmer.
- Der Leasingnehmer muss während der Vertragsdauer den Service und die Reparaturen des Autos beim Lieferanten (oder einer Vertragsgarage) ausführen lassen.
- Der Leasinggeber bleibt während der Vertragsdauer Eigentümer des Autos.
- Meistens muss der Leasingnehmer für die gesamte Dauer des Vertrags eine Vollkaskoversicherung abschliessen.
- Oft ist im Vertrag eine jährliche Kilometerzahl festgelegt, die nicht überschritten werden darf. Allfällige Mehrkilometer müssen bei Vertragsende zusätzlich bezahlt werden.
- Die Leasingraten können von Privatpersonen nicht von den Steuern abgezogen werden.
- Nach Ablauf der vereinbarten Laufzeit stehen dem Leasingnehmer in der Regel drei Möglichkeiten offen:
    - Er gibt dem Lieferanten das Auto in tadellosem Zustand zurück.
    - Er schliesst für das gleiche Auto einen neuen Leasingvertrag ab. Die Leasingraten werden günstiger, da das Fahrzeug einen geringeren Wert hat.
    - Er bezahlt dem Leasinggeber den Restwert und wird Eigentümer des Autos.

www.verlag-fuchs.ch/recht

R 5. Miete

Miete: Übersicht

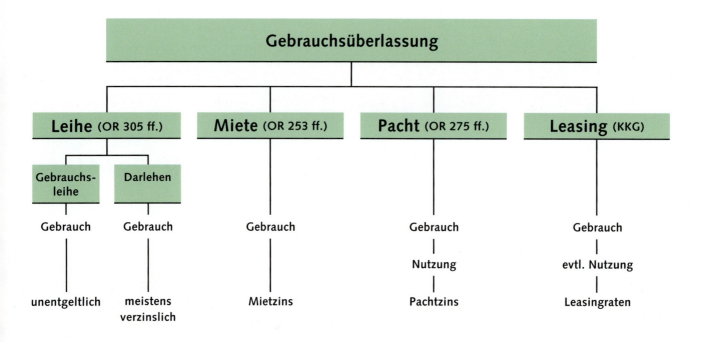

Die Gebrauchsüberlassung (OR 253–318)

> **Gebrauchsüberlassung:** *Eine Sache oder ein Recht wird einer Person zur Bewirtschaftung (Nutzung) und/oder zum Gebrauch überlassen, ohne dass ein Eigentumsübergang stattfindet.*

Die Überlassung kann auf eine festgelegte Dauer oder auf unbestimmte Zeit erfolgen.

Arten von Gebrauchsüberlassung
Die vier wichtigsten Arten von Gebrauchsüberlassung sind:
Leihe (Gebrauchsleihe, Darlehen), Pacht, Miete, Leasing (siehe S. 286)

■ Die Gebrauchsleihe

> **Gebrauchsleihe (OR 305 ff.):** *Eine Sache wird unentgeltlich zum Gebrauch überlassen (auch nur Leihe genannt).*

Die überlassene Sache kann beweglich (z.B. Buch, CD, DVD-Gerät) oder unbeweglich (z.B. Wohnung, Geschäftsraum, Parkplatz) sein.
Nach dem Gebrauch ist die Sache wieder zurückzugeben (siehe OR 305 ff.)
Ist nichts anderes vereinbart, kann der Verleiher die Sache jederzeit zurückverlangen (OR 310).
Unterleihe ist verboten (OR 306²).

■ Das Darlehen

> **Darlehen (OR 312 ff.):** *Eine Summe Geld oder eine andere vertretbare Sache (z. B. Wertpapiere) wird dem Borger (meist gegen Zinszahlung) überlassen.*

Ein Darlehen ist nur dann verzinslich, wenn ein Zins verabredet ist. Im kaufmännischen Verkehr sind auch ohne Verabredung Zinse zu bezahlen (OR 313).
Ein Darlehen, für dessen Rückzahlung z.B. weder ein bestimmter Termin noch eine Kündigungsfrist vereinbart wurde, ist innerhalb von sechs Wochen von der ersten Aufforderung an zurück zu bezahlen (OR 318).
Zinsvorschriften sind im OR 314 geregelt.

■ Die Pacht

> **Pacht (OR 275 ff.):** *Eine Sache oder ein Recht wird gegen Bezahlung des Pachtzinses zum Gebrauch und zur Bewirtschaftung (Nutzung) überlassen.*

Wie bei der Leihe kann die überlassene Sache beweglich oder unbeweglich sein. Zusätzlich muss sie aber nutzbar sein, d.h. sie muss einen Ertrag abwerfen können.
Beispiele:
– Bewegliche Sache, die gepachtet werden kann: Milchkuh
– Unbewegliche Sache, die gepachtet werden kann: Obstgarten
– Recht, das gepachtet werden kann: verzinste Darlehensforderung

Die Pacht ist der Miete sehr nahe. Der Hauptunterschied zur Miete besteht darin, dass der Pächter verpflichtet ist, die überlassene Sache so zu nutzen, dass sie ihre natürlichen Erträge auch tatsächlich abwirft, und dass dies auch in Zukunft so bleibt (OR 283¹). Beispiel: Die Milchkuh muss so gehalten werden, dass sie wirklich Milch gibt. Die Kuh darf während der Pachtzeit aber nicht ausgebeutet werden: der künftige Milchertrag muss garantiert bleiben.

Die Miete

> **Miete (OR 253 ff.):** *Eine Sache wird gegen Bezahlung zum Gebrauch überlassen.*

Die Miete kann auf eine festgelegte Dauer oder unbestimmte Zeit erfolgen. Der Mietvertrag ist formlos gültig. Die Schriftlichkeit wird jedoch empfohlen.

Mietobjekte

Gegenstand der Miete (Mietobjekt) können sein:
- bewegliche Sachen = Fahrnis (z.B. CD, Buch, Snowboard)
- unbewegliche Sachen = Immobilien (z.B. Wohnung, einzelnes Zimmer, Parkplatz, Büroräumlichkeit).

Je nach Mietobjekt sieht das Gesetz verschiedene Regelungen vor.
Die wichtigsten zwei Objektarten im alltäglichen Leben sind die Miete von Konsumgütern und die Miete von Wohn- und Geschäftsräumen:

- **Konsumgüter**
  Unter Konsumgut wird eine bewegliche Sache für den privaten Bedarf verstanden (z.B. Plasma-Bildschirm, Carvingskis).
  Ist der Vermieter ein gewerbsmässiger Anbieter, kann der Mieter unabhängig von der festgelegten Vertragsdauer mit einer Frist von 30 Tagen auf Ende einer 3-monatigen Mietdauer kündigen (OR 266k).

- **Wohn- und Geschäftsräume**
  Weitaus wichtigstes Mietobjekt ist die Wohnung: In der Schweiz leben zirka 60% der Bevölkerung in einer Mietwohnung. In der Folge wird deshalb unter «Miete» die Wohnungsmiete verstanden.

Regeln zur Wohnungsmiete finden sich im OR (253–274g) sowie in der Verordnung über die Miete und Pacht von Wohn- und Geschäftsräumen (VMWG). Die grundsätzlichen Pflichten von Mieter und Vermieter gelten allerdings auch für die anderen Mietarten.

Tipp

Das Recht betreffend die Wohnungsmiete ist unübersichtlich und gerade für den Mieter oft schwer verständlich. Scheuen Sie sich deshalb nicht, bei Unklarheiten und Problemen frühzeitig professionelle Hilfe zu beanspruchen. Die in jedem Kanton und z.T. in grösseren Ortschaften speziell für Miete und Pacht vorgesehenen Schlichtungsbehörden für Mietangelegenheiten sind verpflichtet, Sie ausserhalb eines eigentlichen Streitverfahrens und sogar vor Abschluss eines Mietvertrages zu beraten. Diese Beratungen sind in der Regel kostenlos. Zudem bieten Mieterverbände ihren Mitgliedern oft kostenlose Hilfe an.

→ www.verlag-fuchs.ch/recht

Wohnungsmiete

Der Vertrag über die Wohnungsmiete wird durch die gegenseitig übereinstimmende Willenserklärung der Parteien abgeschlossen, und nicht etwa erst mit der Wohnungsübergabe (Mietantritt).

Vertragsabschluss

Ein Mietvertrag ist formlos gültig. Herrscht jedoch Wohnungsmangel (normalerweise weniger als 1% Leerbestand in der betroffenen Wohnungskategorie), können die Kantone für die Mietzinsvereinbarung die Verwendung eines amtlichen Formulars vorschreiben (OR 270[2]).

Schliesst ein Ehepaar ein Mietvertrag für eine Wohnung ab, genügt die Unterschrift eines der beiden Ehegatten.

Formularverträge und Hausordnung

Die meisten Vermieter verwenden die Formulare des Hauseigentümerverbandes als Vertragsgrundlage. Daneben wird meist eine separate Hausordnung für verbindlich erklärt. (Inhalte: z.B. Ruhezeiten, in denen keine lauten Tätigkeiten ausgeübt werden dürfen; Benutzung der allgemeinen Anlagen wie Waschmaschine usw.)

Auskunft über Vormiete (OR 256a)

Wurde die Wohnung bereits zuvor vermietet, kann der Mieter Auskunft über die Höhe des vorangegangenen Mietzinses verlangen. Ebenso kann der Mieter verlangen, dass ihm spätestens bei Wohnungsübergabe das Rückgabeprotokoll des Vormieters gezeigt wird, um auf frühere, nicht behobene Mängel aufmerksam zu werden.

Kaution (OR 257e) / Mietkautionsversicherung

Wird eine Geldkaution (Sicherheitsleistung) vom Vermieter verlangt, muss er diese auf einem Sparkonto bei einer Bank hinterlegen. Das Konto hat auf den Namen des Mieters zu lauten. Während der Mietdauer ist die Bank nicht berechtigt, die Sicherheitsleistung ohne Zustimmung durch Mieter und Vermieter herauszugeben (rechtskräftiger Zahlungsbefehl oder Gerichtsurteil ausgenommen).

Die Höhe der Sicherheitsleistung ist auf maximal drei Monatzinse beschränkt. Nach Ablauf eines Jahres seit Beendigung des Vertrags kann der Mieter die Sicherheitsleistung herausverlangen, wenn er nachweist, dass gegen ihn vonseiten des Vermieters kein Betreibungs- oder Gerichtsverfahren hängig ist.

Neu bieten Versicherungen eine Mietkautionsversicherung an. Der Mieter zahlt eine jährliche Prämie und versichert sich damit gegenüber allfälligen Forderungen des Vermieters, beispielsweise für nicht bezahlte Mietzinsen und Nebenkosten sowie für Schäden am Mietobjekt. Dadurch entfällt für den Mieter die Zahlung von mehreren Tausend Franken Kaution zu Beginn des Mietverhältnisses.

Tipp

- *Die Formularverträge sind vor der Unterzeichnung genau zu studieren, gerade weil sie viel «Kleingedrucktes» enthalten und nicht zum Durchlesen einladen.*
- *Nehmen Sie zur Wohnungsübernahme eine standardisierte Mängelliste mit für den Fall, dass der Vermieter kein Übernahmeprotokoll erstellen will. Die Mängelliste muss unbedingt vom Vermieter unterschrieben werden. Diese Liste kann für Sie beim Auszug wichtig sein.*
- *Ungültige Klauseln in Mietverträgen sind unter anderen:*
    - *die Verkürzung der gesetzlichen Kündigungsfristen auf weniger als drei Monate*
    - *ein generelles Untermieterverbot*
    - *das Verbot von Kleintieren wie Hamster oder Kanarienvögel*
    - *Rauchverbot in der Wohnung*
    - *uneingeschränktes Zutrittsrecht des Vermieters ohne Voranmeldung*

→ www.verlag-fuchs.ch/recht

Pflichten des Vermieters

■ Wohnungsübergabe (OR 256)

Der Vermieter muss die Wohnung dem Mieter zum vereinbarten Zeitpunkt übergeben. Der Vermieter hat auch dafür zu sorgen, dass die Wohnung ab Übergabe tatsächlich bewohnbar ist.

Verletzt der Vermieter die Pflicht zur rechtzeitigen Übergabe oder übergibt er die Wohnung in unbewohnbarem Zustand, so kann der Mieter die Wohnungsübernahme verweigern und unter gewissen Voraussetzungen vom Vertrag zurücktreten (OR 258[1]).

■ Unterhaltspflicht (OR 259a ff.)

Der Unterhalt der Wohnung ist grundsätzlich Sache des Vermieters. Ausnahme bildet nur der sogenannte «kleine Unterhalt», der vom Mieter zu besorgen ist. Als Faustregel gilt: Alle Wartungsarbeiten (inkl. Reinigung), die ohne Beizug von Fachleuten selbst ausgeführt werden können, sind «kleiner Unterhalt» (zirka CHF 100.– bis CHF 150.– pro Reparatur).

■ Mängelrechte (OR 259b,d,g)

Kommt der Vermieter seiner Unterhaltspflicht nicht nach oder wird die Wohnqualität in anderer Weise vermindert, kann sich der Mieter wehren, wenn er keine Schuld an der Situation trägt.

– **Beseitigungsanspruch**
Der Mieter kann vom Vermieter die Beseitigung des Mangels verlangen (z.B. Ausfall der Zentralheizung). Unternimmt der Vermieter innerhalb eines vernünftigen Zeitraums nichts, kann der Mieter je nach Grösse des Mangels entweder fristlos kündigen oder den Mangel auf Kosten des Vermieters beseitigen lassen.

– **Mietzinsreduktion**
Der Mieter kann vom Vermieter die verhältnismässige Reduktion des Mietzinses verlangen.
Beispiel: Lärmimmissionen durch Umbau oder Renovation des Miethauses

– **Mietzinshinterlegung**
Der Mieter kann den künftigen Mietzins bei einer vom Kanton vorgesehenen Stelle (meistens von der Schlichtungsbehörde bezeichnete Bank) hinterlegen. Die korrekte Hinterlegung gilt als Mietzinszahlung. Damit die Hinterlegung korrekt erfolgen kann, muss der Mieter den Vermieter schriftlich zur Beseitigung des Mangels innert vernünftiger Frist auffordern und ihm gleichzeitig die Hinterlegung androhen.

Pflichten des Mieters

■ Mietzins (OR 253 und 257)

Hauptpflicht des Mieters ist es, den vereinbarten Mietzins zu zahlen. Dieser ist die Gegenleistung für die Überlassung des Mietobjekts zur Bewohnung.

Die Höhe des Mietzinses kann von den Vertragsparteien in der Regel frei bestimmt werden. Der Mieter einer Wohnung wird jedoch unter gewissen Voraussetzungen vor der Bezahlung übersetzter Mietzinsen geschützt (OR 269 ff., siehe S. 297).

■ Nebenkosten (OR 257a f.)

Nebenkosten sind Kosten, die dem Vermieter im Zusammenhang mit der Gebrauchsüberlassung, also durch den «Betrieb» der Wohnung, entstehen (z.B. Betriebskosten für die zentrale Warmwasseraufbereitungs- oder Heizungsanlage, Hauswartskosten, Kosten für den Betrieb der gemeinsamen Waschmaschine). Das Entgelt für die Nebenkosten ist kein Mietzins.

Nebenkosten sind vom Mieter nur dann zu bezahlen, wenn diese im Mietvertrag für die jeweilige Nebenkostenposition tatsächlich vereinbart worden sind. Die Berechnung der Entschädigung muss für den Mieter transparent sein. Er kann deshalb Einsicht in die Originalbelege verlangen. Ist eine Akontozahlung vereinbart, muss der Vermieter dem Mieter zusätzlich eine jährliche Abrechnung zustellen.

■ Zahlungsrückstand (OR 257d)

Mietzinse sind in der Regel periodisch auf einen genau festgelegten Termin geschuldet, nämlich auf den letzten Kalendertag eines Monats. Leistet der Mieter einen Zins nicht auf diesen Zeitpunkt, befindet er sich im Zahlungsverzug. Der Vermieter hat dann die Möglichkeit, dem Mieter schriftlich eine 30-tägige Nachfrist zur Zahlung anzusetzen. Mit der Nachfristansetzung kann er die Kündigung für den Fall androhen, dass die Nachzahlung nicht rechtzeitig erfolgt.

■ Untermiete (OR 262)

Der Mieter darf die Wohnung untervermieten, braucht dazu aber die Zustimmung des Vermieters. Dieser darf die Zustimmung nur unter einem der drei folgenden Gründe verweigern:
– Der Mieter legt die Bedingungen der Untermiete nicht offen.
– Die Bedingungen der Untermiete sind missbräuchlich (vor allem, wenn der Mieter übermässigen Gewinn erzielt).
– Dem Vermieter entsteht durch die Untermiete ein grosser Nachteil.

→ www.verlag-fuchs.ch/recht

Der Mieter ist gegenüber dem Vermieter verantwortlich, z.B. für Schäden, die der Untermieter gemacht hat.

■ Sorgfaltspflicht und Rücksichtnahme (OR 257f)

Der Mieter muss mit dem Mietobjekt sorgfältig umgehen und Rücksicht auf die Nachbarn nehmen. Der Mieter ist auch dafür verantwortlich, dass sich seine Mitbewohner und Gäste ebenso verhalten.

Unsorgfalt
Verletzt der Mieter seine Pflicht zur Sorgfalt oder zur Rücksichtnahme, kann ihn der Vermieter mahnen. Hält der Mieter seine Pflichten trotz schriftlicher Mahnung weiterhin nicht ein, kann der Vermieter unter gewissen Voraussetzungen den Vertrag mit einer Frist von 30 Tagen auf Monatsende kündigen.

Schwere Beschädigung
Zerstört der Mieter die Wohnung oder Teile davon sogar mutwillig, kann der Vermieter den Vertrag jederzeit, ohne Mahnung, fristlos kündigen.

■ Meldepflicht (OR 257g)

Damit der Vermieter die Wohnung ausreichend instand halten kann, ist er auf Informationen des Mieters angewiesen. Der Mieter hat deshalb Mängel, die nicht vom ihm selber zu beheben sind (siehe «kleiner Unterhalt», S. 292), dem Vermieter zu melden.

Meldet der Mieter einen Mangel nicht, obwohl es ihm möglich gewesen wäre, begeht er eine Vertragsverletzung: Er kann auf Ersatz des dadurch entstandenen Schadens belangt werden.

■ Duldungspflicht (OR 257h)

Unterhalt und Mängelbeseitigung
Die Instandhaltung und Mängelbeseitigung durch den Vermieter kann oft nur mit Einschränkungen für den Mieter erfolgen. Der Mieter hat deshalb die dazu notwendigen Eingriffe in sein Gebrauchsrecht zu dulden. So hat der Mieter z.B. die mit dem Ersatz einer defekten Toilette oder Badewanne verbundenen Unannehmlichkeiten zu tolerieren.

Besichtigung
Die Besichtigung der Wohnung durch den Vermieter muss geduldet werden, wenn dies notwendig ist (z.B. für Weitervermietung der Wohnung, für Verkauf des Hauses). In der Regel muss sich der Vermieter vorher anmelden (Ausnahme: Notfall).

■ Veränderungen durch den Mieter (OR 260a)

Der Mieter darf Veränderungen an der Wohnung nur vornehmen, wenn der Vermieter dazu schriftlich zugestimmt hat. In diesem Fall kann der Vermieter die Wiederherstellung des ursprünglichen Zustandes nur verlangen, wenn dies ebenfalls schriftlich vereinbart worden ist. Eine Wertsteigerung durch die Veränderung hat der Vermieter zu entschädigen. Wurde die Veränderung aber ohne Zustimmung vorgenommen, besteht kein Entschädigungsanspruch.

Die Beendigung der Miete

Form (OR 266l)

- Bei der Wohnungsmiete verlangt das Gesetz eine schriftliche Kündigung.
- Die Kündigung des Vermieters muss dazu auf einem amtlichen Formular erfolgen, das Auskunft über das Vorgehen zur Kündigungsanfechtung oder Erstreckung des Mietverhältnisses gibt. Verletzt eine Kündigung die Formvorschriften, ist sie nichtig und entfaltet keinerlei Wirkung.
- Auf Verlangen ist eine Kündigung zu begründen.
- Bei einer Familienwohnung muss der Vermieter beiden Eheleuten die Kündigung getrennt zustellen.
- Eine Wohnungskündigung durch ein Mieterehepaar muss von beiden unterzeichnet werden.

Kündigungsfristen und Kündigungstermine (OR 266 ff.)

- Ein auf eine bestimmte Dauer abgeschlossenes Mietverhältnis endet mit dem Zeitablauf, und zwar ohne dass eine Kündigung ausgesprochen werden muss.
- Ein unbefristetes Mietverhältnis kann unter Einhaltung der gesetzlichen Fristen gekündigt werden. Sofern die Parteien keinen anderen Termin vereinbart haben, hat die Kündigung auf den im OR vorgesehenen Termin zu erfolgen (siehe unten).
- Werden Kündigungsfristen und Kündigungstermine nicht eingehalten, gilt die Kündigung auf den nächstmöglichen Zeitpunkt.

Ordentliche Kündigung (OR 266c)

Wohnungsmieten können vom Vermieter und vom Mieter mit einer Frist von drei Monaten auf einen ortsüblichen Termin gekündigt werden.

Fehlt ein ortsüblicher Termin, ist die Kündigung jeweils auf Ende einer 3-monatigen Mietdauer möglich (3 Monate nach Mietantritt ist der 1. Kündigungstermin, 6 Monate nach Mietantritt ist der 2. Kündigungstermin usw.). An den meisten Orten gilt mit Ausnahme des 31. Dezember der letzte Tag jedes Monats als ortsüblicher Kündigungstermin. Auskunft erteilt die kantonale Schlichtungsbehörde am Wohnort.

Mietobjekt	Kündigungsfrist	Zeitpunkt / Termin
Bewegliche Sache (z.B. Velo) (OR 266f)	3 Tage	auf jeden beliebigen Zeitpunkt
Möbliertes Zimmer (OR 266e)	2 Wochen	auf Ende einer 1-monatigen Mietdauer
Möblierte und unmöblierte Wohnung (OR 266c)	3 Monate	auf Ende einer 3-monatigen Mietdauer

Ausserordentliche Kündigung (OR 266g)

Ist die Fortführung der Wohnungsmiete für eine Partei aus einem triftigen Grund untragbar geworden, kann sie mit einer Frist von drei Monaten kündigen, ohne einen Termin einhalten zu müssen.

Tod des Mieters (OR 266i)

Stirbt der Wohnungsmieter, sind seine Erben berechtigt, das Mietverhältnis ordentlich zu kündigen.

Vorzeitige Rückgabe

Der Mieter kann das Mietverhältnis ohne Einhaltung von Fristen und Terminen auflösen, wenn er einen zumutbaren und zahlungsfähigen Ersatzmieter bringt, der bereit ist, den Vertrag zu den gleichen Konditionen zu übernehmen. Für das Kriterium der Zumutbarkeit gilt als Faustregel: Der Vermieter darf an den Ersatzmieter nicht andere oder höhere Anforderungen stellen, als an den scheidenden Mieter.

→ www.verlag-fuchs.ch/recht

■ Wohnungsrückgabe (OR 267)

Zustand nach vertragsgemässem Gebrauch

Der Mieter muss die Wohnung in dem Zustand zurückgeben, wie es nach Vertragsdauer erwartet werden darf. Für die Abnützung durch den normalen Gebrauch hat der Mieter also nicht einzustehen. In der Praxis haben sich Richtwerttabellen entwickelt, welche die Lebensdauer der Mietgegenstände bei normaler Nutzung festhalten (Lebensdauertabelle mit Kommentar siehe unter www.mieterverband.ch).

Übergibt der Mieter die Wohnung nicht in korrektem Zustand, haftet er dem Vermieter für den daraus entstandenen Schaden.

Prüfungspflicht durch Vermieter

Der Vermieter muss den Zustand der Wohnung bei der Rückgabe prüfen und die sichtbaren Mängel sofort rügen.

Die Mängelrüge ist formlos möglich. In der Regel dient dazu jedoch ein von beiden Parteien unterzeichnetes Rückgabeprotokoll, von dem der Mieter eine Kopie erhält.

Versteckte Mängel, die erst später entdeckt werden, sind dem Mieter umgehend zu melden.

Tipp

- Der Mieter sollte die Kündigung dem Vermieter mit eingeschriebenem Brief zustellen. Achtung: Kündigung rechtzeitig schicken, weil das Datum des Poststempels nicht gilt.

- Die örtlichen Mieterverbände bieten auch Hilfe bei der Wohnungsübergabe an. Wenn Sie sicher sein wollen, dass bei der Wohnungsabgabe alles rund läuft, können Sie eine Wohnungsabnahme-Fachperson beiziehen. Diese achtet darauf, dass das Protokoll der Wohnungsabnahme korrekt ausgefüllt wird und unterstützt die ausziehende Mietpartei, dass sie nicht ungerechtfertigte Forderungen des Vermieters für Schäden anerkennt. (Kosten für Mitglieder des Mieterverbands ab CHF 130.–, für Nichtmitglieder ab CHF 185.–.)

- Unterschreiben Sie ein Rückgabeprotokoll nur, wenn Sie mit dem Inhalt einverstanden sind. Sind Sie dagegen, den Vermieter für einen bestimmten Mangel zu entschädigen, notieren Sie auf dem Protokoll «nicht einverstanden». Sie können dann das gesamte Protokoll dennoch unterzeichnen. Verlangen Sie zudem unbedingt eine Kopie des Protokolls.

- Falls Sie ein Putzinstitut für die Reinigung engagieren, sollten Sie Preis und Termin für die Reinigung unbedingt schriftlich vereinbaren. Verlangen Sie, dass ein Vertreter der Reinigungsfirma bei der Wohnungsabgabe anwesend ist. Sollte eine Nachreinigung nötig sein, besorgt diese das Putzinstitut dann ohne zusätzliche Kosten für Sie.

- Die meisten Privathaftpflichtversicherungen decken Schäden, die die normale Abnützung übersteigen. Im Schadenfall sollte daher sofort die Versicherung benachrichtigt werden. Viele Mieterverbände offerieren ihren Mitgliedern eine günstige Mieterhaftpflichtversicherung (Prämie: CHF 10.– bis CHF 20.– pro Jahr).

Der Mieterschutz

> **Mieterschutz:** *Gesetzliche Bestimmungen zum Schutz des Mieters als «schwächere Partei».*

Luxus- und Ferienwohnungen sind von den Schutzbestimmungen ausgenommen (OR 253a² und 253b²).

Mietzinsanfechtung (OR 270 ff.)

Missbräuchlicher Mietzins
Als missbräuchlich gilt ein Mietzins, wenn sich der Vermieter auf Kosten des Mieters bereichert oder einen übersetzten Kaufpreis der Liegenschaft auf den Mieter überwälzt.

Anfangsmietzins
Der Mietzins kann von den Parteien grundsätzlich frei festgelegt werden.
OR 270¹ regelt die Voraussetzungen für eine Herabsetzung des Anfangsmietzinses:
- Der Mieter befindet sich bei Vertragsabschluss in einer Notlage (persönlich oder aufgrund des Wohnungsmarktes).
- Der vereinbarte Mietzins liegt wesentlich über demjenigen des Vormieters (in der Regel etwa 10% und darüber).

Den Herabsetzungsanspruch hat der Mieter spätestens 30 Tage nach Wohnungsübernahme vor der Schlichtungsbehörde für Mietangelegenheiten einzuklagen.

Veränderte Verhältnisse
Der Mietzins kann während der Mietdauer missbräuchlich werden, wenn sich dessen Berechnungsgrundlage ändert (z.B. starke Hypothekarzinssenkung). Der Mieter muss zuerst beim Vermieter schriftlich um eine Herabsetzung ersuchen. Kommt der Vermieter dem Ersuchen nicht innert 30 Tagen nach, kann der Mieter wiederum innert 30 Tagen die Herabsetzungsklage der Schlichtungsbehörde einreichen.

VERÄNDERTE MIETVERHÄLTNISSE

Mietzinserhöhung
Mietzinserhöhungen können vom Vermieter grundsätzlich immer auf den Zeitpunkt festgelegt werden, auf den die nächste ordentliche Kündigung möglich wäre. Die Ankündigung der Erhöhung muss 10 Tage vor Beginn der Kündigungsfrist beim Mieter eintreffen. Sie hat mit amtlichem Formular zu erfolgen und die Erhöhung muss begründet werden. Fehlt eine der letzten beiden Voraussetzungen oder wird sie mit einer Kündigungsandrohung verbunden, ist die Mietzinserhöhung nichtig.
Eine Mietzinserhöhung kann vom Mieter innert 30 Tagen seit Mitteilung bei der Schlichtungsbehörde als missbräuchlich angefochten werden.

Kündigungsschutz

In der Regel braucht eine Kündigung keinen besonderen Grund, um gültig zu sein. Das kann aber vor allem für den Wohnungsmieter einschneidende Folgen haben. Deshalb sieht das Gesetz Schutzbestimmungen vor.

Anfechtung der Kündigung

Verstösst eine Kündigung gegen Treu und Glauben, ist sie missbräuchlich und kann angefochten werden.

Kündigungen sind unter anderen in folgenden Fällen anfechtbar:
- Vergeltungskündigung (z.B. weil der Mieter Mängelrechte geltend gemacht hat)
- Änderungskündigung (Der Vermieter will eine Vertragsänderung zuungunsten des Mieters durchsetzen.)
- Kündigung während eines Schlichtungs- oder Gerichtsverfahrens im Zusammenhang mit dem Mietverhältnis
- Kündigung innert 3 Jahren nach einem Schlichtungs- oder Gerichtsverfahren, in welchem der Vermieter unterlegen war, die Klage zurückzog, auf den Weiterzug ans Gericht verzichtet oder einen Vergleich abgeschlossen hat.

Die Anfechtung hat innert 30 Tagen seit Empfang der Kündigung bei der Schlichtungsbehörde zu erfolgen.

Erstreckung des Mietverhältnisses

Hat die Kündigung für den Mieter schwerwiegende negative Folgen, die in keinem Verhältnis zu den Interessen des Vermieters an der Beendigung des Mietverhältnisses stehen, kann der Mieter eine Erstreckung verlangen. Das Gericht nimmt dabei eine Interessenabwägung vor (z.B. Umstände des Vertragsabschlusses; persönliche, familiäre und wirtschaftliche Verhältnisse der Parteien; Eigenbedarf des Vermieters).

Ausschluss der Erstreckung

Die Erstreckung des Mietverhältnisses ist nur in folgenden Fällen ausgeschlossen:
- Kündigung wegen Zahlungsrückstands des Mieters
- Kündigung wegen schwerer Verletzung der Sorgfaltspflicht des Mieters (z.B. wenn der Mieter zu ständigen berechtigten Klagen Anlass gibt)
- Kündigung wegen Konkurses des Mieters
- Kündigung eines Mietverhältnisses, das wegen eines konkreten Umbaus oder Abbruchs der Wohnung ausdrücklich bis zur Realisierung des Projekts befristet abgeschlossen worden ist.

Dauer der Erstreckung

Eine Wohnungsmiete kann maximal um vier Jahre erstreckt werden.

Schlichtungsbehörde für Mietstreitigkeiten

In jedem Kanton gibt es eine Schlichtungsbehörde für Mietstreitigkeiten. Sie ist verpflichtet, Mieter und Vermieter auch dann kostenlos zu beraten, wenn kein Schlichtungsgesuch vorliegt, ganz speziell vor Abschluss eines Mietvertrages.

Bei Streitigkeiten muss zuerst immer die Schlichtungsbehörde mittels eines Schlichtungsgesuchs angerufen werden. Dieses Gesuch kann mündlich oder schriftlich gestellt werden.

Die Schlichtungsbehörde muss in erster Linie versuchen, die Parteien zu versöhnen. Gelingt dies nicht, stellt sie eine Klagebewilligung aus.

R 6. Betreibung

Die Betreibung

> **Betreibung:** *Verfahren, um Geldforderungen zwangsweise einzutreiben. Die Betreibung wird vom Gläubiger eingeleitet und durch staatliche Organe vollzogen. Geregelt ist die Betreibung im Bundesgesetz über Schuldbetreibung und Konkurs (SchKG).*

Schuldet man Geld, wird man normalerweise zuerst gemahnt. Begleicht man seine Schulden immer noch nicht, kann der Gläubiger am Wohnort des Schuldners das Betreibungsverfahren einleiten. Dies macht er, indem er beim entsprechenden Betreibungsamt schriftlich ein Betreibungsbegehren einreicht. Das Formular erhält man beim Betreibungsamt oder über das Internet. Danach stellt das Betreibungsamt dem Schuldner einen Zahlungsbefehl zu. Damit beginnt die Schuldbetreibung.

Der Gläubiger kann die Betreibung einleiten, ohne zuvor gemahnt zu haben. Er muss seine Forderung bei der Einleitung der Betreibung auch nicht nachweisen. Wenn Forderungen nicht getilgt werden können, erhält der Gläubiger einen Verlustschein.

Betreibungsarten

Es gibt drei Betreibungsarten. Welche gewählt werden muss, ist in den Artikeln im SchKG 38 ff. festgehalten.

Grundsätzlich entscheidet die Eigenschaft des Schuldners (z. B. im Handelsregister eingetragen) oder die Sicherheitsleistung durch ein Grund- oder Faustpfand über die Betreibungsart.
Bei speziellen Schulden (z. B. AHV-Schulden, Steuern, Bussen, Alimenten) ist die Betreibung auf Konkurs in jedem Fall ausgeschlossen (SchKG 43).

1. Betreibung auf Pfändung (SchKG 42; 89–150)
– Sie wird gegenüber Schuldnern durchgeführt, die nicht im Handelsregister eingetragen und deren Schulden nicht pfandgesichert sind (praktisch alle Privatpersonen).
– Sie bezieht sich auf spezielle Geldschulden von Privatpersonen und juristischen Personen, auch wenn sie im Handelsregister eingetragen sind.

2. Betreibung auf Pfandverwertung (SchKG 41; 151–158)
– Sie wird gegenüber Schuldnern durchgeführt, die eine Schuld durch ein Grundpfand (z. B. Grundstück, Immobilie) oder ein Faustpfand (z. B. Schmuck, Kunstgegenstand) abgesichert haben.
– Kann die Schuld mit der Verwertung des Pfandes nicht vollständig getilgt werden, so wird der Gläubiger mit dem entsprechenden Pfandausfallschein die Betreibung auf Pfändung oder auf Konkurs direkt mit dem Fortsetzungsbegehren weiterführen.

3. Betreibung auf Konkurs (SchKG 39; 159–176; 197–270)
Sie wird gegenüber Schuldnern durchgeführt, die im Handelsregister eingetragen sind (Ausnahmen, siehe SchKG 43).
Es handelt sich um eine Generalexekution (Gesamtvollstreckung), d. h. die Firma existiert nach Abschluss des Verfahrens nicht mehr und wird aus dem Handelsregister gestrichen.

Auf den nächsten Seiten wird im Detail auf die drei Betreibungsarten eingetreten. Das nachfolgende Schema (Einleitung des Betreibungverfahrens) gilt für alle drei Betreibungsarten.

Einleitung des Betreibungsverfahrens

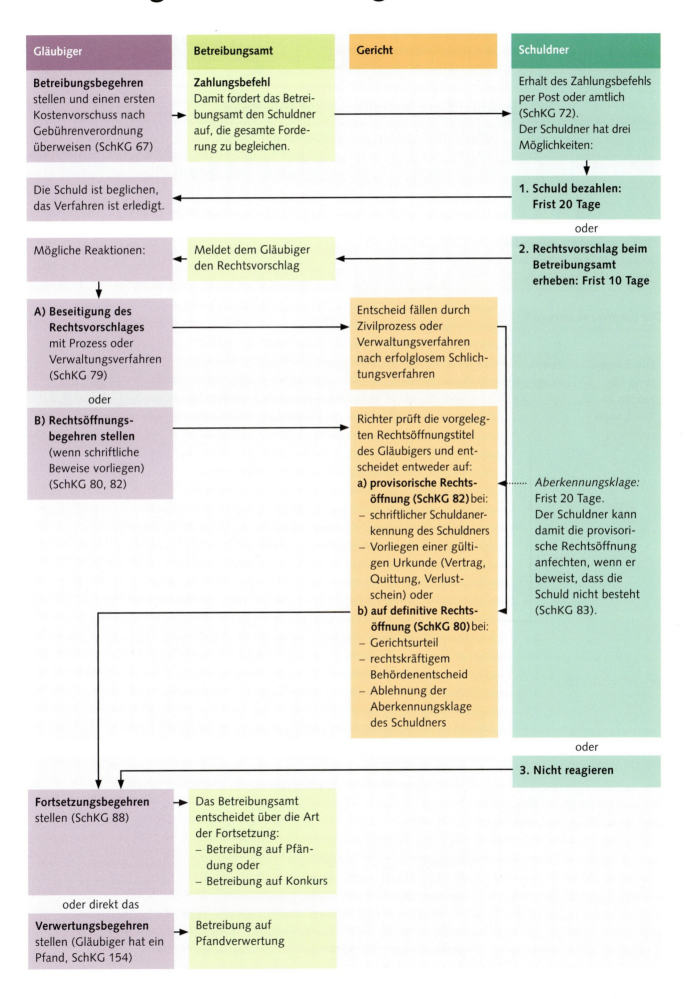

Die Betreibung auf Pfändung

> **Betreibung auf Pfändung:** *Sie ermöglicht die Zwangsdurchsetzung einer Geldforderung gegen Personen, die nicht im Handelsregister eingetragen sind.*

■ Ablauf der Betreibung auf Pfändung

Betreibungsbegehren an Betreibungsamt
Um jemanden zu betreiben, muss man zunächst beim Betreibungsamt am Wohnort des Schuldners ein Betreibungsbegehren stellen (SchKG 69).

Zahlungsbefehl des Betreibungsamtes an den Schuldner
Ist das Betreibungsbegehren gestellt, überreicht das Betreibungsamt dem Schuldner einen Zahlungsbefehl. Der Schuldner wird aufgefordert, innert 20 Tagen zu bezahlen; andernfalls wird die Betreibung fortgesetzt (SchKG 69–73).

Die betriebene Person hat drei Möglichkeiten zu reagieren:

Die Forderung bezahlen (der Fall ist abgeschlossen)

Nicht reagieren

Rechtsvorschlag erheben
Wer betrieben wird, kann innert 10 Tagen Rechtsvorschlag erheben. Dies kann sehr einfach erfolgen, indem man z.B. direkt auf den Zahlungsbefehl das Wort «Rechtsvorschlag» schreibt und diesen, versehen mit Datum und Unterschrift, dem Zustellbeamten wieder mitgibt (SchKG 74–78).

Rechtsöffnung
Der Gläubiger kann den Rechtsvorschlag aufheben lassen. Dazu braucht er eine Schuldanerkennung oder ein Urteil über die Forderung. Hat er dies nicht, muss er in einem Zivilprozess beweisen, dass ihm die Forderung (das Geld) zusteht.

Fortsetzungsbegehren
Frühestens 20 Tage und spätestens 1 Jahr nach Zustellung des Zahlungsbefehls kann der Gläubiger beim Betreibungsamt eine Fortsetzung der Betreibung verlangen (SchKG 88).

Pfändung
Unmittelbar nach dem Fortsetzungsbegehren erscheint der Betreibungsbeamte beim Schuldner und pfändet so viele Vermögensteile (Bargeld, Möbel, Lohn usw.), dass mit deren Erlös die Schuld bezahlt werden kann. Nicht gepfändet werden darf, was für den Schuldner und seine Familie «unbedingt notwendig» zum Überleben ist («Existenzminimum», siehe S. 304, darf nicht unterschritten werden; SchKG 89–115).

Pfandverwertung
Frühestens einen Monat nach Pfändungsvollzug kann der Gläubiger verlangen, dass die Pfandgegenstände verwertet werden. Diese werden dann in der Regel versteigert. Mit dem Erlös wird die Schuld bezahlt (SchKG 116–150).
Mit dem Erlös wird die Schuld bezahlt. Für den Rest erhält der Gläubiger einen Verlustschein. Die im Verlustschein aufgeführten Forderungen verjähren nach 20 Jahren, gegenüber den Erben des Schuldners aber schon nach einem Jahr.

Begriffe und ihre Bedeutung

■ Betreibungskosten (Kostenvorschuss) (SchKG 68)

Der Schuldner muss sie bezahlen. Der Gläubiger muss aber die Kosten laut Gebührenverordnung (siehe Tabelle) vorschiessen.
Bei der Fortsetzung der Betreibung werden erneut Kostenvorschüsse verlangt. Die Höhe hängt von der Gesamtforderungssumme ab und ist in der Gebührenverordnung zum SchKG geregelt: In der Praxis werden diese in der Regel mit Rechnung beim Gläubiger eingefordert. Bis zur Bezahlung dieses Vorschusses kann das Betreibungsamt die Betreibung unterlassen.

Forderungen bis	CHF	100.–			CHF	17.–
Forderungen über	CHF	100.–	bis CHF	500.–	CHF	30.–
Forderungen über	CHF	500.–	bis CHF	1 000.–	CHF	50.–
Forderungen über	CHF	1 000.–	bis CHF	10 000.–	CHF	70.–
Forderungen über	CHF	10 000.–	bis CHF	100 000.–	CHF	100.–
Forderungen über	CHF	100 000.–	bis CHF	1 000 000.–	CHF	200.–
Forderungen über	CHF	1 000 000.–			CHF	410.–

■ Einsichtsrecht ins Betreibungsregister

Jede Person, die ein Interesse glaubhaft macht, kann die Protokolle und Register der Betreibungs- und Konkursämter einsehen und sich Auszüge daraus geben lassen (SchKG 8a). Die Protokolle und Register sind bis zum Beweis des Gegenteils für ihren Inhalt beweiskräftig (SchKG 8^2).
Die Ämter geben laut SchKG 8a^3 Dritten von einer Betreibung keine Kenntnis, wenn:
– die Betreibung nichtig ist oder aufgrund einer Beschwerde oder eines Urteils aufgehoben worden ist,
– der Schuldner mit einer Rückforderungsklage obsiegt hat,
– der Gläubiger die Betreibung zurückgezogen hat.

Das Einsichtsrecht Dritter erlischt fünf Jahre nach Abschluss des Verfahrens. Gerichts- und Verwaltungsbehörden können im Interesse eines Verfahrens, das bei ihnen hängig ist, weiterhin Auszüge verlangen (SchKG 8a^4).

■ Zahlungsbefehl (SchKG 69 ff.)

Es handelt sich um die erste schriftliche Aufforderung des Betreibungsamtes an den Schuldner, die im Betreibungsbegehren geforderte Schuld samt Kosten und Zinsen innert 20 Tagen an das Betreibungsamt zu bezahlen oder innert 10 Tagen beim Betreibungsamt Rechtsvorschlag zu erheben. Ein Doppel des Zahlungsbefehls wird dem Gläubiger unmittelbar nach einem Rechtsvorschlag oder sonst nach Ablauf der Bestreitungsfrist von 10 Tagen zugestellt. Die Zustellung an den Schuldner erfolgt entweder durch eine Person des Betreibungsamtes oder durch die Post oder durch die Polizei. Der Überbringer muss bescheinigen, an welchem Tag und an wen die Zustellung erfolgt ist. Am Tag der Zustellung an den Schuldner beginnen verschiedene Fristen zu laufen.

Rechtsvorschlag (SchKG 74 ff.)

Es handelt sich um ein Rechtsmittel des Schuldners, mit dem er die gesamte Forderung oder Teile davon bestreitet. Die Frist zur Einreichung des Rechtsvorschlages beträgt 10 Tage.
Um die Betreibung fortzusetzen, muss der Gläubiger mit einer Klage und einem rechtskräftigen Urteil im Prozess (oder im Verwaltungsverfahren bei Forderungen von Behörden und Krankenkassen) den Rechtsvorschlag beseitigen lassen.
Oft benutzen die Schuldner den Rechtsvorschlag als Verzögerungstaktik.

Das betreibungsrechtliche Existenzminimum

Das nicht pfändbare Existenzminimum setzt sich unter anderem zusammen aus:
– Grundbedarf (Nahrung, Kleidung, Wäsche, Körper- und Gesundheitspflege, Unterhalt der Wohnungseinrichtung, Kulturelles sowie Strom oder Gas). Der Grundbedarf beträgt im Kanton Luzern für eine alleinstehende Person CHF 1200.– und für ein Ehepaar CHF 1700.– pro Monat.
– Effektivem Mietzins (Benützt der Schuldner eine zu teure Wohnung, kann der Mietzins nach Ablauf des nächsten Kündigungstermins auf ein Normalmass herabgesetzt werden. Das heisst: Der Schuldner muss eine günstigere Wohnung suchen.)
– Krankenkassenprämien
– Automobil (nur sofern der Schuldner zwingend darauf angewiesen ist; andernfalls werden die Kosten für die öffentlichen Verkehrsmittel angerechnet).

Beispiel: Berechnung des Existenzminimums

Fritz Dober, Vater von zwei Kindern, verdient im Monat netto CHF 5900.–.
Er hat CHF 5000.– Schulden, für die er betrieben und deshalb auf das Existenzminimum gesetzt wird. Seine Frau ist nicht erwerbstätig.

Einkommen	Nettolohn		5900.–
Monatlicher Grundbetrag	Ehepaare	1550.–	
	2 Kinder unter 10 Jahren je 350.–	700.–	
	Mietzins	1800.–	
	Krankenkasse, Versicherungen	800.–	4850.–
Monatl. Berufsauslagen	Fahrkosten	100.–	
	auswärtige Verpflegung	180.–	280.–
Ausserordentliche Betreuungskosten Kinder	Schulmaterial		60.–
Betreibungsrechtliches Existenzminimum			5190.–
Pfändbarer Betrag			710.–

Beispiel Kanton Luzern. Die Zahlen können aber von Kanton zu Kanton variieren.
Steuern sind bei der Berechnung des betreibungsrechtlichen Existenzminimums nicht zu berücksichtigen (BGE 95 III 42 E.3).

Kompetenzstücke bei Pfändung von Wertsachen

Als Kompetenzstücke werden Wertsachen bezeichnet, die zum menschenwürdigen Leben oder zur Ausübung eines Berufes oder Studiums notwendig sind.
Beispiele: Bett, Kochherd, Tisch, Kühlschrank, Arbeitsgerät, Fahrzeug, Teil eines Viehbestands, Computer, Lehrbücher.

Der Privatkonkurs

> **Privatkonkurs:** *Eine Privatperson kann bei Zahlungsunfähigkeit (Insolvenz) beim zuständigen Gericht (Amts- bzw. Bezirksgericht) die Konkurseröffnung beantragen (Insolvenzerklärung, SchKG 191).*

■ Voraussetzungen

Damit der Richter den Privatkonkurs eröffnet, müssen vier Voraussetzungen erfüllt sein:

– **Keine Aussicht auf einvernehmliche Schuldensanierung**
 Dies ist unter anderem dann der Fall, wenn die Schulden so hoch sind, dass sie bei einer Lohnpfändung innerhalb von 24 Monaten nicht getilgt werden können, oder wenn ein Gläubiger einer aussergerichtlichen Schuldensanierung nicht zustimmt.

– **Bezahlter Kostenvorschuss**
 Die überschuldete Person muss die Kosten des Verfahrens vorschiessen. Die Kosten sind kantonal verschieden. Sie betragen zirka CHF 3000.– bis CHF 5000.–.

– **Keine «Einrede des mangelnden neuen Vermögens» hängig**
 Besitzt ein Gläubiger aus einem früheren Konkurs einen Verlustschein, kann er den Schuldner wieder betreiben, falls dieser zu neuem Vermögen gekommen ist. Der Schuldner kann sich gegen die erneute Betreibung wehren, indem er erklärt, gar kein neues Vermögen zu besitzen. Ist eine solche Einrede hängig, kann er nicht selber den Privatkonkurs beantragen (SchKG 265b).

– **Kein rechtsmissbräuchlicher Privatkonkurs**
 Ein rechtsmissbräuchlicher Konkurs liegt dann vor, wenn es dem Schuldner nicht darum geht, einen wirtschaftlichen Neuanfang zu machen, sondern nur darum, unangenehme Gläubiger loszuwerden.

■ Durchführung des Privatkonkurses

Nachdem der Konkursrichter den Privatkonkurs eröffnet hat, nimmt das Konkursamt das Inventar auf, d.h. es werden alle Vermögenswerte aufgelistet. Eine allfällige Lohnpfändung wird aufgehoben, alle laufenden Betreibungen werden gestoppt. Anschliessend erfolgt der Schuldenruf. Es können sich alle Personen, die vom Schuldner noch Geld zugut haben, melden.
Abgesehen von den unpfändbaren Vermögensstücken (Kompetenzstücke, siehe SchKG 92) wird alles versteigert. Aus dem Erlös erhalten die Gläubiger einen Teil ihrer Forderungen und für den Rest einen Verlustschein.

Die Betreibung auf Konkurs

> **Betreibung auf Konkurs:** *Zwangsweises Eintreiben von Geldforderungen gegenüber Schuldnern, die im Handelsregister eingetragen sind.*

Bis und mit dem Fortsetzungsbegehren läuft die Betreibung auf Konkurs gleich ab wie die Betreibung auf Pfändung.

Nach Erhalt des Fortsetzungsbegehrens schickt jedoch das Betreibungsamt dem Schuldner die Konkursandrohung. Anschliessend fordert der Gläubiger die Weiterführung des Verfahrens mit dem Konkursbegehren. Nachdem das Konkursgericht die Unterlagen geprüft hat, eröffnet es den Konkurs. Das Konkursamt nimmt alle Vermögenswerte auf (Inventur) und erlässt einen Schuldenruf. Nun haben zusätzliche Gläubiger die Möglichkeit sich zu melden.

Kollokationsplan (SchKG 146)

> **Kollokationsplan:** *Die vom Betreibungsamt aufgestellte Rangfolge der Gläubiger, wenn nicht alle Gläubiger bei der Verteilung des Erlöses befriedigt werden können.*

Die Gläubiger werden gemäss SchKG 219 in folgender Reihenfolge befriedigt:

A) Pfandgesicherte Forderungen	
Ein Pfand (beim Grundpfand die Immobilie) wird zuerst durch das Betreibungs- oder das Konkursamt verwertet. Sofern nach der Deckung der pfandgesicherten Forderungen noch Geld aus dem Erlös der ganzen übrigen Konkursmasse vorhanden ist, kommen die nicht pfandgesicherten Forderungen zum Zug. Sie werden in drei Klassen eingeteilt.	

B) Nicht pfandgesicherte Forderungen	
1. Klasse	– Forderungen der Arbeitnehmer (Löhne und Entschädigungen bis sechs Monate vor der Konkurseröffnung) – Forderungen der Pensionskassen (2. Säule) usw.
2. Klasse	– Beitragsforderungen der Sozialversicherungen (AHV, IV usw.) – Prämien- und Kostenbeteiligungsforderungen der sozialen Krankenversicherung usw.
3. Klasse	Alle übrigen Forderungen, Darlehen, Warenlieferungen usw.

Die Gläubiger der gleichen Klasse erhalten alle denselben prozentualen Anteil ihrer anerkannten Forderungen. Die Gläubiger der nachfolgenden Klasse werden erst berücksichtigt, wenn die Gläubiger der vorhergehenden Klasse vollständig befriedigt sind.

Für die nicht gedeckten Forderungen erhalten die Gläubiger einen Verlustschein. Die im Verlustschein aufgeführten Forderungen verjähren nach 20 Jahren, gegenüber den Erben des Schuldners aber schon nach einem Jahr.

Sonderfall von Kundenguthaben beim Konkurs einer Schweizer Bank: Ein gesetzlicher Einlegerschutz laut Bankengesetz sichert alle Kundenguthaben bis CHF 100 000.– pro Kunde (z. B. Lohnkonto, Sparkonto) und Vorsorgeguthaben (Säule 3a) nochmals mit CHF 100 000.–. Höhere Forderungen fallen in die 3. Konkursklasse.

Der Nachlassvertrag (SchKG 293 ff.)

> **Nachlassvertrag:** *Ist ein Vertrag zwischen Schuldner und Gläubigern, der die wirtschaftliche Existenz des Schuldners sanieren soll, ohne dass die Zwangsvollstreckung durchgeführt wird.*
> **Nachlass:** *Die Gläubiger lassen einen Teil ihrer Forderungen nach, sie verzichten darauf.*

Beim Nachlassvertrag verzichten die Gläubiger oft auf einen Teil ihrer Forderungen. Kommt der Nachlassvertrag unter der Mitwirkung eines Gerichts zustande, spricht man von einem gerichtlichen, sonst von einem aussergerichtlichen Nachlassvertrag. Im Folgenden ist vom gerichtlichen Nachlassvertrag die Rede. Das Nachlassverfahren gliedert sich in drei Phasen:
– Bewilligungsverfahren (Bewilligung der Nachlassstundung)
– Zustimmungsverfahren (Zustimmung der Gläubiger)
– Bestätigungsverfahren (gerichtliche Bestätigung des Nachlassvertrages)

Bewilligungsverfahren

– Der Schuldner reicht beim zuständigen Gericht ein begründetes Gesuch um Nachlassstundung ein (Beilagen: Entwurf eines Nachlassvertrags, Unterlagen zu den Vermögens-, Ertrags-, Einkommensverhältnissen sowie eventuell ein Verzeichnis der Geschäftsbücher, SchKG 293).
– Danach wird der Schuldner aufgefordert, den Kostenvorschuss für das Nachlassverfahren zu leisten (im Kanton Luzern mindestens CHF 10 000.–).

Besteht Aussicht, dass ein Nachlassvertrag zustande kommt, gewährt der Nachlassrichter dem Schuldner die Nachlassstundung (Stundung = Bitte, eine Forderung aufschieben zu dürfen) für vier bis sechs Monate und ernennt den Sachwalter (SchKG 295). Dieser überwacht die Handlungen des Schuldners, nimmt ein Inventar auf, schätzt dieses und führt Verhandlungen mit den Gläubigern.
– Die Bewilligung der Stundung wird veröffentlicht und hat zur Folge, dass der Schuldner praktisch nicht mehr betrieben werden kann.

Zustimmungsverfahren

Der Entwurf des Nachlassvertrags wird den Gläubigern zur Zustimmung unterbreitet. Der Nachlassvertrag gilt als angenommen, wenn die Zustimmung gegeben wird
– von der Mehrheit der Gläubiger, die zugleich mindestens zwei Drittel der Gesamtforderung vertreten, oder
– von einem Viertel der Gläubiger, die mindestens drei Viertel der Gesamtforderung vertreten (SchKG 305).

Bestätigungsverfahren

– Nach einer Überprüfung bestätigt der Nachlassrichter den Nachlassvertrag, falls die angebotene Summe im richtigen Verhältnis zu den Möglichkeiten des Schuldners steht.
– Anschliessend wird der Entscheid über den Nachlassvertrag veröffentlicht. Somit fallen die Wirkungen der Stundung dahin (u. a. Betreibungsstopp). Wird der Nachlassvertrag abgelehnt, können die Gläubiger
  – ihre Forderungen wieder mittels Betreibung bzw. indem sie die Betreibung fortsetzen, einfordern oder
  – innerhalb von 20 Tagen die sofortige Konkurseröffnung verlangen.

■ Die einvernehmliche private Schuldenbereinigung

Diese Variante gemäss SchKG 333 ff. steht Privatpersonen oder kleinen Unternehmen offen, die nicht im Handelsregister eingetragen sind.
Unterschiede zum gerichtlichen Nachlassvertrag:
– höchstens 3 Monate Stundung
– ca. CHF 4000.– Kostenvorschuss (Kanton Luzern)
– wird nicht veröffentlicht
– nur für Gläubiger verbindlich, die zugestimmt haben

Zahlen zu Zahlungsbefehlen und Konkursen

	Zahlungsbefehle	Firmenkonkurse	Privatkonkurse
2000	2 153 280	3842	4471
2001	2 250 931	3613	4532
2002	2 281 650	4002	4800
2003	2 386 986	4539	5140
2004	2 449 129	4955	5469
2005	2 522 040	4751	5714
2006	2 551 083	4528	5840
2007	2 465 306	4314	6140
2008	2 494 438	4221	6007
2009	2 533 831	5215	5691
2010	2 662 063	6255	5719
2011	*	6661	5748

* Diese Zahl war beim Druck noch nicht bekannt.

Tipp

– Kann man eine gemahnte Schuld nicht bezahlen, soll man mit dem Gläubiger Kontakt aufnehmen und einen Plan zur Tilgung der Schuld vereinbaren (Stundungsgesuch). Allenfalls kann eine Ratenzahlung abgemacht werden. Dies ist der bessere Weg, als betrieben zu werden.
– Jede Betreibung wird im Betreibungsregister eingetragen. Personen, die ein Interesse nachweisen können, erhalten gegen Entgelt einen Betreibungsregisterauszug (SchKG 8a). Viele registrierte Betreibungen erschweren z.B. den Abschluss eines Mietvertrags oder das Erhalten einer Kreditkarte.
– Ein Privatkonkurs will gut überlegt sein. Den Vorteilen (zum Beispiel: wirtschaftlicher Neuanfang, beendete Betreibungen und Lohnpfändung) stehen auch Nachteile gegenüber: Telefongesellschaft und Stromanbieter können ein Depot verlangen, Bank- und Postkonten können gesperrt werden, die Kreditwürdigkeit ist geschmälert. Man sollte sich im Voraus von einer offiziellen Schuldensanierungsstelle beraten lassen.

R 7. Steuern

Steuern: Übersicht

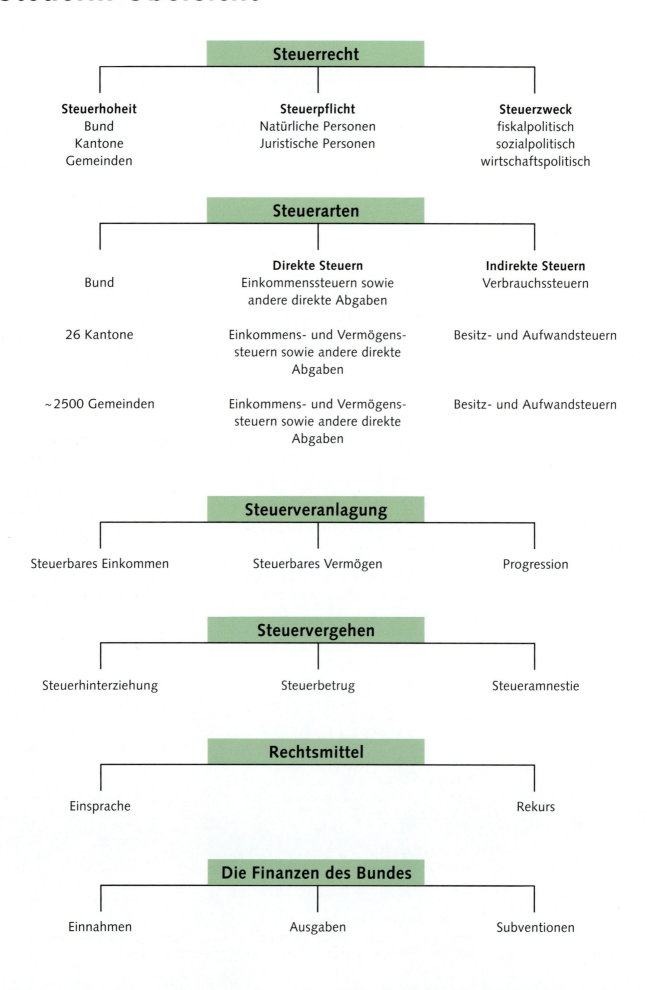

Steuerhoheit / Steuerpflicht / Steuerzwecke

> **Steuern:** *Steuern sind Geldleistungen von natürlichen und juristischen Personen, die von der öffentlichen Hand (Bund, Kantone, Gemeinden) erhoben werden.*

Steuern dürfen nur auf der Grundlage der Bundesverfassung und der kantonalen Verfassungen sowie auf der Grundlage von Gesetzen erhoben werden.

Steuerhoheit

> **Steuerhoheit:** *Das Recht, Steuern zu erheben und über den Ertrag zu verfügen. Dieses Recht besitzen der Bund, die Kantone und die Gemeinden.*

Nebst dem Bund erheben auch die 26 Kantone und die rund 2500 Gemeinden Steuern. Dies führt zu vielen unterschiedlichen Gesetzgebungen und vor allem zu grossen Unterschieden bei der Steuerbelastung.

In fast allen Kantonen haben die anerkannten Religionsgemeinschaften (Landeskirchen) das Recht, Kirchensteuern zu erheben, und zwar nur von jenen Personen, die einer anerkannten Kirche angehören. Als Berechnungsgrundlage für die Kirchensteuer dient die Veranlagung der Kantons- und Gemeindesteuern.

Steuerpflicht

Wer ein Einkommen erzielt, ist steuerpflichtig, und zwar unabhängig vom Alter.
- Natürliche Personen, die in der Schweiz ihren Wohnsitz oder ihren Aufenthalt haben, sind unbeschränkt steuerpflichtig.
    - Die Familie bildet bezüglich Einkommen und Vermögen eine wirtschaftliche Einheit. Somit wird das Einkommen, das die Ehefrau erzielt, zum Einkommen des Ehemannes gerechnet (auch bei Gütertrennung).
    - Das Einkommen Minderjähriger wird dem Inhaber der elterlichen Sorge zugerechnet. Eine Ausnahme bildet das Erwerbseinkommen, für welches eine selbständige Steuerpflicht besteht.
- Juristische Personen, die ihren Sitz oder ihre Betriebsstätte in der Schweiz haben, sind steuerpflichtig.

Steuerzwecke

Auf Gemeinde- und Kantonsebene entscheidet das Volk über die Höhe der Steuersätze und oft auch über die Verwendung der Steuererträge. Dies gilt ebenso für die Kirchgemeinde.

Die eingenommenen Steuergelder werden für drei verschiedene Zwecke verwendet:

Fiskalpolitischer Zweck
Er deckt den Bedarf der Allgemeinheit in den Bereichen Schulen, Verkehr, Umweltschutz, Armee usw.

Wirtschaftspolitischer Zweck
Er schützt wirtschaftliche Interessen (Subventionen, Direktzahlungen an die Landwirtschaft, Wirtschaftsförderung usw.).

Sozialpolitischer Zweck
Er erfüllt die sozialen Verfassungsaufträge, z.B. Sozialversicherungen (siehe S. 323 ff.), Spitäler, Verbilligung der Krankenkassenprämien (siehe S. 326 f.).

www.verlag-fuchs.ch/recht

Steuerarten

Direkte Steuern

> **Direkte Steuern:** *Diese Steuern werden auf Einkommen, auf Erträgen (z.B. Zinsen aus Erspartem) und auf Vermögen erhoben. Sie werden mit der Steuererklärung erfasst.*

Der Steuersatz ist in der Regel progressiv (siehe S. 316) und nimmt auf die wirtschaftliche Leistungskraft des Steuerpflichtigen Rücksicht.

Direkte Bundessteuern	*Beispiele:* Einkommenssteuer, Verrechnungssteuer, Stempelabgaben, Wehrpflichtersatz
Direkte Kantonssteuern	*Beispiele:* Einkommens- und Vermögenssteuer, Erbschafts- und Schenkungssteuer, Grundstück- und Liegenschaftssteuer
Direkte Gemeindesteuern	*Beispiele:* Einkommens- und Vermögenssteuer, Kopf-, Personal oder Haushaltssteuer, Grundstück- und Liegenschaftssteuer

Die Steuerveranlagung und der Bezug der direkten Bundessteuer werden von den Kantonen für den Bund durchgeführt. (Der Bund erhebt keine Vermögenssteuer.)

Indirekte Steuern

> **Indirekte Steuern:** *Sie belasten den Verbrauch (z.B. Benzin), den Besitz (z.B. das Motorfahrzeug) oder den Aufwand (z.B. Kehrichtgebühren).*

Sie sind für alle gleich hoch. Wer mehr kauft, bezahlt mehr.

Indirekte Bundessteuern	*Beispiele:* Mehrwertsteuer, Tabaksteuer, Mineralölsteuer, Biersteuer, Steuer auf Spirituosen
Indirekte Gemeindesteuern	*Beispiele:* Kehrichtgebühren, Abwassergebühren, Hundesteuer, Vergnügungssteuer
Indirekte Kantonssteuern	*Beispiele:* Motorfahrzeugsteuer, Stempelsteuer, Vergnügungssteuer (Billettsteuer)

Quellensteuer

Die Quellensteuer wird vor der Auszahlung des Lohnes vom Einkommen abgezogen. Dieser Steuer sind alle ausländischen Staatsangehörigen unterworfen, welche die fremdenpolizeiliche Niederlassungsbewilligung (Ausweis C) nicht besitzen.
Der Arbeitgeber muss die Steuer, die diese Personen bezahlen müssen, direkt der Steuerbehörde abliefern.

Kopfsteuer (auch Personal- oder Haushaltssteuer genannt)

Diese Steuer wird meistens zu einem fixen Satz zusätzlich zur Einkommens- und Vermögenssteuer erhoben. Der Ansatz dieser Steuer ist niedrig (z.B. CHF 50.–).
Die Kantone AG, AI, BE, BS, BL, JU, NE, SG und TG erheben diese Steuer nicht.

Die Verrechnungs- und die Mehrwertsteuer

Die Verrechnungssteuer (VST)

Verrechnungssteuer: *Eine vom Bund erhobene Steuer auf den Ertrag des beweglichen Kapitalvermögens (Zinsen und Dividenden) und auf schweizerischen Lotteriegewinnen (Sport-Toto, Lotto, Pferdewetten).*

Da in der Schweiz das Bankgeheimnis gilt, kann die öffentliche Hand nicht in Erfahrung bringen, über wie viel Vermögen der Einzelne verfügt. Die Verrechnungssteuer ist somit ein Instrument zur Bekämpfung der Steuerhinterziehung.

Das Prinzip der Verrechnungssteuer

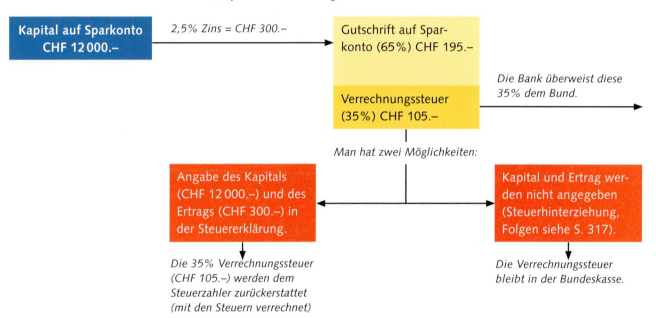

Seit 1.1.2010 sind die Zinsen von allen Kundenguthaben von der Verrechnungssteuer ausgenommen, sofern der Zins im Kalenderjahr CHF 200.– nicht übersteigt. Diese Kundenguthaben dürfen im Kalenderjahr aber nur einmal abgerechnet und dem Kunden vergütet worden sein. Ausnahme: Bei Sport-Toto, Lotto usw. wird schon ab einem Ertrag (bzw. Gewinn) von mehr als CHF 50.– Verrechnungssteuer abgezogen.

Die Mehrwertsteuer (MWST)

Mehrwertsteuer: *Eine allgemeine Verbrauchs- und Konsumsteuer.*

Die Mehrwertsteuer wird vom Konsumenten bezahlt.

Steuersätze (MWST, gültig ab 2011)
Es gibt unterschiedliche Steuersätze. Der Normalsatz beträgt 8%. Lebensmittel, Bücher, Tourismus (Beherbergung) usw. unterliegen einem reduzierten Steuersatz.

Steuerpflicht (MWST)
Wer eine selbständige berufliche oder gewerbliche Tätigkeit ausübt, ist grundsätzlich mehrwertsteuerpflichtig (Ausnahme: Der von der eidg. Steuerverwaltung festgesetzte Umsatz wird nicht erreicht).

Viele Güter werden mehrmals verkauft. Damit für die Sachgüter und die Dienstleistungen nicht mehrfach MWST entrichtet werden muss, gibt es den Vorsteuerabzug.
Beispiel: Ein Schreiner zahlt von seinem Umsatz 8% MWST Davon kann er die MWST, die er beim Kauf von Holz usw. bezahlt hat, abziehen.

→ www.verlag-fuchs.ch/recht

Steuerbares Einkommen

Einkommenssteuer

Einkommenssteuer: *Sie belastet grundsätzlich einmalige und wiederkehrende Einkünfte (Löhne, Zinsen, Naturalleistungen usw.).*

Jeder Kanton hat seine eigenen Steuerformulare. Grundsätzlich sind sie jedoch alle gleich aufgebaut.

I. Einkünfte
- Erwerbseinkommen aus unselbständiger Erwerbstätigkeit (Nettolohn gemäss Lohnausweis)
- Erwerbseinkommen aus selbständiger Erwerbstätigkeit
- Nebenerwerb
- Ersatzeinkommen (z.B. Renten)
- Einkommen aus beweglichem Vermögen (z.B. Zinsen / Dividenden)
- Einkommen aus unbeweglichem Vermögen (z.B. Eigenmietwert)
- Übriges Einkommen (z.B. Alimente)

Total der Einkünfte

II. Abzüge
- Berufsunkosten (Berufsauslagen) Unselbständigerwerbender
- Gewinnungskosten (Berufsunkosten) Selbständigerwerbender
- Private Schuldzinsen
- Unterhaltsbeiträge (z.B. Alimente)
- Freiwillige Beiträge an die berufliche Vorsorge (2. Säule)
- Beiträge an die gebundene Selbstvorsorge (Säule 3a)
- Versicherungsprämien
- Aufwendungen für Vermögensverwaltung
- Weitere allgemeine Abzüge

Total der Abzüge

III. Reineinkommen
   I. Total der Einkünfte
— II. Total der Abzüge
= **Reineinkommen** (Nettoeinkommen)

IV. Sozialabzüge und weitere Abzüge
- Kinderabzug
- Drittbetreuungsabzug
- Unterstützungsabzug
- Krankheits- und IV-Kosten
- Sonderabzug bei Erwerbstätigkeit beider Ehegatten
- Freiwillige Zuwendungen (z.B. Spenden)

Total Sozialabzüge und weitere Abzüge

V. Steuerbares Einkommen
   III. Reineinkommen
— IV. Sozialabzüge und weitere Abzüge
= **Steuerbares Einkommen**

- Wer die Steuererklärung nicht ausfüllt, wird gemahnt und dann gebüsst. Es erfolgt eine Ermessensveranlagung durch die Steuerbehörde.
- Für Einkünfte und gewisse Abzüge verlangt die Steuerbehörde Belege.

Steuerbares Vermögen

■ Vermögenssteuer

Vermögenssteuer: *Sie belastet alle Werte, die im Eigentum des Steuerpflichtigen sind.*

Die Vermögenswerte müssen zum Verkehrswert, Lebensversicherungen zum Rückkaufswert versteuert werden. Die meisten dieser Vermögenswerte sind früher einmal als Einkommen versteuert worden (Ausnahmen: Erbschaften und Schenkungen sowie steuerbefreite Einkünfte gemäss den Steuergesetzen).

I. Aktiven
- Grundeigentum
- Geschäftsvermögen
- Wertschriften und sonstige Kapitalanlagen
- Bargeld, Gold und andere Edelmetalle
- Rückkaufsfähige Lebens- und Rentenversicherungen (Rückkaufswert)
- Anteil am Vermögen von Erbengemeinschaften
- Übrige Vermögenswerte (z.B. Auto, Sammlungen)

Total der Aktiven (Bruttovermögen)

II. Passiven
- Private Schulden
- Schulden auf Geschäftsvermögen

Total der Passiven

III. Reinvermögen
    I. Aktiven
— II. Passiven
= **Reinvermögen** (Nettovermögen)

IV. Steuerfreie Beträge
- Persönlicher Abzug / Abzug für Verheiratete
- Kinderabzug

Total steuerfreie Beträge

V. Steuerbares Vermögen
    III. Reinvermögen
— IV. Steuerfreie Beträge
= **Steuerbares Vermögen**

Tipp

– **An die Steuerbehörde einen Dauerauftrag erteilen**
Berechnen Sie, wie viel Steuern Sie pro Monat etwa zahlen müssen. Überweisen Sie jeden Monat einen genügend hohen Betrag per Dauerauftrag an die Steuerbehörde Ihrer Wohngemeinde. (In gewissen Kantonen gewähren die Steuerbehörden einen höheren Zins als die Banken.)

– **Ordner zulegen**
Bewahren Sie alle Steuerunterlagen (in einem Ordner) auf. So können Sie später bei Bedarf darauf zurückgreifen.

– **Steuerabzüge machen**
Im Zweifelsfalle immer einen Steuerabzug machen (z.B. für Weiterbildung; Belege beifügen).

Progression

■ Die Steuerprogression

Steuerprogression: *Prozentuale Zunahme der Steuerbelastung bei steigendem Einkommen.*

Die Steuerprogression führt zu einer unterschiedlichen Steuerlast für verschiedene Einkommen. Diese Last ist an die wirtschaftliche Leistungsfähigkeit der Steuerpflichtigen gebunden. Damit erfolgt eine Umverteilung der Vermögen in der Bevölkerung.

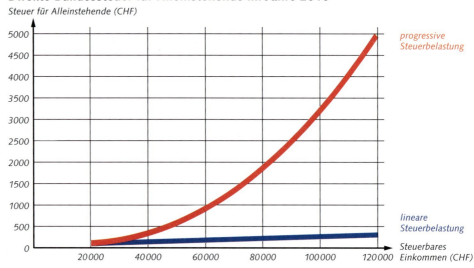

Direkte Bundessteuer für Alleinstehende im Jahre 2010

Im Jahr 2010 zahlte eine alleinstehende Person bei einem steuerbaren Einkommen von CHF 20 000.– rund CHF 50.– direkte Bundessteuer. Eine alleinstehende Person mit einem steuerabaren Vermögen von CHF 120 000.– (das 6-fache von CHF 20 000.–) hätte bei linearer Besteuerung rund CHF 300.– (das 6-fache von CHF 50.–) Steuern zahlen müssen. Tatsächlich zahlte sie rund CHF 4900.– (das 98-fache von CHF 50.–).

■ Die kalte Progression

Kalte Progression: *Wird durch die Steuerprogression und durch die Inflation (Teuerung) verursacht.*

Steigen die Lebenshaltungskosten und wird Ende Jahr beim Lohn nur gerade die Teuerung (Inflation) ausgeglichen, so kann man sich bezüglich der Kaufkraft mit diesem «höheren» Lohn nicht mehr leisten als zuvor (da ja durchschnittlich alles teurer geworden ist). Man rutscht aber in eine höhere Einkommensklasse und zahlt somit mehr Steuern.

Beispiel:
Ein alleinstehender Arbeitnehmer erzielte im Jahr 1970 ein steuerbares Einkommen von CHF 48 200.–. Dafür zahlte er 1,5% direkte Bundessteuer (CHF 729.35). In den folgenden Jahren erhielt der Arbeitnehmer jeweils den jährlichen Teuerungsausgleich. Sein Lohn blieb real jedoch gleich hoch. Im Jahre 2000 betrug sein steuerbares Einkommen CHF 89 400.–. Dafür zahlte er 4,34% direkte Bundessteuer (CHF 3087.30). Wegen der höheren Steuerbelastung konnte er sich im Jahre 2000 weniger leisten.

Steuersatz — Der Steuersatz ist der Prozent- oder Promillesatz, zu dem das steuerbare Einkommen bzw. das steuerbare Vermögen besteuert wird.

Steuerfuss — Der Steuerfuss ist variabel. Kantone und Gemeinden legen ihn jährlich fest.

Steuervergehen

In der Schweiz unterscheidet man zwei wichtige Formen von Steuervergehen:
- Steuerhinterziehung
- Steuerbetrug

Steuerhinterziehung

Steuerhinterziehung: *Verschweigen (nicht in der Steuererklärung aufführen) von Einkünften und Vermögensteilen.*

Dieses Vergehen wird allein durch die Steuerbehörde geahndet. Es führt nicht zu einem Gerichtsfall.
Das Gesetz sieht folgende Massnahmen durch die Steuerbehörde vor:

Busse	Die Busse beträgt das Einfache der hinterzogenen Steuer.
+ Nachsteuer	Die hinterzogenen Steuern (einschliesslich Zinsen) müssen nachbezahlt werden (evtl. über mehrere Jahre hinweg).
+ Strafsteuer	Je nach Schwere des Falles kann die Strafsteuer bis das Dreifache der Nachsteuern betragen.

Steuerbetrug

Steuerbetrug: *Fälschen von Dokumenten und Urkunden, die der Steuerveranlagung dienen (Lohnausweis, Bilanz usw.).*

Dieses Verhalten ist strafbar und hat ein Strafverfahren zur Folge. Es wird je nach Schwere des Falles mit einer Freiheitsstrafe oder mit einer Busse geahndet. Das Strafmass wird durch ein Gericht festgelegt.

Auf Druck des Auslandes, das den Unterschied zwischen Steuerhinterziehung und Steuerbetrug nicht kennt, wird in der Schweiz die Abschaffung dieses Unterschieds heftig diskutiert. Im Ausland gelten auch hinterzogene Steuern als Straftatbestand.

Verjährung

Grundsätzlich verjähren Steuerhinterziehung und Steuerbetrug nach 10 Jahren.

Steueramnestie

Steueramnestie: *Erlass von Nach- und Strafsteuern (ist nur bei Steuerhinterziehung möglich).*

Das eidgenössische Parlament kann eine Steueramnestie erlassen. Wer innerhalb der festgelegten Frist sein wahres Einkommen und sein wahres Vermögen deklariert, hat keine Nach- und Strafsteuern und keine Busse zu gewärtigen.

Rechtsmittel zur Steuerveranlagung

◼ Einsprache

Der Steuerpflichtige, der seine Veranlagungsverfügung nicht akzeptiert, kann die Überprüfung der Veranlagung verlangen. Dafür muss er einen begründeten Antrag stellen. Dieses Begehren, das meistens als Einsprache bezeichnet wird und welches innert 30 Tagen schriftlich eingereicht werden muss, soll zu einer eingehenden Prüfung der Veranlagung führen.

Der Steuerpflichtige kann auch eine mündliche Einspracheverhandlung bei der Steuerkommission der Gemeinde verlangen.

Einspracheentscheid

Das Ergebnis dieser Prüfung wird dem Steuerpflichtigen in einer neuen Verfügung mit einer Rekurs- oder Beschwerdefrist von wiederum 30 Tagen eröffnet.

◼ Rekurs oder Beschwerde

Ist der Steuerpflichtige auch mit dieser Verfügung nicht einverstanden, so kann er als nächstes Rechtsmittel einen Rekurs oder eine Beschwerde an die nächsthöhere Instanz richten (wiederum: begründeten Antrag stellen).

◼ Steuerstundungsgesuch

Darunter versteht man den Antrag, die Steuerzahlung zu einem späteren Zeitpunkt erfüllen zu dürfen. In der Regel beantragt der Steuerzahler, die Steuern in Raten abzahlen zu können.

Tipp

- Nach dem Einreichen der Steuererklärung erhält man eines Tages die Steuerrechnung mit dem Veranlagungsprotokoll zugestellt. Weicht das steuerbare Einkommen gemäss Veranlagungsprotokoll von der Steuererklärung ab, sollte man sich die Änderungen vom Steueramt erklären lassen.
- Ist man mit Änderungen, wie sie das Steueramt vorgenommen hat, nicht einverstanden, schreibt man innerhalb der 30-tägigen Frist eine Einsprache, in der man einen begründeten Antrag stellt.
- Entdeckt man aber eigene Fehler, korrigiert man sie auf dem Doppel, damit die gleichen Fehler ein Jahr später vermieden werden können.

R 8. Versicherungen

Versicherungen: Übersicht

Finanzielle Sicherheit

Solidaritätsprinzip

Versicherer (Versicherungsgesellschaft) — Versicherter (Versicherungsnehmer)

Police und Allgemeine Versicherungsbedingungen

Prämie

Personenversicherungen

Mit den Personenversicherungen kann man ausschliesslich die eigene Person versichern.

eidgenössisch obligatorisch
Sozialversicherungen
- Krankenversicherung
- Unfallversicherung
- Alters- und Hinterlassenenversicherung (AHV)
- Invalidenversicherung (IV)
- Ergänzungsleistungen (EL)
- Erwerbsersatzordnung (EO)
- Arbeitslosenversicherung (ALV)
- Berufliche Alters-, Hinterlassenen- und Invalidenvorsorge (BVG; Pensionskasse)
- Familienausgleichskasse (FAK)
- Militärversicherung (MV)

freiwillig
Private Vorsorge:
z.B. Verschiedene Arten von Lebensversicherungen

Sachversicherungen

Mit den Sachversicherungen kann man ausschliesslich die eigenen Sachen versichern.

kantonal obligatorisch
- Hausratversicherung (Mobiliarversicherung)
- Gebäudeversicherung

freiwillig
- Diebstahl
- Glasbruch
- Fahrzeuge: Teil- und Vollkasko
- Wasserschaden
- Hagelschaden
- Tiere usw.

Haftpflichtversicherungen

Mit den Haftpflichtversicherungen kann man fremde Personen und deren Sachen versichern, denen man selber einen Schaden zugefügt hat.

eidgenössisch obligatorisch
Haftpflichtversicherung für
- Halter von Motorfahrzeugen
- Flugzeuge

kantonal obligatorisch
Haftpflichtversicherung für Wasserfahrzeuge

freiwillig
- Privathaftpflicht
- Hauseigentümerhaftpflicht
- Betriebshaftpflicht usw.

Drei-Säulen-Konzept

| 1. Säule: AHV/IV/EL | 2. Säule: Pensionskasse | 3. Säule: Private Vorsorge |

Das Prinzip der Versicherungen

> **Versicherung:** *Schutz gegen wirtschaftliche Risiken und deren finanzielle Folgen.*

Menschen haben das Bedürfnis, sich gegen die Folgen von finanziellen Risiken aller Art abzusichern.

2010 haben die Einwohner in der Schweiz rund CHF 7100.– pro Kopf der Bevölkerung für private Versicherungen ausgegeben, und zwar ohne die Ausgaben der Sozialversicherungen. Damit belegte die Schweiz bei den privaten Versicherungsausgaben hinter Grossbritannien und den Niederlanden den dritten Platz weltweit.

(Quelle: Schweizerischer Versicherungsverband)

Solidaritätsprinzip

> **Solidaritätsprinzip:** *Viele Menschen zahlen regelmässig relativ geringe Versicherungsprämien für all jene Menschen, die teure Leistungen beanspruchen müssen.*

Bedenkt man, welche finanziellen Mittel aufwendige medizinische Operationen, der Eintritt einer Invalidität oder die Folgen von Arbeitslosigkeit erfordern, so hat ein einzelner Mensch kaum mehr die Möglichkeit, seine Risiken finanziell abzudecken. Aus diesem Grund schliessen sich Menschen, die einem gleichartigen Risiko ausgesetzt sind, zu einer «Gefahrengemeinschaft» zusammen, um einander Schutz zu geben nach dem Prinzip «Einer für alle, alle für einen». Dieses Solidaritätsprinzip geht vom Gedanken aus «Wer Glück hat und von negativen Ereignissen verschont bleibt, zahlt für jene, die von negativen Ereignissen betroffen sind».

Tipp

Umgang mit Versicherungsvertretern
- *Vom Vertreter eine Visitenkarte verlangen, um zu wissen, für wen er arbeitet.*
- *Zum Gespräch mit einem Vertreter immer noch eine weitere Person zuziehen.*
- *Sich von den wichtigsten Aussagen des Vertreters Notizen machen.*
- *Sich vom Versicherungsvertreter die Unterlagen aushändigen lassen und sich genügend Zeit nehmen, diese Unterlagen sorgfältig zu studieren. (Sich nie bezüglich einer Unterschrift unter Druck setzen lassen!)*
- *Auch das Kleingedruckte durchlesen und Unverstandenes notieren.*
- *In Anwesenheit eines Vertreters nie etwas unterschreiben, es sei denn, man hat die Unterlagen bereits studiert und Unklarheiten sind ausgeräumt worden.*
- *Sich Versprechungen des Vertreters schriftlich geben lassen.*
- *Um eine unverbindliche Offerte zu bekommen, bedarf es nie einer Unterschrift.*
- *Falls ein Gesundheitsfragebogen ausgefüllt werden muss, diesen immer wahrheitsgetreu ausfüllen – auch wenn der Vertreter etwas anderes sagen sollte.*

Wichtige Grundbegriffe zu den Versicherungen

Versicherer und Versicherter

> **Versicherer:** *Vertragspartei, die sich dem Versicherungsnehmer gegenüber verpflichtet, im Versicherungsfall Leistungen zu erbringen.*

Man spricht in diesem Zusammenhang auch von Versicherungsgesellschaft. Der Versicherer ist für die Entschädigung nach Eintritt eines Schadenfalls zuständig.

> **Versicherter:** *Vertragspartner des Versicherers.*

Er wird auch als Versicherungsnehmer bezeichnet. Der Versicherte erhält beim Abschluss des Vertrages den Versicherungsvertrag in Form einer «Police», die ihn berechtigt, im Schadenfall vom Versicherer Leistungen zu beziehen.

Police

> **Police:** *Dient als Beweisurkunde für den Abschluss eines Versicherungsvertrages, welche die gegenseitigen Rechte und Pflichten der Parteien umschreibt. Werden Leistungen fällig, so ist die Police vorzulegen.*

Im Volksmund wird die Police daher auch als «Versicherungsvertrag» bezeichnet. Darin wird festgehalten, wer Versicherer, wer Versicherungsnehmer, versicherte Person (bzw. versicherte Sache) und wer Begünstigter ist. Das Dokument enthält ebenfalls die versicherte Leistung, deren Fälligkeit sowie die Prämie und deren Fälligkeit. Die Details sind in den «Allgemeinen Versicherungsbedingungen (AVB)» festgehalten.

Allgemeine Versicherungsbedingungen (AVB)

> **Allgemeine Versicherungsbedingungen:** *Regeln, die für alle Vertragsparteien in gleicher Weise gültig sind.*

Die Allgemeinen Versicherungsbedingungen sind ein integrierter Bestandteil des Versicherungsvertrages. Sie unterliegen der Genehmigung durch das Bundesamt für Privatversicherungswesen (BPV).

Da die AVB zum Vertragsinhalt gehören, müssen sie zum Zeitpunkt der Antragstellung dem Versicherungsnehmer abgegeben werden.

Prämie

> **Prämie:** *Preis, den der Versicherte bezahlt, damit der Versicherer im Schadenfall die vereinbarten Leistungen erbringt.*

Prämien können monatlich, halbjährlich oder jährlich geschuldet sein oder als einmalige Einzahlung getätigt werden.

→ www.verlag-fuchs.ch/recht

Personenversicherungen

> **Personenversicherungen:** *Sammelbegriff für Versicherungen, bei denen eine Person versichert ist*
> *– für Heilungskosten (bei Krankheit und bei Unfall),*
> *– gegen vorübergehenden oder dauernden Lohnausfall im erwerbsfähigen Alter,*
> *– gegen den Erwerbsausfall im Alter und*
> *– gegen die finanziellen Folgen beim Tod.*

Die wichtigsten Personenversicherungen in der Schweiz sind die Sozialversicherungen.

Sozialversicherungen

> **Sozialversicherungen:** *Vom Bund als obligatorisch erklärte Versicherungen, um gewisse soziale Risiken abzudecken. Mit Ausnahme der Krankenversicherung richtet sich die Höhe der Prämien nach der Höhe des Einkommens der Versicherten.*

Folgende 10 Versicherungsbereiche zählt man in der Schweiz zu den Sozialversicherungen:
– Krankenversicherung (KVG: Krankenversicherungsgesetz)
– Unfallversicherung (UVG: Unfallversicherungsgesetz)
– Alters- und Hinterlassenenversicherung (AHV)
– Invalidenversicherung (IV)
– Ergänzungsleistungen (EL)
– Erwerbsersatzordnung (EO)
– Arbeitslosenversicherung (ALV)
– Berufliche Alters-, Hinterlassenen- und Invalidenvorsorge (BVG; auch Pensionskasse genannt)
– Familienausgleichskasse (FAK)
– Militärversicherung (MV)

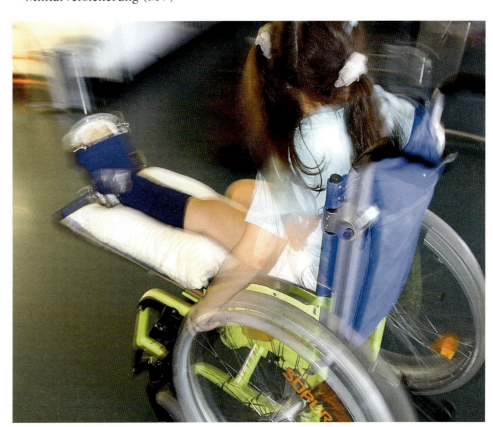

Die Krankenversicherung

> **Krankheit:** *Beeinträchtigung der körperlichen oder der geistigen Gesundheit, die nicht auf einen Unfall zurückzuführen ist.*
> **KVG:** *Krankenversicherungsgesetz*

Die Krankheit darf nicht mit dem Unfall verwechselt werden, obwohl beide dieselben Folgen nach sich ziehen können: ärztliche Behandlung oder Spitalaufenthalt. Die Leistungen bei einem Unfall unterscheiden sich von jenen bei einer Krankheit.

> **Krankenkasse:** *Versicherer, die die obligatorische Krankenpflegeversicherung (Grundversicherung) anbieten. Die Krankenkassen müssen vom Eidgenössischen Departement des Innern (EDI) anerkannt sein.*

- Die Krankenkasse gewährt den notwendigen Versicherungsschutz bei Krankheit und bei Mutterschaft (Schwangerschaftskontrolle, Entbindung usw.).
- Bei einem Unfall zahlt die Krankenkasse dann, wenn keine Unfallversicherung die Kosten übernimmt. Sie behandelt unfallbedingte Kosten aber wie Krankheitskosten. Wer keine obligatorische Unfallversicherung hat, muss bei der Krankenkasse gegen Unfall versichert sein.

Prämien
Jede Person bezahlt ihre eigene Prämie, eine sogenannte «Kopfprämie». Die Prämien sind unabhängig vom Einkommen einer Person und variieren von Kasse zu Kasse und von Kanton zu Kanton und sind sogar regional unterschiedlich.

Grundversicherung/Krankenpflegeversicherung

Obligatorium
Die Grundversicherung ist für alle in der Schweiz wohnhaften Personen obligatorisch und ist somit öffentliches Recht. Diese Versicherung gewährleistet eine qualitativ hochstehende und umfassende Grundversorgung. Sie bietet allen Versicherten dieselben Leistungen.
Eltern müssen ihr neugeborenes Kind innerhalb von drei Monaten bei einer Krankenkasse versichern.

Freizügigkeit
Der Versicherte kann die Krankenkasse frei wählen. Diese muss ihn vorbehaltlos aufnehmen (Freizügigkeit).

Leistungen
- Behandlungen, die durch einen Arzt sowie durch anerkannte Leistungserbringer (z.B. Physiotherapeuten, Hebammen, Ernährungsberater) vorgenommen werden.
- Behandlung und Aufenthalt in der allgemeinen Abteilung «Listenspital», das auf einer Liste des Wohnkantons erwähnt ist. Diese Liste gilt für die ganze Schweiz. Aufgrund der tariflichen Unterschiede ist es empfehlenswert, die freie Spitalwahl in der ganzen Schweiz weiterhin zu versichern.
- Kosten für die Medikamente, die in der Arzneimittel- und Spezialitätenliste aufgeführt sind (zurzeit zirka 2500 Medikamente).
- Komplementärmedizin in der Grundversicherung: Die anthroposophische Medizin, die Homöopathie, die Neuraltherapie, die Physiotherapie und die chinesische Medizin werden ab 1.1.2012 bis Ende 2017 unter bestimmten Voraussetzungen vergütet (gilt nur bei Behandlung von Ärzten mit der entsprechenden Zusatzausbildung). Dafür braucht es weiterhin die Zusatzversicherung für Alternativmedizin.
- Kosten verschiedener Massnahmen: Gesundheitsvorsorge (Impfungen, Untersuchungen von Kindern im Vorschulalter, gynäkologische Vorsorgeuntersuchungen, Untersuche zur Erkennung von Brustkrebs), Transport- und Rettungskosten usw.

Zusatzversicherungen

Freiwilligkeit
Die Zusatzversicherungen sind freiwillig und unterstehen dem privaten Recht. Die Krankenkassen können jemandem die Aufnahme verweigern oder einer risikobehafteten Person kündigen. Die Prämien richten sich dementsprechend auch nach dem Risiko einer Person (Alter, bestehende Krankheiten usw.). Mit Zusatzversicherungen kann man wahlweise weitere Behandlungsarten (z.B. Naturheilverfahren, Zahnpflege) und/oder einen gewissen Komfort (halbprivate oder private Abteilung im Spital) abdecken.

Arten
Die bekanntesten Zusatzversicherungen sind:
- Spitalzusatzversicherung: halbprivate (2er-Zimmer) oder private Abteilung (1er-Zimmer) und freie Arztwahl.
- Spitalzusatz «Allgemeine Abteilung ganze Schweiz»
- Zusatzversicherung für Zahnfehlstellungs-Korrekturen bei Kindern
- Zusatzversicherungen für Alternativmedizin
- Zusatzversicherung für nichtärztliche Psychotherapie
- Zusatz für nichtkassenpflichtige Medikamente
- Zusätze für Ambulanz- und Rettungstransporte
- Zusatzversicherung für Auslandsaufenthalte
- Zusatzversicherung für Brillengläser und Kontaktlinsen

Krankentaggeldversicherung
Eine wichtige Zusatzversicherung ist die Krankentaggeldversicherung. Sie erbringt Leistungen (Lohnersatz), falls die Lohnfortzahlungspflicht des Arbeitgebers gemäss Arbeitsvertrag erlischt.

Je länger der Arbeitgeber den Lohn bei überjährigem Arbeitsverhältnis bezahlen muss, desto weiter hinaus kann man die Taggeldversicherung schieben (aufgeschobene Krankentaggeldversicherung), was wiederum die Prämien verbilligt.

Kostenbeteiligung

Ein Teil der Behandlungskosten (ambulante und stationäre Behandlung) geht zulasten der Versicherten. Dieser Teil setzt sich zusammen aus der Jahresfranchise und dem Selbstbehalt.

> **Jahresfranchise:** *Grundbetrag, den eine versicherte Person pro Jahr selber tragen muss. Die Franchise beträgt im Minimum CHF 300.–. (Kinder und Jugendliche bis 18 Jahre bezahlen keine Franchise.)*

> **Selbstbehalt:** *Nach dem Abzug der Jahresfranchise muss der Versicherte zusätzlich 10% des Rechnungsbetrags (Erwachsene max. CHF 700.–/Kinder max. CHF 350.–) pro Kalenderjahr bezahlen. Bei einzelnen Medikamenten (Originalpräparate anstelle von Generika) kann der Selbstbehalt 20% betragen.*

Bei minimaler Jahresfranchise beträgt die ordentliche Kostenbeteiligung somit maximal CHF 1000.– pro Jahr für Erwachsene (CHF 300.– Franchise und max. CHF 700.– Selbstbehalt) und CHF 350.– für Kinder und Jugendliche. Dieser Betrag ändert sich bei freiwilliger Erhöhung der Franchise (siehe: Prämien sparen).

Aufenthalt im Spital
Mit Ausnahme von Kindern, Jugendlichen in Ausbildung und bei Schwangerschaft zahlen alle volljährigen Personen bei einem Spitalaufenthalt CHF 15.– pro Tag.

Weitere Begriffe der Krankenversicherung

Ambulante Behandlung
Der Patient sucht einen Arzt auf oder vereinbart mit einem Spital einen Termin, wird dort behandelt und kann das Spital am selben Tag wieder verlassen.

Stationäre Behandlung
Sobald im Spital übernachtet werden muss, gilt dies als stationärer Spitalaufenthalt. Man benötigt dazu ein Zimmer.

Karenzfrist
Dies ist die Zeitspanne zwischen Eintritt in die Versicherung und dem Beginn der Versicherungsleistungen durch die Krankenkasse.

Die Karenzfrist läuft ab Vertragsbeginn für eine vertraglich vereinbarte Dauer. Diese Frist kann nur bei Zusatzversicherungen festgesetzt werden. Karenzfristen sind beispielsweise im Zusammenhang mit Versicherungsleistungen infolge Mutterschaft von Bedeutung.

Beispiel:
Eine junge Frau stellt einen Antrag auf halbprivate Versicherung beim Spitalaufenthalt. Die Krankenkasse bewilligt diesen Antrag mit der Auflage, dass für die Mutterschaft eine Karenzfrist von neun Monaten besteht. Die Krankenkasse will sichergehen, dass die Frau nicht schon ahnt oder gar weiss, schwanger zu sein und sich noch schnell halbprivat versichern will.

Vorbehalt (Krankenversicherung)
Nur bei Anträgen auf Zusatzversicherungen können die Krankenkassen einen zeitlich befristeten oder einen unbefristeten Vorbehalt anbringen, wenn beim Antragsteller bereits ein gesundheitlich ungünstiges Risiko vorliegt. Dies bedeutet für den Versicherten, dass er für die Behandlung der im Vorbehalt aufgeführten Krankheit keinen Anspruch auf Leistungen hat.

Beispiel:
Ein herzkranker Patient möchte im Falle eines Spitalaufenthaltes neu privat versichert sein. Nun kann die Krankenkasse einen Vorbehalt bei Herzerkrankungen anbringen. Sollte der Versicherte mit einer Herzerkrankung ins Spital eingeliefert werden, zahlt die Krankenkasse die Kosten in der Privatabteilung nicht. Für diesen Fall müsste der Versicherte mit der allgemeinen Abteilung vorliebnehmen, welche durch die Grundversicherung abgedeckt ist.

Hausarzt-Modell
Der Versicherte verpflichtet sich, im Krankheitsfall immer zuerst seinen aus einer Liste gewählten Hausarzt aufzusuchen. Die freie Arztwahl bleibt somit eingeschränkt (Prämienreduktion bis 10%).

HMO-Modell
Die HMO-Praxis ist ein Gesundheitszentrum in städtischen Gebieten mit fest angestellten Ärzten und weiterem medizinischen Personal. Die HMO-Praxen werden vorwiegend von den Krankenkassen betrieben. Im Krankheitsfall wird man immer durch dieses Gesundheitszentrum betreut (Prämienreduktion bis zu 25%).

Prämienverbilligung
Der Bund stellt den Kantonen finanzielle Mittel zur Verfügung, damit diese Familien und Personen mit tiefen Einkommen die Versicherungsprämien verbilligen (eigener Antrag notwendig). Die Verbilligung ist je nach Kanton verschieden geregelt. Informationen erhält man bei der Krankenkasse oder auf der Gemeindekanzlei der Wohngemeinde.

Prämienreduktionen

Je nach Krankenversicherer bestehen folgende Möglichkeiten:
- höhere Kostenbeteiligung durch höhere Jahresfranchise
- Einschränkung der freien Arzt- und Spitalwahl (z.B. HMO-Praxis, Hausarzt-Modell)
- Vergleich von Prämien und allfälliger Wechsel des Krankenversicherungsanbieters

Kündigung der Grundversicherung

a) *Häufigster Fall:*
Bei der obligatorischen Franchise von CHF 300.– kann man mit einer Frist von 3 Monaten immer auf Ende Juni kündigen. Damit die Kündigung gültig ist, muss sie spätestens am 31. März bei der Krankenkasse eingetroffen sein.

Die Kündigung auf Ende Dezember muss bis am 30. November bei der Krankenkasse eingetroffen sein.

b) *Ausnahme:*
Bei höher gewählter Franchise sowie bei anderen Modellen (Hausarzt, HMO) kann nur auf Ende Dezember gekündigt werden. Die Kündigung der obligatorischen Krankenpflegeversicherung muss bis spätestens am 30. November bei der Krankenkasse eingetroffen sein.

Kündigung bei Zusatzversicherungen

Teilt die Krankenkasse eine Prämienerhöhung bei Zusatzversicherungen vor dem 31. Oktober mit, so hat man bis zum 30. November Zeit zu kündigen und einen Kassenwechsel vorzunehmen. Der Kassenwechsel erfolgt mittels eingeschriebenem Kündigungsschreiben. Der neue Versicherer muss die Aufnahme schriftlich bestätigen.

Tipp
- *Alle Rechnungen der Krankenkasse zustellen.*
- *Europäische Krankenversicherungskarte: Krankenkassen geben eine persönliche Versichertenkarte im Kreditkartenformat ab mit den wichtigsten Angaben und Informationen zur Krankenversicherung. Diese Karte kann im Inland (z.B. in einer Apotheke) wie auch in den europäischen Staaten verwendet werden.*
Für Mehrkosten (z.B. Spitalaufenthalt in der privaten Abteilung) kann man bei der Krankenkasse die Ferien- und Reiseversicherung abschliessen.
- *Um Leistungen bei einer Behandlung ausserhalb eines EU / EFTA-Staates abzudecken, sollte man vorgängig mit dem Versicherer Rücksprache nehmen.*
- *Falls man mehr als 8 Stunden pro Woche bei einem Arbeitgeber beschäftigt ist, kann man die Unfalldeckung aus der Krankenversicherung ausschliessen, da man obligatorisch beim Arbeitgeber gegen Berufs- und Nichtberufsunfall versichert ist.*
- *Bevor eine Zusatzversicherung gekündigt wird, soll man die Zusicherung von einem neuen Versicherer einholen, falls man die Zusatzversicherung weiterhin beibehalten will.*
- *Für die Dauer eines längeren Militärdienstes (mehr als 60 Tage) kann die Rückerstattung der Prämien verlangt werden.*

→ www.verlag-fuchs.ch/recht

Die Unfallversicherung

> **Unfall:** *Schädigende Einwirkung eines ungewöhnlichen äusseren Faktors auf den menschlichen Körper. Diese Schädigung erfolgt plötzlich und ist nicht beabsichtigt. Dies führt zu einer Beeinträchtigung der körperlichen oder der geistigen Gesundheit oder hat den Tod zur Folge. Den Unfällen gleichgestellt sind unfallähnliche Körperschädigungen (z.B. Knochenbrüche oder Verrenkungen von Gelenken).*
> **UVG:** *Unfallversicherungsgesetz*

Die fünf Voraussetzungen für einen Unfall

Damit ein Ereignis als Unfall gilt, müssen fünf Bedingungen erfüllt sein:
- medizinisch feststellbarer Körperschaden (Sachschäden sind ausgeschlossen)
- Einwirkung von aussen
- ungewöhnlicher Vorfall
- plötzlich auftretender Vorfall
- unfreiwilliges Ereignis

Fehlt eine dieser Voraussetzungen, wird das Ereignis nicht als Unfall eingestuft.

Die obligatorische Unfallversicherung befasst sich mit den wirtschaftlichen Folgen von Berufsunfällen, Nichtberufsunfällen und Berufskrankheiten (siehe Leistungen).

Berufsunfall (BU)/Nichtberufsunfall (NBU)

> **Berufsunfall (BU):** *Unfall, der sich während der Arbeitszeit oder in Arbeitspausen ereignet, wenn sich der Verunfallte auf dem Betriebsgelände aufhält.*

Jeder Arbeitgeber hat die Pflicht, seine Arbeitnehmer gegen Berufsunfall zu versichern. Er muss die Prämie für diese Versicherung zu 100% selber bezahlen.

Wer gegen Berufsunfall versichert ist, ist automatisch auch gegen Berufskrankheiten versichert.

> **Berufskrankheit:** *Krankheit, die ausschliesslich oder vorwiegend durch das Ausführen einer beruflichen Tätigkeit hervorgerufen wird, verursacht durch schädigende Stoffe oder bestimmte Arbeiten.*

Im Anhang zur Verordnung über die Unfallversicherung (UVV) befindet sich eine Liste schädigender Stoffe. Zudem sind dort auch arbeitsbedingte Erkrankungen wie erhebliche Schädigung des Gehörs, Staublungen usw. erwähnt.

> **Nichtberufsunfall (NBU):** *Jeder Unfall, der nicht zu den Berufsunfällen zählt.*

Gegen NBU sind Arbeitnehmer nur dann obligatorisch versichert, wenn ihre wöchentliche Arbeitszeit bei einem Arbeitgeber mehr als 8 Stunden beträgt.

Der Arbeitgeber schuldet der Unfallversicherung die gesamte Prämiensumme für die Berufs- und die Nichtberufsunfallversicherung. Der Arbeitgeber kann dem Arbeitnehmer die NBU-Prämie ganz oder teilweise vom Bruttolohn abziehen.

Arbeitslose

Wer Anspruch auf Arbeitslosenentschädigung hat, ist bei der SUVA (Schweizerische Unfallversicherungsanstalt) obligatorisch gegen Unfall versichert.

Versicherungsbeginn / Versicherungsende

Die Versicherung beginnt am Tag der tatsächlichen Arbeitsaufnahme, spätestens aber, wenn sich die Person auf den Weg zur Arbeit begibt. Sie endet am 30. Tag nach dem Tag, an dem der Anspruch auf mindestens den halben Lohn aufhört.

Abredeversicherung
Nach Ablauf dieser 30 Tage kann sich der Arbeitnehmer freiwillig und sehr günstig (CHF 25.– pro Monat) für maximal weitere 180 Tage beim bisherigen UVG-Versicherer gegen NBU versichern, und zwar auf der bisherigen Lohnbasis.

Leistungen

Heilbehandlungskosten und Hilfsmittel
Die Unfallversicherung kommt für folgende Leistungen auf: Arzt-, Arznei- und Spitalkosten (ohne dass eine Jahresfranchise oder ein Selbstbehalt von 10% wie bei der Krankenversicherung bezahlt werden muss), Hilfsmittel bei Körperschäden, Reise-, Transport- und Rettungskosten, Leichentransport- und Bestattungskosten. Sachschäden sind nur dann versichert, wenn der Schaden in direktem Zusammenhang mit dem Unfall entstanden ist (z.B. Ersatz von Brillen).

Taggeld (Lohnausfallentschädigung)
Ab dem 3. Tag nach dem Unfalltag wird ein Taggeld von 80% des versicherten Verdienstes ausbezahlt.

Invalidenrenten
Nebst der staatlichen IV entrichtet die Unfallversicherung bei Vollinvalidität eine Invalidenrente von höchstens 80% des versicherten Verdienstes. Bei Teilinvalidität wird die Rente entsprechend gekürzt.

Integritätsentschädigung
Erleidet ein Arbeitnehmer durch einen Unfall eine dauernde körperliche oder geistige Schädigung, so hat er Anspruch auf eine einmalige Kapitalzahlung von maximal einem versicherten Jahresverdienst.

Hilflosenentschädigung
Wer infolge eines Unfalls invalid ist und eine dauernde Betreuung benötigt, erhält nebst den übrigen Versicherungsleistungen einen monatlichen Zuschuss.

Hinterlassenenrenten
Der überlebende Ehegatte (Witwer, Witwe) und die Kinder erhalten nebst den Leistungen der AHV zusätzlich eine Hinterlassenenrente.

Tipp
- *Falls man mehr als 8 Stunden pro Woche bei einem Arbeitgeber arbeitet, kann man die Unfalldeckung aus der Krankenversicherung ausschliessen, da man obligatorisch beim Arbeitgeber gegen Berufs- und Nichtberufsunfall versichert ist.*
- *Alle Nichterwerbstätigen (Kinder, Schüler, Studierende, Rentner, Hausfrauen und Erwerbstätige), die weniger als 8 Stunden pro Woche bei einem Arbeitgeber arbeiten, aber auch alle Selbständigerwerbenden sind nicht obligatorisch gegen Unfall versichert. Sie müssen sich selber bei der Krankenkasse oder zusätzlich bei einer Unfallversicherung versichern.*
- *Die Unfallversicherung kann die Leistung ganz verweigern, wenn man sich in aussergewöhnliche Gefahr begibt (z.B. ausländischer Militärdienst), oder kürzen, wenn man ein Wagnis eingeht (z.B. beim Sport). Man sollte sich bei gewissen Risikosportarten zuvor beim Unfallversicherer erkundigen, ob eine zusätzliche Versicherung abgeschlossen werden sollte.*

→ www.verlag-fuchs.ch/recht

Alters- und Hinterlassenenversicherung (AHV)

3-Säulen-Konzept (siehe S. 340)

Alters- und Hinterlassenenversicherung (AHV): *Sie soll bei Wegfall des Erwerbseinkommens infolge Alter oder Tod die Existenz sichern. Die AHV erbringt Leistungen im Alter (Altersrente) oder an die Hinterlassenen (Witwen- und Waisenrenten).*

Die AHV ist die staatliche Alters- und Hinterlassenenvorsorge des eidgenössischen Sozialversicherungsnetzes. Sie ist obligatorisch und wird auch 1. Säule genannt.

Die AHV basiert in erster Linie auf der Solidarität zwischen den Generationen, d.h. die heute wirtschaftlich aktive Generation finanziert die heutigen Rentner (Umlageverfahren).

■ Wichtige Aspekte

Beitragspflicht
- Erwerbstätige: ab dem 1. Januar nach erfülltem 17. Altersjahr
- Nichterwerbstätige: ab dem 1. Januar nach erfülltem 20. Altersjahr

Rentenanspruch
- Männer: 65. Altersjahr (ab dem auf den Geburtstag folgenden Monat)
- Frauen: 64. Altersjahr (ab dem auf den Geburtstag folgenden Monat)

Beiträge (ab 2012)

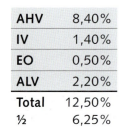

Wer AHV bezahlt, zahlt auch IV und EO, die Arbeitnehmer zusätzlich ALV.
- *Arbeitnehmer:* Der Beitragssatz für AHV / IV / EO und ALV von derzeit insgesamt 12,5% wird aufgeteilt in ½ Arbeitgeber- und ½ Arbeitnehmerbeitrag, also je 6,25%.
- *Selbständigerwerbende:* Sie bezahlen für sich den vollen Beitrag selber (abgestuft nach ihrem Einkommen).
- *Nichterwerbstätige:* Sie zahlen Beiträge von zurzeit mindestens CHF 475.– im Jahr.

Leistungen (2012)
Bei vollständiger Beitragsdauer:

– Altersrente	min. CHF 1160.–	max. CHF 2320.–
– Altersrente für rentenberechtigte Ehepaare	min. CHF 1740.–	max. CHF 3480.–
– Witwenrente	min. CHF 928.–	max. CHF 1856.–
– Waisen- und Kinderrente	min. CHF 464.–	max. CHF 928.–

- *Ergänzungsleistungen (EL):* Sie werden auf Gesuch bedürftigen Personen entrichtet, wenn die AHV zur Existenzsicherung nicht ausreicht (siehe S. 332).
- *Hilflosenentschädigung:* Wer in schwerem oder mittlerem Grad hilflos ist, kann sie beziehen (z.B. wer dauernd auf Hilfe von Dritten angewiesen ist).

Der Versicherungsnachweis
Er bestätigt dem Arbeitnehmer, dass er von seinem Arbeitgeber bei der zuständigen Ausgleichskasse **angemeldet** wurde. So hat der Arbeitnehmer die Gewissheit, dass die ausstellende Kasse sein individuelles AHV-Konto führt.

Tipp:
- Achten Sie stets darauf, dass keine Beitragslücken entstehen, sonst erfolgt im Alter eine Kürzung der Rente. Die Ausgleichskassen erteilen Auskunft.
- Wenn Sie eine Rente beanspruchen, müssen Sie sich etwa 3–4 Monate vor Erreichen des Rentenalters bei der zuständigen Ausgleichskasse melden.

Die Invalidenversicherung (IV)

3-Säulen-Konzept (siehe S. 340)

Invalidität: *Als Invalidität gilt die*
- *voraussichtlich bleibende oder*
- *längere Zeit dauernde oder*
- *die teilweise Erwerbsunfähigkeit*

als Folge von Geburtsgebrechen, Krankheit oder Unfall.

Die IV ist eine obligatorische staatliche Versicherung. Zusammen mit der AHV und den EL bildet die IV im Drei-Säulen-Konzept die 1. Säule. Sie basiert ebenfalls auf dem Umlageverfahren (siehe AHV).

Das oberste Ziel der IV ist es, die versicherte Person wieder ins Erwerbsleben einzugliedern. Erst wenn dies nicht möglich ist, erfolgen Rentenzahlungen (Arbeit vor Rente).

Wichtige Aspekte

Beitragspflicht
Die Beitragspflicht ist gleich geregelt wie bei der AHV (siehe S. 330).

Rentenanspruch

Invaliditätsgrad	Rentenanspruch
40–49%	Viertelrente
50–59%	Halbe Rente
60–69%	Dreiviertelrente
ab 70%	Ganze Rente

- Die Rente beginnt frühestens zu dem Zeitpunkt, in dem die versicherte Person während mindestens eines Jahres durchschnittlich zu mindestens 40% arbeitsunfähig gewesen ist und weiterhin mindestens in diesem Ausmass erwerbsunfähig ist.
- Der Anspruch auf IV-Renten erlischt, wenn die Voraussetzungen nicht mehr erfüllt sind, spätestens aber, wenn der IV-Rentner das AHV-Alter erreicht bzw. Anspruch auf die AHV hat (die AHV-Rente löst die IV-Rente in jedem Fall ab).

Leistungen
- *Sachleistungen:* Eingliederungsmassnahmen (schulisch, beruflich) sowie Hilfsmittel (z.B. Rollstuhl)
- *Geldleistungen:* Taggelder (Lohnersatz) während der Eingliederung (z.B. während der Umschulung), Renten (gemäss Invaliditätsgrad) sowie Hilflosenentschädigung und Pflegebeiträge

Tipp: *Ansprüche an die IV müssen bei der IV-Stelle des Wohnkantons angemeldet werden. Eine frühzeitige Anmeldung ist wichtig, möglichst sobald sich abzeichnet, dass die Behinderung von Dauer sein wird.*

→ www.verlag-fuchs.ch/recht

Ergänzungsleistungen (EL)

3-Säulen-Konzept (siehe S. 340)

Ergänzungsleistungen (EL): *Leistungen, die in Ergänzung zur AHV oder IV bezahlt werden, sofern diese Renten zusammen mit eigenen Mitteln (Einkommen, Erspartes usw.) die minimalen Lebenskosten nicht zu decken vermögen. Zusammen mit der AHV und der IV bilden die EL die 1. Säule der Alters-, Hinterlassenen- und Invalidenvorsorge.*

Die Ergänzungsleistungen sind Bedarfs- und keine Fürsorgeleistungen. Wer bedürftig ist, hat somit einen Rechtsanspruch auf Ergänzungsleistungen. Rechtmässig bezogene Ergänzungsleistungen sind – im Gegensatz zur Sozialhilfe – nicht rückerstattungspflichtig.

Wichtige Aspekte

Voraussetzungen zum Bezug
– Jemand muss Anspruch auf eine AHV- bzw. eine IV-Rente haben
– oder nach vollendetem 18. Altersjahr Anspruch auf eine Hilflosenentschädigung der IV haben
– oder ununterbrochen während mindestens 6 Monaten ein Taggeld der IV beziehen.
– Antragstellende müssen Wohnsitz und gewöhnlichen Aufenthalt in der Schweiz haben.
– Die gesetzlich anerkannten Ausgaben (für Wohnung, Krankenversicherung usw.) müssen die anrechenbaren Einnahmen übersteigen.

Der Betrag, der im Rahmen der Ergänzungsleistungen zur Deckung des allgemeinen Lebensbedarfs vorgesehen ist, beträgt CHF 19 050.– pro Jahr für Alleinstehende und CHF 28 575.– für Ehepaare (Stand 2012).

Ausländer können Ergänzungsleistungen beanspruchen, wenn sie mindestens 10 Jahre ununterbrochen in der Schweiz gelebt haben und die oben angeführten Voraussetzungen erfüllen. Für Flüchtlinge und Staatenlose beträgt diese Frist 5 Jahre. Staatsangehörige von Mitgliedstaaten der EU und der EFTA (Norwegen, Island und Liechtenstein) sind in der Regel von dieser Karenzfrist ausgenommen.

Finanzierung
Die Ergänzungsleistungen werden durch Bund, Kantone und teilweise durch Gemeinden mit Steuermitteln finanziert. Es dürfen keine Lohnprozente erhoben werden.

Arten von Ergänzungsleistungen
Ergänzungsleistungen werden durch die Kantone ausgerichtet. Es bestehen zwei Kategorien von Ergänzungsleistungen:
– jährliche Leistungen, die monatlich ausbezahlt werden
– Vergütung von Krankheits- und Behinderungskosten

Antrag
Wer seinen Anspruch auf eine Ergänzungsleistung geltend machen will, muss sich bei der zuständigen EL-Stelle melden. Diese Stellen befinden sich in der Regel bei den kantonalen Ausgleichskassen (Ausnahmen: Kantone BS, GE, ZH).

→ www.verlag-fuchs.ch/recht

Die Ergänzungsleistungen werden mit dem Ausfüllen des EL-Anmeldeformulars geltend gemacht.

Die Erwerbsersatzordnung (EO)

> **Erwerbsersatzordnung (EO):** *Ersetzt Personen, die Militärdienst, den zivilen Ersatzdienst oder Dienst im Zivilschutz leisten, einen Teil des Verdienstausfalls.*
> *Die EO deckt ebenfalls den Lohnausfall bei Mutterschaft (Mutterschaftsentschädigung).*

Die EO beruht ebenfalls auf dem Solidaritätsprinzip. Sie erfasst die ganze Bevölkerung, auch Ausländerinnen und Ausländer, ohne Rücksicht darauf, ob die Einzelnen je einmal in die Lage kommen werden, Leistungen der EO zu beanspruchen. Beiträge leisten somit all jene Personen, die auch Beiträge an die AHV und die IV entrichten (Arbeitgeber und Arbeitnehmer).

Den Dienstleistenden soll ein Teil des Verdienstausfalls ersetzt werden. Dies gilt auch für Mütter, welche sich nach der Geburt eines Kindes im Mutterschaftsurlaub befinden.

Beitragspflicht
Die Beitragspflicht ist gleich geregelt wie bei der AHV (siehe S. 330).

Wichtige Aspekte

Leistungen
- Es werden Entschädigungen in der Höhe von 80% des versicherten Erwerbseinkommens entrichtet. Die Rekrutenentschädigung sowie die Grundentschädigung für Nichterwerbstätige beträgt CHF 62.– pro Tag. Studierende gelten in der Regel als Nichterwerbstätige.
- Erwerbstätige Mütter erhalten nach der Geburt eines Kindes während 14 Wochen 80% des durchschnittlichen Erwerbseinkommens vor der Geburt, maximal aber CHF 196.– pro Tag (Stand 1. Januar 2012).
Anspruchsberechtigt sind erwerbstätige Frauen, die vor der Geburt mindestens 9 Monate bei der AHV versichert waren und davon mindestens 5 Monate gearbeitet haben. Das Arbeitspensum ist dabei nicht massgebend.

www.verlag-fuchs.ch/recht

Die Arbeitslosenversicherung (ALV) (Gültig ab 1.4.2011)

> **Arbeitslosenversicherung (ALV):** *Garantiert einen angemessenen Ersatz für Erwerbsausfälle wegen Arbeitslosigkeit, Kurzarbeit, witterungsbedingter Arbeitsausfälle sowie bei Insolvenz (Zahlungsunfähigkeit) des Arbeitgebers.*

Die Versicherung gewährt auch Beiträge an Massnahmen zur Verhütung von Arbeitslosigkeit.

Ziel — Die Arbeitslosenversicherung (ALV) hat in erster Linie zum Ziel, Arbeitslose möglichst schnell wieder in den Arbeitsprozess einzugliedern. Zudem will sie die wirtschaftliche Not – entstanden als Folge der Arbeitslosigkeit – lindern.

Versicherte — Arbeitnehmerinnen und Arbeitnehmer sind obligatorisch gegen Arbeitslosigkeit versichert. Für Selbständigerwerbende ist diese Versicherung freiwillig.

Anlaufstellen — Versicherte Personen können sich an das Gemeindearbeitsamt, ein Regionales Arbeitsvermittlungszentrum (RAV), die Arbeitslosenkasse usw. richten.

■ Wichtige Aspekte

Beitragspflicht
Die Beitragspflicht ist – abgesehen von wenigen Ausnahmen – gleich geregelt wie bei der AHV (siehe S. 330). Der höchstversicherte Jahresverdienst beträgt CHF 126 000.– (Stand 2012).

Anspruch auf Arbeitslosenentschädigung
Man muss
– ganz oder teilweise arbeitslos sein und die obligatorische Schulzeit zurückgelegt haben;
– vermittlungsfähig sein, d.h. bereit, berechtigt und in der Lage sein, eine zumutbare (auch unterqualifizierte) Arbeit innert Tagesfrist anzutreten und an Eingliederungsmassnahmen teilzunehmen;
– in der Schweiz wohnen und angemeldet sein;
– innerhalb der letzten 2 Jahre mindestens 12 Monate gearbeitet, d.h. Beiträge entrichtet haben, oder von der Erfüllung der Beitragszeit befreit sein;
– noch nicht im Rentenalter stehen;
– den Aufgeboten und den Anweisungen des Regionalen Arbeitsvermittlungszentrums (RAV) Folge leisten.
– Der Anspruch auf Arbeitslosenleistung beginnt:
    – für Personen mit Kindern nach einer Wartezeit von 5 Tagen kontrollierter Arbeitslosigkeit (Karenzfrist).
    – für Personen ohne Kinder und einem Einkommen bis CHF 60 000.– nach 5 Tagen und nach 10 bis 20 Tagen bei höheren Einkommen.
    – für Schul- und Studienabgänger nach 120 Tagen (Ausnahme: Prämien zahlende Lehrabgänger).

Leistungen/Taggeld
Die Arbeitslosenentschädigung besteht aus einem Taggeld.
– Es beträgt 80% des versicherten Verdienstes, wenn man Unterhaltspflichten gegenüber eigenen Kindern unter 25 Jahren hat, der versicherte Verdienst unter CHF 3797.– pro Monat liegt oder jemand invalid ist.
– In allen übrigen Fällen beträgt es 70%.
– Zum Taggeld kommt ein allfälliger Kinderzuschlag dazu.
– Vom Taggeld müssen die Beiträge an die AHV, die IV, die EO, an die obligatorische NBU sowie Beiträge an die berufliche Vorsorge entrichtet werden.
– Zur Verhütung und Bekämpfung von Arbeitslosigkeit kann die ALV an versicherte Personen Beiträge für Umschulung und Weiterbildung leisten.

R 8.4 Personenversicherungen

Arbeitslosenversicherung: Beitragszeit und Bezugsdauer	Taggelder
Von der Beitragspflicht befreite Personen	90
Jünger als 25 Jahre, mind. 12 Beitragsmonate, ohne Unterhaltspflicht	200
Jünger als 25 Jahre, mind. 12 Beitragsmonate, mit Unterhaltspflicht	260
Älter als 25 Jahre, mind. 12 Beitragsmonate	260
Älter als 25 Jahre, mind. 18 Beitragsmonate	400
Älter als 55 Jahre, mind. 22 Beitragsmonate	520

Pro Woche werden 5 Taggelder entrichtet.

Pflichten
– Man muss sich gezielt um eine neue Stelle bemühen, in der Regel in Form einer ordentlichen Bewerbung (Bewerbungsnachweis).
– Man muss eine zugewiesene zumutbare Arbeit annehmen (bis 30-jährig auch Arbeiten, die nicht den Fähigkeiten oder den bisherigen Tätigkeiten entsprechen).

Einstelltage
Verletzt man Pflichten, erhält man eine gewisse Zeit lang keine Taggelder mehr:
– bei leichtem Verschulden: 1 bis 15 Einstelltage
– bei mittelschwerem Verschulden: 16 bis 30 Einstelltage
– bei schwerem Verschulden: 31 bis 60 Einstelltage

Kontrollfreie Tage
Nach 60 Tagen kontrollierter Arbeitslosigkeit hat man eine Woche «Kontrollferien» zugut. Man kann die 5 kontrollfreien Tage auch aufsparen, um z.B. nach 120 Tagen Arbeitslosigkeit zwei Wochen «Kontrollferien» zu beziehen.

Insolvenzentschädigung
Die Insolvenzentschädigung deckt bei Zahlungsunfähigkeit des Arbeitgebers (Insolvenz) Lohnforderungen für maximal 4 Monate. Die Insolvenzentschädigung wird nur für geleistete Arbeit ausbezahlt.

Kurzarbeitsentschädigung
Die Arbeitslosenversicherung deckt den von Kurzarbeit betroffenen Arbeitnehmern über einen gewissen Zeitraum einen Teil der Lohnkosten. Damit soll verhindert werden, dass infolge von vorübergehenden und unvermeidbaren Arbeitsausfällen Kündigungen ausgesprochen werden.

Schlechtwetterentschädigung
Wie bei der Kurzarbeit will die Schlechtwetterentschädigung dazu beitragen, dass Arbeitsverhältnisse nicht gekündigt werden.
Sie wird für Arbeitsausfälle ausbezahlt, die dem Arbeitgeber infolge schlechter Witterung zwingend entstanden sind (besonders in der Baubranche möglich).

Tipp
– *Man soll eine Stelle nicht ohne stichhaltigen Grund kündigen und zudem erst dann, wenn man eine neue Stelle auf sicher hat.*
– *Man sollte sich möglichst frühzeitig, spätestens jedoch am ersten Tag, für den man Leistungen der ALV beansprucht, persönlich bei der Wohngemeinde (oder beim zuständigen RAV) melden und folgende Unterlagen mitbringen:*
  Wohnsitzbescheinigung der Gemeinde, amtlicher Personalausweis (ID oder Pass), AHV-Ausweis, Arbeitsvertrag, Kündigungsschreiben, Zeugnisse der letzten Arbeitgeber, Nachweis der Arbeitsbemühungen.
– *Man sollte schon während der ganzen Kündigungsfrist eine neue Stelle suchen und Kopien von Bewerbungen bzw. von Absagen aufbewahren.*

www.verlag-fuchs.ch/recht

Berufliche Vorsorge (BVG)/Pensionskasse

3-Säulen-Konzept (siehe S. 340)

> **Berufliche Vorsorge (auch Pensionskasse oder kurz 2. Säule genannt):** *Soll Betagten, Hinterlassenen und Invaliden zusammen mit der AHV-Rente die Fortsetzung der gewohnten Lebensführung ermöglichen. Versichert werden die Risiken Tod und Invalidität; gleichzeitig wird eine Altersvorsorge aufgebaut.*
> **BVG:** *Bundesgesetz über die berufliche Alters-, Hinterlassenen- und Invalidenvorsorge.*

Im Gegensatz zur AHV beruht die Pensionskasse auf dem sogenannten Kapitaldeckungsverfahren, d.h. auf einem individuellen Sparprozess, der mit dem Erreichen des Rentenalters endet. Das während der Jahre auf dem individuellen Konto der Versicherten angesparte Altersguthaben dient der Finanzierung der Rente.

Zusammen mit der ersten Säule (AHV/IV) soll mit der Pensionskasse ein Renteneinkommen von rund 60% des letzten Lohnes erreicht werden, damit die Versicherten so die gewohnte Lebensführung in angemessener Weise fortsetzen können.

Wichtige Aspekte

Beitragspflicht
Für Arbeitnehmer, die einen AHV-pflichtigen Lohn von mehr als CHF 20 880.– (Stand 2012) erzielen, ist die Pensionskasse obligatorisch:
– ab dem 1. Januar nach Vollendung des 17. Altersjahres für die Risiken Tod und Invalidität;
– ab dem 1. Januar nach Vollendung des 24. Altersjahres zusätzlich für das Risiko Alter.

Prämien
Die Arbeitgeber und die Arbeitnehmer zahlen gemeinsam die Lohnbeiträge in die Pensionskasse des Arbeitnehmers ein, wobei der Beitrag der Arbeitgeber mindestens gleich gross sein muss wie die Beiträge der Arbeitnehmer.
Selbständigerwerbende können sich freiwillig versichern.

Rentenanspruch/Leistungen
Zahlungen aus dem angesparten Alterskapital erhalten die Versicherten bei Erwerbsaufgabe infolge Pensionierung oder bei Invalidität. Ebenso erhalten Witwen, Witwer und Waisen Rentenzahlungen.

Tipp

– *Das BVG enthält die minimal zu erfüllenden Bestimmungen, die jede Pensionskasse erfüllen muss. Sie kann aber auch bessere Lösungen treffen. Massgebend für den Einzelfall ist immer das Reglement der betreffenden Pensionskasse. Studieren Sie daher das Reglement Ihrer Pensionskasse.*
– *Es kommt immer wieder vor, dass Arbeitgeber ihre Arbeitnehmer bei einer Pensionskasse nicht versichern. Daher ist es wichtig, dass der Arbeitnehmer regelmässig nachprüft, ob die Pensionskassen-Beiträge auch tatsächlich einbezahlt worden sind. Dies geschieht am besten schriftlich bei der Pensionskasse (aus Datenschutzgründen werden keine telefonischen Auskünfte erteilt).*
Wenn ein Arbeitnehmer nicht mindestens einmal pro Jahr einen Versicherungsausweis von der Pensionskasse erhält, ist dies ein schlechtes Zeichen (möglicherweise hat die Pensionskasse dem Betrieb wegen ausstehender Zahlungen gekündigt).
In diesem Fall verlangt man vom Arbeitgeber den Versicherungsausweis oder zumindest den Namen der Pensionskasse. Verweigert der Arbeitgeber diese Angaben, empfiehlt es sich dringend, bei der AHV-Ausgleichskasse nachzufragen, ob der Betrieb überhaupt eine Pensionskasse hat. Falls er dies nicht hat, sollte der Arbeitnehmer sich sofort bei der Stiftung Auffangeinrichtung melden. (Weitere Hinweise dazu siehe unter: www.aeis.ch)

→ www.verlag-fuchs.ch/recht

Weitere Sozialversicherungen

Die Familienausgleichskasse (FAK)

Familienausgleichskasse (FAK): *Zahlt Familien-, Kinder-, Ausbildungs- und zum Teil Geburtszulagen. Dies sind finanzielle Unterstützungen für Ehepaare mit Kindern.*

Die Familienzulagen werden von den Kantonen geregelt (es gibt daher 26 kantonale Gesetzgebungen).

Einzige Ausnahme bilden die Familienzulagen in der Landwirtschaft. Diese werden nach einer einheitlichen Bundeslösung entrichtet:
- Alle Arbeitnehmer haben aufgrund der kantonalen Bestimmungen Anspruch auf Familien- bzw. Kinderzulagen.
- Selbständigerwerbende haben nur in zehn Kantonen Anspruch auf Familienzulagen (AI, AR, GE, GR, LU, SG, SH, SZ, UR und ZG).

Die Familienzulagen werden ausschliesslich durch den Arbeitgeber finanziert (Ausnahme: Kanton VS). Die Ausgleichskasse entrichtet dem Arbeitgeber die Leistungen (entsprechend der Anzahl bezugsberechtigter Arbeitnehmer). Der Arbeitgeber zahlt dann seinerseits auf dem Weg der Lohnzahlung die Zulagen aus.

Die Militärversicherung (MV)

Militärversicherung (MV): *Versichert alle Personen, die Militärdienst, Dienst im Zivilschutz oder zivilen Ersatzdienst leisten, gegen Unfall oder Krankheit.*

Darunter fallen auch Personen, die im Auftrag des Bundes Einsätze beim Schweizerischen Katastrophenhilfekorps und bei friedenserhaltenden Aktionen leisten.

Für die Militärversicherung werden keine Beiträge erhoben.
Die Leistungen, die mit jenen der Unfall- und der Krankenversicherung vergleichbar sind, werden zu 100% von der öffentlichen Hand aus Steuergeldern finanziert.

Private Vorsorge/3. Säule

3-Säulen-Konzept (siehe S. 340)

Private Vorsorge/3. Säule: *Alle finanziellen Vorkehrungen, die eine Person freiwillig trifft, um für Alter, Tod oder Invalidität vorzusorgen.*

Zur 3. Säule gehören alle Sparprozesse und Risikoversicherungen, die als Ergänzung zu den ersten beiden Säulen gedacht sind, um im Vorsorgefall individuelle Wünsche befriedigen zu können. Diese Vorsorgeformen lassen sich in zwei Gruppen aufteilen:
– Gebundene Vorsorge: Säule 3a
– Freie Vorsorge: Säule 3b

Gebundene Vorsorge: Säule 3a

Unter der Säule 3a versteht man eine steuerlich begünstigte Vorsorgeform. Selbständigerwerbende sowie Arbeitnehmer mit einer Pensionskasse können sich freiwillig einer Versicherungseinrichtung oder einer Bankstiftung anschliessen und dürfen jährlich einen maximalen Betrag in die Vorsorge 3a einbezahlen. Dieser Betrag kann vom steuerbaren Einkommen abgezogen werden. Auch die Zinsen sind steuerfrei.

Die Spargelder in der Säule 3a sind gebunden, d.h. sie können frühestens 5 Jahre vor dem Erreichen des AHV-Alters bezogen werden.
Vorzeitige Barauszahlungen sind auch möglich, und zwar bei Erwerb von Wohneigentum, bei der Aufnahme einer selbständigen Erwerbstätigkeit, bei endgültigem Verlassen der Schweiz oder wenn eine ganze IV-Rente bezogen wird.

Das Kapital aus der Säule 3a kann als einmaliger Betrag bezogen werden, oder die Auszahlung kann gestaffelt erfolgen. Das ausbezahlte Kapital ist als Einkommen zu versteuern, wobei ein reduzierter Steuersatz angewendet wird, d.h. das Kapital wird gesondert vom übrigen Einkommen besteuert. Zudem entfällt die Vermögenssteuer.

Für Guthaben auf Freizügigkeitskonten sowie auf Vorsorgekonten 3a gilt ein Einlegerschutz von CHF 100 000.– pro Kunde (dies gilt zusätzlich zum Einlegerschutz von ebenfalls CHF 100 000.– für alle Arten von Bankkonten im Falle des Konkurses einer Bank, siehe S. 306).

Freie Vorsorge: Säule 3b

Zu den Sparprozessen der Säule 3b gehören alle Vorsorgeformen, über die man frei verfügen kann. Dazu gehören das klassische Sparkonto, Geldanlagen in Aktien und Obligationen, Erwerb von Wohneigentum, Lebensversicherungen.

Angebote von Lebensversicherungen

3-Säulen-Konzept (siehe S. 340)

Die Lebensversicherungen unterteilt man in vier verschiedene Gruppen.

Todesfallrisiko-Versicherung

Stirbt der Versicherte während der Vertragsdauer, zahlt der Versicherer das Kapital an die vom Versicherten begünstigte Person.
Beispiel: Ein Ehemann stirbt. Es erfolgt eine Kapitalzahlung an die Witwe.
Erlebt der Versicherte den Ablauf der Versicherung, erhält er keine Kapitalauszahlung.

Erwerbsunfähigkeitsversicherung

Wenn das Erwerbseinkommen wegen teilweiser oder vollständiger Erwerbsunfähigkeit durch Krankheit oder Unfall wegfällt, kompensiert eine Rente die fehlenden Mittel.

Gemischte Lebensversicherung

Diese Versicherung zahlt sowohl im Todesfall (Summe an die begünstigte Person) wie auch im Fall, dass der Versicherte den Vertragsablauf erlebt, meist an den Versicherungsnehmer selbst. Dieser erhält die Summe der einbezahlten Prämien + einen technischen Zins (ein von der Versicherung festgesetzter Zins) + Überschussanteile.
Mit dieser Versicherung kann jemand z.B. seine Familie im Fall eines vorzeitigen Todes besserstellen, gleichzeitig aber auch Altersvorsorge betreiben.

Rückkaufswert
Eine gemischte Lebensversicherung kann vorzeitig aufgelöst werden. Dem Versicherungsnehmer wird der Rückkaufswert ausbezahlt. Dieser Wert ist jedoch oft geringer als die bereits einbezahlten Prämien.
(Lebensversicherungen müssen zum Rückkaufswert versteuert werden und können bis zur Höhe des Rückkaufswerts als Pfand hinterlegt werden.)

Alters- oder Leibrentenversicherung

Der Versicherte übergibt dem Versicherer ein namhaftes Kapital. Der Versicherer bezahlt dem Versicherten eine lebenslange Rente. Somit kann der Rentenbezüger seine Renten aus der ersten und aus der zweiten Säule mit dieser zusätzlichen Rentenversicherung erhöhen.

Auszahlungsmodus
Entsprechend dem Auszahlungsmodus unterscheidet man bei Lebensversicherungen zwischen:
– Kapitalauszahlung (einmalige Auszahlung eines bestimmten Kapitals) und
– Rentenzahlung (es erfolgt eine periodisch wiederkehrende Leistung, z.B. monatlich).

Das Drei-Säulen-Konzept

> **Drei-Säulen-Konzept:** *In der Verfassung verankertes Konzept zur finanziellen Vorsorge im Alter, für Hinterlassene und bei Invalidität.*

Gemäss Artikel 111 der Bundesverfassung trifft der Bund Massnahmen für eine ausreichende Alters-, Hinterlassenen- und Invalidenvorsorge. Diese beruht auf drei Säulen:

Probleme bei der 1. und bei der 2. Säule

Probleme bei der AHV / Pensionskasse

Wie die meisten Länder Europas sieht sich die Schweiz wegen des Geburtenrückgangs und der zunehmenden Lebenserwartung älterer Menschen mit einer Überalterung der Gesellschaft konfrontiert (siehe S. 148). Diese Situation stellt eine enorme Herausforderung dar, weil sie nebst den Auswirkungen auf AHV und BVG auch den Gesundheits- und den Pflegesektor stark betrifft.

Zur Illustration: 1970 kamen auf jeden Rentenbezüger 4,6 Beitragszahlende. 2002 waren es nur noch 3,6 und 2035 werden es noch 2,3 sein.

Probleme bei der IV

Die IV ist wegen der Zunahme der Renten stark verschuldet. Während 1990 drei von 100 Personen im erwerbsfähigen Alter eine IV-Rente bezogen, sind es heute bereits deren fünf. Dies dürfte im Wesentlichen darauf zurückzuführen sein, dass unser Arbeitsmarkt immer anforderungsreicher wird, psychische Krankheiten häufiger zu dauernder Erwerbsunfähigkeit führen und auch unter den Erwerbstätigen der Anteil der älteren Menschen wächst.

Haftpflichtversicherungen

> **Haftung:** *Man muss einstehen für den Schaden, den man einem Dritten zugefügt hat.*
> **Haftpflichtversicherungen:** *Sammelbegriff für Versicherungen, die Schäden decken, die man Drittpersonen und/oder deren Sachen zugefügt hat.*

Als Erstperson gilt man selber. Zweitpersonen sind die Angehörigen (Personen, die im gleichen Haushalt leben wie der Versicherte selber). Alle anderen gelten als Drittpersonen.

Haftungsarten

Man unterscheidet zwei Arten der Haftung:

Verschuldenshaftung
Man haftet, wenn man für ein Ereignis selber Schuld trägt (OR 41). In diesem Fall hat man absichtlich oder fahrlässig jemandem Schaden zugefügt.

Kausalhaftung
Es gibt Fälle, bei denen man haftet, obwohl man selber keine Schuld trägt. Dies nennt man Kausalhaftung (z.B. haften Eltern für ihre Kinder; Tierhalter für Schäden, die ihre Tiere andern gegenüber verursachen usw.).

Regress (Rückgriff)

Grobe Fahrlässigkeit
Verursacht eine Person einen Schaden durch grobe Fahrlässigkeit, kann die Versicherung auf den Versicherten zurückgreifen. Nachdem der Versicherer den Schaden, der einem Dritten zugefügt worden ist, bezahlt hat, verlangt er vom Versicherten Geld zurück (10% – 50%).
Grobfahrlässig handelt, wer die einfachsten Vorsichtsmassnahmen verletzt. Besonders streng wird die Beurteilung von leichter bzw. grober Fahrlässigkeit bei Lenkern von Motorfahrzeugen ausgelegt. Wer z.B. ein Rotlicht überfährt, handelt bereits grobfahrlässig.

Absicht
Wird ein Schaden absichtlich herbeigeführt, erbringt die Versicherung keine Leistungen.

Haftpflichtversicherung bei Fahrzeugen

Bei Fahrzeugen ist die Haftpflichtversicherung obligatorisch.
Die Velovignette wurde abgeschafft. Mit dem Velo verursachte Schäden werden durch die private Haftpflichtversicherung abgedeckt. Hat der Unfallverursacher keine private Haftpflichtversicherung oder kann er nicht identifiziert werden, soll der Nationale Garantiefonds Opfer entschädigen.

Privathaftpflichtversicherung

Obwohl die Privathaftpflichtversicherung freiwillig ist, sollte man sie unbedingt abschliessen, denn jedem kann etwas passieren, auch etwas Unbeabsichtigtes.
Für Schäden ihrer Kinder haften weitgehend die Eltern. Wenn die Eltern eine Privathaftpflichtversicherung haben, zahlt diese. Die Privathaftpflichtversicherung kann man mit oder ohne Selbstbehalt abschliessen.

Tipp *Die Haftpflichtversicherungen entbinden nicht von Sorgfalt (siehe «Regress»).*

Sachversicherungen

> **Sachversicherungen:** *Sammelbegriff für Versicherungen, die Schäden decken, welche entstanden sind durch:*
> *– Beschädigung, Zerstörung oder Wegnahme von Fahrhabe (bewegliche Sachen) oder*
> *– Beschädigung und Zerstörung an Gebäuden.*
> *Man versichert seine eigenen Sachen.*

Folgende Sachversicherungen sind von allgemeinem Interesse:
Gebäudeversicherung, Hausratversicherung (Mobiliar), Diebstahlversicherung sowie Kaskoversicherung bei Fahrzeugen.

Gebäudeversicherung

In den meisten Kantonen ist diese Versicherung für die Eigentümer von Gebäuden obligatorisch. Sie deckt Feuer- und Elementarschäden. Als Elementarschäden werden z.B. Schäden im Zusammenhang mit Stürmen, Hagel, Überschwemmungen, Lawinen sowie Schnee- und Erdrutschen verstanden.
Wasser- und Glasbruchschäden am Gebäude können freiwillig versichert werden.

Hausratversicherung (auch Mobiliarversicherung genannt)

> **Hausrat:** *Versichert sind alle beweglichen, dem privaten Gebrauch dienenden Gegenstände des Haushalts, die nicht Bestandteil des Gebäudes und nicht bauliche Einrichtungen (z.B. Einbauschränke) sind.*

Diese Versicherung ist in den meisten Kantonen freiwillig. Sie übernimmt Schäden, die durch Feuer, Wasser, Diebstahl oder Glasbruch am Hausrat entstanden sind.

Diebstahlversicherung
In der Hausratversicherung ist in der Regel eine Diebstahlversicherung enthalten. Gedeckt sind Schäden infolge Einbruchdiebstahls, infolge Beraubung und infolge einfachen Diebstahls.

Kaskoversicherung bei Fahrzeugen

Man unterscheidet zwischen Teil- und Vollkaskoversicherung. Beides sind freiwillige Versicherungen. Bei Leasingfahrzeugen ist der Abschluss einer Vollkaskoversicherung jedoch obligatorisch.

Teilkaskoversicherung
Sie deckt im Grunde genommen die vom Fahrer nicht selbst verschuldeten Schäden am Fahrzeug, z.B. Brand, Glasbruch, Diebstahl, Kurzschluss und durch Blitz, Hagel sowie durch Tiere verursachte Schäden.

Vollkaskoversicherung
Nebst den Teilkasko-Schäden deckt sie die Kollisionsschäden am eigenen Auto, die aus eigenem Verschulden entstanden sind.

Tipp
- *Beim Bezug einer eigenen Wohnung sollte man unbedingt eine Hausratversicherung abschliessen.*
- *Es empfiehlt sich, eine Vollkaskoversicherung nur für Neuwagen abzuschliessen, bis diese etwa 3-jährig sind.*
- *Die Wahl eines Selbstbehalts bei Vollkaskoversicherung von CHF 1000.– ist von Vorteil (Prämienreduktion).*

Wichtige Begriffe bei Sachversicherungen

Neuwert / Zeitwert

Versichert wird gewöhnlich der Neuwert der Gegenstände.

> **Neuwert:** *Betrag, der notwendig ist, um Gegenstände wieder neu anzuschaffen.*

Der Hausrat wird immer zum Neuwert versichert. Es gibt jedoch Gegenstände, die im Haftpflichtfall nur zum Zeitwert versichert werden können, z.B. Motorfahrzeuge.

> **Zeitwert:** *Betrag, der für die Neuanschaffung von Gegenständen erforderlich ist, abzüglich der Abschreibung (Wertverminderung) infolge Abnützung, Alter oder anderen Gründen.*

Überversicherung

Bei Überversicherung lautet die Versicherungssumme auf einen höheren Wert, als der tatsächliche Wert ist.

Beispiel:
Der Hausrat hat einen Wert von CHF 100 000.–. Die Versicherungssumme lautet auf CHF 150 000.–. Wer überversichert ist, bezahlt zu viel Prämie, weil ihm die Versicherungsgesellschaft nur den tatsächlichen Schaden ersetzt.

Unterversicherung

Die vereinbarte Versicherungssumme ist tiefer als der tatsächliche Wert der versicherten Sache.

Beispiel:
Der Hausrat hat einen Wert von CHF 100 000.–. Die Versicherungssumme lautet auf CHF 50 000.–. Somit besteht eine Unterversicherung von 50%. Entsteht am Hausrat nun ein Schaden von CHF 20 000.–, wird zuerst abgeklärt, ob eine Unterversicherung besteht. Wenn dies zutrifft, wird die Schadenssumme gemäss der Unterversicherung gekürzt von CHF 20 000.– auf CHF 10 000.–.

Doppelversicherung

Die gleichen Sachen werden gegen dieselbe Gefahr gleichzeitig bei mehr als einer Versicherungsgesellschaft versichert (dies ist zum Teil auch bei Personenversicherungen möglich).

Beispiel:
Dasselbe Velo wird bei zwei Gesellschaften für je CHF 1300.– versichert, worauf beide Gesellschaften die Prämie einfordern.
Im Schadenfall bekommt man ein Formular, das mit der Frage endet: «Sind Sie gegen dieses Schadenereignis noch bei einer anderen Gesellschaft versichert? Wenn ja, bei welcher?». Beantwortet man die Frage bei einer Doppelversicherung wahrheitsgetreu, dann wird einem die Schadenssumme nur einmal ausbezahlt. Die beiden Versicherungsgesellschaften teilen sich die Kosten. Antwortet man mit «Nein», ist dies ein Betrug, der strafrechtliche Konsequenzen hat. Eine Doppelversicherung bei Sachversicherungen nützt daher nichts.

Tipp
- Von Zeit zu Zeit sollte man den Wert des Hausrates neu schätzen lassen, um einem Unterversicherungsverhältnis vorzubeugen.
- Bei wertvollen Gegenständen (z.B. Schmuck) bewahrt man die Quittungen auf (Belege gegenüber dem Versicherer).

Weiteres zu den Versicherungen

■ Rechtsschutzversicherung

> **Rechtsschutz:** *Verhilft dem Versicherungsnehmer in einem Schadensfall mit Fachleuten / Juristen zu seinem Recht. Die Rechtsschutzversicherung übernimmt die Kosten für den Anwalt und das Verfahren.*

Recht haben heisst noch lange nicht Recht bekommen!
Beim Rechtsschutz wird zwischen Privat-Rechtsschutz und Verkehrs-Rechtsschutz unterschieden.

Privat-Rechtsschutz

> **Privat-Rechtsschutz:** *Hilft Privatpersonen, Schadenersatzforderungen mit juristischer Hilfe durchzusetzen.*

Bei folgenden Fällen kann die Rechtsschutzversicherung für Privatpersonen eine Hilfe sein:
– bei einem drohenden Strafverfahren
– bei Differenzen mit Versicherungen
– bei nachbarschaftlichen Streitigkeiten

Verkehrs-Rechtsschutz

> **Verkehrs-Rechtsschutz:** *Verteidigt die Rechte bei Streitigkeiten im Zusammenhang mit einem Ereignis im Strassenverkehr.*

Nach einem Verkehrsunfall kann die Unterstützung eines erfahrenen Juristen sehr wichtig sein.

■ Bonus-Malus

Die Versicherungsanbieter belohnen oder belegen die Versicherungsnehmer mit dem Bonus-Malus-System.

Versicherte ohne Schadenereignis werden von der Versicherung mit einer Prämienreduktion belohnt. Wer aber eine Leistung der Versicherung beansprucht, muss in der Folge höhere Prämien zahlen.

Beispiel:
Versicherungen im Zusammenhang mit Motorfahrzeugen (Vollkasko- und Haftpflichtversicherung)

■ Regress (Rückgriff)

Die Versicherer machen im Bereich Motorfahrzeugversicherung (Haftpflicht und Kasko) am meisten von der Möglichkeit des Regresses (Rückgriff auf den Versicherten) Gebrauch.

Auch bei anderen Versicherungsbranchen (z.B. Unfallversicherung) nehmen die Versicherer bei grobem Verschulden auf den Versicherten Rückgriff, d.h. sie verlangen je nach Situation Geld zurück oder bezahlen weniger Leistungen.

Typische Beispiele:
Unfallfolgen nach dem Überfahren eines Rotlichts oder einer Stoppstrasse, Unfallfolgen wegen übersetzter Geschwindigkeit oder unter Alkoholeinfluss.

Tipp *Wer ein Motorfahrzeug lenkt, sollte eine Verkehrs-Rechtsschutzversicherung abschliessen.*

Sachwortregister

Symbole
1. Säule 330, *331, 332,* **340**
2. Säule **336, 340**
3. Säule **338, 340**
3-Monats-Libor 158
13. Monatslohn 233
360-Grad-Leistungsbeurteilung 74

A
ABC-Analyse 43
Abkommen über geistiges Eigentum (TRIPS) 189
Ablauforganisation 31
Abredeversicherung 329
Absatzmarkt 11, 42, **52**
Abschreibung 61
Abschwung (Konjunktur) 169, **171**
absichtliche Täuschung 216
adäquater Kausalzusammenhang 220, 221
Adoption *254,* **257**
AHV (Alters- und Hinterlassenversicherung) 148, *330, 332,* **340**
Aktiengesellschaft (AG) 79
Aktiven *57, 58, 63*
allgemeine Versicherungsbedingungen (AVB) 322
Allgemeinverbindlicherklärung (AVE) 238
Alters- und Hinterlassenenversicherung (AHV) 148, *330, 332,* **340**
Altersstruktur 148
ALV (Arbeitslosenversicherung) *334, 335*
anfechtbarer Vertrag 216
Anfechtung der Kündigung 298
Anfrage 270
Angebot *124, 127, 136, 214,* **270**
Angebotsinflation 165
Angebotsüberhang 127
Annahmeverzug 272
Anspruchsgruppe *18, 19,* **22**, *23, 24, 26*
antizyklisch 175, *177, 178*
antizyklisches Verhalten 175
Antrag 214, **270**
Arbeit *106, 107,* **117**
Arbeitgeberverband 238
Arbeitnehmerverband 238
Arbeitsbestätigung 235
Arbeitsgericht 237
Arbeitsgesetz (ArG) *227, 239,* **240**
Arbeitsleistung 231
Arbeitslosenversicherung (ALV) *334, 335*
Arbeitslosigkeit 118, *119, 142, 160, 167, 174, 178, 334, 335*
Arbeitsplatz (Kaufvertrag) 277
Arbeitsproduktivität 117, *123*
Arbeitsvertrag 207, **226,** *282*
Arbeitszeitvorschrift 241
Arbeitszeugnis 235
ArG (Arbeitsgesetz) *227, 239,* **240**
Aufbauorganisation 31, 32
Aufschwung (Konjunktur) 169, **170**
Aufwand 60
Aufwertung 142
ausgeglichene Ertragsbilanz 142
Ausland 108, **109**
Aussenfinanzierung 67
ausserordentliche Kündigung (Miete) 295
Autofinanzierungsleasing 286
Automatisierung 117

B
Balkendiagramm 198
Bank 108, **109, 156**
Bargeld 150
Barkauf 275
Barkredit 284
Bedürfnis 102, *103, 104, 124*
Bedürfnisbefriedigung 102, *103, 104*
Bedürfnispyramide nach Maslow 103
Beendigung der Miete 295
Begleitbeistandschaft 259, *260*
Beistand 259
Beistandschaft *211,* **259,** *260*
berufliche Vorsorge (BVG) 336, *340*
Berufskrankheit 328
Berufsunfall (BU) *327,* **328**
Beschaffungsmarkt 11, **52**
Beschäftigungspflicht 231, *234*
beschränkt handlungsfähig 211
beschränkte Handlungsunfähigkeit 211
Beschwerde (Steuern) 318
Besitz 269
Bestellung 271
Betreibung 300
Betreibung auf Konkurs *300,* **306**
Betreibung auf Pfändung *300,* **302, 306**
Betreibung auf Pfandverwertung 300
Betreibungsamt 301, *302, 303, 306*
Betreibungsbegehren 301, *302*
Betreibungskosten 303
Betreibungsregister 303, *308*
Betreibungsverfahren 301
Betreuungsvertrag 258
Betrieb 11
Betriebswirtschaftslehre 10
Beurkundung (öffentliche) 250
Beweislast 208
Bewerbung 228, 229
Bilanz 57, *58, 59, 63, 64*
Bilanz der Arbeits- und Kapitaleinkommen 183
Bilanz der laufenden Übertragungen 183
Binnenmarkt 193
BIP (Bruttoinlandprodukt) *106, 107, 109,* **110,** *111, 112, 113, 144, 168*
Boden *106, 107,* **116**
Bodenspekulation 116
Bonus-Malus (Versicherung) 344
Boom (Konjunktur) 169, **170**
Börse 151
Brainstorming 92
Brauch 203
Briefkurs 152
Bruttoinlandprodukt (BIP) *106, 107, 109,* **110,** *111, 112, 113, 144, 168*
Bruttoproduktionswert 110
BU (Berufsunfall) 328
Buchführungspflicht 56
Buchgeld 150, *153, 161, 164*
Buchungssatz 64
Bundesfinanzen 146
Bundesrat 239
Bundessteuern 312
Bundesverfassung (BV) *205, 206, 208*
BVG (Berufliches Vorsorgegesetz) 336, *340*

Sachwortregister

C
Controlling 70
Corporate Identity 48
Customer Relationship Management (CRM) 42

D
Darlehen 289
Datenschutzgesetz (DSG) 227
Deflation 160, **167**, 174
Dekret 205
Deliktsfähigkeit 211
Depression (Konjunktur) 169, **171**, 175
Devisen 150, **152**, 153
Devisenmarkt 152
Devisenswap 159
Diebstahlversicherung 342
Dienstleistung 104, 106, 107, 110, 111, 122, 124, 150
Dienstleistungsabkommen (GATS) 189
Dienstleistungsbetrieb 51
Dienstleistungsbilanz 183
Dienstleistungserstellung 52
direkte Bundessteuer 146, **316**
direkte Steuern 312
Direktmarketing 49
Direktzahlung 109
dispositives Recht 207
Distribution 45
Doha-Runde 188
doppelte Buchhaltung 64
Doppelversicherung 343
Drei-Säulen-Konzept 340
DSG (Datenschutzgesetz) 227
Duldungspflicht (Miete) 294

E
EAV (Einzelarbeitsvertrag) 207, 226, **227**, 230, 236, 238, 239
Ehe 248, 250, 251
Ehefreiheit 248
Ehegatte 258
Ehehindernis 248
Eheschliessung 248
Ehevertrag 250
Eigenfinanzierung 66
Eigenfinanzierungsgrad 62
Eigengut 250, **251**, 252
eigenhändiges Testament 265
Eigenkapital **57**, 67
Eigenkapitalrendite 62
Eigentum 269
Eigentumsübertragung **269**, 279
einfacher Auftrag 280, **282**
einfacher Wirtschaftskreislauf 106
einfache Schriftlichkeit 215
eingetragene Partnerschaft 245
Einkommenssteuer 314
Einkommensverteilung 114
Einlegerschutz 306
Einsprache (Steuern) 318
Einstelltag 335
Einzelarbeitsvertrag (EAV) 207, 226, **227**, 230, 236, 238, 239
Einzelunternehmen 78
elastische Nachfrage 126
EL (Ergänzungsleistungen) 330, **332**, 340
elterliche Sorge **255**, 260
Eltern 254, 255, 256, 257
Energiesteuer 131
Enterbung 264

Entwicklungshilfe 192
Entwicklungsland 123, 191, **192**
Entwicklungsmodus 19, **82**
Entwicklungszusammenarbeit 191, **192**
Entziehung der elterlichen Sorge 256
EO (Erwerbsersatzordnung) 333
Erbanteil 262, **264**
Erbe **261**, 262
Erben **261**, 262
Erbengemeinschaft 261
Erbrecht 209, **261**
Erbschaft 261, **262**, 263
Erbteilung 263
Erbvertrag 265
E-Recruiting 229
Erfolg 60
Erfolgsrechnung **60**, 61, 64
Ergänzungsleistungen (EL) 330, **332**, 340
Erholung (Konjunktur) 169, **170**
Errungenschaft 250, 251, 252, 263
Errungenschaftsbeteiligung 250, **251**
Ersatzinvestition 121
Ersatzlieferung 273
Erstreckung des Mietverhältnisses 298
Ertrag 60
Ertragsbilanz 183
Erwachsenenschutz 211, **258**
Erwachsenenschutzbehörde **258**, 259, 260
erweiterter Wirtschaftskreislauf 108
Erwerbsersatzordnung (EO) 333
Erwerbsstruktur 122
Euro **194**, 195, 196
Europäische Union (EU) 193
Europäische Währungsunion (EWU) 194
Europäische Zentralbank (EZB) 194
Existenzminimum 304
Export 109, 175, **183**, 186, 187
externe Kosten **129**, 130, 139
externer Effekt 129
EZB (Europäische Zentralbank) 194

F
Fähigkeitskapital 120
fahrlässig 220
Fahrniskauf 270
fakultatives Referendum 205
Familie **245**, 311
Familienausgleichskasse (FAK) 337
Familienbüchlein 248
Familienname 249
Familienrecht 209
Ferien 235
Festhypothek 68
Finanzen (der öffentlichen Hand) 144
finanzielle Führung 56
Finanzierung des Erwerbs von Waren und Dienstleistungen 284
Finanzierungsleasing 286
Finanzierungsrechnung 146
Finanzmarktaufsicht (FINMA) 157
Finanzpolitik **175**, 178
Finderlohn 204
Fiskalpolitik 175
Fiskalquote 144
fixer Wechselkurs 184
Flat-Rate-Tax 115
Flat Tax 115
flexibler Wechselkurs 184

Sachwortregister

Floating 184
formgebundener Vertrag 215
formloser Vertrag 215
Fortsetzungsbegehren (Betreibung) 301, 302
Franchise 325, 327
Franchising 45
freie Marktwirtschaft 134, **135**, 136, 137
freie Quote 264
freie Vorsorge 338
freie Vorsorge 3b 340
freier Dienstleistungsverkehr 193
freier Kapitalverkehr 193
freier Personenverkehr 193
freier Warenverkehr 193
freies Gut 21, **104**
Freizügigkeit 324
Fremdfinanzierung 66
Fremdkapital 57, 67
Friedenspflicht 238
Friedman, Milton 178
friktionelle Arbeitslosigkeit 118
fristlose Kündigung 237
Fristsetzung 218, 219
Frühindikator (Konjunktur) 172
Führungsstil 38
Furchterregung 216
Fürsorgepflicht 234
fürsorgerische Unterbringung 259, **260**

G

Garantie (Gewährleistung) 272
GATS (Dienstleistungsabkommen) 189
GATT (Güter- und Zollabkommen) 189
Gattungskauf 269, 271
Gattungsware 217
GAV (Gesamtarbeitsvertrag) 76, 127, 226, 227, 236, **238**
Gebäudeversicherung 342
Gebrauchsgut 104
Gebrauchsleihe 289
Gebrauchsüberlassung 289
gebundene Vorsorge 3a **338**, 340
Geburt 254
Gefährdungshaftung 220, 221
Geld 150
Geldkredit 284
Geldkurs 152
Geldmarktsatz 158
Geldmenge **107**, 142, 157, 160, 161, **162**, 163, 164, 167, 174, 175, 178, 194
Geldmenge M$_1$ **162**, 174
Geldmenge M$_2$ **162**, 174
Geldmenge M$_3$ **162**, 174
Geldpolitik der SNB 140, 156, **158**, 159, **160**
Geldschöpfung 160, **161**
Geldschuld 217, 218
Geldstrom 106, **107**, 108, 109, 156, 163, 164
Geldwertstörung 163, 167
Gemeindesteuern 312
gemischtwirtschaftliche Unternehmen 15
Genossenschaft 79
Gesamtarbeitsvertrag (GAV) 76, 127, 226, 227, 236, **238**
Geschäftsbank 156, 157, 158, 159, 160, 161, 162, 164, 174
Geschäftsfähigkeit 211
Geschäftsprozess 38, **40**
geschriebenes Recht **204**, 208
Gesellschaft 21, **77**
Gesellschaft mit beschränkter Haftung (GmbH) 79

Gesetz 203, **205**, 223
gesetzlicher Erbe 261
gesetzliche Vertretung 255
Gesundheitsschutz 240
Gewährleistung (Garantie) 272
Gewerkschaft 76
Gewinn 12
Gewinnverwendungsplan 65
Gewohnheitsrecht 203, **204**, 208
Giralgeld 150
Giroguthaben 162
Gläubiger **213**, 218, 219
Gleichgewichtspreis 125
Globalisierung **182**, 192
GmbH (Gesellschaft mit beschränkter Haftung) 79
grafische Darstellung **198**, 200
Gratifikation 233
grobe Fahrlässigkeit 341
Grundbedürfnis 102
Grundbuch 279
Grundrente 106, 114
Grundstückkauf 279
Grundversicherung (Krankenkasse) 324
Gut 104
Gütergemeinschaft 250
Gütermenge **107**, 163, 164, 165, 167
Güterrecht 250
güterrechtliche Auseinandersetzung **252**, 263
Güterstand **250**, 252
Güterstrom 106, **107**, 108, 109, 110, 163
Gütertrennung **250**, 311
Güter- und Zollabkommen (GATT) 189
Güterverarbeitung 122

H

Haftpflichtversicherung 320, **341**
Haftung 221, 231, **341**
Haftungsart 220, **341**
Handelsbetrieb 51
Handelsbilanz 183
Handelsregister 56
Handkauf 275
Handlungsfähigkeit 210, **211**, 214
handlungsunfähig 258
Handwerkerpfandrecht 279
Hausarzt-Modell 326
Hauskauf 279
Hausratversicherung 342
Haustüre (an der, Kaufvertrag) 277
Heimatschein 248
Heirat **248**, 251, 252
Hersteller 107
Hilflosenentschädigung 330
HMO-Modell 326
Hochkonjunktur 145, 169, **170**, 175, 177
Höchstarbeitszeit 241, 242
Humankapital 120
Hypothekarkredit 68

I

IKO (Informationsstelle für Konsumkredite) 283
Import 109, 175, 183, 186, 187
importierte Inflation 165
indirekte Steuern 312
Individualbedürfnis 102, **103**
Industriebetrieb 51
Industrieland 123

Inflation *142, 160,* **163,** *164, 165, 166, 167, 174, 178, 316*
Inflationsprognose **158,** *160*
Inflationsrate der Schweiz 199
Informationsstelle für Konsumkredite (IKO) 283
Infrastruktur 116
Innenfinanzierung 66
Innovation *82,* **84,** *85, 86, 88*
Insolvenzentschädigung 335
Integritätsentschädigung 329
Interaktionsthema 22
Internationaler Währungsfonds (IWF, IMF) 190
Internet (Kaufvertrag) 278
Invalidenversicherung (IV) *331, 332,* **340**
Invalidität 331
investieren 109, **121,** *177*
Investitionsgut **104,** *120*
IV (Invalidenversicherung) *331, 332,* **340**
IWF, IMF (Internationaler Währungsfonds) 190

J
Jahresfranchise 325, *327*
Jugendurlaub 235
juristische Person 211, *214, 311*

K
kalte Progression 316
Kanton 239
Kantonssteuern 312
Kapital *106, 107,* **120,** *193*
Kapitalbeschaffung 66
Kapitaldeckungsverfahren 336
Karenzfrist 326
Kartell 137, *139*
Kaskoversicherung 342
Kaufart 275
Kaufkraft 150, *167*
Kaufvertrag 270, *282*
Kauf Zug um Zug 268
Kausalhaftung 220, 221, *341*
Kaution 291
Kennzahl 63
Kennzahl zur finanziellen Situation 62
Key Account Management (KAM) 50
Keynes, John Maynard 177
Kind 214, **254,** *255, 257*
Kindesanerkennung 247
Kindesrecht 254
Kindesschutzbehörde 255, 260
Kindesvermögen 256
Kindeswohl 254, *255, 256*
Kirchensteuern 311
kirchliche Trauung 248
KKG (Konsumkreditgesetz) 276, 283
Kollektivbedürfnis 103
Kollektivgesellschaft 78
Kollokationsplan 306
Kompetenzstück 304
Konjunktur *111, 145,* **168,** *169*
Konjunkturabschwung 169, **171**
Konjunkturaufschwung 169, **170**
konjunkturelle Arbeitslosigkeit 118
Konjunkturindikator 172
Konjunkturpolitik *139, 140,* **174**
Konjunkturschwankung 139
Konjunkturzyklus *145,* **169,** *175*
Konkubinat 246, *247*
Konkubinatsvertrag 246

Konkurrenz 11, **124**
Konkurs 12, 173, 300, 301, 305, **306**
Konkursamt 306
Konkursbegehren 306
Konsument **107,** *108, 124*
Konsumgut 104
Konsumkreditgesetz (KKG) 276, 283
Kontokorrentkredit 68
Kopfsteuer 312
Körperschaft 77
Krankenkasse 324
Krankentaggeldversicherung 325
Krankenversicherung 324, 326, 327, 329
Krankheit 324
Kreditart 68
Kreditkauf 275
Kredit- und Kundenkartenkonto 285
Kreisdiagramm 198
Krise (Konjunktur) 169, **171**
Kuchendiagramm 198
Kultur 26, 36
Kundenprozess 42
Kündigung (Arbeitsvertrag) **236,** *237*
Kündigung (Grundversicherung, Krankenkasse) 327
Kündigung (Miete) 295, *296, 298*
Kündigungsfrist (Arbeitsvertrag) 236
Kündigungsfrist (Miete) 295
Kündigungsschutz (Miete) 298
Kündigungstermin (Arbeitsvertrag) 236
Kündigungstermin (Miete) 295
Kündigung (Zusatzversicherung, Krankenkasse) 327
Kursverbesserung 185, *187*
Kursverschlechterung 185, *186*
Kurvendiagramm 199
Kurzarbeitsentschädigung 335
KVG (Krankenversicherungsgesetz) 324

L
Landesindex der Konsumentenpreise (LIK) 154, *165, 174*
Langzeitarbeitslose 119
Leadership 39
Leasing 69, 285, **286**
Leasingvertrag 286
Lebenslauf 228
Lebensversicherung 339
Lehrvertrag 226
Leihe 289
Leistungsbeurteilung 74
Leistungserstellung 51, *53*
Leistungserstellungsprozess 40, **51**
Leitbild (Unternehmensleitbild) 26, 27, 35
Leitzins 158
letztwillige Verfügung 265
Libor 158
Liborhypothek 69
Lieferung 271
Lieferverzug 272
Liniendiagramm 199
Linienorganisation 32
Liquidität 62
Lohn *75, 106, 107, 114,* **233**
Lohnabrechnung 233
Lohn des Kindes 256
Lohnfortzahlung 234
Lohn-Preis-Spirale 165
Lohnvorschuss 233
Lohnzuschlag 232, 242

Sachwortregister

Lorenzkurve 114
Lösen von Rechtsfällen 223, 224

M
magisches Sechseck 141
Mahngeschäft 272
Mahnung 218
Management 39
Management by Objectives (MbO) 74
Managementmodell (St. Gallen) 18
Managementprozess 38, 39
Mangel 291
mangelhafte Ware 273
Mängelrüge 273
Manipulation 200
Marketing 41, 70
Marketingkonzept 42
Marketing-Mix 43
Marketingprozess 40, 41
Markt 124
Marktanalyse 41
Marktpreis 125
Marktuntersuchung 41
Marktversagen 138, 139
Marktwirtschaft 15, 42, 79, 124, 134, **135**, 136, **137**, 138, 176, 177, 178
Maslow, Abraham 103
Matrix-Organisation 31, 32
Maximumprinzip 12, **105**
Mehrlinienorganisation 32
Mehrwertsteuer (MWST) 146, 148, 193, **313**
Methode 635 92
Miete 290, 291
Mieter 293, 294
Mieterschutz 297
Mieterverband 296
Mietkauf 276
Mietkautionsversicherung 291
Mietobjekt 290
Mietvertrag 214, **290**, 293
Mietzins 293
Mietzinsanfechtung 297
Mietzinserhöhung 297
Mietzinshinterlegung 292
Mietzinsreduktion 292
Militärdienst 327
Militärversicherung (MV) 337
Minderung (Preisminderung) 273
Mindestlohn 239
Minimumprinzip 12, **105**
missbräuchliche Kündigung (Arbeitsvertrag) 236
missbräuchlicher Mietzins 297
Mitwirkungsbeistandschaft **259**, 260
Mobiliarversicherung 342
Monetarismus 178
Moral 203
Münzhoheit 156
MWST (Mehrwertsteuer) 146, 148, 193, **313**

N
Nachfrage **124**, 126, 127, 136, 177
Nachfrageinflation 165
Nachfrageüberhang 127
Nachfrist 218
Nachhaltigkeit 129
Nachhaltigkeitsbericht 14
Nachlass (Betreibung) 307

Nachlass (Erbschaft) 261, 262, **264**
Nachlassvertrag (Betreibung) 307
Nachsteuer 317
Nachtarbeit 242
Nationalbank 140, **156**, 174, 184
Natur 21
natürliche Person 209, **211**, 259, 311
NAV (Normalarbeitsvertrag) 226, 227, **239**
NBU (Nichtberufsunfall) 328
Nebenkosten (Miete) 293
Netzwerk 97, 99, **100**
Neuinvestition 121
Neuwert 343
Nichtantreten der Stelle 230
Nichtberufsunfall 327
Nichtberufsunfall (NBU) 328
nicht bestellte Ware 277
Nichterfüllung eines Vertrags 218
nichtiger Vertrag 216
nicht pfandgesicherte Forderung 306
nicht zwingendes Recht 207
Niederkunft der Arbeitnehmerin 234, 237
nominelles Bruttoinlandprodukt 111
nominelles Wachstum 111
Norm 36
Normalarbeitsvertrag (NAV) 226, 227, **239**
Notar 215
Noten 153
Notenbank 156
Notenmonopol 156
Nutzen und Gefahr 271
Nutzwertanalyse 30, **94**

O
Obligation 213
Obligationenrecht (OR) 206, 207, 209, **212**, 214, 227
offensichtlicher Irrtum 277
öffentliche Beurkundung 215, 250
öffentliche Hand 15, 107, 137, **144**, 175
öffentlicher Auftrag 109
öffentlicher Haushalt 109
öffentliches Gut **138**, 139
öffentliches Recht **206**, 324
öffentliches Testament 265
öffentliches Unternehmen 15
Offerte 214, **270**, 271
Ökobilanz 14, **54**
Öko-Label 14
Ökologie 21
ökologisches Ziel 13
Ökomarketing 54
ökonomisches Prinzip 12, **105**
ökonomisches Ziel 13
Optimierung 82, **83**
Optimumprinzip 105
ordentlicher Güterstand **250**, 251
Ordnungsmoment 19, **26**
Ordnungspolitik 140
Organisation 31, 33
OR (Obligationenrecht) 206, 207, 209, **212**, 214, 227
Ortsgebrauch 204

P
Pacht 289
Passiven **57**, 58, 63
Patientenverfügung 258
Pause 241

Sachwortregister

Pensionskasse **336**, *340*
Personalanstellung 73
Personalauswahl 73
Personalbedarfsermittlung 72
Personalbeurteilung 74
Personaleinführung 73
Personalgewinnung **72**
Personalhonorierung **75**
Personalmanagement **71**
Personalsteuer 312
Personalwerbung 72
Personenrecht **209**, *210*
Personenstandsausweis 248
Personenversicherung **320**, **323**
persönliche Arbeitspflicht 231
persönlicher Verkauf **50**
pfandgesicherte Forderung 306
Pfändung 302
Pfandverwertung 302
Pflichtteil **264**
Place 45
Planwirtschaft 134, **135**, *136*
Police **322**
Potenzialwachstum 169
Präjudiz **204**
Prämie **322**, *327*
Prämienreduktion (Krankenkasse) 327
Prämienverbilligung 326
Präsenzindikator (Konjunktur) **173**
Preis **44**, **124**, *131*, *136*
Preisbildung 124
Preiselastizität der Nachfrage 126
Preisminderung 273
Preisstabilität *141*, *142*, **158**, *174*, *194*
Preisstatistik 154
Preisüberwacher 137, **154**
private Vorsorge **338**
privater Haushalt 106, **107**, *108*, *124*, *164*
privates Recht **206**, *209*, *325*
privates Unternehmen 15
Privathaftpflichtversicherung 296, **341**
Privatkonkurs **305**, *308*
Privat-Rechtsschutz **344**
Probezeit 230, *236*, *237*
Problemlösung 90
Produkt 43
Produktehaftung 221
Produktionsfaktor (Produktionsmittel) 106, **107**, *116*, *117*, *120*
Produktionsgut **104**, *120*
Produktivgut **104**, *120*
Produktivität **12**
Produktivkapital 120
Produktlebenszyklus 86
Produzent 106, **107**, *108*
Profit 13
Progression **316**
progressive Besteuerung 137
Projekt **35**
Projektmanagement 35, *88*
Promotion 46
Public Relations (PR) **49**

Q
qualifizierte Schriftlichkeit **215**
Qualität **44**, *48*, **83**, *90*, *92*, *135*, *157*, *217*, *235*, *270*
Qualitätsmanagement 83

Quellensteuer 312
Quittung *217*, **274**

R
Rationalisierung **117**
Raumplanung 116
reales Bruttoinlandprodukt 111
reales Wachstum **111**, *112*, *113*
Realkapital 120
Rechnung 274
Recht **203**, *207*
Rechtserlass 205
Rechtsfähigkeit **210**
Rechtsfall 223
Rechtsform **77**, *78*
Rechtsgemeinschaft **77**
Rechtsgeschäft 214
Rechtsgleichheit 208
Rechtsgrundsatz **208**
Rechtslehre *203*, **204**
Rechtsmissbrauchsverbot 208
Rechtsöffnung **301**, *302*
Rechtsöffnungsbegehren 301
Rechtsordnung 203, *208*, *220*
Rechtsprechung **204**
Rechtsquelle **204**, *208*
Rechtsschutzversicherung **344**
Rechtsvorschlag 301, *302*, **304**
Recycling **54**
Referenz 228
Regel **203**, *204*, *207*
Registereintrag **215**
Regress **341**, *344*
Rekurs (Steuern) 318
religiöse Erziehung 255
religiöse Volljährigkeit 210
Reparatur 273
Repo-Geschäft **158**, **159**
Rezession (Konjunktur) *145*, *160*, *169*, **171**, *175*, *177*
richterliches Ermessen 208
Risikomanagement **80**
Rückerstattung 222
Rückgabeprotokoll 296
Rückkaufswert 339
Rücksichtnahme (Miete) 294
Rücktrittsrecht (Kaufvertrag) 278
Ruhezeit 241

S
Sachenrecht **209**, *269*
Sachgut **104**, *106*, *107*, *110*, *111*, *124*, *150*
Sachkapital **120**, *123*
Sachversicherung **320**, **342**, *343*
saisonale Arbeitslosigkeit 118
Säule 3a 338
Säule 3b 338
Säulendiagramm 198
Schaden 220, *221*
Schadenersatz 218
Scheidung **253**
SchKG (Schuldbetreibungs- und Konkursgesetz) 206
Schlechtwetterentschädigung 335
Schlichtungsbehörde (für Mietangelegenheiten) 297, *298*
Schuldbetreibungs- und Konkursgesetz (SchKG) 206
Schuldenbereinigung 308
Schuldenbremse **145**, *175*
Schuldenruf 305, *306*

Sachwortregister

Schuldner **213**, 217, 218, 219
Schulpflicht 210
Schwangerschaft **234**, **237**, 242
Schweigepflicht 231
Schweizerische Nationalbank (SNB) 142, **156**, **157**, 159, 160, 162, 164, 186, 187, 196
Schwellenland 123
Selbstbehalt 325
Selbstvorsorge 340
Sensitivitätsanalyse 94
Service public 15
Sitte 203
Smith, Adam 176
SNB Bills 159
SNB (Schweizerische Nationalbank) 142, **156**, **157**, 159, 160, 162, 164, 186, 187, 196
Sockelarbeitslosigkeit 118
SOFT-Schema 93
Solidaritätsprinzip 321
Sonntagsarbeit 242
Sorgfaltspflicht (Arbeit) 231
Sorgfaltspflicht (Miete) 294
soziale Marktwirtschaft **134**, 137
sozialer Ausgleich 141, 142
soziales Ziel 13
Sozialstaat 143, 148
Sozialversicherung 139, **323**
Sozialversicherungsgesetz 227
Sozialziel 143
sparen 109, **120**, 121, 175, 177
Spätindikator (Konjunktur) 173
Sperrfrist 237
Spesen 232
Spezieskauf 269, 271
Speziesware 217
Spin-off 33
Staat 108, **109**, 131, 132, 136, 138, 143, 175, 176, 177, 178
staatliche Vorsorge 340
Staatsausgaben 109
Staatseingriff 138
Staatseinnahmen 109
Staatsquote 144
Stab-Linien-Organisation 31, **32**
Stagflation 167
Standortattraktivität 119
Standortfaktor 30
Stärken-Schwächen-Analyse 93
Stellenbeschreibung 33, 34
Stellenbewerbung 228
Steueramnestie 317
steuerbares Einkommen 314
steuerbares Vermögen 315
Steuerbetrug 317
Steuererklärung 146, 250, 312, 313, **314**, 317, 318
Steuerhinterziehung 313, **317**
Steuerhoheit 311
Steuern 131, **145**, 311
Steuerpflicht 311
Steuerprogression 316
Steuerstundungsgesuch 318
Steuerzweck 311
St. Galler Managementmodell 18
Stimm- und Wahlrecht 210
Strafsteuer 317
Strategie 26, **28**, 44, 70, 71
Strategieentwicklungskonzept 29
Struktur 26, **31**

strukturelle Arbeitslosigkeit 118
Strukturierungsprozess 33
Strukturpolitik 140
Strukturwandel **98**, **123**, 140
Stundungsgesuch 308
Subvention 109, 137, 140, **147**, 148, 175

T

Taggeld 329
Technologie 21
Teilkaskoversicherung 342
Teilzeitarbeitslose 119
Telefon (Kaufvertrag) 277
Testament 207, 211, **264**, **265**
Teuerung 111, **163**, 174
Time to Market 87
Tod des Mieters 295
Todesfall 263, **266**
Todesfallrisiko-Versicherung 339
Total Quality Management (TQM) 83
Transformationsprozess 52
Trauung 248
Trennung 252
Treuepflicht 231
Treu und Glauben 208
Triple Bottom Line 14
TRIPS (Abkommen über geistiges Eigentum) 189

U

Übernahmeprotokoll 291
Überstundenarbeit 232
Überversicherung 343
Übervorteilung 216
Überziehungskredit 285
umfassende Beistandschaft 259
Umlageverfahren **330**, 331
Umlaufgeschwindigkeit 164
Umlaufvermögen 57
Umverteilung **115**, 137
Umwelt **128**, 129, 132, 142
Umweltgut 129
Umweltpolitik 140
Umweltqualität 141
Umweltschutz 54
Umweltsphäre **18**, 20, 24
unelastische Nachfrage 126
unerlaubte Handlung 213, **220**
Unfall 324, 327, **328**, 329
Unfallversicherung **328**, 329
ungerechtfertigte Bereicherung 213, **222**
Unterhaltspflicht (Miete) 292
Untermiete 293
Unternehmen 11, **106**, **107**, 108, 116
Unternehmensart 15
Unternehmenskultur 36, 38, 84
Unternehmensleitbild 26, **27**
Unternehmensmodell 18, 19
Unternehmensprozess 19, **38**, 70
Unternehmensziel 12
Unterstützungsprozess 38, **55**
Unterversicherung 343
urkundsberechtigte Person 215
Urproduktion 122
Urteilsfähigkeit 210, 211
Uruguay-Runde 188
UVG (Unfallversicherungsgesetz) 328

Sachwortregister

V
variable Hypothek 69
Vaterschaft 254
VE (Volkseinkommen) 106, 107, 109, **114**
Veränderung (Miete) 294
Verbraucher 107
Verbrauchserhebung 154
Verbrauchsgut 104
Verfassung 205
verfügbare Quote 264
Verfügungen von Todes wegen (Testament) 265
Verjährung 219
Verjährungsfrist (allgemein) 219
Verjährungsfrist (Kaufvertrag) 274
Verkaufsförderung 49
Verkehrs-Rechtsschutz 344
Verlobung 248
Verlustschein 219
Vermögenssteuer 315
vernetztes Denken 100
Veröffentlichung 215
Verordnung 205
Verrechnungssteuer (VST) 146, **313**
Verschulden 220, 221
Verschuldenshaftung 220, 341
Verschuldung 144, 145
Versicherer 322
Versicherter 322
Versicherung 108, 109, **321**
Versicherungsnachweis (AHV) 330
Versicherungsvertrag 322
Vertrag 213, **214**, **215**, 216, 217, 218
Vertragserfüllung 217
Vertragsfähigkeit 214
Vertragsfreiheit 217
Vertragsmängel 216
Vertragsverletzung (Kaufvertrag) 272
Vertretungsbeistandschaft 259, 260
Verursacherprinzip 130
Verwandte 261, 262
Verwertungsbegehren 301
Verzug 218
Volkseinkommen (VE) 106, 107, 109, **114**
Volkswirtschaftslehre 10
Vollbeschäftigung 141, 142
Volljährigkeit 210, 211
Vollkaskoversicherung 342
Vorbehalt (Krankenkasse) 326
Vormiete 291
Vormund 256, **260**
Vormundschaft 260
Vorschlag (Güterrecht) 252, 263
Vorschuss 233
Vorsorge 3a 338
Vorsorge 3b 338
Vorsorgeauftrag 258
Vorsorge (Erwachsenenschutz) 258
Vorstellungsgespräch 229
vorzeitige Rückgabe (Miete) 295
VST (Verrechnungssteuer) 146, **313**

W
Wachstum 111, 121, 169
Wahlbedürfnis 102
Währungsunion 194
Wandelung 273
Warenkorb 154, 155

Wechselkurs 152, 160, 174, **184**
wechselkursinduzierte Inflation 165
Wechselkurspolitik 194
Wehrpflicht 210
WEKO (Wettbewerbskommission) 137, **154**
Weltbank 191
Welthandelsorganisation (WTO) 188, 189
Weltkarte 180
Werbefahrt (Kaufvertrag) 277
Werbekonzept 48
Werbung 47
Werkvertrag 281, **282**
Wertaufbewahrungsmittel 150
Werte 36
Wertmassstab 150
Wertpapier 151
Wertschöpfung 11, 19, 86, 110
Wertschrift 159
wesentlicher Irrtum 216
Wettbewerbskommission (WEKO) 137, **154**
Widerrechtlichkeit 220, 221
Widerrufsrecht 277
wirtschaftliches Gut 104
Wirtschaftskreislauf 106, 108
Wirtschaftsmodell 135, 136
Wirtschaftsordnung 134
Wirtschaftspolitik 140, 141
Wirtschaftssektor 16, **122**
Wirtschaftssubjekt 107
Wirtschaftstheoretiker 176
Wirtschaftswachstum 111, 112, 140, 141, 142, 168, 169, 174
Wohlfahrt 121, **132**, 143, 144, 147, 192
Wohlstand 121, **132**, 176
Wohnsitzbestätigung 248
Wohnungsmiete 291
Wohnungsrückgabe 296
Wohnungsübergabe 292
WTO (Welthandelsorganisation) 188, 189

Z
Zahlungsbefehl 302, **303**
Zahlungsbestätigung 274
Zahlungsbilanz 183
Zahlungsmittel 150
Zahlungsrückstand (Miete) 293
Zahlungsverzug 274
Zeitwert 343
Zentralbank 156
zentrale Planwirtschaft 134, **135**, 136, 137
Zins 106, 107, 114, **120**, 174
ziviles Recht 206, 212
Zivilgesetzbuch (ZGB) 206, 207, 208, **209**, 212
Zivilstandsamt 247, **248**, 266
Zollpolitik 175
Zollunion 193
Zusammenleben 245
Zusatzversicherung (Krankenkasse) 325
zwingendes Recht 207, 239

Digitale Ausgabe des Buches «Betriebswirtschaft/Volkswirtschaft/Recht»

Betriebswirtschaft/Volkswirtschaft/Recht

Zugangs-Code

Registrieren Sie sich auf der Seite **http://verlag-fuchs.ch/grundwissen**

Ihr Zugangs-Code zur Online-Version dieses Buches lautet:

hCfTVT4m

Für die Registration benötigen Sie den Zugangs-Code nur einmal.

http://verlag-fuchs.ch/grundwissen